MANUAL DE DIREITO DO CONSUMIDOR

Flávio Monteiro de Barros

MANUAL DE DIREITO DO CONSUMIDOR

Editora RIDEEL
Quem tem Rideel tem mais.

EXPEDIENTE

PRESIDENTE E EDITOR	Italo Amadio
DIRETORA EDITORIAL	Katia F. Amadio
EDITOR(A) ASSISTENTE	Ana Paula Alexandre
EQUIPE TÉCNICA	Bianca Conforti
	Flavia G. Falcão de Oliveira
	Marcella Pâmela da Costa Silva
	Sandra Cristina Lopes
REVISÃO	Sandra de Nóbrega Câmara
PROJETO GRÁFICO	Sergio A. Pereira
DIAGRAMAÇÃO	Textos & Livros
PRODUÇÃO GRÁFICA	Hélio Ramos
IMPRESSÃO	RR Donnelley

Dados Internacionais de Catalogação na Publicação (CIP)
(Câmara Brasileira do Livro, SP, Brasil)

Barros, Flávio Monteiro de
Manual de direito do consumidor/ Flávio Monteiro de Barros.- 1. ed. – São Paulo : Rideel, 2011.

Bibliografia
ISBN 978-85-339-1903-7

1. Consumidores - Leis e legislação I. Título.

11-06871   CDU-34:381.6(81)(094.4)

Índice para catálogo sistemático:
1. Consumidor : Direito : Manual 34:381.6(81)(094.4)
2. Direito do consumidor : Manual 34:381.6(81)(094.4)

© Copyright - Todos os direitos reservados à

Av. Casa Verde, 455 – Casa Verde
CEP 02519-000 – São Paulo – SP
e-mail: sac@rideel.com.br
www.editorarideel.com.br

Proibida qualquer reprodução, mecânica ou eletrônica,
total ou parcial, sem prévia permissão por escrito do editor.

1 3 5 7 9 8 6 4 2
0711

Agradecimento

Deixo registrado o meu sincero agradecimento a todos os alunos do Curso FMB, que nos escolheram e colocaram em nossas mãos os seus sonhos de realização profissional, seja por meio do concurso público, seja pela aprovação no Exame de Ordem. Friso aqui que a minha missão como professor e coordenador é oferecer sempre o melhor, e este livro, embora sucinto, não se faz superficial, pois aborda de maneira direta os principais temas do Direito do Consumidor, visando única e exclusivamente servir de apoio a todos os concurseiros e estudiosos do Direito.

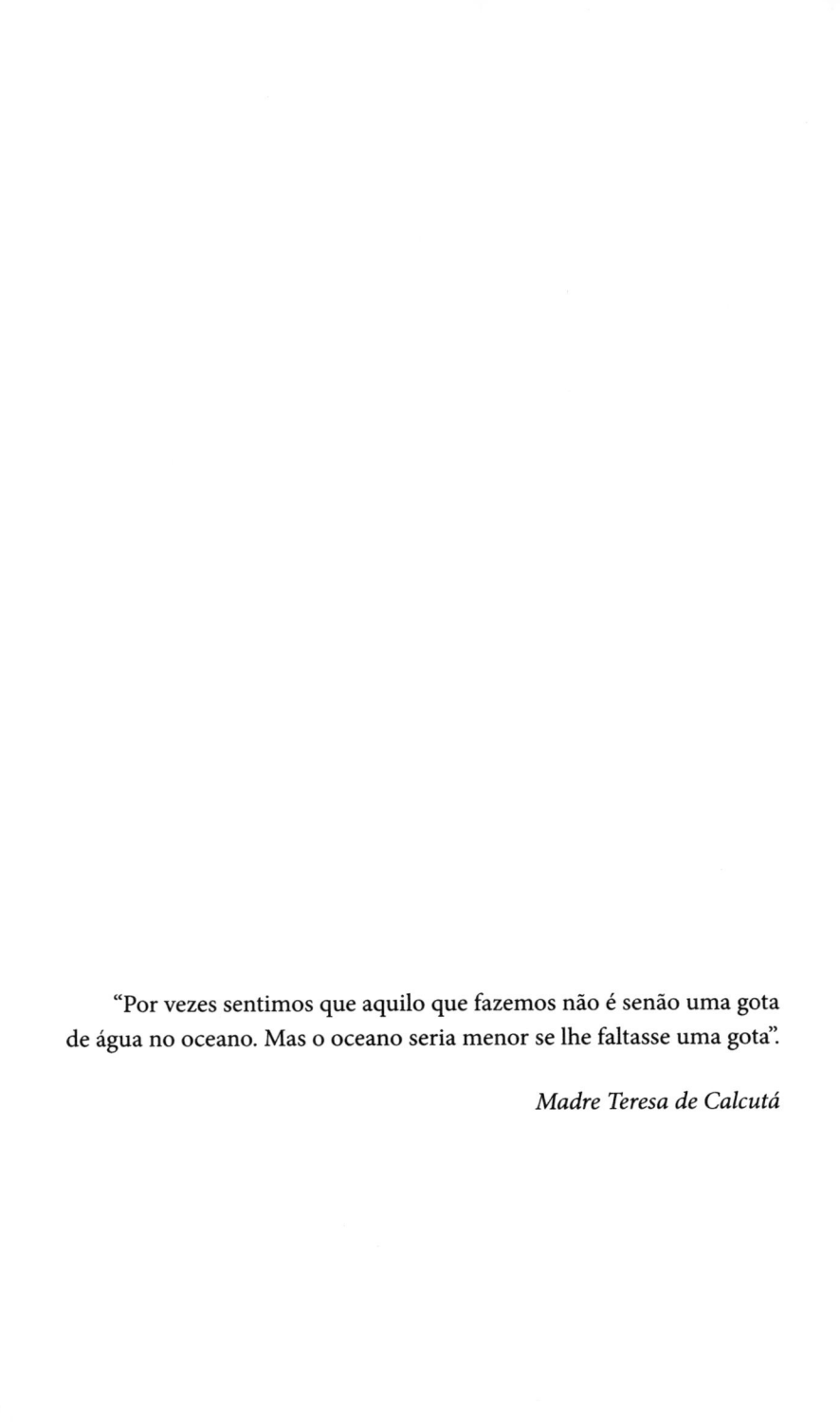

"Por vezes sentimos que aquilo que fazemos não é senão uma gota de água no oceano. Mas o oceano seria menor se lhe faltasse uma gota".

Madre Teresa de Calcutá

Sumário

Capítulo 1 – Defesa do consumidor 1
1.1 Introdução 3
1.2 Competência legislativa 3
1.3 Microssistema jurídico. Diálogo das fontes 4
1.4 Conceito de consumidor 4
1.5 Consumidor 4
1.6 Conceito de fornecedor 8
1.7 Objeto (elemento material ou objetivo) 11
1.8 Serviços públicos 12
1.9 Questões 13

Capítulo 2 – Da política nacional de relações de consumo 15
2.1 Introdução 17
2.2 Princípio da vulnerabilidade do consumidor 17
2.3 Princípio do dever ou ação governamental 18
2.4 Princípio da harmonização dos interesses dos participantes na relação de consumo 19
2.5 Princípio da garantia de adequação 19
2.6 Princípio do equilíbrio nas relações de consumo 19
2.7 Princípio da boa-fé objetiva 19
2.8 Princípio da educação e informação dos consumidores e fornecedores (art. 4º, IV) 22
2.9 Princípio do incentivo ao autocontrole ou princípio do controle de qualidade e mecanismo de atendimento pelas próprias empresas (art. 4º, V) 23
2.10 Princípio da coibição e repressão de abusos no mercado (art. 4º, VI) 23
2.11 Princípio da racionalização e melhoria dos serviços públicos (art. 4º, VII) 24
2.12 Princípio do estudo das modificações do mercado (art. 4º, VIII) 24
2.13 Execução da Política Nacional de Consumo (art. 5º) 24
2.14 Questões 25

Capítulo 3 – Direitos básicos do consumidor 27
3.1 Introdução 29
3.2 Direito à vida, saúde e segurança 29
3.3 Direito à educação, divulgação e informação sobre o consumo adequado 31
3.4 Direito à proteção contra publicidade enganosa ou abusiva 31
3.5 Direito à revisão contratual (art. 6º, V) 31
3.6 Direito à prevenção e reparação dos danos (art. 6º, VI e VII) 32
3.7 Direito à facilitação da defesa (art. 6º, VIII) 33

3.8 Direito à adequada e eficaz prestação de serviços públicos em geral 35
3.9 Responsabilidade solidária 35
3.10 Questões 35
Capítulo 4 – Responsabilidade civil do fornecedor 37
4.1 Introdução 39
4.2 Sistematização 39
4.3 Requisitos da responsabilidade civil 39
4.4 Responsabilidade pelo fato do produto 41
4.5 Responsabilidade civil pelo fato do serviço 44
4.6 Prazo para a ação 46
4.7 Responsabilidade civil pelo vício do produto ou serviço 47
4.8 Questões 52
Capítulo 5 – Teoria da desconsideração da pessoa jurídica 55
5.1 Introdução 57
5.2 Conceito 57
5.3 Espécies 57
5.4 A desconsideração da personalidade jurídica no Código de Defesa do Consumidor 58
5.5 Distinção entre a teoria menor da desconsideração da pessoa jurídica e a responsabilidade subsidiária dos sócios 59
5.6 Responsabilidade das sociedades 60
5.7 Questões 60
Capítulo 6 – Das práticas comerciais 63
6.1 Introdução 65
6.2 Oferta 65
6.3 Apresentação de produtos ou serviços 67
6.4 Reposição de peças 68
6.5 Venda por telefone ou reembolso postal 68
6.6 Responsabilidade pelos atos dos prepostos 69
6.7 Ações judiciais (art. 35) 69
6.8 Publicidade 70
6.9 Princípio da vinculação (art. 30) 70
6.10 Princípio da identificação (art. 36) 71
6.11 Princípio da transparência da fundamentação (parágrafo único do art. 36) 71
6.12 Princípio da veracidade (art. 37, § 1º) 72
6.13 Princípio da não abusividade (§ 2º do art. 37) 72
6.14 Contrapropaganda (art. 60, §1º) 73
6.15 Princípio da inversão do ônus da prova (art. 38) 73

6.16 Princípio da lealdade publicitária (art. 4º, VI) 73
6.17 Questões 74
Capítulo 7 – Práticas abusivas 75
7.1. Práticas abusivas 77
7.2 Teoria dos atos próprios 78
7.3 Análise das práticas abusivas constantes no art. 39 79
7.4 Venda casada ou operação casada e venda condicionada a limites quantitativos 79
7.5 Recusar-se a contratar 80
7.6 Envio de produto não solicitado e execução de serviço sem prévio orçamento 80
7.7 Dolo de aproveitamento 81
7.8 Lesão enorme 81
7.9 Preço e reajuste abusivos 81
7.10 Obrigações sem prazo 82
7.11 Cobrança de dívidas 82
7.12 Cobrança vexatória ou coativa 83
7.13 Cobrança indevida 84
7.14 Bancos de dados e cadastros de consumidor 86
7.15 Limites 87
7.16 Direito ao acesso 88
7.17 Direito à retificação 89
7.18 Direito à comunicação 90
7.19 Dano moral 91
7.20 Cadastro de reclamações contra fornecedores (art. 44) 91
7.21 Cadastro positivo 91
7.22 Questões 92
Capítulo 8 – Proteção Contratual 95
8.1 Introdução 97
8.2 Princípio da transparência (art. 46) 97
8.3 Importância da fase pré-contratual 98
8.4 Limitação ao contrato de adesão 98
8.5 Interpretação em favor do consumidor 99
8.6 Desistência do contrato 100
8.7 Cláusulas abusivas 101
8.8 Cláusula de não indenizar (art. 51, I) 102
8.9 Impedimento de reembolso (art. 51, II) 102
8.10 Transferência de responsabilidades a terceiro (art. 51, III) 102
8.11 Obrigações iníquas e desvantagem exagerada (art. 51, IV) 103

8.12 Inversão do ônus da prova (art. 51, VI) 103
8.13 Arbitragem compulsória (art. 51, VII) 104
8.14 Imposição de representante (art. 6º, VIII) 104
8.15 Opção exclusiva de o fornecedor concluir o negócio (art. 51, IX) 104
8.16 Alteração unilateral do preço (art. 51, X) 105
8.17 Cancelamento unilateral do contrato (art. 51, XI) 105
8.18 Ressarcimento dos custos da cobrança (art. 51, XII) 106
8.19 Alteração unilateral do contrato (art. 51, XIII) 106
8.20 Violação de normas ambientais (art. 51, XIV) 106
8.21 Violação do sistema de proteção ao consumidor (art. 51, XV) 106
8.22 Renúncia à indenização por benfeitorias necessárias (art. 51, XVI) 107
8.23 Cláusulas abusivas administrativas 107
8.24 Crédito e financiamento ao consumidor (art. 52) 108
8.25 Cláusula de decaimento 108
8.26 Questões 109

Capítulo 9 – Sanções Administrativas 111
9.1 Introdução 113
9.2 Competência 113
9.3 Sanções administrativas 113
9.4 Questões 116

Capítulo 10 – Defesa do Consumidor em Juízo 117
10.1 Introdução 119
10.2 Ação individual 119
10.3 Ação coletiva 120
10.4 Ações coletivas para defesa de interesses individuais homogêneos 124
10.5 Ação preventiva 127
10.6 Coisa julgada nas ações coletivas e litispendência 127
10.7 Convenção coletiva e TAC 128
10.8 Questões 130

REFERÊNCIAS BIBLIOGRÁFICAS 133

LEGISLAÇÃO 137

Leis

- 1.060, de 5 de fevereiro de 1950 – Estabelece normas para a concessão de assistência judiciária aos necessitados 142
- 1.521, de 26 de dezembro de 1951 – Altera dispositivos da legislação vigente sobre crimes contra a economia popular (Excertos) 144
- 6.463, de 9 de novembro de 1977 – Torna obrigatória a declaração de preço total nas vendas a prestação, e dá outras providências 147

Sumário | XIII

- 7.347, de 24 de julho de 1985 – Disciplina a ação civil pública de responsabilidade por danos causados ao meio ambiente, ao consumidor, a bens e direitos de valor artístico, estético, histórico, turístico e paisagístico (VETADO) e dá outras providências 147

- 8.078, de 11 de setembro de 1990 – Dispõe sobre a proteção do consumidor e dá outras providências 150

- 8.137, de 27 de dezembro de 1990 – Define crimes contra a ordem tributária, econômica e contra as relações de consumo, e dá outras providências 166

- 8.884, de 11 de junho de 1994 – Transforma o Conselho Administrativo de Defesa Econômica – CADE em Autarquia, dispõe sobre a prevenção e a repressão às infrações contra a ordem econômica e dá outras providências 169

- 8.987, de 13 de fevereiro de 1995 – Dispõe sobre o regime de concessão e permissão da prestação de serviços públicos previsto no art. 175 da Constituição Federal, e dá outras providências 185

- 9.099, de 26 de setembro de 1995 – Dispõe sobre os Juizados Especiais Cíveis e Criminais e dá outras providências 194

- 9.294, de 15 de julho de 1996 – Dispõe sobre as restrições ao uso e à propaganda de produtos fumígeros, bebidas alcoólicas, medicamentos, terapias e defensivos agrícolas, nos termos do § 4º do art. 220 da Constituição Federal 203

- 9.307, de 23 de setembro de 1996 – Dispõe sobre a arbitragem 206

- 9.507, de 12 de novembro de 1997 – Regula o direito de acesso a informações e disciplina o rito processual do *habeas data* 222

- 9.656, de 3 de junho de 1998 – Dispõe sobre os planos e seguros privados de assistência à saúde (Excertos) 225

- 9.870, de 23 de novembro de 1999 – Dispõe sobre o valor total das anuidades escolares e dá outras providências 240

- 10.671, de 15 de maio de 2003 – Dispõe sobre o Estatuto de Defesa do Torcedor e dá outras providências 247

- 10.962, de 11 de outubro de 2004 – Dispõe sobre a oferta e as formas de afixação de preços de produtos e serviços para o consumidor 255

- 12.007, de 29 de julho de 2009 – Dispõe sobre a emissão de declaração de quitação anual de débitos pelas pessoas jurídicas prestadoras de serviços públicos ou privados 259

- 12.291, de 20 de julho de 2010 – Torna obrigatória a manutenção de exemplar do Código de Defesa do Consumidor nos estabelecimentos comerciais e de prestação de serviços 259
- 12.414, de 9 de junho de 2011 – Disciplina a formação e consulta a bancos de dados com informações de adimplemento, de pessoas naturais ou de pessoas jurídicas, para formação de histórico de crédito 260

Decreto-Lei

- 4.657, de 4 de setembro de 1942 – Lei de Introdução às normas do Direito Brasileiro 140

Decretos

- 22.626, de 7 de abril de 1933 – Dispõe sobre os juros nos contratos e dá outras providências 139
- 1.306, de 9 de novembro de 1994 – Regulamenta o Fundo de Defesa de Direitos Difusos, de que tratam os arts. 13 e 20 da Lei nº 7.347, de 24 de julho de 1985, seu conselho gestor e dá outras providências................... 184
- 2.181, de 20 de março de 1997 – Dispõe sobre a organização do Sistema Nacional de Defesa do Consumidor – SNDC, estabelece as normas gerais de aplicação das sanções administrativas previstas na Lei nº 8.078, de 11 de setembro de 1990, revoga o Decreto nº 861, de 9 de julho de 1993, e dá outras providências 212
- 6.523, de 31 de julho de 2008 – Regulamenta a Lei nº 8.078, de 11 de setembro de 1990, para fixar normas gerais sobre o Serviço de Atendimento ao Consumidor – SAC 256

Medida Provisória

- 2.172-32, de 23 de agosto de 2001 – Estabelece a nulidade das disposições contratuais que menciona e inverte, nas hipóteses que prevê, o ônus da prova nas ações intentadas para sua declaração 243

Portarias

- 4, de 13 de março de 1998, da Secretaria de Direito Econômico (SDE) – Divulga, em aditamento ao elenco do art. 51 da Lei nº 8.078/1990 e do art. 22 do Decreto nº 2.181/1997, cláusulas nulas de pleno direito (cláusulas abusivas) 224
- 3, de 19 de março de 1999, da Secretaria de Direito Econômico (SDE) – Divulga, em aditamento ao elenco do art. 51 da Lei nº 8.078/1990 e

Sumário | XV

do art. 22 do Decreto nº 2.181/1997, cláusulas nulas de pleno direito (cláusulas abusivas) 239

- 3, de 15 de março de 2001, da Secretaria de Direito Econômico (SDE) – Divulga, em aditamento ao elenco do art. 51 da Lei nº 8.078/1990 e do art. 22 do Decreto nº 2.181/1997, cláusulas nulas de pleno direito (cláusulas abusivas) 242

- 789, de 24 de agosto de 2001, do Ministério da Justiça (MJ) – Regula a comunicação, no âmbito do Departamento de Proteção e Defesa do Consumidor – DPDC, relativa à periculosidade de produtos e serviços já introduzidos no mercado de consumo, prevista no art. 10, § 1º da Lei nº 8.078, de 11 de setembro de 1990 244

- 81, de 23 de janeiro de 2002, do Ministério da Justiça (MJ) – Estabelece regra para a informação aos consumidores sobre mudança de quantidade de produto comercializado na embalagem........................... 246

- 5, de 27 de agosto de 2002, da Secretaria de Direito Econômico (SDE) – Complementa o elenco de cláusulas abusivas constante do art. 51 da Lei nº 8.078, de 11 de setembro de 1990 247

- 7, de 3 de setembro de 2003, da Secretaria de Direito Econômico (SDE) – Para efeitos de fiscalização pelos órgãos públicos de defesa do consumidor, particulariza hipótese prevista no elenco de práticas abusivas constante do art. 39 da Lei nº 8.078, de 11 de setembro de 1990 254

- 2.014, de 13 de outubro de 2008, do Ministério da Justiça (MJ) – Estabelece o tempo máximo para o contato direto com o atendente e o horário de funcionamento no Serviço de Atendimento ao Consumidor – SAC... 257

- 49, de 12 de março de 2009, da Secretaria de Direito Econômico (SDE – Para efeitos de harmonização dos procedimentos administrativos para o cumprimento das normas do Decreto nº 6.523, de 31 de julho de 2008, pelos órgãos públicos de defesa do consumidor, especifica hipótese prevista no elenco de práticas abusivas constante do art. 39 da Lei nº 8.078, de 11 de setembro de 1990, e dá outras providências..................... 258

CAPÍTULO 1

DEFESA DO CONSUMIDOR

1.1 Introdução

A defesa do consumidor é um dos princípios da ordem econômica (art. 170, V, da CF), contribuindo, destarte, para se assegurar a todos uma existência digna, conforme os ditames da justiça social, evitando os abusos que o sistema capitalista, baseado na livre-iniciativa do mercado, poderia gerar no mercado de consumo.

O art. 5º, XXXII, da CF dispõe que "o Estado promoverá, na forma da lei, a defesa do consumidor", cuja regulamentação operou-se com a Lei nº 8.078/1990 (Código de Defesa do Consumidor), tendo por objetivo a proteção da pessoa humana em relação aos interesses produtivos, mediante a edição de normas cogentes, de ordem pública, inafastáveis pela vontade das partes. Tem, pois, previsão constitucional a intervenção do Estado nas relações privadas para a proteção do consumidor.

Assim, as normas do Código de Defesa do Consumidor devem ser aplicadas de ofício pelo magistrado, não se justificando a Súmula nº 381 do STJ, cujo teor é o seguinte: "Nos contratos bancários, é vedado ao julgador conhecer, de ofício, da abusividade das cláusulas".

Esta Súmula é incompatível com o art. 1º do CDC, o qual assegura que as normas de proteção ao consumidor são de ordem pública e de interesse social.

Basicamente, toda pessoa, em suas relações jurídicas, acaba se tornando consumidora. É praticamente impossível passar por esta vida sem realizar um contrato de consumo. Por isso, o art. 48 do ADCT/CF ordenou que o Congresso Nacional, dentro de 120 dias da promulgação da Constituição de 1988, elaborasse um Código de Defesa do Consumidor, optando por esta denominação, em vez de Estatuto do Consumidor. Estatuto é a regulamentação unitária dos interesses de uma categoria de pessoas. A expressão *Código de Defesa do Consumidor* é mais apropriada, tendo em vista que todas as pessoas podem se enquadrar no conceito de consumidor. Logo, não se trata de um conjunto de normas que regula apenas o interesse de uma categoria específica de pessoas.

1.2 Competência legislativa

Compete à União estabelecer as normas gerais sobre a proteção ao consumidor. Aos Estados e Distrito Federal compete a edição das normas específicas, de forma suplementar. Inexistindo lei federal sobre normas gerais, os Estados exercerão a competência legislativa plena, para atender às suas peculiaridades, mas a superveniência de lei federal sobre normas gerais suspende a eficácia da lei estadual, no que lhe for contrário (art. 24, VIII, e §§ 1º, 2º e 3º, da CF).

O Presidente da República também pode editar decretos e regulamentos para fiel execução das leis, inclusive das leis sobre a proteção ao consumidor (art. 84, IV, da CF). Exemplo: Decreto nº 2.181/1997, que dispõe sobre o Sistema Nacional de Defesa do Consumidor. Outro exemplo: Decreto nº 6.523/2008, sobre o *Serviço de Atendimento ao Consumidor – SAC*, por telefone.

1.3 Microssistema jurídico. Diálogo das fontes

O Código de Defesa do Consumidor é um microssistema jurídico, porquanto contém normas civis, administrativas, penais e processuais.

Nada obsta, porém, a aplicação simultânea de mais de uma lei, no mesmo caso concreto. Exemplo: CDC e Código Civil. É o que se chama de diálogo das fontes. O STF, por exemplo, reconheceu a aplicação do CDC nas atividades bancárias sem, no entanto, excluir a incidência simultânea das leis que regem o sistema financeiro.

O diálogo das fontes visa a conciliar as normas jurídicas oriundas de diplomas legislativos distintos, aplicando-as simultaneamente, distinguindo-se das antinomias, cujo objetivo é afastar a incidência de uma norma para que outra discipline com exclusividade o caso concreto.

1.4 Conceito de consumidor

Dispõe o art. 2º do CDC: "Consumidor é toda pessoa física ou jurídica que adquire ou utiliza produto ou serviço como destinatário final".

Os elementos da relação jurídica de consumo são:

a) As partes (elemento subjetivo): consumidor e fornecedor.

b) O objeto (elemento material ou objetivo): é o produto ou serviço.

c) O finalístico ou teleológico: o consumidor deve ser o destinatário final do produto ou serviço. Esse elemento não é exigido nas hipóteses de consumidor por equiparação.

1.5 Consumidor

O consumidor pode ser pessoa física, pessoa jurídica e a coletividade.

Com efeito, o parágrafo único do citado art. 2º prevê o chamado consumidor por equiparação, nos seguintes termos: "Equipara-se a consumidor a coletividade de pessoas, ainda que indetermináveis, que haja intervindo nas relações de consumo".

Na verdade, são três as hipóteses de consumidor por equiparação. São elas:

a) A coletividade de pessoas que tenha participado de alguma forma da relação de consumo (parágrafo único do art. 2º). Exemplo: um grupo de mil pessoas se reuniu para comprar material de construção.
b) Todas as vítimas do evento (art. 17), ainda que não tenham participado da relação de consumo. Esta hipótese é tão somente para os acidentes de consumo, que geram a responsabilidade pelo fato do produto ou serviço (arts. 12 a 14). Este terceiro (pessoa física ou jurídica), que é equiparado ao consumidor, por ser vítima, é chamado de *bystander*. Exemplo: as vítimas da explosão em um *shopping center*.
c) Todas as pessoas determináveis ou não, expostas às práticas comerciais e contratuais lesivas do CDC (art. 29). Exemplos: as vítimas de propaganda enganosa, de cobrança indevida etc.

Em sentido estrito, porém, o consumidor deve ser o destinatário final do produto ou serviço. Sobre o assunto desenvolveram-se três teorias. São elas:

a) Teoria minimalista ou restrita ou finalista ou subjetiva: o destinatário final deve ser simultaneamente fático e econômico. O destinatário final fático é o que adquire o produto ou serviço para retirá-lo do mercado e simplesmente utilizá-lo. O destinatário final econômico é o que coloca um fim na cadeia de produção, isto é, que não utiliza o produto ou serviço para revenda ou uso profissional. Assim, o conceito de consumidor restringe-se à pessoa que figura simultaneamente como destinatário fático e econômico do produto ou serviço, pois o objetivo do CDC é proteger apenas o consumidor vulnerável. Referida teoria praticamente inviabiliza que a pessoa jurídica seja considerada consumidora, contrariando o disposto no art. 2º do CDC, que expressamente a elenca como tal. A teoria minimalista é extrema. Não haveria, por exemplo, relação de consumo quando a pessoa jurídica adquirisse os móveis para incorporá-los a seu estabelecimento empresarial, pois o uso seria para fins profissionais, embora não haja intenção de revenda. Nem mesmo os produtos de limpeza adquiridos pela pessoa jurídica seriam regidos pelo CDC; os veículos que ela adquirisse para transporte de seus empregados também estariam fora do CDC. Em suma, se o bem for aplicado na empresa, não se aplica o CDC.

b) Teoria maximalista ou objetiva ou ampliativa: o destinatário final do produto ou serviço deve ser apenas fático, pois o escopo do CDC é proteger o mercado de consumo e não apenas o consumidor não profissional. Assim, reputa-se consumidor qualquer pessoa física ou jurídica que seja destinatário final do produto ou serviço, isto é, que o retira do mercado para o fim de utilizá-lo e consumi-lo, pouco importando se o uso destina-se ou não à atividade empresarial, ou se há ou não o escopo de lucro. Só não se aplica o CDC quando a aquisição é para fim de comercializar o produto ou serviço. Referida corrente amplia demasiadamente o conceito de consumidor, desconsiderando-lhe sua principal característica, que é a vulnerabilidade (art. 4º, I, do CDC), estendendo o benefício a quem não ostenta esse estigma.

c) Teoria finalista ou minimalista temperada ou aprofundada: destinatário final deve ser simultaneamente fático e econômico, mas, no caso de comprovada vulnerabilidade, basta que seja destinatário final fático. Trata-se, na verdade, de um abrandamento da teoria subjetiva. É, pois, a teoria mais justa. Assim, para que alguém seja consumidor, além de ser o usuário final do bem ou serviço (destinatário fático), deve ainda utilizar o bem para o atendimento da necessidade privada (própria ou da família), não podendo reutilizá-lo, ainda que de forma indireta, no âmbito da empresa (destinatário econômico), mas, em casos de comprovada vulnerabilidade, aplica-se o CDC com base apenas na destinação final fática.

Vejamos alguns exemplos:

a) A pessoa jurídica que celebra contrato de financiamento bancário para investir o dinheiro em sua empresa. Para a teoria minimalista, ela não é consumidora; para a maximalista, se lhe aplica o CDC. Para a teoria finalista temperada, ela só será consumidora se comprovar a sua vulnerabilidade.

b) A fábrica que adquire cola para a fabricação de sapatos. Como o produto é utilizado como insumo da produção, a teoria minimalista afasta a incidência do CDC, uma vez que o bem, cola, retorna transformado, em forma de sapato, para o mercado de consumo. Logo, não se trata de destinatário final. Já os maximalistas aplicam o CDC, pois o que importa é a destinação final fática, isto é, a retirada do bem para o consumo. A teoria finalista temperada, em princípio, também rejeita a aplicação do CDC, salvo mediante comprovação da vulnerabilidade.

c) Produtor agrícola que compra adubo para o preparo do plantio; a pessoa jurídica que adquire veículo da concessionária para utilizá-lo na empresa; a pessoa jurídica que celebra contrato com a Sabesp de fornecimento do serviço de água. Nesses exemplos, a teoria finalista ou minimalista exclui a incidência do CDC; a teoria maximalista ou objetiva aplica o CDC; a teoria finalista ou minimalista temperada, em princípio, exclui o CDC, salvo mediante comprovação da vulnerabilidade.

O CDC é aplicado ao vulnerável (art. 4º, I), somente ele necessita de fato da proteção do Estado, por se encontrar em situação de desigualdade com o fornecedor.

A pessoa jurídica que aplica o produto em sua atividade econômica, mas fora da sua área de *expertise*, pode revelar-se vulnerável, beneficiando-se do CDC. Todavia, a pessoa física ou jurídica que realiza o negócio em sua área de especialidade não é vulnerável, excluindo-se a incidência do CDC.

A vulnerabilidade, que é a fonte do desequilíbrio contratual, consistente no ponto fraco apresentado pelo consumidor, é presumida, quando o consumidor for pessoa física, mas, a nosso ver, a presunção é relativa (*juris tantum*), podendo ser afastada diante da comprovação da *expertise* em relação ao produto ou serviço adquirido. No tocante ao consumidor pessoa jurídica, a vulnerabilidade não se presume, devendo ser comprovada no caso concreto, sob pena de se afastar a incidência do CDC. Nem mesmo diante da contratação de um serviço público essencial se pode presumir a vulnerabilidade da pessoa jurídica. Exemplos: água, luz, gás etc.

A vulnerabilidade pode ser:

a) Técnica: falta de *expertise* em relação ao produto ou serviço.

b) Jurídica: ocorre quando é impingido ao consumidor um contrato de adesão, anulando-lhe a possibilidade de discussão das cláusulas contratuais.

c) Fática: é a inferioridade financeira ou social na relação contratual, oriunda do poderio econômico ou monopólio do produto ou serviço exercido pelo fornecedor. A suprema necessidade de contratar faz também surgir essa vulnerabilidade fática.

d) Informacional: é a que decorre da falta das informações que deveriam ser prestadas sobre o produto ou serviço. Trata-se, na verdade, da própria vulnerabilidade técnica.

Do exposto conclui-se o seguinte:

a) Não é consumidor a pessoa que adquire o produto ou serviço com o intuito de comercializá-lo, isto é, revendê-lo. Falta-lhe o atributo da destinação final fática. Este contrato, na verdade, é celebrado entre empresários, sendo regido pelo direito empresarial, ainda que o empresário adquirente seja vulnerável.

b) Em regra, não é consumidor quem adquire o serviço ou produto para uso profissional, como é o caso das pessoas jurídicas e dos profissionais liberais, pois, embora seja o destinatário final fático, já que não há o fim de revenda, falta-lhe a destinação final econômica, visto que o produto ou serviço acaba sendo reintroduzido, ainda que de forma indireta, embutido no preço, no mercado de consumo. Mas, excepcionalmente, desde que comprovada a vulnerabilidade malgrado o uso profissional, o CDC pode ser aplicado aos profissionais liberais e pessoas jurídicas que adquirem o produto ou serviço para uso profissional, como é, por exemplo, o caso do taxista que compra o carro 0 km para empregá-lo em sua profissão.

Em resumo:

1. Se o adquirente for simultaneamente destinatário fático e econômico, aplica-se o CDC.
2. Se o adquirente for destinatário fático, mas não econômico, não se aplica o CDC, salvo se comprovada a vulnerabilidade.
3. Se o adquirente não for sequer destinatário fático, não se aplica o CDC, ainda que ele seja vulnerável. A pequena empresa, por exemplo, que compra mercadoria para revender, embora se comprove a sua vulnerabilidade, não se beneficia do CDC.

1.6 Conceito de fornecedor

Dispõe o art. 3º do CDC:

Fornecedor é toda pessoa física ou jurídica, pública ou privada, nacional ou estrangeira, bem como os entes despersonalizados, que desenvolvem atividade de produção, montagem, criação, construção, transformação, importação, exportação, distribuição ou comercialização de produtos ou prestação de serviços.

Assim, fornecedor é quem "desenvolve atividade", exige-lhe a habitualidade, o profissionalismo, excluindo da legislação consumerista os contratos celebrados entre consumidores ou entre o consumidor e o comerciante que age fora da sua atividade-fim.

Uma agência de viagem, por exemplo, quando vende seu veículo age fora de sua atividade-fim, e, por isso, não é fornecedora. O contrato entre empresários também é excluído do CDC, pois as partes se encontram em pé de igualdade, inexistindo a figura do "vulnerável".

O vocábulo fornecedor é o gênero, que abrange as seguintes espécies: produtos, montador, criador, fabricante, construtor, transformador, importador, exportador, distribuidor, comerciante e prestador de serviços, conforme bem observa Leonardo de Medeiros Garcia[1].

O fornecedor pode ser:

a) Pessoa física: é o caso do empresário individual, registrado ou não na Junta Comercial. Exemplo: vendedor ambulante.

b) Pessoa jurídica de direito público ou de direito privado. Exemplos: serviço de água, luz etc. Assim, o Estado e os concessionários de serviço público são considerados fornecedores.

c) Entes despersonalizados, isto é, sem personalidade jurídica, mas que titularizam alguns direitos. Exemplos: espólio, pessoa jurídica sem registro, massa falida, herança jacente, condomínio e a família. Referidos entes serão fornecedores apenas nas hipóteses em que desenvolverem alguma atividade empresarial.

São, pois, considerados fornecedores, dentre outros, submetendo-se ao Código de Defesa do Consumidor, os seguintes entes:

a) Os bancos (Súmula nº 297 do STJ). Esta é também a posição atual do STF. A Súmula nº 285 do STJ estabeleceu ainda que "nos contratos bancários posteriores ao Código de Defesa do Consumidor incide a multa moratória nele prevista".

b) Empresa de arrendamento mercantil de bens, inclusive de equipamento médico, ainda que o bem arrendado se destine a atividades comerciais.

c) Entidade de previdência privada e seus participantes (Súmula nº 321 do STJ).

d) Canal de televisão e seu público.

e) Mutuante do contrato de mútuo do Sistema Financeiro de Habitação para aquisição de imóvel.

f) Empresa de Correios e Telégrafos.

g) Empresa de captação e fornecimento de sangue doado.

---

1 GARCIA, Leonardo de Medeiros. *Direito do Consumidor*. Código Comentado e Jurisprudência. 6. ed. Rio de Janeiro: Impetus, 2010, p. 26.

h) Sociedade sem fins lucrativos que prestam serviços a seus associados, ainda que se trate de serviços de saúde.

i) Serviços prestados por advogados e outros profissionais liberais. São regidos pelo CDC, embora excluídos da responsabilidade objetiva, por força do art. 14, § 4º, do CDC.

Por outro lado, não se aplica o Código de Defesa do Consumidor aos seguintes casos:

a) Serviço público de saúde sem remuneração.

b) Pagamento de tributos (impostos, taxas e contribuições de melhoria). Mas há relação de consumo no pagamento de tarifas ou preço público, pois há manifestação de vontade do particular em adquirir o serviço.

c) Relações entre condomínio e condôminos quanto às despesas de manutenção do imóvel. Mas há relação de consumo entre o condomínio e as empresas que lhe prestam serviço (exemplo: água, luz, esgoto etc.).

d) Nas relações entre o locador e o locatário, salvo quando intermediados por meio de administradora (imobiliárias). Já se admitiu que o Ministério Público é parte legítima para questionar as cláusulas contratuais de contratos celebrados através de imobiliárias, figurando esta como ré na ação que versa sobre relação de consumo.

e) Crédito educativo (Lei nº 8.436/1992). Não é serviço bancário, mas programa de governo custeado pela União, figurando a Caixa Econômica Federal como preposta. Logo, não se aplica o CDC.

f) Serviços notariais não são regidos pelo CDC. Não se trata de relação de consumo e sim de uma relação de serviço público, regida por legislação específica.

g) Relação entre franqueador e franqueado. É regida pelo direito empresarial.

h) Relação entre o INSS e os segurados.

i) Prestação de serviços de educação na rede pública.

j) Serviços prestados por cooperativas. Não há relação de consumo, porquanto o próprio cooperado participa das decisões da cooperativa, mas o tema não é pacífico.

1.7 Objeto (elemento material ou objetivo)

O objeto da relação de consumo é o produto ou serviço.

Produto é qualquer bem, móvel ou imóvel, material ou imaterial (§ 1º do art. 3º). O termo é, pois, amplo, abrangendo os bens móveis (exemplos: carros, motos, sofás etc.), os bens imóveis (exemplos: apartamentos, terrenos etc.), os bens materiais, isto é, corpóreos, de existência física, e os bens imateriais, incorpóreos, isto é, os direitos (exemplo: programas de computador).

Serviço, por sua vez, é qualquer atividade fornecida no mercado de consumo, mediante remuneração, inclusive as de natureza bancária, financeira, de crédito e securitária, salvo as decorrentes das relações de caráter trabalhista (§ 2º do art. 3º). Excluem-se expressamente: a) os serviços gratuitos; b) as relações trabalhistas. Estas são regidas pela CLT.

Quanto aos serviços gratuitos, só são excluídos se forem pura ou inteiramente gratuitos. Se houver uma remuneração indireta (serviços aparentemente gratuitos), impõe-se a incidência do CDC.

São, pois, aparentemente gratuitos:

a) Transporte coletivo para maiores de 65 anos. Há uma remuneração por parte da coletividade de usuários, que, de certa forma, submetem-se a uma tarifa maior para que a gratuidade seja levada a efeito.

b) Estacionamentos gratuitos em supermercados, *shopping centers* etc. Há uma intenção de remuneração, pois o objetivo é atrair o consumidor ao estabelecimento. A empresa responde, perante o cliente, pela reparação do dano ou furto de veículo ocorrido em seu estacionamento (Súmula nº 130 do STJ), ainda que o consumidor nada tenha consumido.

c) Associação que presta serviços médicos gratuitos a seus associados. É evidente a remuneração indireta, porquanto esse tipo de associação é mantida pelo dinheiro captado dos próprios associados.

d) Empresa de captação e fornecimento de sangue doado. Com efeito, embora o doador não receba nenhuma remuneração e o sangue não possa ser comercializado, o certo é que há uma remuneração indireta, pois a infraestrutura é mantida pelo preço embutido noutros serviços.

1.8 Serviços públicos

O serviço público só é regido pelo CDC quando for remunerado, de forma direta e voluntária, pelo consumidor. De fato, o CDC cuida apenas dos serviços remunerados (§ 2º do art. 3º). Exemplos: água, luz, telefone, metrô etc. Referidos serviços são chamados de impróprios ou *uti singuli* e são remunerados por tarifas ou preços públicos. Vale lembrar que a tarifa é uma remuneração facultativa.

Já os serviços públicos próprios ou *uti universi*, remunerados por impostos ou taxas, cujo pagamento é obrigatório, independente, portanto, da vontade do contribuinte, submete-se aos ditames do direito administrativo e do direito tributário. Assim, o serviço de iluminação pública ou saúde pública não são regidos pelo CDC.

O art. 22 do CDC consagra o princípio da continuidade dos serviços públicos essenciais. Uma primeira corrente, invocando esse dispositivo legal e a ele juntando o princípio constitucional da dignidade da pessoa humana, sustenta que, mesmo diante do inadimplemento do consumidor, o serviço público essencial não pode ser cortado ou suspenso, sobretudo quando o indivíduo for miserável. Prevalece, no entanto, o entendimento que permite o corte do serviço público, após o aviso prévio ao consumidor inadimplente, diante da expressa previsão do art. 6º, § 3º, II, da Lei nº 8.987/1995, que regula a concessão e permissão dos serviços públicos.

Se o consumidor for pessoa jurídica de direito público, ainda assim prevalece a tese do corte da energia elétrica, ou de outro serviço público essencial, em razão do inadimplemento, mas de forma temperada, porquanto deve ser mantida a prestação do serviço nas unidades públicas provedoras das necessidades inadiáveis da comunidade, entendidas essas por analogia à Lei de Greve, como aquelas que, não atendidas, coloquem em perigo iminente a sobrevivência, a saúde ou a segurança da população, como é o caso das Delegacias de Polícia, hospitais, prontos-socorros etc. Outro tempero imposto pela jurisprudência é a necessidade de inadimplemento atual, não se justificando o corte por débitos passados.

Por outro lado, o STJ tem permitido, com relação ao serviço de consumo de água, a cobrança mensal de tarifa mínima, malgrado a proibição do art. 39, I, do CDC, que proíbe o fornecedor de condicionar o fornecimento de produtos ou serviços a limites quantitativos. A propósito, dispõe a Súmula nº 356 do STJ: "É legítima a cobrança da tarifa básica pelo uso dos serviços de telefonia fixa".

O argumento é que o art. 39, I, do CDC admite, mediante justa causa, a imposição de limites quantitativos, e, no caso, a justa causa consiste no gasto com a infraestrutura para a disponibilização do serviço. Igualmente, tem sido admitida a cobrança de tarifa progressiva ou escalonada de água, fixada de acordo com as categorias de usuários e as faixas de consumo (Súmula nº 407 do STJ).

1.9 Questões

1. Qual a relação entre o consumidor e a ordem econômica?
2. De que forma o Estado intervém nas relações privadas com o objetivo de proteger o consumidor?
3. Quem tem competência para legislar sobre a proteção ao consumidor?
4. Quais as hipóteses de consumidor por equiparação?
5. Quais as diferenças entre as teorias minimalista, maximalista e minimalista temperada?
6. Qual das teorias acima é adota pela jurisprudência?
7. A pessoa jurídica pode ser consumidora?
8. Quais as espécies de vulnerabilidade?
9. Quem pode ser fornecedor? Dê cinco exemplos.
10. Cite cinco casos em que não se aplica o CDC.
11. O que é produto?
12. O que é serviço?
13. O serviço público é regido pelo CDC?

CAPÍTULO 2
DA POLÍTICA NACIONAL DE RELAÇÕES DE CONSUMO

CAPÍTULO 2
DA POLÍTICA NACIONAL DE RELAÇÕES DE CONSUMO

Capítulo 2 – Da política nacional de relações de consumo | 17

2.1 Introdução

A Política Nacional das Relações de Consumo tem por objetivo o atendimento das necessidades dos consumidores, o respeito à sua dignidade, saúde e segurança, a proteção de seus interesses econômicos, a melhoria de sua qualidade de vida, bem como a transparência e harmonia das relações de consumo (art. 4º). Noutras palavras, a Política Nacional de Relações de Consumo tem por objetivo, entre outros, a prestação adequada de serviços ao consumidor.

Para que essas metas sejam atingidas, é mister a observância dos seguintes princípios:

a) Princípio da vulnerabilidade;
b) Princípio do dever governamental;
c) Princípio da harmonização dos interesses;
d) Princípio da garantia da adequação;
e) Princípio do equilíbrio nas relações de consumo;
f) Princípio da boa-fé objetiva;
g) Princípio da educação e informação dos consumidores;
h) Princípio do incentivo ao autocontrole;
i) Princípio da coibição e repressão de abusos no mercado;
j) Princípio da racionalização e melhoria dos serviços públicos;
k) Princípio do estudo constante das modificações do mercado de consumo.

2.2 Princípio da vulnerabilidade do consumidor

O Código de Defesa do Consumidor só existe porque o consumidor é vulnerável, é a parte mais fraca na relação de consumo, a qual se mostra desequilibrada, justificando-se a intervenção do Estado no contrato, mediante edição de normas cogentes cujo objetivo é o restabelecimento do equilíbrio contratual.

Há presunção de vulnerabilidade quando se tratar de consumidor pessoa física, enquanto a vulnerabilidade do consumidor pessoa jurídica pode ser objeto de discussão processual.

A vulnerabilidade pode ser:

a) Técnica: é a falta de conhecimentos específicos sobre o bem ou serviço adquirido.

b) Jurídica: é a falta de conhecimento jurídico acerca da relação de consumo.

c) Fática: é a supremacia do fornecedor decorrente do seu poder econômico ou do fato de ser o titular da prestação de um serviço essencial.

d) Informacional: é a falta de informações necessárias sobre o conteúdo do produto ou serviço.

Presentes uma dessas vulnerabilidades, impõe-se a incidência do CDC, lembrando que, para o consumidor pessoa física, há presunção, a nosso ver, relativa de vulnerabilidade. De fato, o objetivo do CDC é disciplinar uma relação contratual desequilibrada, protegendo a parte mais fraca, vulnerável, por normas cogentes, superando ou diminuindo a desigualdade entre as partes, não se justificando a sua incidência nos contratos em que as partes atuam em igualdade de condições.

A hipossuficiência, por outro lado, não é exigida nas relações de consumo.

A hipossuficiência pode ser econômica e processual. A primeira consiste nas dificuldades financeiras que o consumidor tem para a aquisição do bem ou serviço. A segunda é a dificuldade de o consumidor provar o fato em juízo. Hipossuficiência é, no dizer de Roberta Densa,[1] a inferioridade cultural, técnica ou financeira.

2.3 Princípio do dever ou ação governamental

Esse princípio impõe ao Estado o poder-dever de proteger efetivamente o consumidor, intervindo na atividade econômica. Essa proteção do Estado ao consumidor pode se dar:

a) Por iniciativa direta do Estado. Exemplo: edição de normas protetivas cogentes; instituição de órgãos públicos de defesa ao consumidor, como o PROCON e o Ministério Público.

b) Por incentivo à criação e desenvolvimento de associações representativas. Exemplos: benefícios fiscais a esses entes, como é o caso do IDEC, ADECON etc.

c) Pela presença do Estado no mercado de consumo. Exemplo: o próprio Estado presta diretamente o serviço público.

d) Pela garantia dos produtos e serviços com padrões adequados de qualidade, segurança, durabilidade e desempenho. Para tanto, o Estado edita as normas de segurança e qualidade a que o produto ou serviço deve atender.

1 DENSA, Roberta. *Direito do Consumidor*. 5. ed. São Paulo: Atlas, 2009, p. 25.

2.4 Princípio da harmonização dos interesses dos participantes na relação de consumo

De acordo com esse princípio, o desenvolvimento econômico e tecnológico deve ser compatível com a proteção ao consumidor. Não deve ser aceito os novos produtos que ofereçam perigo ao consumidor ou que sejam ineficientes.

Dentre os vários instrumentos que podem garantir a harmonia das relações de consumo, vale a pena lembrar o serviço de atendimento ao consumidor instalado em várias empresas, denominado *marketing* de defesa ao consumidor, a convenção coletiva de consumo (pacto entre as associações de consumidores e de fornecedores ou sindicatos de categorias econômicas), outrossim, as práticas de *recall* (convocação dos consumidores para reparo de algum vício ou defeito do produto ou serviço adquirido).

2.5 Princípio da garantia de adequação

Significa que o produto ou serviço deve atender às necessidades do consumidor, em segurança e qualidade. Este princípio, na verdade, integra o princípio da harmonização dos interesses.

2.6 Princípio do equilíbrio nas relações de consumo

De acordo com esse princípio, na relação de consumo as prestações não podem ser desproporcionais ou injustas. Trata-se da equidade contratual. A proteção contratual ao consumidor é prevista em inúmeros dispositivos legais. O art. 6º, V, por exemplo, assegura o direito à revisão contratual por onerosidade excessiva advinda de fato superveniente.

No Código de Defesa do Consumidor, quando o imóvel é adquirido na planta, isto é, direto da incorporadora, a venda, em relação ao consumidor, é sempre *ad mensuram*, por medida, e nunca *ad corpus*, meramente enunciativa, de modo que a diferença na área, ainda que inferior a 5% da extensão total, o autoriza a pleitear o abatimento no preço.

2.7 Princípio da boa-fé objetiva

A boa-fé objetiva é a exigência de comportamento leal dos contratantes, que incide antes, durante e depois da extinção do contrato, impondo-lhes a obrigação de cumprir alguns deveres anexos, isto é, implícitos aos contratos, cuja violação constitui uma espécie de inadimplemento, independentemente de culpa.

O princípio da boa-fé objetiva é aplicável:
a) Na fase pré-contratual (negociações preliminares);
b) Na fase da formação do contrato;
c) Na fase de execução do contrato;
d) Na fase pós-contratual, isto é, após o término da execução do contrato.

Nas relações consumeristas, a oferta deve conter a informação ou publicidade suficientemente precisa (art. 30); o fornecedor deve assegurar ao consumidor o conhecimento prévio do conteúdo do contrato (art. 46) e garantir a continuidade da oferta de componentes e peças de reposição, após o contrato de aquisição do produto (art. 32).

Por outro lado, cumpre não confundir a boa-fé objetiva com a boa-fé subjetiva. Esta última, que é presumida, consiste na crença de que as partes contratuais agem corretamente, influindo no ônus da prova, isto é, quem alega a má-fé deve comprová-la. O Código de Defesa do Consumidor, porém, prevê algumas hipóteses de inversão do ônus da prova, no processo civil, quando, a critério do juiz, for verossímil a alegação do consumidor ou quando este for hipossuficiente (art. 6º, VIII, do CDC).

A boa-fé, objetiva e subjetiva, exerce tríplice função, a saber: interpretativa, integrativa e de controle.

A função interpretativa, que é típica da boa-fé subjetiva, consiste em revelar a vontade dos contratantes segundo os preceitos de lealdade e confiança. Dessa função decorrem: a) o princípio da preservação dos contratos, de modo que, em regra, a nulidade de uma cláusula, que contiver conteúdo desleal, não invalidará todo o negócio; b) o princípio da conversão dos contratos, consistente na transformação de um contrato nulo noutro válido, de espécie diferente, quando presentes os requisitos formais e substanciais deste, desde que a intenção das partes tenha sido realmente a celebração desse último negócio. Assim, a compra e venda de imóvel celebrado por instrumento particular pode ser convertida em compromisso de compra e venda; c) o princípio do menor sacrifício do devedor. Anote-se, porém, que a boa-fé objetiva, à medida que cria novos direitos e deveres contratuais, acaba também auxiliando na interpretação sistemática dos contratos.

A função integrativa, ao revés, consiste na explicitação dos direitos e deveres anexos, isto é, não previstos expressamente no contrato. Assim, a despeito da omissão do contrato, compete ao vendedor colaborar com a retificação no Registro de Imóveis, fornecendo os documentos necessários. Essa função integrativa, que é típica da boa-fé objetiva, às vezes também é exercida pela boa-fé subjetiva. Com efeito, conforme salienta Nelson Nery

Junior, às vezes a boa-fé subjetiva amplia as obrigações contratuais já existentes e as integra com obrigações primárias e secundárias de conservação e respeito do direito alheio.

Finalmente, a função de controle contratual, consistente na delimitação dos direitos que uma parte pode exercer contra a outra, é baseada na boa-fé subjetiva e na boa-fé objetiva. Com efeito, a boa-fé subjetiva, na qual se enfatiza a crença, alivia ou tempera as obrigações assumidas no contrato, evitando, por exemplo, o agir contra os próprios atos, isto é, o exercício de um direito em contradição com o comportamento exercido anteriormente (*venire contra actum proprium non valet*). Acrescente-se, ainda, que com a boa-fé objetiva, na qual se destaca a lealdade, amplia-se o conceito de abuso de direito, que doravante passa também a compreender: a) a manifesta desproporção entre o exercício de um direito e o sacrifício imposto à outra parte; b) o desleal exercício ou não exercício de um direito; c) a desleal constituição de um direito.

São, pois, nulas as cláusulas abusivas, desleais e leoninas que:

a) Exonerarem ou atenuarem a responsabilidade do fornecedor por vícios dos produtos e serviços ou transferirem sua responsabilidade a terceiros;

b) Estabelecerem a inversão do ônus da prova em prejuízo ao consumidor;

c) Deixarem ao consumidor a opção de concluir ou não o contrato, embora obrigando o consumidor;

d) Autorizarem o fornecedor a cancelar, modificar o contrato ou a variar o preço unilateralmente;

e) Impossibilitarem o direito de indenização por benfeitorias necessárias.

A nulidade da cláusula que contiver conteúdo desleal não invalidará o negócio nas relações de consumo, exceto quando de sua ausência houver ônus excessivamente a qualquer das partes (art. 51, § 2º).

O princípio da boa-fé é constantemente invocado pela jurisprudência para a proteção do consumidor. A propósito, dispõe a Súmula nº 302 do STJ: "é abusiva a cláusula contratual de plano de saúde que limita o tempo da internação hospitalar do segurado".

São três os deveres anexos ou laterais do contrato de consumo:

a) Dever de informação: a relação de consumo é regida pelo princípio da transparência, competindo ao fornecedor prestar o máximo das informações possíveis sobre o produto ou serviço e as possíveis consequências negativas. É, por exemplo, dever do médico informar o paciente sobre os procedimentos cirúrgicos e suas consequências. Leonardo de Medeiros Garcia,[2] com muita propriedade, lembra que, no ano de 2006, motivados pela Copa do Mundo, os consumidores compraram TV de plasma sem saber que a imagem era prejudicada com o sinal analógico, até então o único existente, e que somente ficaria perfeita quando fosse implantado o sistema digital, o que levaria ainda alguns anos.

b) Dever de cooperação: o fornecedor deve contribuir para que as expectativas contratuais do consumidor sejam atendidas ou para que suas perdas sejam mitigadas. A propósito, o Enunciado nº 169 da III Jornada de Direito Civil do CJF/STJ: "O princípio da boa-fé objetiva deve levar o credor a evitar o agravamento do próprio prejuízo". O Enunciado retrata o instituto chamado *duty to mitigate the loss*. É, pois, dever do banco avisar o cliente que a sua conta não vem sendo movimentada, questionando-o sobre o desejo de encerrá-la, em vez de deixar fluir as taxas bancárias.

c) Dever de proteção ou cuidado: o fornecedor deve proteger os bens e a integridade pessoal do consumidor, indenizando-o quando esses direitos forem violados. A propósito, a Súmula nº 130 do STJ, que é aplicável ainda que o estacionamento tenha sido gratuito, dispõe que "a empresa reponde, perante o ciente, pela reparação de dano ou furto de veículos ocorridos em seu estacionamento".

2.8 Princípio da educação e informação dos consumidores e fornecedores (art. 4º, IV)

Os consumidores e fornecedores devem ser informados e educados quanto aos seus direitos e deveres, com vistas à melhoria do mercado de consumo, visando à construção de uma sociedade mais justa e equilibrada, diminuindo, por consequência, os litígios nas relações de consumo.

A informação gera a educação, isto é, o aprendizado. Este princípio deve ser observado:

a) Pelo Estado. A Lei nº 12.291/2010 obriga os estabelecimentos empresariais, sob pena de multa, a manterem ostensivamente um Código de Defesa do Consumidor. O ideal é que o Estado promova a educação formal, incluindo a matéria nos currículos escolares.

---

[2] GARCIA, Leonardo de Medeiros. *Direito do Consumidor.* Código Comentado e Jurisprudência. 6. ed. Rio de Janeiro: Impetus, 2010, p. 49.

b) Pelas entidades privadas de defesa do consumidor. Exemplos: elaboração de cartilhas, palestras etc.

Anote-se ainda que o fornecedor deve realizar a educação informal do consumidor sobre o consumo adequado dos produtos e serviços, para que lhe seja assegurada a liberdade de escolha e igualdade nas contratações. Assim, enquanto o Estado tem o dever de informar os direitos e deveres, tanto do consumidor quanto do fornecedor, este tem o dever de informar o consumidor sobre o consumo adequado e não sobre os direitos e deveres.

2.9 Princípio do incentivo ao autocontrole ou princípio do controle de qualidade e mecanismo de atendimento pelas próprias empresas (art. 4º, V)

O Estado deve estimular o fornecedor na criação de:

a) Meios eficientes de controle de qualidade e segurança de produtos e serviços. Trata-se de uma postura preventiva da empresa para evitar ou atenuar os conflitos com o consumidor. O Estado cumpre esse princípio ao impor as exigências necessárias à colocação do produto ou serviço no mercado, forçando o fornecedor a realizar testes prévios, rejeitando o produto ou serviço prejudicial à saúde ou segurança do consumidor ou nocivo ao meio ambiente.

b) Mecanismos alternativos de solução de conflitos de consumo. Exemplo: a empresa cria o Serviço de Atendimento ao Consumidor (SAC). Outro exemplo: o *recall*, isto é, a empresa convoca os consumidores que adquiriram o produto com defeito, detectado posteriormente, propondo-se a trocá-lo ou consertá-lo, sem qualquer ônus.

2.10 Princípio da coibição e repressão de abusos no mercado (art. 4º, VI)

Esse princípio é o que ordena a punição, civil, penal ou administrativa, do fornecedor que, no mercado de consumo, age com deslealdade.

A coibição e repressão devem recair sobre:

a) Todos os atos de abusos praticados no mercado de consumo. Exemplo: as práticas abusivas previstas no art. 39.

b) Concorrência desleal. Exemplo: proibição do uso indevido de inventos, marcas, nomes comerciais e signos distintivos, que possam confundir os consumidores. Assim, o Poder Judiciário pode proibir, sob pena de multa diária, a distribuição de produto com marca similar a outra, além de determinar a busca e apreensão dos produtos já distribuídos.

2.11 Princípio da racionalização e melhoria dos serviços públicos (art. 4º, VII)

De acordo com esse princípio, os serviços essenciais, isto é, públicos, devem ser prestados de forma eficiente, competindo ao Poder Público organizar-se e realizar o planejamento logístico para a melhoria constante do serviço.

Aludido princípio espanca qualquer dúvida acerca da possibilidade de o Estado figurar como fornecedor nas relações de consumo.

É, pois, direito do consumidor, quando se tratar de serviço público (exemplos: água, luz, transporte etc.), exigir do prestador do serviço público (Estado, Concessionário ou Permissionário, autarquias etc.):

a) Que o serviço seja racional, isto é, eficiente.
b) Que o serviço esteja sempre em constante melhoria.

2.12 Princípio do estudo das modificações do mercado (art. 4º, VIII)

Esse princípio obriga o Estado a analisar e pesquisar, de forma constante, as transformações ocorridas na sociedade de consumo, conhecendo os problemas e disciplinando, por meio de lei, as novas relações contratuais. Com o avanço da *Internet*, o mercado de consumo se modificou, boa parte das vendas se tornaram virtuais e, no cenário atual, ainda paira uma série de dúvidas sobre a responsabilidade civil e penal decorrentes dessas transações, justamente porque esse princípio não vem sendo cumprido a contento pelo Estado.

2.13 Execução da Política Nacional de Consumo (art. 5º)

Para o cumprimento da Política Nacional de Consumo, o Poder Público conta com os seguintes instrumentos:

a) Assistência jurídica integral e gratuita para o consumidor carente. A propósito, ainda que a relação não seja de consumo, o Estado deverá prestar assistência jurídica integral e gratuita aos que comprovarem insuficiência de recursos (art. 5º, LXXIV, da CF). Tal assistência é prestada pelas Defensorias Públicas, onde houver, ou advogados dativos (nomeados pelo juiz). Referida assistência consiste no atendimento ao público para orientação jurídica e tomada das medidas judiciais necessárias.

b) Promotorias de justiça de defesa do consumidor, no âmbito do Ministério Público. De fato, nos termos do art. 82 do CDC, o Ministério Público é parte legítima para defesa coletiva dos consumidores (direitos difusos, coletivos e individuais homogêneos), movendo as ações judiciais necessárias. O Ministério Público, porém, não tem legitimidade para mover a ação individual em favor de determinado consumidor, pois nenhuma lei o autoriza.

c) Delegacias de Polícia especializadas no atendimento de consumidores que foram vítimas de infrações penais de consumo.

d) Juizados Especiais de Pequenas Causas. A Lei nº 9.099/1995 criou o Juizado Especial, que não se restringe apenas às relações de consumo, mas às causas, em geral, de até 40 salários-mínimos, prescindindo-se de advogado nas causas de até 20 salários-mínimos.

e) Varas Especializadas para a solução de litígios de consumo, cuja criação depende de lei estadual, nos termos do art. 125 da CF.

f) Associação de Defesa do Consumidor. O Estado deve conceder estímulos à criação dessas entidades. São isentas, por exemplo, do ônus da sucumbência, nos termos do art. 87 do CDC, quando intenta ação coletiva para defesa dos interesses de seus associados consumidores.

2.14 Questões

1. Qual a diferença entre vulnerabilidade e hipossuficiência?
2. O que é o princípio da ação governamental?
3. O que é o princípio da harmonização dos interesses?
4. O que é o princípio do equilíbrio nas relações de consumo?
5. O que é o princípio da boa-fé objetiva?
6. Quais os três deveres anexos do contrato de consumo?
7. Quem deve observar o princípio da educação e informação dos consumidores?
8. De que forma se dá o incentivo ao autocontrole?
9. O abuso no mercado é punido em que esfera?
10. O que é o princípio da racionalização e melhoria dos serviços públicos?

11. O Estado é obrigado a estudar o mercado de consumo?
12. Quais os instrumentos do Poder Público para a execução da Política Nacional de Consumo?

CAPÍTULO 3
DIREITOS BÁSICOS DO CONSUMIDOR

3.1 Introdução

O art. 6º do CDC prevê os direitos básicos, isto é, essenciais do consumidor, mas é claro que ele ainda titulariza uma série de outros direitos.

Referidos direitos são os seguintes:

a) Direito à vida, saúde e segurança (art. 6º, I);
b) Direito à educação, divulgação e informação sobre o consumo adequado (art. 6º, II e III);
c) Direito à proteção contra publicidade enganosa e abusiva (art. 6º, IV);
d) Direito à revisão contratual (art. 6º, V);
e) Direito à prevenção e reparação dos danos (art. 6º, VI e VII);
f) Direito à facilitação da defesa (art. 6º, VIII);
g) Direito à adequada e eficaz prestação dos serviços públicos em geral (art. 6º, X).

3.2 Direito à vida, saúde e segurança

Esses direitos são protegidos evidentemente pelo art. 5º da CF, mas, ao inseri-los no âmbito da tutela das relações de consumo, o legislador visou a enfatizar a proibição de se colocar no mercado de consumo os produtos e serviços que acarretam riscos à vida, à saúde ou à segurança dos consumidores.

Assim, dispõe o art. 8º do CDC que "os produtos e serviços colocados no mercado de consumo não acarretarão riscos à saúde ou segurança dos consumidores, exceto os considerados normais e previsíveis em decorrência de sua natureza e fruição, obrigando-se os fornecedores, em qualquer hipótese, a dar as informações necessárias e adequadas a seu respeito".

Em suma, proíbe-se que se coloquem no mercado produtos ou serviços perigosos à saúde ou à segurança dos consumidores, exceto aqueles que, pela própria natureza e fruição, apresentam riscos normais e previsíveis. Exemplos: remédios, bebidas, fogos de artifício, faca de cozinha, instalação de energia elétrica, gás de cozinha etc. Mas mesmo esses produtos ou serviços podem ser proibidos quando apresentarem risco à saúde ou segurança anormal, além do que é tolerado e previsível.

O jurista Antônio Herman Benjamin[1] divide a periculosidade em três categorias:

---

1 Cf. Antônio Herman de Vasconcellos e Benjamin et al. *Comentários ao Código de Proteção do Consumidor*, São Paulo, Saraiva, p.47. citado em GARCIA, Leonardo de Medeiros. *Direito do Consumidor*. Código Comentado e Jurisprudência. 6. ed. Rio de Janeiro: Impetus, 2010, p. 107.

a) Periculosidade inerente: é a que está dentro da normalidade e previsibilidade apresentada pela própria natureza do produto ou serviço. Nesse caso, o dano sofrido pelo consumidor não é indenizado pelo fornecedor. Exemplo: o sujeito machuca a mão com a faca de cozinha.

b) Periculosidade adquirida: é a que decorre de algum defeito apresentado pelo produto ou serviço. Nesse caso, o consumidor lesado tem direito à indenização pelos danos sofridos.

c) Periculosidade exagerada: são os produtos ou serviços não defeituosos, mas cuja periculosidade inerente é tal que nem mesmo as informações ventiladas a respeito excluem a responsabilidade do fornecedor. Exemplo: produto químico utilizado para desentupimento de pias que provoca queimaduras graves. Outro exemplo ministrado pelo excelente jurista Antônio Herman[2] é o brinquedo que apresenta grande possibilidade de sufocação da criança. A propósito, dispõe o art. 10 do CDC: "O fornecedor não poderá colocar no mercado de consumo produto ou serviço que sabe ou deveria saber apresentar alto grau de nocividade ou periculosidade à saúde ou segurança".

Dos três produtos perigosos, apenas o primeiro, de periculosidade inerente é que pode ser colocado no mercado.

O fornecedor de produtos e serviços que, posteriormente à sua introdução no mercado de consumo, tiver conhecimento da periculosidade que apresentem, deverá comunicar o fato imediatamente às autoridades competentes e aos consumidores, mediante anúncios publicitários (§ 1º do art. 10).

Os anúncios publicitários devem ser veiculados na imprensa, rádio, televisão, às expensas do fornecedor do produto ou serviço (§ 2º do art. 10).

Sempre que tiverem conhecimento de periculosidade de produtos ou serviços à saúde ou à segurança dos consumidores, a União, os Estados, o Distrito Federal e os Municípios deverão informá-los a respeito (§ 3º do art. 10).

O aviso que o fornecedor faz ao consumidor sobre o perigo apresentado pelo produto ou serviço, convocando-o para a troca da peça defeituosa (*recall*) não o exime de responder pelos danos causados ao consumidor, mas, diante da culpa concorrente da vítima, cremos que o valor da indenização deva ser reduzido.

---

2 BENJAMIN, Antônio Herman de Vasconcelos. *Manual de Direito do Consumidor*. São Paulo: RT, 2007, p.119. Apud GARCIA, Leonardo de Medeiros. *Direito do Consumidor*. Código Comentado e Jurisprudência. 6. ed. Rio de Janeiro: Impetus, 2010, p. 108.

3.3 Direito à educação, divulgação e informação sobre o consumo adequado

A educação é o ensinamento sobre o consumo adequado do produto ou serviço. A divulgação consiste em tornar público, propalar, difundir a forma correta do consumo do produto ou serviço. A informação, por sua vez, é cientificar, de maneira adequada e clara, sobre os diferentes produtos e serviços, com especificação correta da quantidade, características, composição, qualidade e preço, bem como sobre os riscos que apresentam.

O direito à educação e informação, que também consta no art. 4º, IV, refere-se aos direitos e deveres dos fornecedores e consumidores, que deve ser prestado pelo Estado, ao passo que o art. 6º, II e III, diz respeito ao produto ou serviço adquirido pelo consumidor, sendo, pois, dever do fornecedor educar (ensinar), verbalmente ou por escrito (exemplo: manual de instrução), bem como divulgar (tornar público) que disponibiliza as instruções sobre o consumo adequado, e ainda informar o consumidor sobre os diferentes produtos e serviços disponíveis, dando-lhe a opção de escolha.

3.4 Direito à proteção contra publicidade enganosa ou abusiva

O assunto será abordado no estudo da publicidade (arts. 36 a 38).

3.5 Direito à revisão contratual (art. 6º, V)

São duas as hipóteses de revisão judicial das cláusulas contratuais nas relações de consumo:

a) Lesão enorme: quando as prestações forem desproporcionais. O consumidor é considerado vulnerável e, por isso, não pode se onerar no contrato, assumindo uma prestação desproporcional ao benefício auferido.

Se isso ocorrer estará quebrado o sinalagma da relação contratual, podendo recorrer ao Poder Judiciário para modificar a cláusula contratual, não se lhe exigindo, para tanto, que, no ato de contratar, se encontrasse em situação de necessidade ou que se trate de pessoa inexperiente, ao passo que esses requisitos subjetivos são essenciais para a caracterização da lesão, prevista no art. 157 do CC, aplicável aos contratos não regidos pelo CDC.

Adotou o Código de Defesa do Consumidor a lesão enorme, que se caracteriza com a desproporção entre as prestações, enquanto o Código Civil filiou-se à lesão especial, que exige, além da desproporção entre as prestações, a situação de necessidade ou inexperiência da parte lesada. Já a Lei nº 1.521/1951 consagrou a lesão usurária ou real que exige três requisitos: prestações desproporcionais + situação de necessidade ou inexperiência do lesado + dolo de aproveitamento (ciência da necessidade ou inexperiência da parte lesada). A lesão real é crime contra a economia popular (art. 4º da Lei nº 1.521/1951).

b) Teoria da base objetiva do negócio jurídico: é a que autoriza a revisão judicial das cláusulas contratuais em razão de fatos supervenientes que as tornem excessivamente onerosas. Mais uma vez o sinalagma contratual é quebrado, mas agora por fato superveniente, previsível ou não, pouco importa, pois não se trata da teoria da imprevisão. O contrato é lei entre as partes (princípio da obrigatoriedade), mas sujeito à cláusula *rebus sic stantibus* (enquanto a situação fática permanecer a mesma). Se, por fato posterior, a situação fática se alterar, onerando excessivamente o consumidor, este passa a ter o direito de rever judicialmente as cláusulas contratuais, mantendo-se, portanto, o contrato, que só será extinto se não for possível a sua revisão. Em contrapartida, o fornecedor se submete à teoria da imprevisão, prevista no art. 478 do CC, se sobrevir um acontecimento extraordinário e imprevisível, que torne excessivamente onerosa a sua prestação, podendo pedir a resolução do contrato, mas, nesse caso, a outra parte (só ela) poderá exigir a revisão do contrato, em vez de extingui-lo.

3.6 Direito à prevenção e reparação dos danos (art. 6º, VI e VII)

É dever do fornecedor informar, educar e divulgar sobre o consumo adequado do produto ou serviço, prevenindo a ocorrência de dano ao consumidor.

Assim, o direito do consumidor à prevenção de danos corresponde ao dever do fornecedor de cumprir as suas obrigações.

Se, ao revés, o dano ocorrer, o consumidor tem o direito de ser ressarcido na íntegra (princípio da *restitutio in integrum*), salvo se houver alguma excludente legal.

A indenização deve abranger a totalidade dos danos materiais e morais. No concernente aos danos morais, que atingem a pessoa na esfera de sua personalidade, causando-lhe sensações negativas, prevalece o sistema aberto (não há limite ao valor da indenização a ser fixada pelo juiz). O sistema tarifado (a lei fixa um teto máximo de indenização) é inconstitucional, pois viola o princípio constitucional da proporcionalidade entre a ofensa e o agravo (art. 5º, V, da CF). Com maior razão, os danos morais oriundos da relação de consumo não se submetem a teto, ofertando-se, portanto, o limite indenizatório previsto na Lei nº 7.565/1986 (Código Brasileiro de Aeronáutica) por danos decorrentes de transporte aéreo de passageiros, perda ou extravio de bagagens. Aliás, a Súmula nº 281 do STJ proíbe a indenização tarifada.

Nas relações de consumo, a jurisprudência é favorável ao consumidor. Senão, vejamos:

a) Súmula nº 370 do STJ: "Caracteriza dano moral a apresentação antecipada de cheque pré-datado".

b) Súmula nº 388 do STJ: "A simples devolução indevida de cheque caracteriza dano moral".

c) Súmula nº 385 do STJ: "Da anotação irregular em cadastro de proteção ao crédito, não cabe indenização por dano moral, quando preexistente legítima inscrição, ressalvado o direito ao cancelamento". Se, porém, não houver uma inscrição preexistente, o dano moral é devido, não havendo necessidade de se provar o prejuízo.

Discute-se se a "perda do tempo livre" deve ou não ser indenizada a título de danos morais pelos dissabores causados pelo fornecedor que fez com que o consumidor saísse de sua casa para resolver problemas atinentes à má prestação do serviço ou baixa qualidade do produto. A nosso ver, somente em casos graves, de situação intolerável, a indenização é cabível.

Além da indenização individual dos danos morais, é ainda possível, embora haja controvérsias, a indenização por dano moral coletivo ou difuso, expressamente previsto no art. 6º, VI e VII, do CDC.

Trata-se de uma indenização pelo abalo moral que a sociedade sofreu (exemplos: propaganda enganosa, apagão aéreo etc.), pela violação de direitos coletivos ou difusos, excluindo-se o dano moral coletivo quando há violação de direitos individuais homogêneos.

3.7 Direito à facilitação da defesa (art. 6º, VIII)

Em regra, o ônus da prova incumbe a quem alega o fato (art. 333 do CPC). No Código de Defesa do Consumidor também é assim, mas o juiz deve inverter o ônus da prova, a favor do consumidor, no processo civil, quando for verossímil a alegação ou quando for ele hipossuficiente. A inversão, porém, não é automática, pois depende de decisão judicial, sem a qual aplica-se a regra geral do art. 333 do CPC.

Assim, enquanto nas lides normais a regra do art. 333 do CPC, que consagra a distribuição estática do ônus da prova, não pode ser alterada pelo magistrado, nas lides consumeristas adotou-se a regra da distribuição dinâmica, pois se permite ao juiz determinar a inversão do ônus da prova. Aliás, mesmo nas lides normais é também possível a inversão do ônus da prova, mediante acordo entre as partes, que, no entanto, será nulo se recair sobre direito indisponível ou tornar excessivamente difícil a uma parte o exercício do direito (parágrafo único do art. 333 do CPC).

No Código de Defesa do Consumidor, a inversão do ônus da prova depende dos seguintes requisitos:

1. Que se trate de processo civil. Na área penal, o ônus da prova é da acusação, militando em prol do réu o princípio da presunção da inocência.

2. Decisão judicial atribuindo o ônus da prova ao fornecedor. No silêncio, o ônus da prova é de quem alega o fato, seja ele o autor ou o réu. Referida decisão judicial, prolatada de ofício ou requerimento, faz presumir verdadeira a alegação do consumidor, que fica dispensado de prová-la, mas a presunção é relativa, *juris tantum*, pois o fornecedor pode comprovar o contrário. Sobre o momento processual máximo para a inversão do ônus da prova, o Código de Defesa do Consumidor é omisso. Uma primeira corrente sustenta que é o despacho saneador, para que se preservem os princípios do contraditório e da ampla defesa, tratando o assunto como uma regra de procedimento. Outra corrente, defendida por Nelson Nery Junior, diz que essa inversão do ônus da prova é uma regra de julgamento, cabendo ao juiz, na sentença, analisar se é ou não o caso de se inverter o ônus da prova, e, em sendo positivo, prolatar sentença em prol do consumidor.

3. Que a alegação do consumidor seja verossímil ou então que ele seja hipossuficiente. A alegação é verossímil quando tem probabilidade de ser verdadeira. Já o consumidor hipossuficiente é o que apresenta dificuldades econômicas (carência financeira) ou não dispõe de conhecimentos técnicos em relação ao produto ou serviço adquirido, apurando-se essas qualidades segundo as regras ordinárias de experiência.

Por outro lado, em três situações a inversão do ônus da prova é automática (*ex vi legis*), independentemente de despacho judicial, prescindindo-se também da alegação verossímil ou da hipossuficiência. São elas: art. 12, § 3º, II; art. 14, § 3º, I, e art. 38. Assim, se o consumidor alegar que o produto é defeituoso, presume-se verdadeira a alegação, competindo ao fornecedor o ônus da prova de que o defeito inexiste (art. 12, § 3º, II), igualmente quando se tratar de serviço defeituoso (art. 14, § 3º, I). E, por fim, se o consumidor alega que a informação ou publicidade é falsa, presume-se que isso realmente procede, competindo ao fornecedor o ônus da prova da veracidade (art. 38).

Finalmente, é nula de pleno direito a cláusula contratual que estabeleça inversão do ônus da prova em prejuízo do consumidor (art. 51, VI, do CDC).

3.8 Direito à adequada e eficaz prestação de serviços públicos em geral

O direito do consumidor à prestação adequada e eficaz dos serviços estende-se também aos serviços públicos em geral. Se o consumidor se tornar inadimplente, é possível o corte do serviço público, mas antes disso o Poder Público deve notificá-lo, sob pena de perdas e danos. É minoritária a orientação de que, por força do princípio da continuidade do serviço público, o consumidor inadimplente teria o direito de usufruir do serviço, que não poderia ser interrompido.

O Decreto nº 6.523, de 31 de julho de 2008, fixou as normas gerais sobre o Serviço de Atendimento ao Consumidor – SAC, por telefone, mas infelizmente só é aplicado aos fornecedores de serviços regulados pelo Poder Público Federal. As ligações para o SAC serão gratuitas e as reclamações do consumidor deverão ser resolvidas no prazo máximo de 5 dias úteis, de forma clara e objetiva, abordando todos os pontos da demanda.

3.9 Responsabilidade solidária

Tendo mais de um autor a ofensa, todos responderão solidariamente pela reparação dos danos previstos nas normas de consumo (parágrafo único do art. 7º do CDC).

Assim, no Código de Defesa do Consumidor a responsabilidade civil, além de objetiva, é ainda solidária em relação aos causadores do dano.

3.10 Questões

1. Há algum produto perigoso que pode ser colocado no mercado de consumo?
2. Qual a diferença entre a periculosidade inerente, adquirida e exagerada?

3. A prática do *recall* exime o fornecedor de responder civilmente pelo dano causado?
4. Qual a diferença entre os direitos à educação e à informação previstos nos arts. 4º, IV, e 6º, II e III, do CDC?
5. Quais as duas hipóteses de cabimento da revisão judicial do contrato de consumo?
6. Qual a diferença entre lesão enorme, lesão especial e lesão real?
7. Qual a diferença entre a teoria da base objetiva e a teoria da imprevisão?
8. Como se concretiza o direito à prevenção ao dano?
9. Na reparação do dano moral, o STJ adota o sistema aberto ou tarifado?
10. O que dizem as Súmulas nos 370, 388 e 385, todas do STJ?
11. O ônus da prova no CDC é distribuído de forma dinâmica ou estática?
12. Quais os requisitos para a inversão judicial do ônus da prova no CDC?
13. O CDC admite a inversão legal do ônus da prova?
14. Quais as duas características da responsabilidade civil no CDC?

CAPÍTULO 4
RESPONSABILIDADE CIVIL DO FORNECEDOR

CAPÍTULO 4

RESPONSABILIDADE CIVIL DO FORNECEDOR

Capítulo 4 – Responsabilidade civil do fornecedor

4.1 Introdução

Responsabilidade civil é a obrigação de indenizar o dano causado a outra pessoa.

A responsabilidade civil pode ser:

a) Subjetiva: é a derivada de dolo ou culpa. Assim, só surge obrigação de indenizar se o dano houver sido causado de forma dolosa ou culposa.

b) Objetiva: é aquela em que a obrigação de indenizar independente de dolo ou culpa, bastando o nexo causal entre a conduta e o dano experimentado pela vítima.

No Código de Defesa do Consumidor, a responsabilidade do fornecedor é objetiva, à exceção dos profissionais liberais que, no tocante aos serviços prestados, só respondem a título de dolo ou culpa (§ 4º do art. 14).

4.2 Sistematização

No Código de Defesa do Consumidor, a responsabilidade civil do fornecedor apresenta-se com a seguinte divisão:

a) Responsabilidade pelo fato do produto (art. 12).
b) Responsabilidade pelo fato do serviço (art. 14).
c) Responsabilidade pelo vício do produto (arts. 18 e 19).
d) Responsabilidade pelo vício do serviço (art. 20).

4.3 Requisitos da responsabilidade civil

No Código de Defesa do Consumidor, são três os requisitos da responsabilidade civil:

a) Ação ou omissão do agente;
b) Relação de causalidade;
c) Dano experimentado pelo consumidor. Sem o dano, não há a obrigação de indenizar.

Não há necessidade da comprovação do dolo ou culpa, pois, conforme já vimos, a responsabilidade do fornecedor é objetiva, baseada no risco da atividade (pois admite algumas excludentes cujo ônus da prova é do próprio fornecedor), afastando-se, assim, a teoria do risco integral (que não admite nenhuma excludente).

No campo das relações de consumo, a responsabilidade do fornecedor é a mesma, seja ela contratual ou extracontratual (ou aquiliana), adotando-se, portanto, a chamada teoria unitária da responsabilidade civil.

Vale lembrar que a ação ou omissão, que enseja a obrigação de indenizar, pode emanar do próprio fornecedor ou de seus prepostos e eventualmente de terceiros ou da própria vítima, quando a culpa não for exclusiva dessas pessoas, pois para que se exclua a obrigação de indenizar é mister culpa exclusiva da vítima ou terceiro.

O termo fornecedor compreende o fabricante, o produtor, o construtor, o importador e o comerciante. Os três primeiros são chamados fornecedores reais, os dois últimos, presumidos.

Há ainda o fornecedor aparente, que é o que cede sua marca a outro empresário, mediante remuneração.

Fabricante é o que cria o produto industrializado, no todo ou em parte. Exemplos: fabricante de peças, o montador. A propósito, dispõe o art. 25, § 2º, do CDC: "Sendo o dano causado por componente ou peça incorporada ao produto ou serviço, são responsáveis solidários seu fabricante, construtor ou importador e o que realizou a incorporação". Se, por exemplo, o acidente ocorre por defeito no pneu do veículo, a obrigação de indenizar será tanto da montadora do carro quanto da empresa que fabricou o pneu. Se a primeira for condenada terá direito de regresso contra a segunda, que é a verdadeira responsável.

Produtor é o que produz produtos não industrializados, no todo ou em parte. Exemplos: pecuaristas, ruralistas etc. A empresa que realiza a embalagem do produto também é considerada produtora.

Construtor é o que planeja, organiza ou constrói imóveis. Aqui se trata da responsabilidade pelos produtos que o construtor introduz na construção, pois a responsabilidade pelos serviços é disciplinada no art. 14.

Importador é o que introduz, no Brasil, produto oriundo de outro país.

Comerciante é o empresário que faz a venda do produto ao consumidor ou no varejo.

Finalmente, há ainda o fornecedor aparente, que é o titular da marca, cujo uso ele concede a outro empresário, mediante remuneração. É o caso do contrato de franquia. A responsabilidade do franqueador é justificada pela teoria da aparência, devendo responder solidariamente com o franqueado pelos danos causados ao consumidor, nos termos do § 1º do art. 25 do CDC.

4.4 Responsabilidade pelo fato do produto

Aludida responsabilidade civil é a que decorre dos chamados acidentes de consumo, ocasionados pelo produto defeituoso. Exemplo: explosão de um eletrodoméstico, lesionando algumas pessoas.

O acidente de consumo lesa a vida, a saúde, a integridade física ou a segurança de uma ou mais pessoas. Gera, pois, um dano pessoal, e não meramente patrimonial.

O produto é defeituoso quando não oferece a segurança que dele legitimamente se espera, levando-se em consideração as circunstâncias relevantes, entre as quais: a sua apresentação, o uso e o risco que dele se esperam e a época em que foi colocado em circulação (§ 1º do art. 12). Assim, o chamado risco de desenvolvimento, que é o identificado após algum tempo, em razão dos avanços da ciência, a rigor, a nosso ver, deveria excluir a obrigação de indenizar, pois, na interpretação do significado do produto defeituoso, deve se levar em conta a época em que este foi colocado em circulação. Todavia, a posição dominante na doutrina é de que o fornecedor é sempre o responsável pelos defeitos do produto, ainda que estivesse de acordo com a legislação vigente à época da fabricação.

O produto, porém, não é considerado defeituoso pelo fato de outro de melhor qualidade ter sido colocado no mercado (§ 2º do art. 12). Se, por exemplo, a morte teria sido evitada se houvesse o freio ABS, o fornecedor do veículo não tem qualquer responsabilidade civil. Nos acidentes de consumo, os fornecedores têm responsabilidade civil objetiva, independentemente da existência de culpa.

Entretanto, a responsabilidade civil dos comerciantes é restrita às hipóteses do art. 13. Eles só respondem em duas situações. São elas:

a) Quando o fabricante, o construtor, o produtor ou o importador não puderem ser identificados. Exemplo: mercadoria vendida sem rótulo. Outro exemplo: feirante que vende fruta contaminada adquirida de fornecedor desconhecido.

b) Quando não conservar adequadamente os produtos perecíveis. Nesse caso, a responsabilidade é exclusiva do comerciante, excluindo a responsabilidade dos demais fornecedores. Portanto, nessa situação, o comerciante que indenizar a vítima não terá direito de regresso contra os outros fornecedores.

Conquanto objetiva, discute-se se a responsabilidade do comerciante é ou não solidária.

Uma primeira corrente, defendida por Zelmo Denari,[1] sustenta que sim, é solidária, pois o art. 13 do CDC o considera "igualmente responsável".

Uma segunda, liderada por Leonardo de Medeiros Garcia,[2] acertadamente, afasta a solidariedade, pois o comerciante não pode ser acionado juntamente com os demais fornecedores. Com efeito, tratando-se de produtos perecíveis que não foram conservados adequadamente, a responsabilidade civil é exclusiva do comerciante, de modo que haverá carência de ação, por ilegitimidade passiva de parte, se a ação for ajuizada em face do fabricante ou de outros fornecedores. Se o produto for não perecível, de duas uma: se o fornecedor for identificado, a ação em face do comerciante deverá ser extinta, por ilegitimidade passiva *ad causam*, pois, nesse caso, ele não é o responsável. Portanto, não há falar-se em solidariedade do comerciante, porquanto ele não é devedor comum.

Por outro lado, costuma-se dizer que o comerciante tem responsabilidade subsidiária, mas esse termo é inadequado, porque o responsável subsidiário pode exigir que primeiro se exaura do patrimônio do devedor principal, o que não é o caso do comerciante.

Na verdade, ele tem responsabilidade civil direta quando:

a) Não forem identificados os demais fornecedores.

b) Não conservar adequadamente o produto perecível.

Acrescente-se ainda que aquele que efetivar o pagamento ao consumidor prejudicado poderá exercer o direito de regresso contra os demais responsáveis, segundo sua participação na causação do evento danoso (parágrafo único do art. 13 do CDC). Esse direito de regresso é cabível para o comerciante (salvo na hipótese do art. 13, III) e para os demais fornecedores (fabricante, produtor, construtor e importador), mas deve ser exercitada em ação autônoma diante da vedação da denunciação da lide (art. 88 do CDC). Vale lembrar que na responsabilidade civil por fato do serviço é possível a denunciação da lide, pois o art. 88 só a proíbe nas situações dos arts. 12 e 13 do CDC, mas alguns doutrinadores, por analogia, estendem a proibição.

---

1 DENARI, Zelmo. *Código Brasileiro de Defesa do Consumidor comentado pelos autores do anteprojeto*. 8. ed. Rio de Janeiro: Forense Universitária, 2004, p. 190.

2 GARCIA, Leonardo de Medeiros. *Direito do Consumidor*. Código Comentado e Jurisprudência. 6. ed. Rio de Janeiro: Impetus, 2010, p. 133.

No concernente às causas de exclusão da responsabilidade civil pelo fato do produto, o § 3º do art. 12 do CDC esclarece que o fornecedor só não será responsabilizado quando provar:

a) Que não colocou o produto no mercado. Exemplos: produto falsificado ou roubado.

b) Que o defeito é inexistente. Há aqui uma inversão legal do ônus da prova, presumindo-se o defeito, competindo ao fornecedor provar o contrário.

c) Culpa exclusiva do consumidor. Exemplo: vítima empresta seu cartão de crédito ao amigo, que realiza compras em seu nome. Se a culpa for concorrente, subsiste a obrigação de indenizar. Para uns não há sequer redução do valor da indenização, outros sustentam que o valor deve ser reduzido, por analogia ao art. 945 do CC.

d) Culpa exclusiva de terceiro. Só haverá essa excludente, conforme jurisprudência, se o fato de terceiro for imprevisível e inevitável, as duas coisas. O fabricante que, ao ser acionado judicialmente, prova que a culpa foi exclusiva do comerciante, ainda assim será responsável, conforme Antônio Herman Benjamin,[3] porque o comerciante é parte na relação de consumo, não podendo ser equiparado a terceiro, mesmo porque a sua responsabilidade é solidária. A nosso ver, o comerciante é responsável direto, em apenas duas situações, e não solidário, de modo que o fabricante ou outro fornecedor devem ficar isentos do dever de indenização quando a culpa for exclusiva do comerciante (exemplo: falta de conservação adequada dos produtos perecíveis).

O caso fortuito e a força maior não constam como excludentes da responsabilidade civil do fornecedor. E, por isso, Nelson Nery Junior[4] argumenta que são taxativas (*numerus clausus*) as excludentes do dever de indenizar, respondendo, portanto, o fornecedor pelos danos advindos de caso fortuito ou força maior. Mas a posição dominante é de que a responsabilidade civil deve ser excluída, pois se o fato exclusivo de tercei-

---

3   Cf Antônio Herman de Vasconcellos Benjamin, *Comentários ao Código de Proteção do Consumidor*, p. 66. citado em *Código Brasileiro de Defesa do Consumidor comentado pelos autores do anteprojeto*. 8. ed. Rio de Janeiro: Forense Universitária, 2004, p. 190.

4   NERY JUNIOR, Nelson. Os princípios gerais do Código Brasileiro de Defesa do Consumidor. *Revista de Direito do Consumidor*. São Paulo: RT, 1992, p.56, v. 3, apud em GARCIA, Leonardo de Medeiros. *Direito do Consumidor*. Código Comentado e Jurisprudência. 6. ed. Rio de Janeiro: Impetus, 2010, p. 122 e 123.

ro é excludente, com maior razão o fato emanado da natureza (exemplos: raio, inundação etc.).

Costuma-se distinguir o fortuito interno do externo, subsistindo, no primeiro, a obrigação de indenizar, que é excluída pelo segundo.

O fortuito interno (caso fortuito) é o acontecimento inevitável relacionado à pessoa do fornecedor ou à organização de sua empresa. Exemplo: defeito oculto na máquina da fábrica provocado sem culpa. Outros exemplos: morte por infarto do motorista; roubo de talão de cheques do banco pela empresa transportadora.

Nesses casos, subsiste a obrigação de indenizar, pois o fortuito interno insere-se nos riscos da atividade empresarial.

O fortuito externo (força maior), por sua vez, é o acontecimento inevitável emanado de causas externas, como raios, guerras, assalto à mão armada etc. Nesses casos exclui-se a obrigação de indenizar diante da falta de qualquer conexão entre o fortuito externo e a atividade empresarial.

A responsabilidade do transportador, inclusive quando se tratar de concessionária de serviço púbico, é objetiva, quer o dano atinja o passageiro quer atinja terceiros, pois, nos termos do art. 17 do CDC, equiparam-se a consumidores todas as vítimas do evento.

4.5 Responsabilidade civil pelo fato do serviço

O fornecedor de serviço responde, independentemente de culpa, pela reparação dos danos causados aos consumidores pelo serviço defeituoso, bem como por informações insuficientes ou inadequadas sobre sua fruição e riscos (art. 14).

O fato do serviço é também o acidente de consumo que causa dano de natureza pessoal ao consumidor, equiparando-se também ao consumidor todas as vítimas do evento (art. 17).

A responsabilidade é igualmente objetiva, baseada no risco da atividade, e não no risco integral, pois pode ser excluída se o fornecedor comprovar a inexistência do defeito do serviço ou a culpa exclusiva do consumidor ou de terceiro, pairando a mesma discussão, já analisada no art. 12, sobre o caso fortuito ou força maior, se funcionaria ou não como excludentes da responsabilidade civil.

O serviço é defeituoso quando não fornece a segurança que o consumidor dele pode esperar, levando-se em consideração as circunstâncias relevantes, entre as quais o modo de seu fornecimento, o resultado e os riscos que razoavelmente dele se esperam, e a época em que foi fornecido (§ 1º do art. 10).

O serviço não é considerado defeituoso pela adoção de novas técnicas (§ 2º do art. 14).

No tocante ao contrato de transporte, pelo Decreto nº 2.681/1912, a culpa exclusiva de terceiro não figura como excludente da responsabilidade civil, prevalecendo sobre o Código de Defesa do Consumidor, por ser mais benéfico do que este. Sobre o assunto, dispõe a Súmula nº 187 do STF: "a responsabilidade contratual do transportador, pelo acidente com o passageiro, não é elidida por culpa de terceiro, contra o qual tem ação regressiva". Vale lembrar que o aludido decreto cuida do transporte ferroviário, mas por analogia é também aplicável ao rodoviário.

O jurista Carlos Roberto Gonçalves,[5] contudo, adverte que o fato exclusivo de terceiro configura fortuito externo, devendo ser afastada a responsabilidade civil, porquanto o citado decreto prevê como excludentes o caso fortuito ou força maior e a culpa exclusiva do viajante.

Por outro lado, o § 4º do art. 14 do CDC prevê a responsabilidade subjetiva dos profissionais liberais, exigindo-lhe a culpa. Trata-se do único caso de responsabilidade subjetiva do CDC, restrita, no entanto, ao fato do serviço.

Profissional liberal é "autônomo que exerce atividade manual, intelectual ou artística". Exemplos: médicos, advogados, mecânicos, escritores, músicos etc.

Nelson Nery Junior[6] sustenta que a responsabilidade dos profissionais liberais só é subjetiva se a obrigação for de meio; se for obrigação de resultado, a responsabilidade civil será objetiva, de modo que o devedor só se libera da obrigação de indenizar se comprovar que o resultado não foi atingido por caso fortuito ou força maior ou por culpa exclusiva da vítima ou de terceiro. Há quem sustente que a obrigação do resultado apenas gera a inversão do ônus da prova, de modo que a responsabilidade civil continua sendo subjetiva, excluindo-se pela comprovação da ausência de culpa.

Acrescente-se ainda que se os serviços típicos dos profissionais liberais forem executados por pessoas jurídicas, a responsabilidade civil será

---

5 GONÇALVES, Carlos Roberto. *Direito Civil Brasileiro*. 8. ed. São Paulo: Saraiva, 2011. p. 488, v. 3.

6 NERY JUNIOR, Nelson. *Código de Processo Civil comentado*. 4. ed. São Paulo: RT, 1999, p. 1812.

objetiva. Assim, enquanto o médico, contratado individualmente, tem responsabilidade subjetiva, a clínica médica tem responsabilidade objetiva.

É polêmica a questão da responsabilidade do hospital pelos atos culposos do médico com o qual não tem vínculo empregatício. Uma corrente sustenta que a responsabilidade objetiva do hospital refere-se apenas aos serviços que presta (internação, enfermagem, exames etc.), não se responsabilizando objetivamente, mas apenas por culpa, quanto aos erros do médico.

Outra corrente argumenta que a responsabilidade do hospital é objetiva em relação aos danos causados pelo médico.

4.6 Prazo para a ação

Prescreve em cinco anos a ação da reparação pelos danos causados por "acidente de consumo", isto é, por fato do produto ou do serviço, iniciando-se a contagem a partir do conhecimento do dano e de sua autoria (art. 27).

Trata-se de prazo prescricional, pois é nítido o caráter condenatório da pretensão à reparação do dano. E, como se sabe, as ações condenatórias sujeitam-se à prescrição, ao contrário das constitutivas ou declaratórias cujo prazo, se houver, é decadencial.

O início do prazo não se dá com a violação do direito, como normalmente acontece, e sim com o conhecimento do dano e de sua autoria. Não basta conhecer o dano ou a autoria, pois o início do prazo se dá com o conhecimento do dano e da autoria, as duas coisas. No caso de lesão contínua, em evolução, o início do prazo não se altera, operando-se igualmente com o conhecimento do dano e de sua autoria.

O Código de Defesa do Consumidor só disciplina duas ações:

a) Responsabilidade pelo fato do produto ou serviço, cujo prazo para propositura da ação é de 5 anos (art. 27). Tratando-se, porém, de transporte aéreo internacional, o Supremo Tribunal Federal decidiu que prevalece a Convenção de Varsóvia, com base no art. 178 da CF, que, para ação indenizatória, prevê o prazo de dois anos.

b) Responsabilidade pelos vícios do produto ou serviço, cujo prazo para propositura da ação é de trinta ou noventa dias, conforme se trate de produtos ou serviços não duráveis ou duráveis (art. 26).

Com relação a outras ações, que não causam riscos à saúde ou à segurança do consumidor, mas que eventualmente o consumidor pode mover, paira discussão acerca do prazo.

Uma primeira corrente aplica o prazo de cinco anos, previsto no art. 27 do CDC, quando se tratar de qualquer pretensão indenizatória. Uma segunda, acertadamente, restringe o art. 27 do CDC só à ação de responsabilidade pelo fato do produto ou serviço (acidentes de consumo), aplicando-se para outras situações os prazos prescricionais previstos no Código Civil e em leis especiais. Assim, a ação do segurado contra seguradora prescreve em um ano (art. 206, § 1º, II, do CC e Súmula nº 101 do STJ). A Súmula nº 412 do STJ dispõe que: "a ação de repetição de indébito de tarifas de água e esgoto sujeita-se ao prazo prescricional estabelecido no Código Civil".

4.7 Responsabilidade civil pelo vício do produto ou serviço

No Código de Defesa do Consumidor, os vícios são as inadequações, ocultas ou aparentes, que atingem o produto ou serviço, na sua qualidade, quantidade ou nas informações, tornando-os impróprios ou inconvenientes ao consumo a que se destinam ou diminuindo o seu valor (art. 18 do CDC).

Enquanto o Código Civil só admite a reclamação dos vícios redibitórios, isto é, ocultos, o CDC admite a reclamação destes e também dos vícios aparentes ou de fácil constatação (art. 26 do CDC).

Os vícios, redibitórios ou aparentes, causam ao consumidor um dano patrimonial, distinguindo-se da responsabilidade civil, pelo fato do produto ou serviço (acidentes de consumo), cujo dano é pessoal.

A responsabilidade pelos vícios fundamenta-se no princípio da garantia, segundo o qual o fornecedor deve assegurar o perfeito estado do produto ou serviço. Trata-se, pois, de uma garantia especial implícita nos contratos bilaterais, independentemente, portanto, de cláusula expressa. É nula a cláusula que isenta o fornecedor de responder pelos vícios do produto ou serviço ou que atenue a sua responsabilidade (art. 25). É, pois, vedada a cláusula de não indenizar ou cláusula de irresponsabilidade, bem como a cláusula que atenue a responsabilidade, salvo quando o consumidor for pessoa jurídica, pois, nesse caso, em situações justificáveis, a indenização pode ser limitada, nos termos do art. 51, I, do CDC.

Aliás, o fornecedor responde pelos vícios existentes ao tempo da alienação, ainda que estes emanem de caso fortuito ou força maior. De fato, a ignorância do fornecedor sobre os vícios de qualidade, quantidade ou de informação não o exime de responsabilidade (art. 23). No sistema do Código Civil, a responsabilidade pelas perdas e danos só incide se o vício redibitório era conhecido pelo alienante; se não o conhecia, fica obrigado apenas à restituição do valor recebido, mais as despesas do contrato (art. 443 do CC). Já no CDC as perdas e danos são devidas mesmo que o fornecedor esteja de boa-fé, isto é, ainda que ignore a existência do vício.

A responsabilidade civil dos fornecedores, pelos vícios do produto ou serviço, é objetiva, inclusive para os profissionais liberais, pois a exceção prevista no § 1º do art. 14 é restrita aos "acidentes de consumo", isto é, aos danos pessoais oriundos do fato do serviço, e não aos danos meramente econômicos que advém dos vícios do serviço.

Havendo mais de um responsável pela causação do dano, todos responderão solidariamente pela reparação (§ 1º do art. 25). Assim, por exemplo, o consumidor que comprou o veículo na concessionária poderá acioná-la judicialmente, e também o fabricante, se o produto apresentar algum vício.

Sendo o dano causado por componente ou peça incorporada ao produto ou serviço, serão responsáveis solidários seu fabricante, construtor ou importador e o que realizou a incorporação (§ 2º do art. 25).

No caso de fornecimento de produtos *in natura*, dispõe o § 5º do art. 18: "será responsável perante o consumidor o fornecedor imediato, exceto quando identificado claramente seu produtor". Produto *in natura* é o que não é industrializado, embora possa ser embalado. Zelmo Denari[7] sustenta que, nesse caso, a menos que se identifique o produtor, a responsabilidade é exclusiva do fornecedor imediato, isentando-se os demais fornecedores da solidariedade. Se, no entanto, o produtor for identificado, impõe-se a solidariedade entre ele e o comerciante (fornecedor imediato). O § 5º do art. 18 cuida do vício de qualidade e do vício de informação sobre a qualidade. Tratando-se de vício de quantidade ou de informação sobre quantidade, o § 2º do art. 19 reza que "o fornecedor imediato será responsável quando fizer a pesagem ou medição e o instrumento utilizado não estiver aferido segundo os padrões oficiais". Nesse caso, a responsabilidade é exclusiva do fornecedor imediato, excluindo-se a solidariedade em relação aos demais fornecedores.

Os requisitos necessários à responsabilidade por vício do produto e do serviço são:

a) Que o produto ou serviço seja objeto de um contrato regido pelo CDC.

b) Que o vício seja existente ao tempo da entrega do produto ou da prestação do serviço.

---

[7] DENARI, Zelmo. *Código Brasileiro de Defesa do Consumidor comentado pelos autores do anteprojeto*. 8. ed. Rio de Janeiro: Forense Universitária, 2004, p. 209.

c) Que o vício atinja o produto ou serviço em sua qualidade, quantidade ou informação. O vício de informação é o decorrente da disparidade com as indicações, atinentes à qualidade ou quantidade, constantes do recipiente, da embalagem, rotulagem ou mensagem publicitária, respeitadas as variações decorrentes de sua natureza.

O vício de qualidade ocorre quando o produto ou serviço não apresenta alguma característica positiva. O vício de quantidade, por sua vez, é o de pesagem ou medição do produto ou serviço.

O vício de qualidade e o vício de quantidade, cujas indicações se encontram em harmonia com a embalagem, ou com o que foi anunciado, só são passíveis de reclamação se tornar o produto ou serviço impróprio ou inadequado ou diminuir o seu valor. São impróprios ao uso e consumo: I – os produtos cujos prazos de validade estejam vencidos; II – os produtos deteriorados, alterados, adulterados, avariados, falsificados, corrompidos, fraudados, nocivos à vida ou à saúde, perigosos ou, ainda, aqueles em desacordo com as normas regulamentares de fabricação, distribuição ou apresentação; III – os produtos que, por qualquer motivo, se revelem inadequados ao fim a que se destinam. São impróprios os serviços que se mostrem inadequados para os fins que razoavelmente deles se esperam, bem como aqueles que não atendam às normas regulamentares de prestabilidade. (§ 2º do art. 20).

d) Que o vício torne o produto impróprio ou inadequado ao consumo a que se destinam ou que lhes diminua o valor. Esse requisito não é exigido para o vício de informação, no qual basta a disparidade entre o informado e a realidade.

Presentes esses requisitos, o consumidor passa a ter quatro opções. São elas:

a) Ação para obter a substituição do produto por outro da mesma espécie, em perfeitas condições de uso, ou, então, a reexecução do serviço, conforme se tratar de vício do produto ou vício do serviço. "A reexecução dos serviços poderá ser confiada a terceiros devidamente capacitados, por conta e risco do fornecedor" (§ 1º do art. 20). Não sendo possível essa substituição, o Código permite ainda a substituição por outro objeto de espécie, marca ou modelo diferente, mediante complementação ou restituição de eventual diferença do preço (art. 18, § 4º, do CDC). Para tanto, urge que o consumidor formule pedido alternativo ou subsidiário.

b) Ação redibitória, cujo escopo é a rescisão do contrato.

c) Ação *quanti minoris*, visando ao abatimento proporcional do preço.

d) Complementação do peso do produto ou medida do produto ou serviço. Trata-se de uma opção exclusiva para os vícios de quantidade ou de informações sobre quantidade (art. 19, II, do CDC).

Em regra, o ajuizamento de uma dessas ações só será possível se o fornecedor não sanar o vício, reparando a coisa, no prazo de 30 dias. Este prazo, que é de garantia, pode ser ampliado, no contrato, para o máximo de 180 dias ou diminuído em até sete dias. Trata-se de um prazo de garantia, impeditivo, portanto, do início da fluência do prazo decadencial. Nos contratos de adesão, a cláusula que amplia ou reduz esse prazo de 30 dias deve ser convencionada em separado, por meio de manifestação expressa do consumidor (art. 18, § 2º, do CDC). Para exercer esse direito de opção, conforme ensina Leonardo de Medeiros Garcia,[8] o consumidor não precisa notificar formalmente o fornecedor sobre o aparecimento do vício. Basta a prova de que o fornecedor teve conhecimento do vício e que não houve a sanação deste no prazo de 30 dias.

O consumidor poderá exigir diretamente uma das quatro opções acima, não estando obrigado a aguardar o prazo de garantia, sempre que, em razão da extensão do vício, a substituição das partes viciadas puder comprometer a qualidade ou características do produto, diminuindo-lhe o valor quando se tratar de produto essencial (art. 18, § 3º, do CDC). No vício de quantidade não há falar-se em prazo de 30 dias para sanar a irregularidade, podendo o consumidor ajuizar uma das quatro ações judiciais mencionadas. O Código de Defesa do Consumidor só prevê o vício de quantidade do produto, mas por analogia aplica-se também aos vícios de quantidade do serviço.

Assim, como esclarece Silvio Venosa, "imagine que o adquirente tenha comprado ou locado equipamento básico para sua atividade profissional. Aguardar o prazo de reparo lhe trará enorme prejuízo. Deve pedir imediatamente a redibição. O mesmo pode ser dito se o defeito atinge funcionamento básico do produto, colocando a perder a própria confiabilidade do fornecedor".

Saliente-se, ainda, que é possível a cumulação da ação de substituição do produto ou reexecução do serviço com a ação redibitória, mediante pedido alternativo ou subsidiário. Quanto à ação *quanti minoris*, não pode esta ser cumulada com as outras duas, em face da incompatibilidade existente entre elas.

---

8 GARCIA, Leonardo de Medeiros. *Direito do Consumidor*. Código Comentado e Jurisprudência. 6. ed. Rio de Janeiro: Impetus, 2010, p. 153.

Em relação à indenização por perdas e danos, pode ser cumulada com qualquer dessas quatro ações.

No tocante ao prazo decadencial para a propositura de uma daquelas três ações, será de trinta dias, quando se tratar de produtos ou serviços não duráveis, e de noventa dias, se duráveis. O término inicial desse prazo, para os vícios aparentes, é a entrega do produto ou término do serviço, e, para os vícios redibitórios, o momento em que ficar evidenciado o defeito (art. 26, § 3º, do CDC). Esses prazos passam a ser de cinco anos se o vício lesar a incolumidade física do consumidor, contados do conhecimento do dano e da identificação da autoria (art. 27 do CDC). O então Ministro do STJ Sálvio de Figueiredo Teixeira[9] esclareceu que produtos não duráveis são aqueles que se exaurem no primeiro uso ou logo após sua aquisição, enquanto os duráveis, definidos por exclusão, seriam aqueles de vida útil não efêmera. Quanto ao prazo máximo para a manifestação do vício oculto, o Código de Defesa do Consumidor é omisso, mas a posição dominante é a de que é o tempo de vida útil do bem, não se restringindo, assim, ao prazo de garantia dado pelo fabricante ou comerciante.

Não obstante decadenciais, a lei prevê a suspensão desses prazos em duas hipóteses.

A primeira ocorre com a instauração do inquérito civil. Nesse caso, o prazo permanece suspenso até o Ministério Público encerrar o referido inquérito. O encerramento do inquérito civil pode se dar: a) com o seu arquivamento; b) com a propositura da ação civil pública; c) com o termo de ajustamento de conduta.

A segunda hipótese se verifica com a reclamação do consumidor junto ao fornecedor. Em tal situação, a suspensão perdura até a resposta por escrito do fornecedor. O consumidor tem o ônus da prova de que fez a reclamação, por escrito ou verbalmente, ao fornecedor. É livre a forma de reclamação (exemplo: telefone, *e-mail*, comparecimento pessoal etc.). Se for feita verbalmente, deverá ser comprovada por testemunhas. A reclamação deve ser feita ao fornecedor. Se for dirigida ao PROCON ou outro órgão de proteção ao consumidor, o prazo decadencial não se suspenderá, pois não há previsão legal para tanto.

Convém ainda registrar que há entendimento no sentido de que as duas causas acima são interruptivas da prescrição, beneficiando o consumidor, pois lhe reabriria o prazo por inteiro. Mas prevalece, acertadamente, a tese de suspensão do prazo decadencial, pois a interrupção é extremamente gravosa, só se admitindo mediante texto legal inequívoco.

9   STJ – 4ª T – REsp nº 114.473 – Rel. Min. Sálvio de Figueiredo Teixeira – j. 24-3-1997.

No tocante ao início da fluência desse prazo decadencial, o legislador armou uma aparente confusão, fixando-o, num primeiro momento, a partir da entrega do produto, mas, num segundo momento, prevê o prazo de garantia, que obsta o início da fluência do prazo decadencial, e, num derradeiro momento, salienta que a reclamação do consumidor ao fornecedor obsta a fluência desse prazo.

A nosso ver, é perfeitamente possível a conciliação desses dispositivos legais. Com efeito, se não for feita a sobredita reclamação dentro do prazo de garantia, o prazo de decadência começará a fluir a partir da entrega do produto. Se, ao revés, dentro do prazo de garantia o consumidor fizer a aludida reclamação, o prazo de decadência só se iniciará a partir da resposta negativa do fornecedor; e, se essa reclamação for feita somente após o esgotamento do prazo de garantia, haverá o inusitado fenômeno da suspensão do prazo decadencial.

4.8 Questões

1. O que é responsabilidade civil?
2. Qual a diferença entre responsabilidade civil objetiva e subjetiva?
3. No Código de Defesa do Consumidor a responsabilidade civil é sempre objetiva?
4. Qual a diferença entre a teoria do risco da atividade e a teoria do risco integral?
5. Qual a diferença entre fornecedor real, presumido e aparente?
6. Em que consiste a responsabilidade civil pelo fato do produto?
7. O comerciante sempre é responsável pela indenização do acidente de consumo? Por quê?
8. A responsabilidade do comerciante é solidária ou subsidiária?
9. É cabível direito de regresso? Em caso positivo, como é exercido?
10. Quais as hipóteses de exclusão da responsabilidade civil pelo fato do produto?
11. O fornecedor é obrigado a indenizar o acidente de consumo ocorrido por culpa exclusiva do comerciante?
12. O caso fortuito e a força maior excluem a responsabilidade civil do fornecedor?
13. Quando é cabível a responsabilidade civil pelo fato do serviço?
14. Explique a responsabilidade civil do transportador.

15. A responsabilidade civil dos profissionais liberais é sempre subjetiva?
16. Qual o prazo para a ação de indenização pelo fato do produto ou serviço? A partir de quando se conta esse prazo? Esse prazo é aplicado ao transporte aéreo internacional?
17. Qual o prazo para a propositura de outras ações relacionadas à relação de consumo?
18. Qual a diferença entre vício do produto ou serviço e fato do produto ou serviço?
19. É sempre nula a cláusula que isente ou reduza a responsabilidade do fornecedor pelos vícios do produto ou serviço?
20. O fornecedor responde pelos vícios oriundos de caso fortuito ou força maior?
21. As perdas e danos pelos vícios dos produtos ou serviços são tratadas da mesma forma pelo Código Civil e pelo Código de Defesa do Consumidor?
22. Quais os requisitos para a responsabilidade do fornecedor pelos vícios do produto ou serviço?
23. Quais as possíveis ações que podem ser propostas?
24. Qual é o prazo de garantia? Este prazo impede a propositura da ação?
25. Qual o prazo para propositura da ação por vício do produto ou serviço? Este prazo é decadencial ou prescricional? Ele se suspende?

CAPÍTULO 5
TEORIA DA DESCONSIDERAÇÃO DA PESSOA JURÍDICA

5.1 Introdução

A pessoa jurídica desfruta de personalidade e patrimônio autônomo, ela não se confunde com a personalidade e patrimônio dos seus sócios. Se, por exemplo, alguém deve para a sociedade, a ação judicial de cobrança não pode ser movida pelos sócios, e sim pela própria sociedade, sob pena de carência de ação por ilegitimidade ativa *ad causam*. O credor da sociedade, por sua vez, não pode mover ação judicial em oposição ao sócio, e sim contra a sociedade, sob pena de carência de ação, por ilegitimidade passiva *ad causam*.

O princípio da autonomia da pessoa jurídica, porém, não é absoluto, pois modernamente encontra-se excepcionado pela teoria da desconsideração da pessoa jurídica.

5.2 Conceito

A teoria da desconsideração da pessoa jurídica é a que permite, nos casos expressos em lei, que o credor da sociedade possa acionar diretamente os sócios, executando-lhe o patrimônio individual.

O objetivo dessa teoria, que é também conhecida como *disregard of legal entity* ou, ainda, teoria do superamento ou do levantamento do véu da pessoa jurídica, não é extinguir a pessoa jurídica, mas apenas afastar, para o caso concreto, a autonomia da sua personalidade e patrimônio, para que os sócios possam responder diretamente pelos débitos da sociedade.

O juiz quando aplica essa teoria não ordena o cancelamento do registro do ato constitutivo da pessoa jurídica, limitando-se a declarar a responsabilidade direta dos sócios pelas dívidas sociais.

5.3 Espécies

São duas as espécies de teoria da desconsideração da pessoa jurídica:

a) Teoria maior: é a que exige, para o afastamento da personalidade jurídica, a insolvência e o uso fraudulento da personalidade jurídica. É, pois, a teoria adotada pelo Código Civil, que, em seu art. 50, exige, para o levantamento do véu, a par da insolvência para pagamento, o desvio de finalidade (teoria maior subjetiva) ou a confusão patrimonial (teoria maior objetiva). O desvio de finalidade ocorre quando a pessoa jurídica pratica algum ato ilícito ou fraudulento. A confusão patrimonial ocorre, por exemplo, quando o sócio, para ocultar sua participação em negócio cuja prática estava proibida, constitui uma pessoa jurídica, celebrando o contrato em nome dela.

b) Teoria menor: é a que exige para o afastamento da personalidade jurídica apenas a insolvência da pessoa jurídica para pagamento de suas obrigações, dispensando-se a prova do uso abusivo de sua personalidade jurídica.

É, pois, a teoria adotada no CDC (art. 28) e no direito ambiental (art. 4º da Lei nº 9.605/1998).

5.4 A desconsideração da personalidade jurídica no Código de Defesa do Consumidor

O art. 28 do CDC prevê dez hipóteses em que é possível ao juiz desconsiderar a personalidade da pessoa jurídica:

a) Abuso de direito;

b) Excesso de poder;

c) Infração da lei;

d) Ato ilícito;

e) Violação do ato constitutivo (estatuto ou contrato social);

f) Sentença de falência;

g) Estado de insolvência;

h) Encerramento da pessoa jurídica, por má administração;

i) Inatividade da pessoa jurídica, por má administração;

j) Quando a personalidade da pessoa jurídica for, de alguma forma, obstáculo ao ressarcimento de prejuízos causados aos consumidores.

Presentes uma dessas situações, o juiz, de ofício ou a requerimento, no processo de conhecimento ou de execução (singular ou coletiva), pode, para o caso concreto, suspender a eficácia do ato constitutivo da pessoa jurídica, como se ela não existisse, atribuindo aos sócios a responsabilidade pelo pagamento do débito, assegurando-lhe, porém, a ampla defesa. As normas do Código de Defesa do Consumidor são de ordem pública e interesse social (art. 1º), e, por isso, o juiz pode, de ofício, levantar-lhe o véu, independentemente de requerimento da parte.

São tantas as hipóteses previstas no art. 28 do CDC, mas, na verdade, o simples estado de insolvência é suficiente, pois, conforme já vimos, essa hipótese consagra a teoria menor. Vale lembrar que a prova da insolvência é negativa, competindo ao fornecedor o ônus da prova da solvência, aplicando-se por analogia o art. 750 do CPC.

Tratando-se de empresário individual, pessoa física, nada obsta a desconsideração inversa da personalidade jurídica da sociedade, em que ele figura como sócio. Tal ocorre quando o empresário individual desvia os seus bens particulares em favor da sociedade para proteger o seu patrimônio contra as investidas de seus credores.

5.5 Distinção entre a teoria menor da desconsideração da pessoa jurídica e a responsabilidade subsidiária dos sócios

Caracterizada a insolvência da pessoa jurídica, pelo fato de reunir bens insuficientes para o pagamento de suas dívidas, abre-se ao consumidor a possibilidade de exigir dos sócios o adimplemento, tanto pelo sistema de responsabilidade subsidiária quanto pela teoria da desconsideração da pessoa jurídica.

No sistema da responsabilidade subsidiária dos sócios, o tipo societário define a sua responsabilidade subsidiária, que pode ser limitada (exemplo: sociedade anônima e sociedade limitada), ilimitada (exemplo: sociedade em nome coletivo) ou mista (para alguns sócios limitada e para outros, ilimitada. Exemplos: sociedade em comandita por ações e em comandita simples). Já na teoria menor da desconsideração, a responsabilidade dos sócios é sempre ilimitada, devendo o seu patrimônio pessoal responder por todas as dívidas atinentes ao consumidor lesado.

Tanto a teoria da despersonalização quanto a responsabilidade subsidiária dos sócios são efeito da ação judicial movida contra a pessoa jurídica; o credor não pode previamente despersonalizá-la, endereçando a ação direta contra os sócios.

A diferença é que a despersonalização da pessoa jurídica é promovida no processo de conhecimento, por ato do juiz sentenciante, ou no processo de execução, ou na fase de cumprimento da sentença, ao passo que a responsabilidade subsidiária dos sócios emana do próprio contrato ou estatuto da sociedade, sendo viabilizada no processo de execução ou na fase do cumprimento da sentença, após se aferir que a pessoa jurídica não tem bens suficientes para o pagamento do débito.

5.6 Responsabilidade das sociedades

Os parágrafos 2º, 3º e 4º do art. 28 preveem a responsabilidade de algumas sociedades por dívidas contraídas por outra sociedade.

São subsidiariamente responsáveis, por dívidas oriundas da relação de consumo, as sociedades integrantes dos grupos societários e a sociedade controladora. O grupo societário é formado por mais de uma sociedade mediante convenção, para a consecução de empreendimentos comuns, figurando uma delas como sociedade controladora.

Uma responde pelo delito da outra, mas de forma subsidiária, isto é, quando a sociedade devedora não tiver bens suficientes para pagamento do débito. Note-se que entre as sociedades que integram o grupo societário não há solidariedade, de modo que cada uma será responsável por apenas uma parcela do débito na medida de sua participação no grupo societário. De fato, a solidariedade não se presume, ou resulta da lei ou da vontade das partes (art. 265 do CC).

Em contrapartida, o § 2º do art. 28 prevê a solidariedade entre as sociedades consorciadas pelas dívidas oriundas do CDC.

Acrescente-se ainda que o § 4º do art. 28 estabelece que as sociedades coligadas só responderão por culpa pelas dívidas consumeristas contraídas por uma delas. Note-se, porém, que a sociedade que celebrou o contrato com o consumidor tem responsabilidade objetiva, restringindo-se a responsabilidade subjetiva apenas em relação às demais coligadas. Provada a culpa de uma delas, a sua responsabilidade, a nosso ver, será divisível, na medida de sua participação societária no grupo, pois a solidariedade não pode ser presumida.

Finalmente, o fato de militar em prol do consumidor esse *plus* de poder acionar as sociedades agrupadas, consorciadas e coligadas, não o inibe de optar diretamente pela desconsideração da personalidade jurídica da sociedade-fornecedora, visando a cobrar a dívida diretamente dos seus sócios.

5.7 Questões

1. O que é o princípio da autonomia da pessoa jurídica?
2. O que é a teoria da desconsideração da pessoa jurídica?
3. Quais os outros nomes dessa teoria?
4. Qual é o objetivo dessa teoria?
5. Qual a diferença entre a teoria maior e a teoria menor?

6. O que é a desconsideração inversa?
7. Qual a diferença entre a responsabilidade subsidiária dos sócios e a teoria da desconsideração da pessoa jurídica?
8. Em quais hipóteses uma sociedade pode responder pelo débito da outra?

CAPÍTULO 6

DAS PRÁTICAS COMERCIAIS

CAPÍTULO 5

DAS PRÁTICAS COMERCIAIS

6.1 Introdução

O Capítulo V do Código de Defesa do Consumidor cuida das práticas comerciais, cujo estudo envolve os seguintes aspectos:
a) Oferta (arts. 30 a 35).
b) Publicidade (arts. 36 a 38).
c) Práticas abusivas (arts. 39 a 41).
d) Cobrança de dívidas (art. 42).
e) Bancos de dados e cadastro dos consumidores (arts. 43 a 45).

Para os fins deste capítulo e do seguinte, que cuida da proteção contratual, equiparam-se a consumidores todas as pessoas determináveis ou não, expostas às práticas nele previstas (art. 29). Esses consumidores por equiparação abrangem qualquer pessoa, inclusive empresários, expostos às práticas acima (oferta, publicidade, práticas abusivas, cobrança de dívidas e inserção de seus nomes em bancos de dados), ainda que nada tenham adquirido.

Amplia-se, destarte, o conceito de consumidor, que sequer precisa ser determinado ou determinável, podendo ser indeterminado, abrangendo-se, assim, a coletividade exposta às ofertas, publicidades etc.

6.2 Oferta

Oferta é a proposta ou policitação, isto é, a declaração de vontade dirigida a alguém com quem se quer contratar, contendo todas as cláusulas essenciais do negócio, de modo que com a simples aceitação o contrato já se aperfeiçoa.

A oferta, para ser válida, deve ser:
a) Completa: é a suficientemente precisa, que contém as cláusulas essenciais do negócio.

Na compra e venda, por exemplo, a proposta deve descrever a coisa e mencionar o preço. Se não for completa, a proposta é nula. A concessionária que declara que está vendendo os veículos por preço barato, mas sem revelá-lo a rigor, não fez nenhuma oferta.

b) Séria: as declarações jocosas ou irônicas não desfrutam de existência jurídica, porque, na verdade, o declarante as realiza com a convicção de que o consumidor logo perceberá a sua falta de seriedade. Não há sequer o propósito de enganar, mas apenas de brincar. No chamado *puffing* (exageros), exemplo: "o melhor sabonete do mundo", não vincula o fornecedor-ofertante, mas, para Antônio

Herman Benjamin,[1] o *puffing* quanto ao preço (exemplo: o melhor preço da cidade), faz com que o ofertante se vincule a cobrir os demais preços.

c) Deve ser dirigida a pessoa determinada, determinável ou indeterminada. Determinável é a pessoa que atende aos requisitos constantes na oferta (exemplo: 50% de desconto, para pessoas com mais de 60 anos, na compra do sabonete da marca X). Já a oferta dirigida a pessoas indeterminadas é aquela endereçada à coletividade em geral, sem qualquer exceção.

Vigora o princípio da irrevogabilidade da oferta ou proposta, também chamado princípio da vinculação contratual da informação ou publicidade, pois ela não pode ser revogada unilateralmente pelo fornecedor. Nem a morte ou interdição do fornecedor-proponente tem o condão de revogar a proposta, que deve ser cumprida pelos seus herdeiros ou curador, salvo quando se tratar de obrigação de fazer personalíssima (contrato *intuito personae*).

O Código Civil abre algumas exceções a esse princípio, no art. 427, que são inaplicáveis às relações de consumo. Assim, no Código de Defesa do Consumidor, o fornecedor não pode fazer a oferta com ressalva de que ela não é definitiva ou que ela está condicionada à disponibilidade do estoque, porque essa postura implica alteração unilateral do contrato, violando o art. 51, XI, do CDC, mas é válida a oferta feita até determinada data ou que limita expressamente a quantidade ou o número de produtos que a ela se vinculam. Exemplo: venda pela metade do preço de mil aparelhos de televisão; nesse caso, quem chegou depois, após o esgotamento da promoção, não poderá reclamar.

A oferta ou proposta é feita ao consumidor mediante informação ou publicidade.

Informação é a comunicação ou ciência da oferta feita diretamente ao consumidor. Pode ser verbal, escrita e tácita.

Publicidade é o material usado para divulgação da oferta (folhetos, cartazes, anúncios em rádio e televisão etc.).

A informação ou publicidade, suficientemente precisa, veiculada por qualquer forma ou meio de comunicação, obriga o fornecedor e integra o contrato que vier a ser celebrado (art. 30).

---

1 Cf. Antônio Herman de Vasconcellos Benjamin, *Manual de Direito do Consumidor*, São Paulo, RT, 2007, p.183, citado em GARCIA, Leonardo de Medeiros. *Direito do Consumidor*. Código Comentado e Jurisprudência. 6. ed. Rio de Janeiro: Impetus, 2010, p. 223.

Se, por exemplo, a oferta garante a pontualidade e eficiência de seus serviços de entrega, o fornecedor não se desvincula pelo atraso, ainda que oriundo de risco aéreo, pois ao assim agir assumiu os eventuais riscos.

A oferta, mediante informação ou publicidade que contenha erros grosseiros, não vincula o fornecedor que, de boa-fé, a veiculou, pois o consumidor não pode se aproveitar da boa-fé alheia para obter enriquecimento sem causa. Erro grosseiro é o perceptível *ictu oculi*, a olho nu, à primeira vista pelo consumidor, como no caso de um veículo 0 km de R$ 30.000,00 ser oferecido, por equívoco, por R$ 3.000,00, em anúncio publicado errado no jornal.

Se, no entanto, o erro não se revelar grosseiro, o fornecedor se vincula à oferta (exemplo: em vez de R$ 33.000,00 pelo carro 0 km, o jornal publicou R$ 30.000,00), mas terá direito de regresso contra o responsável pelo equívoco.

6.3 Apresentação de produtos ou serviços

A apresentação é o oferecimento do produto ou serviço para que seja visto ou recebido pelo consumidor. É pôr o produto ou serviço na presença do consumidor para ser visto ou considerado. É, pois, a oferta mediante exibição do produto ou serviço ao consumidor.

Assim, a oferta pode ocorrer com ou sem a apresentação do produto ou serviço, vinculando-se, em ambas as hipóteses, o fornecedor.

A oferta e a apresentação devem assegurar informações com as seguintes características:

a) Corretas: verdadeiras, reais.
b) Claras: nítidas, inteligíveis, de fácil compreensão.
c) Precisas: completas, isto é, abrangendo as cláusulas essenciais (descrição da coisa, preço e forma de pagamento).
d) Ostensivas: visíveis.
e) Em língua portuguesa: ainda que a palavra estrangeira seja conhecida no Brasil, o fornecedor, que a utilizar sem tradução, responde pelo eventual erro do consumidor que não conhecia a expressão. Os produtos importados também devem ser traduzidos, antes de inseridos no mercado, salvo quando o estabelecimento vender apenas produtos importados ou quando houver no local uma seção específica de importados.

f) Abranger características, qualidades, quantidade, composição, preço, garantia, prazo de validade, origem, riscos que apresentam à saúde e à segurança dos consumidores, entre outros dados.

Trata-se, como se vê, de aplicação do princípio da transparência. Quanto ao preço, pode ser fixado por meio do código de barras, mas o fornecedor, na área de venda, deverá disponibilizar o equipamento de leitura ótica (art. 7º do Decreto nº 5.903/2006, que regulamentou a Lei nº 10.962/2004). O rol do conteúdo exigido pelo art. 31 é exemplificativo, pois há a ressalva "entre outros dados" que o fornecedor deverá informar. Quanto aos alimentos que contêm glúten, não basta essa informação, é preciso ainda especificar os riscos que o consumo pode trazer à saúde. As informações acima, quando se tratar de produtos refrigerados (gelados e congelados) devem ser gravadas de forma indelével (parágrafo único do art. 31), não podendo desaparecer com a simples ação do tempo.

6.4 Reposição de peças

Os fabricantes e importadores deverão assegurar a oferta de componentes e peças de reposição enquanto não cessar a fabricação ou importação do produto. Cessadas a produção ou importação, a oferta deverá ser mantida por período razoável de tempo, na forma da lei (art. 32 e seu parágrafo único).

A obrigação de garantir a reposição de peças é pós-contratual, inerente à boa-fé objetiva, afeta apenas aos fabricantes e importadores, excluindo-se, portanto, aos demais fornecedores (distribuidores, comerciantes etc.). Não há obrigatoriedade da gratuidade dessa reposição, que, portanto, pode ser onerosa. O fabricante ou importador que não disponibilizar essas peças, de forma onerosa ou gratuita, responde pelos prejuízos que o consumidor vier a sofrer pela impossibilidade de usar o produto ou fruir do serviço.

Se o bem não é mais fabricado ou importado, ainda assim persiste a obrigação de se manter à disposição dos consumidores as peças de reposição, durante um período razoável, entendido, pela doutrina, como sendo o tempo de vida útil do produto ou serviço.

6.5 Venda por telefone ou reembolso postal

Em caso de oferta ou venda por telefone ou reembolso postal, deve constar o nome do fabricante e endereço na embalagem, publicidade e em todos os impressos utilizados na transação comercial.

É proibida a publicidade de bens e serviços por telefone, quando a chamada for onerosa ao consumidor que a origina (art. 33 e seu parágrafo único).

Esse dispositivo, por analogia, deve ser aplicado a outras vendas a distância (exemplo: pela *Internet*).

Quando é o consumidor que toma a iniciativa de telefonar para o fornecedor, para obter informações sobre o produto ou serviço, o parágrafo único do art. 33 proíbe que, durante o período de espera, haja qualquer tipo de publicidade, salvo se a chamada for gratuita, isto é, paga pelo próprio fornecedor.

Nos serviços públicos abrangidos pelo Decreto nº 6.523/2008 (energia elétrica, TV por assinatura, telefonia, plano de saúde, aviação, ônibus, cartão de crédito e bancos), as ligações são gratuitas, pois nesses casos é obrigatório o serviço de atendimento ao consumidor, vedada qualquer tipo de publicidade durante o tempo de espera, salvo mediante prévia anuência expressa do consumidor.

6.6 Responsabilidade pelos atos dos prepostos

O fornecedor do produto ou serviço é solidariamente responsável, no plano civil, pelos atos de seus prepostos ou representantes autônomos (art. 34).

Note-se que a lei fala em preposto (pessoa que age em nome do fornecedor), não se exigindo vínculo empregatício ou contrato escrito de preposição, prescindindo-se também da subordinação, bastando a autorização, expressa ou tácita, de fornecedor para que outra pessoa, o preposto, aja em seu nome.

O fornecedor também é solidariamente responsável pelos atos de seus empregados ou serviçais no exercício do trabalho que lhes competir, ou em razão dele, por força do art. 932, III, do Código Civil.

Vale lembrar que na solidariedade todos os devedores são responsáveis pela dívida toda.

6.7 Ações judiciais (art. 35)

Se o fornecedor recusar cumprimento à oferta, apresentação ou publicidade, o consumidor poderá, alternativamente e à sua livre escolha, mover uma das seguintes ações judiciais:

a) Ação de tutela específica: consiste na exigência forçada do cumprimento da obrigação.
b) Ação em que pleiteia outro produto ou serviço equivalente.
c) Ação de rescisão do contrato, cumulada com a restituição atualizada de quantia eventualmente antecipada e perdas e danos.

O art. 35 é omisso sobre a possibilidade de se cumular perdas e danos nas ações das alíneas *a* e *b*. A nosso ver, não é cabível, uma vez que a lei só a prevê para a alínea *c*. Mas a doutrina, de um modo geral, admite, com base nos arts. 18 a 20 do CDC, tornando, pois, inútil a ressalva do cabimento apenas na hipótese de rescisão contratual.

6.8 Publicidade

Publicidade é o conjunto dos meios de comunicação empregados para fazer conhecidos uma pessoa, uma empresa, um produto, um serviço etc. Há quem a distinga da propaganda, que seria o conjunto dos meios de comunicação empregados para difundir uma ideia (exemplo: cigarro faz mal à saúde).

No Código de Defesa do Consumidor, a publicidade deve observar os seguintes princípios:

a) Princípio da vinculação ou obrigatoriedade.
b) Princípio da identificação.
c) Princípio da transparência da fundamentação.
d) Princípio da veracidade.
e) Princípio da não abusividade.
f) Princípio da inversão do ônus da prova.
g) Princípio da inversão da fundamentação.
h) Princípio da correção do desvio publicitário.
i) Princípio da lealdade publicitária.

6.9 Princípio da vinculação (art. 30)

Significa que o fornecedor que veicular a publicidade ou dela se utilizar é obrigado a celebrar o contrato nos moldes divulgados.

A publicidade, portanto, integra o contrato que vier a ser celebrado.

6.10 Princípio da identificação (art. 36)

A publicidade deve ser veiculada de tal forma que o consumidor, fácil e imediatamente, a identifique como tal.

Assim, a publicidade deve:

a) Identificar o fornecedor;
b) Identificar o produto ou serviço;
c) Revelar que se trata de uma publicidade. A rigor, é proibida a publicidade subliminar, aquela em que o conteúdo não é percebido claramente pelos sentidos, mas pelo inconsciente. É, pois, proibida a publicidade clandestina.

O *merchandising* é a publicidade de um produto ou serviço feita, no contexto da representação, em programas de rádio, TV, cinema ou teatro. Exemplo: numa determinada cena o ator aparece bebendo Coca-Cola. O consumidor, ao deparar-se com o *merchandising*, facilmente o identifica como uma publicidade disfarçada e, por isso, não visualizamos qualquer irregularidade no fato, mas há quem defenda a ideia de que os *merchandisings* deveriam ser anunciados previamente, antes do início do programa ou espetáculo.

Quanto ao *teaser*, isto é, o suspense que se faz antes de se mostrar o produto ou serviço, é lícito, pois, por si só, não traz qualquer malefício ao consumidor, limitando-se a prender a sua atenção. Exemplo: "no próximo intervalo será revelado o perfume mais cheiroso do mundo".

6.11 Princípio da transparência da fundamentação (parágrafo único do art. 36)

Consiste na obrigatoriedade imposta ao fornecedor, na publicidade de seus produtos ou serviços, de manter, em seu poder, para informação dos legítimos interessados, os dados fáticos, técnicos e científicos que dão sustentação à mensagem.

O objetivo desse princípio é evitar a publicidade enganosa.

Se, por exemplo, na publicidade consta que o consumo de tal produto reduz o colesterol, o fornecedor deverá exibir o teste comprobatório aos consumidores interessados em saber.

Quanto ao *puffing*, isto é, os exageros inofensivos não passam de *dolos bonus*. Logo, não são proibidos. Exemplo: "a melhor cerveja do Brasil".

6.12 Princípio da veracidade (art. 37, § 1º)

A publicidade deve ser verdadeira, fiel àquilo que é veiculado. É proibida toda publicidade enganosa, no todo ou em parte.

É enganosa a publicidade capaz de confundir o consumidor, de levá-lo a acreditar no que é falso. É, pois, a publicidade capaz de induzir a erro o consumidor a respeito da natureza, características, qualidade, quantidade, propriedade, origem, preço e quaisquer outros dados sobre produtos e serviços.

É solidária a responsabilidade entre aqueles que veiculam publicidade enganosa e os que dela se aproveitam, na comercialização de seu produto, como bem ensina a ministra do Superior Tribunal de Justiça Nancy Andrighi[2].

O engano pode se dar por ação (afirmação falsa) ou omissão (deixar de informar sobre dado essencial do produto ou serviço). O dado é essencial quando o seu conhecimento levaria o consumidor a decidir de forma diferente (exemplo: omite que o diferencial da qualidade da imagem da televisão anunciada depende da instalação de outro aparelho).

6.13 Princípio da não abusividade (§ 2º do art. 37)

Esse princípio é o que proíbe o mau uso da publicidade, os excessos que deturpam os valores morais fundamentais ou que sejam capazes de induzir o consumidor a comportamento prejudicial à sua saúde ou segurança.

Ainda que a mensagem seja verdadeira, a propaganda poderá ser considerada abusiva.

O § 2º do art. 37 traça um rol meramente exemplificativo de publicidades abusivas, a saber:

a) A que é discriminatória, de qualquer natureza;
b) A que incita à violência;
c) A que explora o medo ou a superstição;
d) A que se aproveita da deficiência de julgamento e inexperiência da criança;
e) A que desrespeita valores ambientais;

---

2   STJ – 3ª T – REsp.327257/SP – Relª. Minª. Nancy Andrighi – j.22-6-2004 – *DJU* 16-11-2004.

f) A que induz o consumidor a se comportar de forma prejudicial ou perigosa à sua saúde ou segurança.

6.14 Contrapropaganda (art. 60, § 1º)

O fornecedor que incorrer na prática de propaganda enganosa ou abusiva poderá, dentre outras sanções, ser obrigado a fazer a contrapropaganda, destinada a desfazer os efeitos nocivos da propaganda repudiada.

A contrapropaganda será feita às expensas do fornecedor-infrator e será divulgada da mesma forma, frequência e dimensão e, preferencialmente, no mesmo veículo de comunicação, local, espaço e horário.

A contrapropaganda pode ser imposta como sanção administrativa ou por sentença judicial prolatada em ação coletiva movida pelos legitimados mencionados no art. 82 do CDC.

6.15 Princípio da inversão do ônus da prova (art. 38)

De acordo com o art. 38 do CDC, "o ônus da prova da veracidade e correção da informação ou comunicação publicitária cabe a quem as patrocina".

No sistema probatório normal, o ônus da prova é de quem alega. Tratando-se, porém, de publicidade, há inversão legal, automática do ônus da prova, competindo ao patrocinador comprovar a verdade e correção (retidão dos valores, não abusividade) do conteúdo publicitário. Trata-se de uma inversão obrigatória do ônus da prova, que independe de despacho judicial para atribuí-lo ao patrocinador.

O art. 38 do CDC deixa claro que a responsabilidade é do patrocinador, isto é, do anunciante, isentando da responsabilidade objetiva os veículos de comunicação (jornal, rádio, TV etc.), que, em princípio, não têm o dever de aferir a veracidade ou não abusividade da publicidade, mas ainda lhes remanesce a responsabilidade subjetiva, que depende da comprovação do dolo ou culpa, nos termos do art. 186 do CC.

6.16 Princípio da lealdade publicitária (art. 4º, VI)

É o que exige que a publicidade respeite os concorrentes.

Desse modo, é proibida a publicidade que estabeleça confusão entre produtos e marcas diferentes.

Nada obsta, porém, a publicidade comparativa, que coteja os produtos ou serviços com os dos concorrentes, desde que o objetivo seja o esclarecimento do consumidor, devendo, nesse caso, ser cumprido o art. 32 do CBAP (Código Brasileiro de Autorregulação Publicitária).

6.17 Questões

1. Quais os consumidores atingidos pelas práticas comerciais?
2. O que é oferta?
3. Quais as características da oferta?
4. O *puffing* vincula o fornecedor?
5. O que é o princípio da irrevogabilidade da oferta? Há exceções?
6. A oferta pode ser em língua estrangeira?
7. O que é o princípio da transparência da oferta?
8. Todos os fornecedores têm a obrigação de garantir a reposição de peças?
9. Na venda postal, o que deve constar na embalagem?
10. É permitida a publicidade da venda por telefone, durante o período de espera?
11. O fornecedor responde por atos de terceiros?
12. Quais as ações cabíveis na hipótese de um fornecedor se recusar a cumprir a oferta?
13. Qual a diferença entre publicidade e propaganda?
14. O que é o princípio da vinculação da publicidade?
15. O que é o princípio da identificação da publicidade?
16. O que é o princípio da transparência da fundamentação?
17. O que á o princípio da veracidade da publicidade?
18. O que é o princípio da não abusividade da publicidade?
19. O que é e quando é cabível a contrapropaganda?
20. Como é o ônus da prova na publicidade?
21. O que é o princípio da lealdade publicitária?

CAPÍTULO 7

PRÁTICAS ABUSIVAS

CAPÍTULO 1

VENTAJAS
ABUSIVAS

7.1. Práticas abusivas

A doutrina consumerista costuma visualizar no art. 39 do CDC hipóteses de abuso de direito.

De fato, a responsabilidade do fornecedor pode emanar da violação da lei ou do abuso do direito. Ambas integram o gênero ato ilícito (art. 187 do CC).

O abuso de direito é disciplinado no art. 187 do CC, cujo teor é o seguinte: "Também comete ato ilícito o titular de um direito que, ao exercê-lo, excede manifestamente os limites impostos pelo seu fim econômico ou social, pela boa-fé ou pelos bons costumes".

No abuso de direito, o agente não viola os limites objetivos da lei, pelo contrário, lhes obedece, mas desvia-se dos fins sociais a que ela se destina.

Sobre o conceito de abuso de direito paira divergência doutrinária.

Com efeito, a corrente subjetiva sustenta que só há abuso de direito quando o agente age com a intenção de prejudicar a terceiro ou quando o direito é exercido sem qualquer interesse.

A corrente objetiva preconiza que há abuso de direito quando este pode ser exercido de várias maneiras, mas o agente opta por aquela que é mais prejudicial à vítima. Aludida corrente dispensa qualquer indagação acerca da intenção do agente, examinando apenas o ato e o dano em si.

Assim, de acordo com a teoria subjetiva, o abuso de direito é verificável em duas hipóteses:

a) Ato praticado com objetivo de prejudicar a vítima. Exemplo: o agente publica em jornal que determinado sócio foi excluído da empresa, visando à sua desmoralização.

b) Ato praticado sem interesse legítimo. Exemplo: o vizinho do construtor de dirigível ergue grandes pilastras de madeira, comprometendo a segurança dos dirigíveis, visando com isso a forçá-lo à aquisição do imóvel.

De conformidade com a corrente objetiva, o abuso de direito consiste no ato praticado com desvio da finalidade social a que ele se destina. Exemplo: o mandante revoga o mandato ao descobrir que o mandatário era muçulmano.

As duas teorias auxiliam na identificação do conceito do abuso de direito. Em todas essas hipóteses, deve ser reconhecido o abuso de direito.

A nosso ver, as hipóteses do art. 39 não são propriamente de abuso de direito, pois versam sobre comportamentos proibidos expressamente por lei. Se não houvesse a proibição legal daí sim se enquadrariam na teoria do abuso do direito. Diante da vedação legal, nada mais são do que hipóteses de atos ilícitos. Em vez de "práticas abusivas", a rubrica da Seção IV ora em estudo do CDC deveria ser "práticas ilegais".

É claro que o rol do art. 39 é meramente exemplificativo, pois há diversos outros atos que o fornecedor se encontra proibido de praticar.

7.2 Teoria dos atos próprios

De acordo com essa teoria, o contratante não pode contradizer um comportamento anterior seu, em homenagem aos princípios da lealdade e confiança.

Conquanto não proibido expressamente por lei, os atos próprios se revelam como abuso de direito, e, por isso, sua prática é ilícita.

São três as situações que integram a teoria dos atos próprios:

a) *Venire contra factum proprium*: o agente não pode contrariar o próprio comportamento. Exemplo: a pessoa não pode, depois de autorizar a revelação de informações pessoais suas, pleitear a indenização por perdas e danos. Outro exemplo: o plano de saúde que, por anos, recebe as contribuições do segurado, não pode alegar que a doença era anterior ao contrato.

b) *Supressio (Verwikung)*: o direito se extingue quando o seu não exercício no tempo revelar a intenção de não mais exercê-lo. É uma espécie de renúncia presumida. O art. 330 do CC prevê que o pagamento reiteradamente feito em outro local faz presumir a renúncia do credor relativamente ao previsto no contrato. Outro exemplo: a demora excessiva no ajuizamento da ação de indenização por danos morais, que faz presumir a ausência de sofrimento grave. Não basta, para a caracterização da *supressio*, o não exercício prolongado do direito, pois é preciso ainda a presença de circunstâncias fáticas, ou baseadas na experiência ordinária, que levam a crer que o titular abriu mão de exercê-lo, distinguindo-se, nesse aspecto, da prescrição e da decadência, que se operam com o simples decurso do tempo. A *supressio*, que é a perda do direito, faz nascer, para a outra parte, a *surrectio*, que é a aquisição do direito em razão de um comportamento continuado. O art. 330 do CC gera ao mesmo tempo a *supressio*, diante da perda do direito de pagar no local do contrato, e a *surrectio*, aquisição do direito de continuar pagando no local no qual se fez o pagamento por reiteradas vezes.

c) *Tu quoque*: o agente que descumpre a norma jurídica não pode invocar em seu favor essa mesma norma jurídica. Assim, o sujeito que descumpre o contrato não pode exigir que a outra parte cumpra, e, se o fizer, esta terá direito à *exceptio non adimpleti contractus*.

7.3 Análise das práticas abusivas constantes no art. 39

É vedado ao fornecedor, dentre outras práticas abusivas:

a) Realizar venda ou operação casada e a venda condicionada a limites quantitativos (art. 39, I);

b) Recusar-se a contratar (art. 39, II e IX);

c) Enviar produto não solicitado (art. 39, III) e executar serviço sem prévio orçamento (art. 39, VI);

d) Agir com dolo de aproveitamento (art. 39, IV);

e) Agir com lesão enorme (art. 39, V);

f) Cobrar preço abusivo ou fazer reajuste abusivo (art. 39, X e XI);

g) Celebrar negócio sem prazo (art. 39, XII).

7.4 Venda casada ou operação casada e venda condicionada a limites quantitativos

Venda casada é a que condiciona o fornecimento do produto ou serviço à aquisição de outro produto ou serviço. Atenta contra a liberdade de escolha do consumidor e por isso é proibida. Exemplo: o fornecedor só vende o produto "x" para quem adquirir o produto "y". É igualmente proibida a venda casada indireta (exemplo: em certo cinema só se admite o consumo de pipoca adquirida na lanchonete local). Aliás, a venda casada é crime (art. 5º, II, da Lei nº 8.137/1990).

É também abusiva a prática de condicionar, sem justa causa, o fornecimento do produto ou serviço a limites quantitativos mínimos ou máximos. Se, no entanto, houver justa causa, apurada segundo o prudente arbítrio do juiz, a prática é lícita. Exemplo: é lícita a postura do fornecedor que, em relação aos produtos em oferta, não permite que o consumidor adquira quantidade incompatível com o consumo individual ou familiar. Outro exemplo lícito: concessionária de serviço público, para o fornecimento de água ou luz, cobra uma taxa mínima, independentemente do consumo real.

Sujeitar a venda de bem ou a utilização de serviço à aquisição de quantidade arbitrariamente determinada, isto é, sem justa causa, é crime (art. 5º, III, da Lei nº 8.137/1990).

7.5 Recusar-se a contratar

No direito civil, o contratante, por força do princípio da autonomia da vontade, tem a liberdade de escolher a pessoa com quem se irá contratar.

No Código de Defesa do Consumidor, apenas o consumidor desfruta dessa liberdade, pois o fornecedor, que tem a mercadoria em estoque, não pode se recusar a vender, nem dar preferência a outro consumidor, sob pena de praticar crime (art. 7º, I, da Lei nº 8.137/1990). Igualmente, quando se tratar de prestação de serviço.

Com efeito, dispõe o art. 39, II, que é vedado ao fornecedor "recusar atendimento às demandas dos consumidores, na exata medida de suas disponibilidades de estoque e, ainda, de conformidade com os usos e costumes".

À exceção dos fornecedores, que só vendem diretamente aos fornecedores (exemplos: fabricantes, atacadistas etc.), os demais, que vendem diretamente ao consumidor, não podem, conforme dispõe o inciso IX do art. 39 do CDC, "recusar a venda de bens ou prestação de serviços, diretamente a quem se disponha a adquiri-los mediante pronto pagamento, ressalvados os casos de intermediação regulados em lei especial".

7.6 Envio de produto não solicitado e execução de serviço sem prévio orçamento

Os serviços prestados e os produtos remetidos ou entregues ao consumidor, sem solicitação prévia, equiparam-se às amostras grátis, inexistindo obrigação de pagamento (art. 39, III e parágrafo único).

Vê-se, portanto, que o silêncio não constitui uma declaração de vontade tácita. Sob o prisma jurídico, quem cala não consente.

O envio de cartão de crédito que o banco remete ao consumidor, sem solicitação prévia, não obriga o beneficiário a comunicar que não pretende se utilizar desse serviço. Se, no entanto, passa a fazer uso do cartão, essa atitude implica aceitação tácita do contrato.

Por outro lado, o fornecedor, ressalvada a hipótese em que há costume entre ele e o consumidor de se contratar dessa forma, não pode executar serviços sem prévia elaboração de orçamento e autorização expressa do consumidor (art. 39, VI). Aliás, sobre o orçamento, dispõe o art. 40 do CDC:

> O fornecedor de serviço será obrigado a entregar ao consumidor orçamento prévio discriminando o valor da mão de obra, dos materiais e equipamentos a serem empregados, as condições de pagamento, bem como as datas de início e término dos serviços. § 1º Salvo estipulação em contrário, o valor orçado terá validade pelo prazo de dez dias, contado de seu recebimento pelo consumidor. § 2º Uma vez aprovado pelo consumidor, o orçamento obriga os contraentes e somente pode ser alterado mediante livre negociação das partes. § 3º O consumidor não responde por quaisquer ônus ou acréscimos decorrentes da contratação de serviços de terceiros não previstos no orçamento prévio.

7.7 Dolo de aproveitamento

O dolo de aproveitamento é o fato de o fornecedor prevalecer-se da fraqueza ou ignorância do consumidor, tendo em vista a sua idade, saúde, conhecimento ou condição social, para impingir-lhe seus produtos ou serviços (art. 39, IV). Não se exige, para que a prática seja considerada abusiva, que o fornecedor obtenha vantagem manifestamente excessiva.

7.8 Lesão enorme

A lesão enorme é a desproporção entre as prestações. É o lucro manifestamente excessivo obtido pelo fornecedor (art. 39, V). É a lesão adotada no CDC. No Código Civil, o negócio só é anulado se houver lesão especial, que exige, além do lucro excessivo, a situação de necessidade ou inexperiência da parte prejudicada (art. 157 do CC).

7.9 Preço e reajuste abusivos

É vedado ao fornecedor elevar, sem justa causa, o preço de produtos ou serviços (art. 39, X). Atualmente, as mercadorias, em regra, não são tabeladas, de modo que o fornecedor é livre para vender o produto pelo preço que entender conveniente. O que a lei proíbe é o tratamento diferenciado entre os consumidores, elevando o preço para uns e mantendo o valor originário para outros. Nada obsta, porém, o desconto para alguns consumidores, com vistas a prestigiar a fidelidade ou motivado por alguma promoção ou gastos acima de certo valor ou outro motivo justo.

É lícita a venda de mercadoria no cartão de crédito a preços superiores aos praticados à vista, pois não há lei que proíba a majoração do preço nas vendas com cartão. Por outro lado,

no caso de fornecimento de produtos ou de serviços sujeitos ao regime de controle ou de tabelamento de preços, os fornecedores deverão respeitar os limites oficiais sob pena de não o fazendo, responderem pela restituição da quantia recebida em excesso, monetariamente atualizada, podendo o consumidor exigir à sua escolha, o desfazimento do negócio, sem prejuízo de outras sanções cabíveis (art. 41 do CDC).

No tocante ao reajuste abusivo, isto é, diverso dos índices legais ou contratuais, é proibido pelo art. 39, XI, do CDC. Vale lembrar que, por força do princípio do nominalismo, adotado no art. 315 do CC, a correção monetária só pode incidir após o vencimento. E, no tocante às mensalidades escolares e outros negócios de prestações sucessivas, o reajuste de correção monetária, de acordo com o Plano Real, só pode ser feito após o decurso do prazo de um ano (Lei nº 9.069/1995).

7.10 Obrigações sem prazo

No Código Civil, as obrigações podem ser estipuladas sem prazo de vencimento, vigorando em tal situação o princípio da satisfação imediata, segundo o qual o credor, a qualquer tempo, mediante notificação judicial ou extrajudicial, pode exigir a prestação (art. 331 e parágrafo único do art. 397 do CC); portanto, em tal situação, vigora a mora *ex persona*.

No Código de Defesa do Consumidor, porém, o vencimento deve ser estipulado no contrato, justamente para que o consumidor desfrute dos benefícios da mora *ex re*, que se configura automaticamente, segundo a máxima *dies interpellat pro homine,* prescindindo-se da notificação.

É, pois, vedado ao fornecedor, conforme se depreende do art. 39, XII, do CDC, "deixar de estipular prazo para o cumprimento de sua obrigação ou deixar a fixação de seu termo inicial a seu exclusivo critério". Essa última parte, fixação de vencimento a critério exclusivo do fornecedor, revela a proscrita condição puramente potestativa, que é também proibida pelo art. 122 do CC. Condição puramente potestativa é a que se sujeita ao puro arbítrio de uma das partes.

7.11 Cobrança de dívidas

A cobrança de débito do consumidor revela-se abusiva em duas situações:

a) Cobrança vexatória ou coativa (art. 42, *caput*);
b) Cobrança indevida (parágrafo único do art. 42).

Na primeira, cobrança vexatória ou coativa, o débito realmente existe, recaindo a ilicitude sobre a forma de cobrança.

Na segunda, cobrança indevida, o débito inexiste ou existe, mas em quantia menor.

7.12 Cobrança vexatória ou coativa

Dispõe o art. 42, *caput*, do CDC que "na cobrança de débitos, o consumidor inadimplente não será exposto ao ridículo, nem submetido a qualquer tipo de constrangimento ou ameaça". É crime, punido com detenção de três meses a um ano e multa, utilizar, na cobrança de dívidas, de ameaça, coação, constrangimento físico ou moral, afirmações falsas incorretas ou enganosas ou de qualquer outro procedimento que exponha o consumidor, injustificadamente, a ridículo ou interfira com seu trabalho, descanso ou lazer. Pena: detenção de três meses a um ano e multa (art. 71 do CDC).

Cobrar é direito do fornecedor, mas deve ser exercido com respeito à pessoa, família e trabalho do consumidor, sem expô-lo a situações vexatórias ou a constrangimento físico ou moral. O que a lei coíbe não é a cobrança em si, mas o excesso.

A cobrança abusiva, a que se refere o *caput* do art. 42, verifica-se de duas formas:

a) Cobrança vexatória: é a que expõe o consumidor ao ridículo. Exemplos: afixar o cheque sem fundo no estabelecimento até que seja pago; comunicar o débito ao chefe do consumidor, humilhando-o assim no ambiente de trabalho; mandar um portador cobrá-lo no hotel em que descansava durante as férias.

b) Cobrança coativa: é a que intimida o consumidor mediante promessas de malefícios ou que se realiza por agressões físicas ou morais. É, pois, a que se dá por coação física ou moral.

c) Saliente-se ainda que

em todos os documentos de cobrança de débitos apresentados ao consumidor, deverão constar o nome, o endereço e o número de inscrição no Cadastro de Pessoas Físicas – CPF ou no Cadastro Nacional de Pessoa Jurídica – CNPJ do fornecedor do produto ou serviço correspondente (art. 42-A).

Aludida norma visa a identificar o fornecedor-credor, para que o consumidor possa quitar mais facilmente o débito ou tomar-lhe as medidas judiciais cabíveis.

7.13 Cobrança indevida

Dispõe o parágrafo único do art. 42 do CDC: "O consumidor cobrado em quantia indevida tem direito à repetição do indébito, por valor igual ao dobro do que pagou em excesso, acrescido de correção monetária e juros legais, salvo hipótese de engano justificável".

A cobrança indevida pode verificar-se em duas situações:

a) Inexistência do débito: ocorre quando não há nenhum vínculo contratual entre o fornecedor e o consumidor ou então quando a obrigação já se encontra extinta (exemplos: pagamento, novação, transação, remissão etc.). No caso de dívida prescrita, a cobrança é devida, porquanto, no plano do direito material, a dívida não é extinta, militando em prol do credor a *solutio retentio*.

b) Débito inferior ao cobrado: é quando existe o débito, mas o fornecedor cobra mais do que é devido.

Todavia, para que o consumidor tenha direito à repetição de indébito, a que faz menção o parágrafo único do art. 42, são necessários os seguintes requisitos:

a) Falta de causa jurídica justificativa do pagamento (ausência de débito ou débito inferior ao que foi pago).

b) Pagamento indevido: a mera cobrança indevida não lhe confere evidentemente o direito à repetição de indébito, pois esta ação pressupõe o enriquecimento patrimonial do *accipiens* à custa da diminuição do patrimônio do *solvens*. Todavia, não se pode subtrair o consumidor do benefício do art. 940 do CC, segundo o qual o credor que cobra judicialmente dívida já paga é obrigado a devolver ao devedor em dobro do que dele cobrou; e, no caso de cobrar judicialmente do devedor mais do que lhe era devido, deverá devolver o equivalente do que dele exigir, isto é, se tinha direito a dez mil reais e cobrou doze mil, deverá pagar dois mil reais a título de sanção. Saliente-se, contudo, que as sanções do art. 940 do CC só incidem se a cobrança for judicial e ainda houver sido feita de má-fé (Súmula nº 159 do STF), devendo esta indenização ser pleiteada em reconvenção ou ação autônoma, e não na contestação, salvo quando se tratar de ação dúplice, como é o caso das movidas no Juizado Especial de Pequenas Causas. Referida indenização, a que se refere o art. 940 do CC, é excluída se o autor desistir da ação antes de contestada a lide, nos termos do art. 941 do CC, mas, nesse caso, o réu ainda pode pleitear a indenização, desde que comprove que sofreu algum prejuízo.

Nítida, portanto, a diferença entre o art. 940 do CC, que incide diante da mera cobrança judicial indevida, sem que se tenha concretizado o pagamento, e o parágrafo único do art. 42 do CDC, que é a repetição de indébito do que foi efetivamente pago indevidamente pelo consumidor. Quanto à cobrança indevida, feita extrajudicialmente, é cabível indenização por perdas e danos, e não devolução em dobro, desde que o consumidor comprove os prejuízos sofridos.

Na ação de repetição de indébito do CDC, o consumidor poderá pleitear restituição em dobro do que pagou em excesso, devidamente atualizada com correção monetária, além dos juros moratórios legais. Essa importância é devida ainda que o consumidor não tenha prejuízo, facultando-lhe, porém, se o prejuízo for maior, adicionar ao pedido o valor das perdas e danos.

A rigor, o direito à repetição de indébito, a que se refere o parágrafo único do art. 42 do CDC, incide só nos pagamentos oriundos de cobrança indevida extrajudicialmente, pois se a cobrança for judicial, de duas uma: ou a ação do fornecedor é procedente, e nesse caso a cobrança revela-se devida, excluindo-se a incidência do parágrafo único do art. 42 do CDC, ou então a ação é improcedente, e, portanto, o consumidor não efetua pagamento algum, aplicando-se o art. 940 do CC.

Por outro lado, o fornecedor, na contestação, poderá se livrar da restituição em dobro, comprovando que o engano foi justificável, fruto de erro escusável. Essa expressão "engano justificável" vem servindo de brecha para que os fornecedores só sejam obrigados à restituição em dobro quando agirem com má-fé (dolo ou culpa grave); no caso de culpa leve, o STJ tem admitido apenas a repetição de indébito na forma simples, e não em dobro. Ora, a expressão engano justificável, a nosso ver, abrange as hipóteses de culpa levíssima, ausência de culpa e caso fortuito ou força maior. Na culpa leve, o engano não é justificável, posto que previsível ao homem médio.

Finalmente, o pagamento indevido, mas em cumprimento de cláusula contratual, que posteriormente é declarada nula, não enseja a repetição em dobro, mas apenas a simples, pois foi fruto de previsão contratual, revelando-se justificável o engano.

7.14 Bancos de dados e cadastros de consumidor

O Código de Defesa do Consumidor admite a existência de cadastros e bancos de dados, porque para a concessão de crédito (financiamento, pagamento parcelado, pagamento por cheque etc.) é mister que se conheça o perfil do consumidor para se avaliar os riscos da inadimplência. Em contrapartida, o CDC controla esses cadastros e bancos de dados, com o escopo de proteger a intimidade, a vida privada, a honra e a imagem do consumidor, em consonância com o art. 5º, X, da CF.

As informações sobre o consumidor podem constar em:

a) Cadastros: armazenamento de dados internos da empresa-fornecedora sobre informações pessoais dos consumidores em potencial. Na maioria das vezes, é o próprio consumidor que preenche ou autoriza o preenchimento do cadastro, cujo objetivo é beneficiar exclusivamente o fornecedor-arquivista, não se destinando a prevenir interesses de outros fornecedores.

b) Bancos de dados: conjunto de informações pessoais sobre os consumidores, organizado por empresa especializada, cujo objetivo é transmitir essas informações aos fornecedores a fim de alertá-los sobre os riscos do inadimplemento. Referidas informações são colhidas, em regra, sem o conhecimento do consumidor. Exemplos: SPC e Serasa. O art. 29 da Lei nº 9.492/1997 autoriza o Cartório de Protestos a emitir certidão diária em forma de relação, contendo a lista dos títulos protestados, para as entidades representativas da atividade econômica, da indústria e do comércio.

c) Fichas: são as anotações que contêm informações, isoladas e resumidas, sobre uma pessoa. Geralmente, faz-se a ficha antes de inserir a informação no cadastro ou banco de dados.

d) Registros: são as inscrições oficiais em livro próprio, para que tenham fé pública. É o caso do Cartório de Protesto de Títulos e Documentos de dívidas que mantém o livro de registro dos protestos realizados. Enquanto a informação constante no Registro goza, por si só, de fé pública (presunção de verdade), a arquivada em bancos de dados, fichas ou cadastros não tem esse atributo.

As informações que se colhem a respeito do consumidor geralmente são negativas, referentes à mora ou inadimplemento, mas com o advento da Lei nº 12.414/2011 passou-se a admitir o cadastro positivo, que é o Banco de dados com informações de adimplemento, mas, para tanto, é essencial o consentimento do consumidor para que a sua privacidade seja protegida.

As informações positivas, quando excessivas, revelam-se inconstitucionais, por violação ao direito à privacidade.

No estudo dos bancos de dados e cadastros é essencial a análise dos seguintes tópicos:
   a) Limites;
   b) Direito ao acesso;
   c) Direito à retificação;
   d) Direito à comunicação;
   e) Dano moral;
   f) Cadastro de reclamações contra fornecedores.

Convém ainda ressaltar que não se exige, no tocante a esse aspecto de armazenamento e divulgação de dados, que o arquivista seja fornecedor, pois, no caso, a lei sujeita essa atividade ao CDC, independentemente da caracterização da relação de consumo entre o titular dos dados e o devedor. Não obstante, a jurisprudência entende que a atividade cartorária não é regida pelo CDC.

7.15 Limites

A coleta de dados pessoais, por si só, já ofende de certa forma o direito à privacidade, que dirá então a sua divulgação, razão pela qual se impõe uma série de requisitos legais para que a privacidade e a honra do consumidor não sejam violadas.

Os limites recaem sobre:
   a) O conteúdo das informações: deve ser objetivo, claro, verdadeiro e em linguagem de fácil compreensão (§ 1º do art. 43). Objetivo porque não pode conter um juízo de valoração (exemplos: é um mau pagador; é "meio enrolado"), devendo ser direta, narrar uma certeza. Informação clara é a que é precisa e completa (devendo constar o nome do devedor, o valor da dívida e a data do vencimento). Informação verdadeira é a que é real, exata, e, sobretudo, atualizada. É crime deixar de corrigir imediatamente informações sobre consumidor constante de cadastro, banco de dados, fichas ou registros que sabe ou deveria saber inexata (art. 73 do CDC). E, por fim, a informação deve ser em linguagem de fácil compreensão, sendo, pois, proibido o uso do vernáculo estrangeiro, bem como a linguagem técnica, em códigos, ou ainda prolixa. Malgrado a omissão do CDC, cumpre salientar que as informações devem se limitar à proteção do crédito, pois se forem exces-

sivas, extrapolarem esse objetivo, haverá certamente ofensa ao direito à privacidade. Se o acesso à informação for negado, é cabível o *habeas data*.

b) Limites temporais dos arquivos: é o tempo máximo que a informação poderá constar nos arquivos da entidade. O CDC prevê dois limites. O primeiro é o de que as informações negativas não podem se referir a período superior a cinco anos (§ 1º do art. 43), a contar do vencimento do débito (e não de sua inserção no arquivo, caso contrário a norma ficaria sem sentido), ainda que a dívida não se encontre prescrita. O segundo, previsto no § 5º do art. 43, diz respeito aos débitos prescritos; as entidades de proteção ao crédito, somente elas, não poderão fornecer informações sobre dívidas prescritas. Essa hipótese refere-se às dívidas que prescrevem em prazo inferior a cinco anos, pois a partir do quinto ano, independentemente de prescrição, a informação deve ser excluída do cadastro, banco de dados, fichas e registros. A propósito, dispõe a Súmula nº 323 do STJ: "A inscrição do nome do devedor pode ser mantida nos serviços de proteção ao crédito até o prazo máximo de cinco anos, independentemente da prescrição da execução". No Cartório de Protestos, mediante requerimento específico, é possível, a qualquer interessado, solicitar a expedição de certidão referente a período superior a cinco anos, conforme o art. 27 da Lei nº 9.492/1997. Se antes dos cinco anos prescrever a ação de execução da cambial (o título de crédito), mas não prescrever a ação de conhecimento baseada na relação jurídica fundamental, uma corrente sustenta que o dado deve ser excluído, outra sustenta que não, porquanto o § 5º do art. 43 exige a prescrição da cobrança do débito, que é a inviabilização de todos os meios judiciais (de conhecimento e execução) para se obter a satisfação do crédito.

7.16 Direito ao acesso

O *caput* do art. 43 do CDC assegura ao consumidor o direito de acesso às informações existentes em cadastros, fichas, registros e dados pessoais e de consumo arquivados sobre ele, bem como sobre as suas respectivas fontes.

Assim, o direito de acesso abrange:
a) Conteúdo das informações;
b) A fonte, isto é, a origem das informações.

A lei é omissa sobre o prazo. Antonio Herman Benjamin[1] entende que o acesso tem que ser oferecido imediatamente quando solicitado pelo consumidor, sendo vedado fazê-lo esperar. Tratando-se de certidão de título protestado, o Tabelião de Protesto deve expedi-la no prazo máximo de cinco dias úteis (art. 27 da Lei nº 9.492/1997).

Quanto à gratuidade do acesso a informação, o CDC é omisso, mas o *habeas data* é gratuito (art. 21 da Lei nº 9.507/1997). Logo, há quem sustente que o acesso extrajudicial às informações também devem ser gratuitos.

7.17 Direito à retificação

O direito à retificação pode ser exercido pelo consumidor:

a) Na esfera extrajudicial: é o pleiteado junto a entidade na qual consta o dado inexato. De fato, dispõe o § 3º do art. 43 do CDC que "o consumidor, sempre que encontrar inexatidão nos seus dados e cadastros, poderá exigir sua imediata correção, devendo o arquivista, no prazo de cinco dias úteis, comunicar a alteração aos eventuais destinatários das informações incorretas". Aliás, conforme já vimos, é crime deixar de corrigir imediatamente informações inexatas sobre o consumidor (art. 73 do CDC). De acordo com Leonardo de Medeiros Garcia[2] o prazo máximo para que a entidade de proteção ao crédito conclua as investigações oriundas do exercício do direito de retificação é de 10 dias, por aplicação do § 1º do art. 4º da Lei nº 9.507/1997 (Lei do *Habeas Data*), e, se o pedido de retificação for acolhido, o prazo para corrigir as informações é de cinco dias úteis, comunicando a terceiro que tenham recebido as informações incorretas. Acrescente-se que também é crime impedir ou dificultar o acesso do consumidor às informações que sobre ele constem em cadastros, banco de dados, fichas e registros (art. 72 do CDC). Além disso, "os órgãos oficiais poderão expedir notificações aos fornecedores para que, sob pena de desobediência, prestem informações sobre questões de interesse do consumidor, resguardado o segredo industrial" (§ 4º do art. 55 do CDC).

---

1 BENJAMIN, Antônio Herman de Vasconcellos. *Código Brasileiro de Defesa do Consumidor comentado pelos autores do anteprojeto*. 8. ed. Rio de Janeiro: Forense Universitária, 2004, p. 464.

2 GARCIA, Leonardo de Medeiros. *Direito do Consumidor*. Código Comentado e Jurisprudência. 6. ed. Rio de Janeiro: Impetus, 2010, p. 281.

b) Retificação judicial: é a pleiteada por meio de *habeas data*, remédio constitucional que se presta não só para assegurar o conhecimento de informações pessoais como também à retificação delas. É certo que o *habeas data* só é cabível contra entidades governamentais ou de caráter público (art. 5º, LXXII, da CF). Mas isso não é obstáculo, porquanto são considerados de caráter público, ainda que privados, os bancos de dados e cadastros relativos a consumidores, bem como os serviços de proteção ao crédito e congêneres (§ 4º do art. 43 do CDC).

7.18 Direito à comunicação

A abertura de cadastro, ficha, registro e dados pessoais e de consumo deverá ser comunicada por escrito ao consumidor, quando não solicitada por ele (§ 2º do art. 43 do CDC).

A comunicação deve ser por escrito. Não tem valor quando for veiculada por telefone ou *e-mail*. Quanto à exigência de AR (Aviso de Recebimento), não consta da lei. A propósito, o Superior Tribunal de Justiça editou a Súmula nº 404: "É dispensável o Aviso de Recebimento (AR) na carta de comunicação ao consumidor sobre a negativação de seu nome em bancos de dados e cadastros".

A lei é omissa quanto ao prazo para a comunicação ao consumidor, mas quando se tratar de inscrição do nome do devedor no cadastro do Serasa ou outra entidade de proteção ao crédito aplica-se por analogia o § 3º do art. 43 do CDC, que exige o prazo de cinco dias, devendo ainda a comunicação ser prévia, isto é, antes de se proceder à inscrição. Sobre o assunto, dispõe a Súmula nº 359 do STJ: "Cabe ao órgão mantenedor do Cadastro de Proteção ao Crédito a notificação do devedor antes de proceder à inscrição". Há quem entenda que o fornecedor, que encaminhou o nome do consumidor, à empresa de proteção ao crédito, também tem o dever de comunicar o consumidor, pois a lei não indica a quem cabe o dever de comunicação. De qualquer forma, a falta dessa comunicação prévia, por si só, não gera qualquer indenização por dano moral, desde que o dado seja verídico. Na verdade, a responsabilidade pela comunicação é apenas da entidade arquivista (exemplo: Serasa), conforme a Súmula nº 359 do STJ, mas, uma vez efetuado o pagamento, é do fornecedor a responsabilidade pela exclusão do nome do consumidor do cadastro de inadimplentes.

7.19 Dano moral

No assunto em estudo, o dano moral vem sendo admitido nos casos de inclusão indevida do nome em cadastro negativo de crédito. Nessa situação, a responsabilidade pela indenização é exclusiva do fornecedor, que enviou os dados à empresa de proteção ao crédito. Há entendimento minoritário prevendo a responsabilidade solidária da empresa de proteção ao crédito. Acrescente-se, ainda, a Súmula nº 385 do STJ: "Da anotação irregular em cadastro de proteção ao crédito, não cabe indenização por dano moral, quando preexistente legítima inscrição, ressalvado o direito ao cancelamento".

7.20 Cadastro de reclamações contra fornecedores (art. 44)

Os órgãos públicos de defesa do consumidor deverão:

a) Manter cadastros atualizados de reclamações fundamentadas contra os fornecedores;

b) Divulgar anualmente ao público essas reclamações. A divulgação indicará se a reclamação foi ou não atendida pelo fornecedor. Nada obsta que a divulgação seja em período menor, por exemplo, mensal. Mas a divulgação deve ser, no mínimo, anual.

A manutenção e divulgação dos cadastros são feitas pelos órgãos públicos de defesa do consumidor, por exemplo, o PROCON. Como a informação é pública, a imprensa pode também publicar a lista dos fornecedores com maior número de reclamações, facultando-se a eles o acesso às informações para orientação e consulta, podendo, se o caso, requerer a retificação do dado incorreto.

7.21 Cadastro positivo

A Lei nº 12.414, de 09-6-2011, criou o Cadastro Positivo, isto é, a lista de bons pagadores, com a expectativa de que consumidores e empresas incluídas nesse cadastro tenham acesso a juros mais baixos, diante do menor risco de inadimplência. A criação do referido banco de dados ainda depende de regulamentação do Poder Executivo (art. 13).

O cadastro conterá informações de adimplemento de pessoas naturais ou de pessoas jurídicas (art. 1º). Para a formação do banco de dados, somente poderão ser armazenadas informações objetivas, claras, verdadeiras e de fácil compreensão, que sejam necessárias para avaliar a situação econômica do cadastrado (art. 3º, § 1º).

A abertura de cadastro requer autorização prévia e escrita do potencial cadastrado (art. 4º). Uma única autorização possibilitará a inclusão de vários tipos de dados. É possível solicitar a saída da lista a qualquer momento e este pedido deverá ser atendido em até sete dias (art. 5º, I e III).

A pessoa cadastrada tem o direito de acessar gratuitamente as informações sobre ela existentes no banco de dados (art. 5º, II). Essas informações de adimplemento não poderão constar de banco de dados por período superior a 15 anos (art. 14).

O cadastro positivo pode ser organizado tanto por pessoa jurídica de direito público quanto por empresas privadas, respeitadas as exigências previstas na Lei, mas quando instituídas por pessoas jurídicas de direito público interno serão regidas por legislação específica (art. 1º, p. único).

Referidas empresas poderão compartilhar as informações mediante autorização expressa do consumidor (art. 9º), mas nesse caso as empresas serão solidariamente responsáveis pelos eventuais prejuízos causados (§ 1º do art. 9º).

Os dados só podem ser consultados por quem pretende ter com o cadastrado alguma relação comercial ou creditícia (art. 15). O consumidor tem o direito de saber quem acessou as informações sobre ele nos últimos seis meses (art. 6º, IV).

7.22 Questões

1. O ato ilícito sempre pressupõe a violação da lei?
2. O que é o abuso do direito? Explique as teorias objetivas e subjetivas.
3. O rol do art. 39 do CDC é taxativo?
4. Explique a teoria dos atos próprios, abordando o *venire contra factum proprim*, *supressio*, *surrectio* e *tu quoque*.
5. O que é venda casada? Qual sua consequência?
6. É possível a venda condicionada a limites quantitativos?
7. O fornecedor pode recusar-se a contratar?
8. Qual a consequência de o fornecedor enviar produto não solicitado pelo consumidor?
9. O fornecedor pode executar serviço sem prévio orçamento? Qual o prazo de validade do orçamento?
10. Qual a diferença entre lesão enorme e dolo de aproveitamento?
11. Quando o preço é abusivo?

12. Quando o reajuste é abusivo?
13. No Código de Defesa do Consumidor é possível obrigação sem prazo?
14. Quando a cobrança é abusiva?
15. Qual a diferença entre cobrança vexatória e coativa?
16. Quando a cobrança é indevida?
17. Qual a consequência da cobrança indevida?
18. Qual a diferença entre banco de dados e cadastro? Podem ser positivos?
19. Qual o limite temporal dos arquivos constantes em bancos de dados ou cadastros? O que diz a Súmula nº 323 do STJ?
20. O direito à retificação dos dados inexatos pode ser exercido de que forma? Explique.
21. O que dizem as Súmulas nºs 359 e 404 do STJ?
22. O que diz a Súmula nº 385 do STJ?
23. É possível cadastro de reclamações contra fornecedores? Este cadastro deve ser divulgado?
24. O que é o cadastro positivo e qual a sua finalidade?
25. Quem pode organizar o cadastro positivo?

CAPÍTULO 8

PROTEÇÃO CONTRATUAL

CAPÍTULO 8

PROTEÇÃO
CONTRATUAL

8.1 Introdução

A concepção clássica dos contratos é regida por três princípios:

a) Autonomia da vontade: as partes são livres para estipular o conteúdo e o tipo de contrato, escolhendo ainda com quem irão contratar.

b) Obrigatoriedade dos contratos (*pacta sunt servanda*): o contrato é lei entre as partes e, por isso, deve ser fielmente cumprido.

c) Relatividade dos contratos: o contrato só vincula as partes, não podendo atingir terceiros.

Referidos princípios, no direito moderno, sobretudo no Código de Defesa do Consumidor, são amenizados pelos princípios da função social dos contratos, boa-fé objetiva, equilíbrio econômico, solidariedade social e dignidade da pessoa humana.

Com efeito, o fornecedor não pode se recusar a contratar nem escolher o consumidor com quem irá contratar, de modo que o princípio da autonomia da vontade no Código de Defesa do Consumidor revela-se diminuto. Quanto à obrigatoriedade dos contratos, apresenta algumas exceções no CDC, conforme veremos adiante. Finalmente, o princípio da relatividade dos contratos não é aplicável ao CDC, porquanto os fornecedores, que não participaram da relação contratual, são responsáveis pelos vícios e fatos do produto ou serviço.

No Código de Defesa do Consumidor, o estudo dos contratos envolve, dentre outros aspectos, os seguintes:

a) Princípio da transparência;
b) Importância da fase pré-contratual;
c) Limitação do contrato de adesão;
d) Interpretação em favor do consumidor;
e) Desistência do contrato;
f) Cláusulas abusivas.

8.2 Princípio da transparência (art. 46)

Os contratos de consumo não obrigarão o consumidor quando:

a) Não lhes for dado a oportunidade de tomar conhecimento prévio de seu conteúdo. É, pois, direito do consumidor receber uma via do contrato antes de assiná-la.

b) O instrumento for redigido de modo a dificultar a compreensão do sentido e alcance das cláusulas contratuais. É vedado o emprego de linguagem técnica ou prolixa, isto é, de difícil compreensão.

8.3 Importância da fase pré-contratual

As declarações de vontade emitidas pelo fornecedor na fase pré-contratual tornam-se obrigatórias, integrando o conteúdo do contrato. Portanto, as negociações preliminares vinculam o fornecedor, que, se vier a abandoná-la sem motivo justo, poderá ser compelido judicialmente a cumpri-la.

Já nos contratos do Código Civil essa fase preliminar, ainda que haja uma minuta, não vincula os contratantes, ensejando, no máximo, uma responsabilidade extracontratual ao contratante que, sem motivo justo, desistir das tratativas após ter induzido a outra parte a realizar despesas, respondendo, nesse caso, pelas perdas e danos, mas sem ter o poder de exigir a celebração específica do contrato.

Sobre o assunto dispõe o art. 48 do CDC: "as declarações de vontade constantes de escritos particulares, recibos e pré-contratos relativos às relações de consumo vinculam o fornecedor, ensejando inclusive execução específica, nos termos do art. 84 e parágrafos".

8.4 Limitação ao contrato de adesão

Quanto à liberdade de discussão das cláusulas, os contratos consumeristas podem ser:

a) Paritários: são aqueles em que as cláusulas são fixadas pelas partes, após o livre debate na fase das negociações preliminares.

b) De adesão: são aqueles em que as cláusulas são estabelecidas unilateralmente pelo fornecedor ou aprovadas pela autoridade competente.

O art. 54 do CDC ampliou o conceito de contrato de adesão, visto que, para sua configuração, não se exige que o fornecedor desfrute do monopólio do produto ou serviço e nem a necessidade de contratar do consumidor aderente, bastando um dos seguintes requisitos:

a) Que as cláusulas tenham sido estabelecidas pelo fornecedor. Ainda que haja possibilidade de o consumidor discutir essas cláusulas, o contrato será de adesão quando, no plano concreto, inocorreu essa discussão.

b) Que as cláusulas, ainda que gerais, tenham sido aprovadas, ou melhor, impostas pela autoridade competente. Exemplos: contratos de água e luz.

No Código de Defesa do Consumidor, o contrato-tipo ou por formulário, em que as cláusulas são previamente impressas pelo fornecedor, presume-se de adesão, e, a nosso ver, a presunção é absoluta, tanto é que nem mesmo a inserção de cláusula no formulário é capaz de desfigurar a natureza de adesão do contrato (§ 1º do art. 54 do CDC). No Código Civil, porém, nem todo contrato-tipo é de adesão, pois só é de adesão o contrato em que um dos contratantes detém o monopólio de direito ou de fato, criando a necessidade de contratar a um número indeterminado de pessoas e a impossibilidade de se discutir ou alterar qualquer cláusula, requisitos não exigidos no CDC.

Nada obsta, porém, que no contrato de adesão haja cláusula resolutória, desde que a escolha, entre a extinção e o cumprimento da obrigação, caiba ao consumidor (§ 2º do art. 54 do CDC). Portanto, é vedada a cláusula de resolução automática, outrossim, a que não dá ao consumidor outra alternativa que não seja a extinção contratual. Assim, nos contratos de adesão só é possível cláusula resolutiva alternativa, competindo a escolha ao consumidor. É, pois, vedada a cláusula que impõe, para o caso de mora, a rescisão automática do contrato.

Os contratos de adesão podem ser verbais ou escritos: "Os contratos de adesão escritos serão redigidos em termos claros e com caracteres ostensivos e legíveis, cujo tamanho da fonte não será inferior ao corpo doze, de modo a facilitar sua compreensão pelo consumidor" (§ 3º do art. 54). Logo, o contrato de adesão não pode ser em letras minúsculas, isto é, inferior à fonte doze; todavia a lei é omissa quanto ao tipo de fonte, sendo que o tamanho 12 varia conforme a fonte. Se o tamanho for 12 em uma fonte em que o corpo 12 continua minúsculas, o contrato será nulo.

O § 4º do art. 54 ainda salienta que "as cláusulas que implicarem limitação de direito do consumidor deverão ser redigidas com destaque, permitindo sua imediata e fácil compreensão". Sem esse destaque (letras minúsculas, negritação, cor diferente, em itálico etc.), a cláusula limitadora de direito não vincula o consumidor.

8.5 Interpretação em favor do consumidor

As cláusulas contratuais serão interpretadas de maneira mais favorável ao consumidor (art. 47). As dúvidas são resolvidas em prol do consumidor, cuja boa-fé é presumida, seja o contrato paritário ou de adesão. No contrato de seguro, por exemplo, individual ou em grupo, a seguradora, que não realizou o prévio exame médico, não pode escusar-se do pagamento alegando que a doença é preexistente.

A interpretação favorável ao consumidor é em relação a todas as cláusulas, sejam elas claras, obscuras ou contraditórias, pois onde a lei não distingue ao intérprete não é lícito distinguir.

8.6 Desistência do contrato

De acordo com o princípio da obrigatoriedade, que também vigora no Código de Defesa do Consumidor, o contrato deve ser fielmente cumprido, sendo, dessa forma, lei entre as partes. Desse princípio decorre a intangibilidade do conteúdo dos contratos, que não pode ser alterado unilateralmente por uma das partes.

No CDC, o princípio da obrigatoriedade, porém, comporta quatro exceções:

a) Caso fortuito ou força maior: o acontecimento extraordinário e inevitável é, pois, motivo para o descumprimento do contrato.

b) Teoria da base objetiva do negócio jurídico: é a que autoriza a revisão judicial das cláusulas contratuais em razão de fatos supervenientes que as tornem excessivamente onerosas (art. 6º, V).

c) Lesão enorme: é a que autoriza a revisão judicial das cláusulas contratuais que estabeleçam prestações desproporcionais (art. 6º, V).

d) Desistência do consumidor: só é possível quando a contratação, do produto ou serviço, ocorrer fora do estabelecimento empresarial (exemplos: por telefone, em domicílio, *Internet* etc.).

O prazo de desistência é de sete dias a contar da assinatura do contrato ou do ato do recebimento do produto ou serviço (art. 49). É claro que o fornecedor deverá devolver, de imediato, ao consumidor os valores eventualmente recebidos, a qualquer título, monetariamente atualizados.

O direito de arrependimento do consumidor pode ser exercido imotivadamente, independentemente de qualquer vício do produto ou serviço. O prazo de reflexão é obrigatório nos contratos celebrados fora do estabelecimento comercial, sendo nula qualquer cláusula que exclua ou restrinja esse direito do consumidor, ou que comine multa pela desistência.

Sobre o início do prazo de sete dias, uma primeira corrente sustenta que é tanto a assinatura do contrato quanto o recebimento do produto ou serviço, o que ocorrer primeiro. Outra entende que o início se dá com o recebimento do produto ou serviço, momento em que pode aferir se o produto ou serviço atende ou não às suas expectativas. A nosso ver, o início do prazo se dá com a assinatura do contrato ou com o recebimento do produto ou serviço, o que ocorrer por último, sendo esta a exegese mais favorável ao consumidor, que pode ser motivado a desistir tanto pelo produto ou serviço em si quanto pelo teor do contrato. Tratando-se, porém, de contrato de seguro, o início do prazo se dá com a assinatura do contrato, pois pode ser que nem se realize a prestação do serviço à medida que o contrato é de risco.

Finalmente, não há previsão legal para estender-se o direito de arrependimento aos contratos celebrados no local do estabelecimento empresarial, mas já se decidiu pela aplicação do art. 49 do CDC ao contrato que foi antecedido de propaganda que atraiu o consumidor ao local sem que ele tivesse tempo suficiente para refletir.

8.7 Cláusulas abusivas

O art. 51 do CDC prevê o rol meramente exemplificativo das cláusulas abusivas, destacando que elas são nulas de pleno direito. A nulidade é absoluta, pois se trata de violação de norma de ordem pública, seja o contrato de adesão ou paritário, uma vez que a lei não faz distinção. Todavia, a nulidade recai apenas sobre a cláusula abusiva, mantendo-se intacto o contrato, por força do princípio da preservação dos contratos, salvo se a ausência de cláusula abusiva torná-lo inviável, isto é, onerar excessivamente uma das partes (§ 2º do art. 51).

A ação é imprescritível, porquanto a nulidade é absoluta, podendo ser reconhecida de ofício pelo juiz, independentemente de requerimento das partes, em qualquer ação judicial. Não obstante, o Superior Tribunal de Justiça filiou-se a entendimento oposto, editando a Súmula nº 381: "Nos contratos bancários, é vedado ao julgador conhecer, de ofício, da abusividade das cláusulas". O raciocínio decerto deve se estender a todo e qualquer contrato de consumo, em total desrespeito ao art. 51 do CDC, que proclama a nulidade absoluta, hipótese em que o contrato todo deverá ser invalidado. Em algumas situações, o juiz, para que o contrato seja preservado, decreta a nulidade da cláusula e ao mesmo tempo promove a revisão do contrato, impondo a cláusula adequada (exemplo: na nulidade de cláusula de reajuste do plano de saúde, o juiz determina o índice adequado). Portanto, são três as possibilidades do juiz: anular só a cláusula abusiva, anular todo o contrato e revisar judicialmente a cláusula abusiva.

O rol das cláusulas abusivas do art. 51 é o seguinte:

a) Cláusula de não indenizar (art. 51, I);

b) Impedimento de reembolso (art. 51, II);
c) Transferência de responsabilidade a terceiro (art. 51, III);
d) Obrigações iníquas e desvantagem exagerada (art. 51, IV);
e) Inversão do ônus da prova (art. 51, VI);
f) Arbitragem compulsória (art. 51, VII);
g) Imposição de representante (art. 51, VIII);
h) Opção de conclusão do negócio (art. 51, IX);
i) Alteração unilateral do preço (art. 51, X);
j) Cancelamento unilateral do contrato (art. 51, XI);
k) Ressarcimento dos custos da cobrança (art. 51, XII);
l) Alteração unilateral do contrato (art. 51, XIII);
m) Violação de normas ambientais (art. 51, XIV);
n) Violação do sistema de proteção ao consumidor (art. 51, XV);
o) Renúncia à indenização por benfeitorias necessárias (art. 51, XVI).

8.8 Cláusula de não indenizar (art. 51, I)

Referida cláusula é a que impossibilita, exonera ou atenua a responsabilidade do fornecedor por vícios, de qualquer natureza, do produto ou serviço. De nada vale, por exemplo, cláusula pela qual o estacionamento ressalva que não se responsabiliza pelos furtos ocorridos no interior do veículo.

Se, no entanto, o consumidor for pessoa jurídica, a indenização poderá ser limitada (e não excluída), em situações justificáveis (art. 51, I, do CDC), analisadas segundo o prudente arbítrio do magistrado. A situação, nesse caso, é justificável quando o contrato proporcionou vantagem ao consumidor, outrossim, quando a cláusula limitadora foi debatida pelas partes.

8.9 Impedimento de reembolso (art. 51, II)

É nula a cláusula que subtraia do consumidor a opção de reembolso de quantia já paga, nos casos em que o CDC autoriza o reembolso. Exemplo: art. 49 do CDC.

8.10 Transferência de responsabilidades a terceiro (art. 51, III)

É nula a cláusula pela qual o fornecedor transfere a responsabilidade a terceiros. A expressão responsabilidade abrange a obrigação de cumprir a prestação devida e a obrigação de indenizar as perdas e danos sofridos pelo consumidor. É, pois, proibida no Código de Defesa do Consumidor, assunção de dívidas, cessão de débito, ainda que haja consentimento do credor (consumidor). Nada obsta, contudo, a transferência da responsabilidade a terceiro, inclusive mediante assunção de dívida, desde que o fornecedor se mantenha solidariamente responsável, pois essa medida amplia as vantagens do consumidor.

Há uma exceção, isto é, um caso em que a obrigação pode ser cumprida por terceiro, mas deriva da lei e não do contrato. É o § 1º do art. 20 (em caso de vício de serviço o consumidor tem a opção de exigir a reexecução de serviço por terceiro).

8.11 Obrigações iníquas e desvantagem exagerada (art. 51, IV)

São nulas as cláusulas que estabeleçam:

a) Obrigações iníquas, isto é, excessivamente injustas para o consumidor.

b) Obrigações abusivas, isto é, que violam os fins sociais do contrato. Exemplo: é abusiva a cláusula do plano de saúde que não permite o tratamento de Aids, outrossim, a que limita o tempo de internação do segurado (Súmula nº 302 do STJ).

c) Obrigações que coloquem o consumidor em desvantagem exagerada. Exemplo: a cláusula que prevê foro de eleição que prejudique o consumidor; se não lhe causar desvantagem exagerada, é válida. Outro exemplo é a cláusula de decaimento (art. 53 do CDC).

d) Obrigações que violam a boa-fé. Exemplos: é nula a cláusula surpresa, aquela que surpreende o consumidor com obrigações inesperadas.

8.12 Inversão do ônus da prova (art. 51, VI)

O ônus da prova, em regra, é de quem alega o fato, sendo nula a cláusula sem relação aos fatos alegados pelo fornecedor.

Há duas inversões do ônus da prova, já estudadas, mas em favor do consumidor. Uma judicial (art. 6, VIII) e outra legal (art. 38).

8.13 Arbitragem compulsória (art. 51, VII)

A arbitragem é um dos meios extrajudiciais de solução da lide, cujo julgamento é afeto a um órgão estranho ao Poder Judiciário. A sentença arbitral, para surtir efeito, não depende de homologação judicial (art. 18 da Lei nº 9.307/1996).

A arbitragem só é possível quando se tratar de direitos patrimoniais disponíveis. As normas do CDC são de ordem pública e por isso é nula a cláusula contratual que determina a utilização compulsória da arbitragem. Veda-se a cláusula prévia de arbitragem, o que a tornaria compulsória em relação aos futuros litígios, mas nada obsta que, após o surgimento da lide, as partes, de comum acordo, decidam pela solução arbitral, pois em tal situação não há falar-se em compulsoriedade.

8.14 Imposição de representante (art. 6º, VIII)

É nula a cláusula que imponha representante para concluir ou realizar outro negócio jurídico pelo consumidor. Tal ocorre, por exemplo, quando o contrato prevê que, no caso de inadimplemento, o fornecedor pode agir como procurador do consumidor para emitir nota promissória em prol dele mesmo fornecedor. É a chamada "cláusula mandato" outrora comum nos contratos de financiamentos bancários, mas que o STJ, antes mesmo do CDC, já havia declarado nula, editando a Súmula nº 60: "É nula a obrigação cambial assumida por procurador do mutuário vinculado ao mutuante, no exclusivo interesse deste". Referida cláusula não se coaduna com o contrato de mandato, que pressupõe a inexistência de conflito entre o mandante e o mandatário. A hipótese assemelha-se ao autocontrato ou contrato consigo mesmo. Todavia, a cláusula é nula ainda que a imposição do representante recaia sobre outra pessoa que não o fornecedor.

8.15 Opção exclusiva de o fornecedor concluir o negócio (art. 51, IX)

É nula a cláusula, posto que potestativa, que deixa ao fornecedor a opção de concluir ou não o contrato, embora obrigando o consumidor, como vimos, a fase pré-contratual vincula o fornecedor, qualquer cláusula que o libera da obrigação de contratar é nula.

8.16 Alteração unilateral do preço (art. 51, X)

É igualmente potestativa, e, portanto, nula, a cláusula que permite o fornecedor, direta ou indiretamente, de alterar unilateralmente o preço. Note-se que, no CDC, a fixação do preço é ato exclusivo do fornecedor, mas a sua alteração, no decorrer do contrato, só é possível mediante acordo entre as partes. Já nos contratos do Código Civil, tanto a fixação do preço quanto a sua alteração, deve emanar do consenso entre as partes, sendo nula a compra ou venda, quando se deixa ao arbítrio exclusivo de uma das partes a fixação do preço (art. 489 do CC).

Por consequência, o reajuste do preço só é lícito se constar expressamente no contrato, mas ainda assim não se pode atribuir ao fornecedor a missão de reajustá-lo. É mister que o contrato preveja a forma do reajuste, ou, se for omisso, que haja consenso entre as partes.

Quanto às tarifas bancárias, são regidas pelo CDC, de modo que o reajuste do valor, após divulgação com no mínimo de 30 dias de antecedência (art. 10 da Resolução nº 3.518/2007), a rigor, só seria possível em relação aos contratos novos aos antigos que contiverem cláusula expressa com menção à época e ao índice do reajuste.

8.17 Cancelamento unilateral do contrato (art. 51, XI)

No Código Civil, é possível a resilição unilateral dos contratos por tempo indeterminado, por vontade exclusiva de uma das partes, que, a qualquer tempo, pode notificar a outra, promovendo assim a extinção da obrigação.

No Código de Defesa do Consumidor, a resilição unilateral por vontade exclusiva do fornecedor só é possível se igual direito for conferido ao consumidor. Com efeito, dispõe o inciso XI do art. 51 que é nula a cláusula que autorize o fornecedor a cancelar o contrato unilateralmente, sem que igual direito seja conferido ao consumidor. Não basta, porém, segundo a doutrina, para que se admita a resilição unilateral, que igual direito seja conferido ao consumidor, é mister ainda o respeito à boa-fé objetiva, pois o exercício abusivo deste direito, sem qualquer motivo plausível, deverá ser declarado nulo. É, destarte, nula a resilição desmotivada promovida pelo plano de saúde. É igualmente abusivo o cancelamento do limite de crédito de cheque especial em contrato de conta-corrente, sem que o correntista seja previamente informado.

8.18 Ressarcimento dos custos da cobrança (art. 51, XII)

É nula a cláusula que obriga o consumidor a ressarcir os outros de cobrança de sua obrigação, sem que igual direito lhe seja conferido contra o fornecedor.

O problema situa-se na cobrança extrajudicial, pois na judicial vigora o princípio da sucumbência (quem perde paga), nos termos do art. 20 do CPC.

Na cobrança extrajudicial, o consumidor só será responsabilizado se houver cláusula expressa no contrato atribuindo-lhe essas despesas (com previsão igual em seu favor) e que o valor não seja abusivo. O Superior Tribunal de Justiça considera abusiva a cláusula que impõe a obrigação de pagar honorários advocatícios, independentemente do ajuizamento de ação.

8.19 Alteração unilateral do contrato (art. 51, XIII)

Em respeito ao princípio da obrigatoriedade do contrato, o art. 51, XIII, reputa nula a cláusula que autoriza o fornecedor a modificar unilateralmente o conteúdo, de qualquer cláusula, ou qualidade do contrato, após sua celebração. Aludida alteração seria nula, ainda que não houvesse previsão expressa, diante do seu evidente caráter potestativo. O dispositivo complementa os incisos X e XI, que proíbem, respectivamente, a alteração do preço e o cancelamento unilateral do contrato.

8.20 Violação de normas ambientais (art. 51, XIV)

É nula a cláusula que infrinja ou possibilite a violação de normas ambientais. O dispositivo tem caráter pedagógico, aplicando-se a ambas as partes (fornecedor e consumidor), revelando o CDC uma preocupação que não se restringe às relações de consumo, extrapolando-a. Para que a cláusula seja nula não é preciso ofensa real ao meio ambiente, bastando a possibilidade de ofendê-lo.

O meio ambiente é bem de uso comum do povo e deve ser interpretado em sentido amplo, para abranger as suas diversas facetas (meio ambiente natural ou físico, meio ambiente cultural, meio ambiente artificial ou urbanístico e, por fim, o meio ambiente do trabalho ou laboral).

8.21 Violação do sistema de proteção ao consumidor (art. 51, XV)

É nula qualquer cláusula que esteja em desacordo com o sistema de proteção ao consumidor.

Referida norma é aberta ou de abertura, abrangendo outras hipóteses não especificadas expressamente no art. 51 do CDC. Deveria ser o último inciso do art. 51, pois, a rigor, é uma norma de encerramento.

Os direitos do consumidor não são fixados apenas pelo CDC, pois a Constituição Federal, tratados internacionais e outras leis também o protegem. A inobservância de qualquer norma protetiva ao consumidor será reputada nula.

8.22 Renúncia à indenização por benfeitorias necessárias (art. 51, XVI)

O consumidor que realizar de boa ou má-fé benfeitorias necessárias, cujo fim é conservar a coisa, sempre terá o direito de indenização, sendo nula a cláusula que lhe possibilite renunciar a esse direito. Quanto às benfeitorias úteis, apenas o consumidor de boa-fé terá o direito à indenização. As benfeitorias voluptuárias nem mesmo o consumidor de boa-fé será indenizado, mas lhe assiste o *jus tollendi*, isto é, o direito de levantá-las, quando puder sem destruir a coisa, desde que o fornecedor não opte em pagá-las (art. 1.219 do CC). O consumidor de má-fé perde as benfeitorias úteis e voluptuárias sem qualquer indenização.

É válida a cláusula pela qual o consumidor abre mão do direito à indenização pelas benfeitorias úteis e do *jus tollendi* em relação às voluptuárias, desde que observe o disposto no art. 51, IV, do CDC.

Quanto ao contrato de locação, em regra, não é regido pelo CDC, sendo lícita a cláusula que prevê a renúncia ao direito de indenização por qualquer benfeitoria. Se, no entanto, o locador for fornecedor, regendo-se o contrato pelo CDC, é vedada a cláusula que exclua o dever de indenizar as benfeitorias necessárias pelo locatário-consumidor.

8.23 Cláusulas abusivas administrativas

A Secretaria de Direito Econômico (SDE/MJ), órgão do Ministério da Justiça, vem baixando portarias, elencando outras cláusulas abusivas. Mas é evidente que se trata de mero ato administrativo, que não vincula o juiz, cujo objetivo é orientar o PROCON e outras entidades integrantes do Sistema Nacional de Defesa do Consumidor, sobretudo no que tange à aplicação das sanções administrativas.

8.24 Crédito e financiamento ao consumidor (art. 52)

O art. 52 do CDC rege os contratos de outorga de crédito (exemplos: cheque especial, cartão de crédito etc.) ou concessão de financiamento (exemplos: mútuo para aquisição de bem, alienação fiduciária, reserva de domínio etc.) para que o consumidor possa adquirir o produto ou serviço.

Nesses contratos, o fornecedor deverá informar previamente o consumidor sobre:

a) O preço em moeda corrente nacional;
b) Os juros de mora e a taxa efetiva anual de juros;
c) Os acréscimos legalmente previstos;
d) O número e a periodicidade das prestações;
e) Soma total a pagar, comparando o débito com e sem financiamento. Isso é para que o consumidor tenha plena noção do custo do empréstimo.

Quanto à cláusula penal moratória (multa de mora), decorrente do inadimplemento da obrigação no seu termo, não poderá ser superior a 2% do valor da prestação (§ 1º do art. 52), evitando-se, assim, o "superendividamento". Note-se que 2% referem-se à cláusula penal, e não aos juros de mora. O STJ vem estendendo esse limite de 2% às cláusulas penais moratórias a todos os contratos regidos pelo CDC, como, por exemplo, o de prestação de serviços educacionais.

É ainda assegurado ao consumidor o pagamento antecipado do débito, total ou parcialmente, mediante redução proporcional dos juros e demais acréscimos (§ 2º do art. 52 do CDC), sem nenhum encargo decorrente desse fato que, na verdade, representa exercício regular do direito. É nula a cláusula que só franqueia o direito ao pagamento antecipado quando se atingir certo percentual do débito, pois o citado § 2º permite a quitação parcial sem condicioná-la a um patamar mínimo.

8.25 Cláusula de decaimento

Cláusula de decaimento é a que prevê a perda total das prestações em caso de inadimplemento do devedor.

O CDC a proíbe em duas hipóteses (art. 53):

a) Compra e venda de móveis ou imóveis mediante pagamento em prestações;
b) Alienação fiduciária em garantia regida pelo Decreto-Lei nº 911/1969.

Assim, o fornecedor, diante do inadimplemento do consumidor, tem a opção de resolver o contrato, retomando-lhe o produto alienado. Todavia, deverá restituir-lhe as prestações pagas.

Enquanto no Código Civil a cláusula penal pode até ser igual ao valor da obrigação principal (art. 412 do CC), no CDC ela é bem limitada. A tendência jurisprudencial é aplicar a todos os contratos de consumo o § 1º do art. 52, que a limita em 2% do valor da prestação. Mas nos contratos do art. 53 do CDC, se tem permitido a multa de até 30%, desde que prevista expressamente, tendo em vista as despesas administrativas (divulgação, comercialização, corretagem e outras).

Em favor do consumidor milita a *exceptio non adimpleti contractus*, defesa pela qual se recusa a cumprir a sua obrigação de devolver o bem até que o fornecedor cumpra a obrigação de restituir-lhe as quantias pagas. Mas no cálculo da restituição devida ao consumidor deverá ser descontada a vantagem auferida com a fruição do bem, mas em contrapartida ele terá direito a indenização pelas benfeitorias necessárias e úteis.

No tocante aos contratos de consórcio de produtos duráveis, o consumidor desistente ou inadimplente também terá direito à restituição das parcelas pagas, com correção monetária (Súmula nº 35 do STJ), descontando-se, porém, a vantagem econômica auferida com a fruição do bem e os prejuízos que, em razão da desistência ou inadimplência, causou ao grupo de consorciados.

8.26 Questões

1. Quais os três princípios contratuais clássicos? Eles são aplicados ao Código de Defesa do Consumidor?
2. Quais a peculiaridades dos contratos de consumo?
3. O que é o princípio contratual da transparência?
4. Qual a diferença entre a fase pré-contratual do Código Civil e do CDC?
5. Qual a diferença entre contrato paritário e de adesão?
6. Qual a diferença entre o contrato de adesão do Código Civil e do CDC?
7. O contrato-tipo é sempre de adesão?
8. O contrato de adesão do CDC pode conter cláusula resolutiva?
9. Como deve ser redigido o contrato de adesão?
10. O contrato de adesão pode limitar direitos do consumidor?

11. Como se interpretam os contratos de consumo?
12. Quais as exceções ao princípio da obrigatoriedade dos contratos?
13. Quais os requisitos para que o consumidor possa desistir do contrato? Como se conta o prazo de desistência? É possível excluir o direito de desistência?
14. A cláusula abusiva só é nula no contrato de adesão?
15. O juiz decreta de ofício a nulidade da cláusula abusiva?
16. Qual o prazo para se requerer a nulidade da cláusula abusiva?
17. A cláusula abusiva anula todo o contrato?
18. É possível a cláusula de não indenizar? E a que limita o valor da indenização?
19. É possível assunção de dívida ou cessão de débito no CDC?
20. O que são obrigações iníquas?
21. O que diz a Súmula nº 60 do STJ?
22. O CDC permite alteração unilateral do preço pelo fornecedor?
23. O CDC permite o cancelamento unilateral do contrato pelo fornecedor?
24. É válida a cláusula pela qual o consumidor deve ressarcir os custos da cobrança?
25. De que forma o CDC protege o meio ambiente?
26. É válida a renúncia à indenização por benfeitorias?
27. As cláusulas abusivas administrativas são vinculantes?
28. Que tipo de informações o fornecedor deve prestar no contrato de concessão de crédito e financiamento? Qual o valor máximo da cláusula penal moratória nesses contratos? Referidos contratos admitem pagamento antecipado?
29. O que é cláusula de decaimento? Ela é valida?
30. Qual é o limite da cláusula penal no CDC?

CAPÍTULO 9

SANÇÕES ADMINISTRATIVAS

CAPÍTULO 9.

SANCIONES
ADMINISTRATIVAS

9.1 Introdução

O Capítulo VII do Código de Defesa do Consumidor, que visa a fiscalizar e controlar o mercado de consumo, versa sobre os seguintes tópicos:
a) Competência para editar normas administrativas (art. 55);
b) Sanções administrativas (arts. 56 a 60).

9.2 Competência

A competência administrativa encontra-se distribuída da seguinte forma:

a) Normas sobre produção, industrialização, distribuição e consumo dos produtos e serviços: a competência é concorrente da União, Estados e Distrito Federal, cada qual nas suas respectivas áreas de atuação (art. 55, *caput*). O município não desfruta dessa competência. O dispositivo legal é omisso sobre a definição das atribuições específicas de cada ente federativo, mas, a nosso ver, à União competirá a edição de normas administrativas gerais. Aos Estados e Distrito Federal, normas específicas, invocando-se para tanto o art. 24, VIII, e §§ 1º, 2º e 3º, da CF, porquanto a competência administrativa não pode ser mais ampla do que a legislativa.

b) Normas sobre fiscalização, controle (da produção, industrialização, e distribuição) e publicidade de produtos e serviços: a competência é concorrente a todos os entes da federação (União, Estados, Distrito Federal e Municípios), nos termos do § 1º do art. 55. No exercício desse poder de polícia administrativa, os órgãos oficiais poderão expedir notificações aos fornecedores para que, sob pena de desobediência, prestem informações sobre questões de interesse do consumidor, resguardando o segredo industrial (§ 4º do art. 55). Os órgãos fiscalizadores e controladores devem rever constantemente as normas de fiscalização e controle, criando, para tanto, comissões permanentes (§ 3º do art. 55 do CDC).

9.3 Sanções administrativas

As infrações das normas de defesa do consumidor autorizam a aplicação das seguintes sanções administrativas (art. 56):

a) Multa: o valor da multa pode variar entre o mínimo de duzentas e o máximo de três milhões de vezes o valor da Unidade Fiscal de Referência (UFIR), ou índice equivalente que venha a substituí-la, graduada de acordo com a gravidade da infração, a vantagem auferida e a condição econômica do fornecedor. Somente pode ser aplicada mediante procedimento administrativo (art. 57 e seu parágrafo único). O seu valor será revertido ao Fundo criado pela Lei nº 7.347/1985, quando aplicada pela União, ou aos fundos estaduais ou municipais de proteção ao consumidor, nos demais casos. Assim, a multa estadual é revertida ao fundo estadual e a municipal, ao fundo municipal. Se não houver esse fundo, reverte-se para o fundo estadual. Se este também não existir, o destino é o fundo federal (art. 31 do Decreto nº 2.181/1997);

b) Apreensão do produto;

c) Inutilização do produto;

d) Cassação do registro do produto junto ao órgão competente;

e) Proibição da fabricação do produto;

f) Suspensão de fornecimento de produto ou serviços;

g) Suspensão temporária de atividade;

h) Revogação de concessão ou permissão de uso. Só é aplicável às concessionárias e permissionárias de serviços públicos, quando violarem obrigação legal ou contratual;

i) Cassação de licença do estabelecimento ou de atividade;

j) Interdição, total ou parcial, de estabelecimento, de obra ou de atividade;

k) Intervenção administrativa. Só é cabível quando se tratar de concessão ou permissão de serviços públicos. Esta pena, que visa a preservar o princípio da continuidade dos serviços públicos, é subsidiária, só será aplicada quando as circunstâncias de fato desaconselharem a cassação da licença, a interdição ou a suspensão da atividade (§ 2º do art. 59);

l) Imposição de contrapropaganda. Visa a desfazer os efeitos negativos da propaganda enganosa. Só é cabível quando o fornecedor incorrer na prática de propaganda enganosa ou abusiva (art. 60). A contrapropaganda, que será feita às expensas do infrator, será divulgada da mesma forma, frequência, dimensão e, preferencialmente, no mesmo veículo, local, espaço e horário, de forma capaz de desfazer o malefício da publicidade enganosa e abusiva (§ 1º do art. 60). A Súmula nº 3 do Conselho Superior do Ministério Público de São Paulo dispõe que: "O Ministério Público tem legitimidade para ajuizar ação civil pública visando à contrapropaganda e a responsabilidade por danos morais difusos".

Todas as sanções acima serão aplicadas pela autoridade administrativa no âmbito de sua atribuição, mediante procedimento administrativo, assegurado a ampla defesa, podendo ser aplicadas cumulativamente, inclusive, por medida cautelar, antecedente ou incidente de procedimento administrativo (parágrafo único do art. 56 e arts. 58 e 59).

Note-se que as sanções administrativas podem ser:

a) Pecuniárias: é a multa (alínea *a*);

b) Objetivas: recaem sobre o produto ou serviço. São as das alíneas *b*, *c*, *d*, *e*, *f* e *h*, isto é, as penas de apreensão, de inutilização de produtos, de proibição de fabricação de produtos, de suspensão de fornecimento de produto ou serviço, de cassação do registro do produto e revogação da concessão ou permissão do uso do produto ou serviço. Só podem ser aplicadas quando forem constatados vícios de quantidade ou de qualidade por inadequação ou insegurança de produto ou serviço (art. 58);

c) Subjetivas: são as que recaem sobre a atividade do fornecedor, conforme alíneas *g*, *i*, *j* e *k*, isto é, suspensão temporária da atividade, cassação de alvará de licença, interdição e intervenção administrativa. Só podem ser aplicadas quando o fornecedor reincidir nas práticas das infrações de maior gravidade previstas no CDC e na legislação de consumo (art. 59). Logo, para a aplicação dessas sanções exige-se a reincidência na prática das infrações de maior gravidade. A lei não esclarece quais seriam as infrações de maior gravidade, de modo que o juiz deverá analisar caso a caso, conforme o seu prudente arbítrio. Considera-se reincidência a repetição de prática infrativa de qualquer natureza às normas de defesa do consumidor, punida por decisão administrativa irrecorrível. Para efeito de reincidência, não prevalece a sanção anterior, se entre a data da decisão administrativa e aquela da prática posterior houver decorrido período de tempo superior a cinco anos (art. 27 e parágrafo único do Decreto nº 2.181/1997). Pendendo ação judicial na qual se discuta a imposição de penalidade administrativa, não haverá reincidência até o trânsito em julgado da sentença (§ 3º do art. 59), tendo em vista o princípio constitucional da presunção da inocência. Tratando-se da sanção administrativa de cassação da concessão de serviço público, que também é uma penalidade subjetiva (incide sobre a atividade), não se exige a reincidência, bastando que se viole obrigação legal ou contratual (§ 1º do art. 59 do CDC). A Lei nº 8.987/1995 prevê as hipóteses em que é cabível a cassação da concessão ou permissão de serviços públicos. Quanto à imposição de contrapropaganda, já analisada, também é classificada como sanção subjetiva, prescindindo-se também da reincidência.

As sanções administrativas são regidas pelo princípio da legalidade, só a lei pode criá-las. A par das sanções administrativas, aplicadas em proteção ao interesse do consumidor, o fornecedor pode ainda sofrer sanções de natureza civil, penal, trabalhista, fiscal, tributária, além de outras sanções administrativas estranhas à relação de consumo, previstas na legislação específica. Assim, a multa que o PROCON aplica ao serviço de telefonia não impede que a Anatel também aplique sanções pelo descumprimento de outras normas administrativas.

9.4 Questões

1. Qual é a pessoa política competente para editar normas administrativas sobre o mercado de consumo?
2. Qual o valor da multa administrativa?
3. Qual o destino da multa administrativa?
4. Quando é cabível a intervenção administrativa?
5. As sanções administrativas podem ser impostas por medida cautelar administrativa?
6. Quais são as sanções administrativas objetivas?
7. Quando elas são cabíveis?
8. Quais são as sanções administrativas subjetivas?
9. Elas são aplicáveis em que hipóteses?
10. As sanções administrativas podem ser aplicadas ao primário?
11. O que é reincidência administrativa?
12. As sanções administrativas são regidas pelo princípio da legalidade?
13. Além das sanções administrativas, o fornecedor pode sofrer outras sanções?

CAPÍTULO 10
DEFESA DO CONSUMIDOR EM JUÍZO

CAPÍTULO 10

DEFESA DO CONSUMIDOR EM JUÍZO

10.1 Introdução

A defesa dos direitos do consumidor em juízo poderá ser exercida de duas formas:

a) Ação individual: é ajuizada pelo consumidor;
b) Ação coletiva: é ajuizada por uma das entidades mencionadas no art. 82 do CDC.

O art. 81 do CDC refere-se a direitos e interesses do consumidor, mas essas expressões são sinônimas, pois o direito é o interesse protegido pela norma jurídica.

10.2 Ação individual

A ação de responsabilidade civil movida pelo consumidor perante o fornecedor de produtos e serviços que pode ser proposta no domicílio do autor ou do réu, o que lhe for mais conveniente, é um foro alternativo (art. 101, I, do CDC). Em ações movidas pelo fornecedor contra o consumidor, a competência é a do domicílio do réu (consumidor), devendo o juiz, de ofício, reconhecer a incompetência absoluta, pois a proteção ao consumidor é preceito de ordem pública (art. 1º do CDC).

O fornecedor, quando figura como réu, pode fazer o chamamento ao processo da seguradora (art. 101, II, do CDC). O objetivo do CDC, em permitir o chamamento ao processo, em vez de denunciação da lide, foi criar a responsabilidade solidária entre o fornecedor e a seguradora, ampliando as chances de o consumidor ser indenizado. Trata-se de uma solidariedade tácita, resultante do espírito da lei, porquanto se o escopo fosse apenas em permitir o direito de regresso do fornecedor o legislador não teria proibido expressamente a denunciação da lide.

Assim, no Código de Defesa do Consumidor, o chamamento presta-se a duas funções:

a) Fixar a responsabilidade solidária entre o fornecedor e a seguradora;
b) Garantir o direito de regresso para o fornecedor.

A sentença, que julgar procedente a ação, condenando os devedores, valerá como título executivo, em favor do que satisfizer a dívida, para exigi-la, por inteiro, do devedor principal, ou de cada um dos codevedores a sua quota, na proporção que lhes tocar (art. 80 do CPC).

É ainda facultado ao consumidor mover ação direta contra a seguradora, com a qual, aliás, não contratou, no caso de falência do fornecedor, conforme art. 101, II, do CDC. A lei é omissa quanto à possibilidade de o consumidor, fora da hipótese de falência do fornecedor, poder acionar diretamente a seguradora com a qual não contratou. A tendência é a de se admitir esse tipo de ação, desde que se coloque também o fornecedor no polo passivo da relação processual. De fato, se o Código de Defesa do Consumidor faculta ao consumidor o litisconsórcio passivo, pela via do chamamento ao processo, não tem por que negar esse direito ao autor, de instaurar o litisconsórcio passivo inicial, posto que o objetivo da lei é justamente ampliar-lhe a proteção.

Finalmente, dispõe o parágrafo único do art. 13 do CDC: "Aquele que efetivar o pagamento ao prejudicado poderá exercer o direito de regresso contra os demais responsáveis, segundo sua participação na causação do evento danoso". Referida ação de regresso poderá ser ajuizada em processo autônomo, vedada a denunciação da lide, mas facultando-se que a ação de regresso prossiga nos mesmos autos, em apenso à ação anterior (art. 88 do CDC). A nosso ver, a denunciação da lide só é proibida no direito de regresso do art. 13 do CDC (responsabilidade pelo fato do produto), não se estendendo a casos similares, como é o caso da responsabilidade pelo fato do serviço (art. 14), pois o art. 88 só se refere ao art. 13 do CDC, mas o tema é polêmico na jurisprudência.

10.3 Ação coletiva

As ações coletivas são disciplinadas no Código de Defesa do Consumidor, na Lei de Improbidade Administrativa, na Lei de Mandado de Segurança, no Estatuto do Idoso, no Estatuto da Criança e do Adolescente, dentre outros diplomas legislativos.

Por isso, diante de alguma omissão do CDC sobre questões atinentes às ações coletivas, essas legislações citadas terão preferência em relação ao CPC, de aspecto individual, que por isso se revela residual e não propriamente subsidiário em relação às omissões do CDC.

A ação coletiva só será cabível quando se tratar (parágrafo único do art. 81):

a) De direitos difusos: são os transindividuais, de natureza indivisível, de que sejam titulares pessoas indeterminadas e ligadas por circunstâncias de fato. Nesses direitos, os titulares são indetermináveis, toda a coletividade, e se encontram ligados por uma situação fática e não por algum vínculo jurídico. Exemplo: consumidores lesados pela propaganda enganosa. Não é possível identificar todos os consumidores atingidos.

b) De direitos coletivos: são os transindividuais, de natureza indivisível de que seja titular grupo, categoria ou classe de pessoas ligadas entre si ou com a parte contrária por uma relação jurídica base. Nesses direitos, os titulares são determináveis e têm dois pontos em comum: a situação fática lesiva e uma relação jurídica com o fornecedor, preexistente à lesão. Exemplo: reajuste abusivo de mensalidade de determinada escola. É possível se determinar os consumidores que foram atingidos.

c) Direitos individuais homogêneos: São os direitos divisíveis de origem comum. Nesses direitos, os titulares são pessoas determinadas ou determináveis ligados por um fato comum. Exemplos: queda de avião, que provoca a morte dos passageiros; consumo de remédio estragado.

Convém esclarecer que o direito é indivisível quando a sua satisfação beneficiar o interesse de todos os titulares, e divisível quando o interesse de cada pessoa atingida puder ser mensurado separadamente.

A ação coletiva, que é a cabível para defesa de direitos difusos, coletivos e individuais homogêneos, pode ser proposta pelos legitimados concorrentes, previstos no art. 82 do CDC. São eles:

a) O Ministério Público (Federal, Estadual e Distrital). O § 5º do art. 113 do CDC admite expressamente a possibilidade de litisconsórcio facultativo entre o Ministério Público da União, do Distrito Federal e dos Estados; esse trabalho coligado deve ser estimulado, pois o Ministério Público, na verdade, é uno e indivisível. Conforme ensina Leonardo de Medeiros Garcia,[1] também é viável a atuação do Ministério Público Federal na justiça estadual ou do Ministério Público dos Estados na justiça federal. O art. 129, III, da CF só admite a ação coletiva do Ministério Público para a defesa de interesses difusos e coletivos, silenciando sobre os individuais homogêneos. Uma primeira corrente, diante disso, nega-lhe o direito de ação quando se tratar de direitos individuais homogêneos, argumentando ainda que o art. 127 da CF só admite que o Ministério Público defenda direitos individuais indisponíveis, e não os disponíveis, como é o caso dos direitos dos consumidores. Uma segunda corrente, acertadamente, admite a ação coletiva do Ministério Público, pois os direitos individuais homogêneos são espécies do gênero direitos coletivos, salientando-se ainda que os direitos da relação de consumo, conquanto disponíveis, são de in-

---

1 GARCIA, Leonardo de Medeiros. *Direito do Consumidor*. Código Comentado e Jurisprudência. 6. ed. Rio de Janeiro: Impetus, 2010, p. 404.

teresse social (art. 1º do CDC). Finalmente, as ações coletivas do Ministério Público geralmente são antecedidas pela instauração do inquérito civil, que, no CDC, também é admitida (art. 90 do CDC).

b) A União, os Estados, os Municípios e o Distrito Federal.

c) As entidades e órgãos da Administração Pública, direta ou indireta, ainda que sem personalidade jurídica, especificamente destinadas às defesas dos direitos protegidos pelo CDC. Vê-se que até os entes sem personalidade jurídica, como é o caso dos órgãos públicos (exemplos: PROCON e Defensoria Pública) têm legitimidade ativa para a ação coletiva em defesa dos interesses dos consumidores. O PROCON é um órgão especializado na defesa dos consumidores, logo não resta dúvida quanto à sua legitimidade ativa, mas a Defensoria Pública só será parte legítima para a defesa dos consumidores necessitados (art. 134 da CF).

d) As associações legalmente constituídas há pelo menos um ano e que incluam entre os seus fins institucionais a defesa dos direitos do consumidor. O primeiro requisito, conhecido como pertinência temática, é a finalidade de defesa do consumidor, que não precisa ser única, mas deve constar expressamente dentre os fins designados no seu ato constitutivo. O segundo, pré-constituição há pelo menos um ano, pode ser dispensado em caso de manifesto interesse social evidenciado pela dimensão ou característica do dano, ou pela relevância do bem jurídico (§ 1º do art. 82 do CDC). Em caso de litigância de má-fé, dispõe o parágrafo único do art. 87 do CDC, que a associação autora e os diretores responsáveis pela propositura da ação serão solidariamente condenados em honorários advocatícios e ao décuplo das custas, sem prejuízo da responsabilidade por perdas e danos.

Somente as entidades designadas no art. 82 do CDC desfrutam da legitimidade ativa para propositura de ação coletiva decorrente da relação de consumo não podendo o juiz alargar esse rol, que, no entanto, deve sofrer interpretação restritiva para que os aludidos legitimados só possam ajuizar ação coletiva quando o fato for pertinente aos seus propósitos institucionais, que é o que se chama de representação adequada. Assim, a Defensoria Pública não pode propor ação coletiva para a defesa dos consumidores ricos, lesados por uma loja de produtos finos.

Sobre a natureza da legitimidade ativa dos entes acima, trata-se de substituição processual, que é a legitimação extraordinária em que se defende em nome próprio direito alheio. Há quem sustente que a substituição processual só se verifica quando se tratar de direitos individuais homogêneos, pois os titulares são identificados. Nos demais casos, direitos difusos e coletivos, a hipótese seria de legitimação autônoma para a condução do processo (Nelson Nery Junior).[2]

Nas ações coletivas de que trata este Código não haverá adiantamento de custas, emolumentos, honorários periciais e quaisquer outras despesas, nem condenação da associação autora, salvo comprovada má-fé, em honorários de advogados, custas e despesas processuais (art. 87, *caput*). Assim, a ação é gratuita, ainda que seja improcedente. A condenação pelos ônus da sucumbência (custas, despesas processuais e honorários advocatícios) exige dois requisitos: improcedência da ação e comprovada má-fé. O art. 87 refere-se apenas à associação, mas o termo associação está mal-empregado, quis a lei, no *caput* do art. 87, referir-se às outras entidades do art. 82, pois, no tocante à associação, a penalidade é maior, conforme parágrafo único do art. 87, cujo teor é o seguinte: "Em caso de litigância de má-fé, a associação autora e os diretores responsáveis pela propositura da ação serão solidariamente condenados em honorários advocatícios e ao décuplo das custas, sem prejuízo da responsabilidade por perdas e danos".

A gratuidade é só para as ações coletivas. O art. 87 não se aplica às ações individuais. Também não é aplicado às ações coletivas estranhas ao CDC, em que não se discute relação de consumo.

Para a defesa dos direitos protegidos pelo CDC são admissíveis todas as espécies de ações capazes de propiciar sua adequada e efetiva tutela (art. 83). Exemplos: ação civil pública, mandado de segurança (quando se tratar de ato de autoridade pública), *habeas data*, ação de conhecimento, de execução, cautelar etc.

É muito comum a ação para se obter o cumprimento da obrigação de fazer ou não fazer. Nesse caso, a conversão em perdas e danos só será possível em duas situações: se por elas optar o autor ou se impossível a tutela específica (ou a obtenção do resultado prático equivalente), conforme § 1º do art. 84. Para a tutela específica ou para a obtenção do resultado prático equivalente, poderá o juiz determinar as medidas necessárias, tais como busca e apreensão, remoção de coisas e pessoas, desfazimento de obra, impedimento de atividade nociva, além de requisição de força policial (§ 5º, art. 84). Sendo relevante o fundamento da demanda e havendo justificado receio de ineficácia do provimento final, é lícito ao juiz conceder a tutela liminarmente ou após justificação prévia, citado o réu (§ 3º, art. 84). O juiz poderá, na hipótese do § 3º ou na sentença, impor multa diária ao réu, independente-

---

2 Citado em GARCIA, Leonardo de Medeiros. *Direito do Consumidor*, Código Comentado e Jurisprudência, 6. ed, Rio de Janeiro, Impetus, 2010, p. 412.

mente de pedido do autor, se for suficiente ou compatível com a obrigação, fixando prazo razoável para o cumprimento do preceito (§ 4º, art. 84). A indenização por perdas e danos se fará sem prejuízo da multa (§ 2º, art. 84).

10.4 Ações coletivas para defesa de interesses individuais homogêneos

Os legitimados de que trata o art. 82 poderão propor, em nome próprio e no interesse das vítimas ou seus sucessores, ação civil coletiva de responsabilidade pelos danos individualmente sofridos, de acordo com o disposto nos artigos seguintes (art. 91). Trata-se, como se vê, de substituição processual, isto é, defesa em nome próprio de interesse alheio. Conquanto o capítulo em estudo se refira apenas aos direitos individuais homogêneos, suas normas também são aplicáveis aos direitos difusos e coletivos, nos termos do § 3º do art. 103 do CDC.

A expressão ação coletiva, para uns, é sinônima de ação civil pública. Outros, como Hugo Nigro Mazzilli,[3] sustentam que a ação civil pública é a proposta pelo Ministério Público, e a ação coletiva é a proposta pelos demais legitimados do art. 82.

O Ministério Público, se não ajuizar a ação, atuará sempre como fiscal da lei (art. 92). A falta de intervenção do membro do *parquet*, como *custos legis*, gera a nulidade absoluta do processo. Na ação civil proposta pelo Ministério Público não há necessidade de intervenção, como fiscal da lei de outro membro do Ministério Público.

Em caso de desistência infundada ou abandono da ação por associação legitimada, o Ministério Público ou outro legitimado assumirá a titularidade ativa (art. 112 do CDC). Decorridos sessenta dias do trânsito em julgado, sem que a associação autora lhe promova a execução, deverá fazê-lo o Ministério Público ou demais legitimados do art. 82 (art. 114 do CDC).

Referente à competência para a ação coletiva, as regras são as seguintes (art. 93):

a) Justiça Estadual, na comarca onde ocorreu ou deva ocorrer o dano.

b) Justiça Estadual, na comarca da capital do Estado, quando o dano for regional, isto é, estender-se a mais de uma comarca.

c) Justiça Estadual ou do Distrito Federal, na comarca da capital de qualquer dos Estados atingidos ou no Distrito Federal, o foro é al-

---

3 MAZZILLI, Hugo Nigro. *A Defesa dos Interesses Difusos em juízo*. 23. ed. rev., ampl. e atual. São Paulo: Saraiva, 2010, p. 73 e 74.

ternativo, quando o dano for de âmbito nacional, vale dizer, atingir mais de um Estado-Membro. Trata-se de competência concorrente.

d) Justiça Federal da Seção Judiciária em que ocorreu o fato, quando a União, entidade autárquica ou empresa pública federal forem interessadas na condição de autores, réus, assistentes ou oponentes (art. 109, I, da CF). O STJ, porém, editou a Súmula nº 183: "Compete ao Juiz Estadual, nas comarcas que não sejam sede de Vara da Justiça Federal, processar e julgar ação civil pública, ainda que a União figure no polo passivo". Referida súmula viola o art. 109, I, da CF e por isso o próprio STJ a cancelou, de modo que a competência, nesses casos, é sempre da Justiça Federal.

Proposta a ação, será publicado edital no órgão oficial, a fim de que os interessados possam intervir no processo como litisconsortes, sem prejuízo de ampla divulgação pelos meios de comunicação social por parte dos órgãos de defesa do consumidor (art. 94 do CDC). Assim, os consumidores podem facultativamente ingressar no processo como litisconsortes ativos. O litisconsórcio, além de facultativo, é unitário, pois a sentença será igual para todos. Assim, conquanto a petição inicial não indique nominalmente os consumidores que serão beneficiados com a procedência da ação, eles poderão se identificar desde logo ao ingressarem como litisconsortes. Nada obsta, porém, que, paralelamente à ação coletiva, o consumidor ajuíze ação individual, e, nesse caso, não há falar-se em litispendência, conforme salienta o art. 104 do CDC.

Na ação coletiva, em caso de procedência do pedido, a condenação será genérica, fixando a responsabilidade do réu pelos danos causados (art. 95). Trata-se de sentença ilíquida, pois não fixa o valor da condenação.

Não obstante o silêncio do Código de Defesa do Consumidor acerca da publicação na imprensa dessa sentença, esta providência pode ser tomada pelo juiz, para lhe dar ampla publicidade, nos termos dos arts. 5º, LX, e 94, IX, da CF.

A apuração do *quantum debeatur* depende da liquidação da sentença, que será por artigos, tendo em vista a necessidade de se comprovar o dano individual sofrido pelo consumidor, e o seu valor, bem como o respectivo nexo causal. Após a liquidação, é possível a execução da sentença.

A liquidação e execução da sentença da ação coletiva podem ser:

a) Individual: é a movida por cada um dos consumidores lesados ou seus sucessores. O prazo é o da prescrição da dívida, que começa a fluir a partir do trânsito em julgado da sentença prolatada na ação coletiva. A competência para a liquidação individual da sentença é o foro do domicílio do autor, pois a liquidação é uma ação de conhecimento de responsabilidade civil do fornecedor, aplicando-se-lhe o art. 101 do CDC ou o da ação condenatória. Igualmente a competência para a execução individual é o da liquidação da sentença ou da ação condenatória (§ 2º do art. 98 do CDC).

b) Coletiva: é a movida pelos legitimados do art. 82 do CDC, nos termos do art. 100 do CDC, isto é, quando decorrido o prazo de um ano, a contar da publicação da sentença, sem habilitação de interessados em número compatível com a gravidade do dano. A competência é no juízo da ação condenatória (§ 2º do art. 98). O produto da arrecadação, nesse caso, não é destinado aos consumidores e sim ao fundo de *fluid recovery* (reparação fluída) criada pela Lei nº 7.347/1985. Referida liquidação e execução coletiva pode ocorrer ainda que haja liquidações e execuções individuais, desde que estas envolvam valor bem inferior ao dano global causado. O início ou término da liquidação e execução coletiva não inviabiliza as liquidações e execuções individuais ainda não prescritas, mas o pagamento do valor fixado será retirado do montante destinado ao fundo de reparação fluída, sob pena de *bis in idem*, devendo, na pendência das liquidações e execuções individuais, se reservar, do valor destinado ao fundo, quantia suficiente para pagamento dos exequentes individuais.

Em caso de concurso de créditos, isto é, insolvência do devedor, pelo fato de o seu patrimônio ser insuficiente para quitar todos os débitos, prioriza-se o pagamento dos consumidores individuais, em detrimento do crédito do fundo (art. 99). Aliás, o parágrafo único do art. 99 dispõe que "ficará sustada enquanto pendentes de decisão de segundo grau as ações de indenização pelos danos individuais, salvo na hipótese de o patrimônio do devedor ser manifestamente suficiente para responder pela integralidade das dívidas".

Outro tipo de execução coletiva, promovida pelos legitimados de que trata o art. 82 do CDC, é prevista no art. 98 do CDC, destinando-se o valor às vítimas. Referida execução só pode abranger as vítimas cujas indenizações já tiverem sido fixadas em sentença de liquidação. Far-se-á essa execução coletiva com base em certidões das sentenças de liquidação, ainda que não transitadas em julgado (§ 1º do art. 98). A competência para essa execução coletiva é também no juízo da ação condenatória (§ 2º do art. 98).

10.5 Ação preventiva

Os legitimados do art. 82 poderão propor ação visando a compelir o Poder Público competente a proibir, em todo o território nacional, a produção, divulgação distribuição ou venda, ou a determinar a alteração na composição, estrutura, fórmula ou acondicionamento de produto, cujo uso ou consumo regular se revele nocivo ou perigoso à saúde pública e à incolumidade pessoal (art. 102 CDC). A sentença deverá fixar um prazo para o cumprimento da obrigação.

10.6 Coisa julgada nas ações coletivas e litispendência

A coisa julgada material impede a propositura de outra ação idêntica. O art. 103 do CDC a disciplina da seguinte forma:

a) Ações coletivas para tutela de direitos difusos: a sentença de procedência faz coisa julgada material com efeito *erga omnes*, abrangendo as partes e toda a coletividade. A sentença de improcedência, salvo por insuficiência de provas, faz também coisa julgada material com efeito *erga omnes*, impedindo o ajuizamento de ação coletiva idêntica, mas não obsta as ações individuais dos consumidores. Se a improcedência for por insuficiência de provas não há coisa julgada material, podendo ser proposta novamente a ação coletiva, por qualquer legitimado do art. 82, com idêntico fundamento, desde que haja nova prova.

b) Ações coletivas para tutela de direitos coletivos: a sentença de procedência faz coisa julgada material com efeito *ultra partes* (só atinge as partes e o grupo vinculado por uma relação jurídica-base). A sentença de improcedência, desde que não seja por insuficiência de provas, também faz coisa julgada material com efeito *ultra partes* para impedir outra ação coletiva idêntica, mas não atinge os direitos individuais dos integrantes da coletividade, do grupo, categoria ou classe, que poderão mover ações individuais (§ 1º do art. 103). Se a improcedência for por insuficiência de provas não há coisa julgada material, viabilizando-se outra ação coletiva, com idêntico fundamento, por qualquer legitimado do art. 82, desde que haja nova prova, bem como as ações individuais.

c) Direitos individuais homogêneos: a sentença de procedência faz coisa julgada material com efeito *erga omnes* para beneficiar todas as vítimas, os seus sucessores, autorizando cada consumidor lesado a promover a liquidação e execução da sentença (art. 103, III, do CDC). Na hipótese de improcedência é preciso distinguir se o consumidor integrou ou não o processo como litisconsorte ativo. Em caso positivo, será atingido pela coisa julgada, pois se tornou parte no processo, inviabilizando-se a propositura da ação individual. Em caso negativo, poderá propor ação de indenização a título individual, não sendo, portanto, atingido pela *res judicata* (§ 2º do art. 103 do CDC). O CDC é omisso sobre se a improcedência da ação inviabilizaria outra ação coletiva idêntica, resolvendo-se o problema pela aplicação analógica dos incisos I e II do citado art. 103, isto é, a improcedência faz coisa julgada, impedindo outra ação coletiva idêntica, salvo se foi por insuficiência de provas, quando então outra ação coletiva poderá ser intentada, com idêntico fundamento, valendo-se de nova prova.

A litispendência impede que, na pendência de uma ação, se ajuíze outra idêntica, isto é, com as mesmas partes, mesmo pedido e a mesma causa de pedir.

As ações coletivas não induzem litispendência para as ações individuais, conforme preceitua o art. 104 do CDC, que se refere apenas aos direitos difusos e coletivos, mas que, por identidade de razões, também se aplica aos direitos individuais homogêneos.

Se, no entanto, a ação individual for julgada improcedente a sentença fará coisa julgada material para o consumidor-autor, que não poderá se beneficiar da eventual procedência da ação coletiva; nesse caso, a coisa julgada da ação coletiva não o beneficiará, prevalecendo, para ele, a coisa julgada da ação individual.

Assim, para ser atingido pela coisa julgada, advinda do sucesso da ação coletiva, o consumidor, ao tomar ciência nos autos do ajuizamento da ação coletiva deverá requerer, no prazo de trinta dias, a suspensão da ação individual (art. 104 do CDC). Vê-se assim que a ação individual só se suspende por iniciativa do consumidor-autor.

Quanto à sentença de improcedência da ação coletiva, não o atingirá, podendo retornar o curso da ação individual que estava suspensa.

10.7 Convenção coletiva e TAC

A convenção coletiva de consumo é o acordo escrito, celebrado entre entidades ou sindicatos representativos de categorias econômicas dos consumidores e fornecedores, que tem por objetivo regulamentar certas questões atinentes ao contrato de consumo.

Sobre o conteúdo da convenção coletiva há duas correntes:

1ª) Corrente restritiva: só pode versar sobre as questões previstas no art. 107 do CDC (preço, qualidade, quantidade, garantia, reclamação e composição do conflito de consumo).

2ª) Corrente ampliativa: pode versar sobre qualquer tema, desde que seja favorável ao consumidor, pois o rol do art. 107 do CDC é exemplificativo.

A convenção tornar-se-á obrigatória somente a partir do registro do instrumento no Cartório de Títulos e Documentos (§ 1º do art. 107 do CDC). Sua eficácia normativa, no entanto, somente obrigará os filiados (fornecedores e consumidores) às entidades signatárias (§ 2º do art. 107). Não se eximirá de cumprir a convenção o fornecedor que se desligar da entidade em data posterior ao registro do instrumento (§ 3º do art. 107). A convenção não pode alterar as normas do CDC, que são de ordem pública e de interesse social (art. 1º do CDC).

Por outro lado, o Termo de Ajustamento de Conduta (TAC) é o acordo entre o órgão público legitimado e o fornecedor, no qual este assume o compromisso de cumprir às exigências legais, sob pena de sanção, em troca de não ser proposta a ação civil coletiva.

Dentre os órgãos públicos legitimados, destacam-se o Ministério Público e a Defensoria Pública.

O conteúdo do TAC é amplo, podendo versar sobre qualquer pretensão que seria cabível em ações coletivas. Exemplo: realização de contrapublicidade, cessação da propaganda enganosa etc. No tocante ao valor da indenização devida individualmente aos consumidores, é possível se estipular em forma de oferta ao consumidor, que, em caso de recusa, poderá mover a ação individual.

Sobre a natureza jurídica do TAC, trata-se de mecanismo extrajudicial de solução de conflitos metaindividuais, previsto no art. 113 do CDC, com o atributo de título executivo extrajudicial.

Referente as distinções entre TAC e a Convenção Coletiva, são nítidas. Primeiro, o TAC é título executivo extrajudicial; a convenção coletiva, não. Logo, o seu descumprimento enseja apenas ação de conhecimento de reparação de dano. Segundo, o TAC é celebrado entre órgão público e o fornecedor, sendo certo que o órgão público não é representante do consumidor; a convenção coletiva é firmada entre entidades particulares, que representam a categoria de determinados fornecedores e consumidores. O ponto em comum é que tanto o TAC quanto a Convenção Coletiva têm por objetivo regular determinado comportamento do fornecedor.

10.8 Questões

1. A ação individual do consumidor é movida em que comarca?
2. O juiz pode reconhecer de ofício a incompetência?
3. O fornecedor-réu na ação individual pode fazer que tipo de intervenção de terceiros?
4. Qual é o objetivo do chamamento ao processo?
5. O consumidor pode mover ação direta contra a seguradora do fornecedor?
6. Quais os diplomas legislativos que disciplinam a ação coletiva?
7. O Código de Processo Civil tem aplicação subsidiária nas ações coletivas?
8. Quando é cabível a ação coletiva?
9. Qual a diferença entre direitos difusos, coletivos e individuais homogêneos?
10. Quem pode propor ação coletiva?
11. É cabível litisconsórcio entre Ministério Público da União, do Estado-Membro e do Distrito Federal?
12. É cabível a ação coletiva do Ministério Público para a defesa de direitos individuais homogêneos?
13. Entes sem personalidade jurídica podem mover ação coletiva?
14. Quais os requisitos para que uma associação possa mover ação coletiva?
15. O que é representação adequada?
16. Qual a natureza jurídica dos legitimados do art. 82 do Código de Defesa do Consumidor?
17. A ação coletiva é sempre gratuita?
18. Que tipo de ação coletiva é possível se mover?
19. É possível, em vez de mover a ação de obrigação de fazer ou não fazer, pleitear apenas perdas e danos?
20. Qual a diferença entre ação civil pública e ação coletiva?
21. Quando o Ministério Público não é o autor da ação coletiva ele participa do processo? Ele, apenas ele, é que pode assumir o polo ativo? Em que situações?
22. Qual a competência para a ação coletiva? A Súmula nº 183 do STJ está em vigor?
23. Diante da ação coletiva, quais as três opções do consumidor?

24. É líquida ou ilíquida a sentença da ação coletiva?
25. Como é feita a liquidação dessa sentença? Quais os requisitos para a liquidação?
26. A liquidação e execução da sentença da ação coletiva é sempre individual?
27. Qual o prazo para a execução individual da sentença coletiva? Qual a competência?
28. Quais as duas formas de execução coletiva? Quando são cabíveis?
29. O que é ação coletiva preventiva?
30. Procedente a ação coletiva, é possível se mover outra ação coletiva idêntica?
31. Improcedente a ação coletiva, é possível mover outra ação coletiva?
32. Improcedente a ação coletiva é ainda cabível a ação individual?
33. Procedente a ação coletiva e improcedente a ação individual, ou vice-versa, qual prevalece?
34. Na pendência de ação coletiva é possível ajuizamento de ação individual?
35. Qual a diferença entre Convenção Coletiva de Consumo e Termo de Ajustamento de Conduta?

REFERÊNCIAS BIBLIOGRÁFICAS

REFERENCIAS
BIBLIOGRÁFICAS

BENJAMIN, Antonio Herman de Vasconcellos e et al. *Código Brasileiro de Defesa do Consumidor comentado pelos autores do anteprojeto.* 8. ed. Rio de Janeiro: Forense Universitária, 2004.

CABRAL, Érico de Pina. *Inversão do ônus da prova no Processo Civil do consumidor.* Coleção Prof. Arruda Alvim. São Paulo: Método, 2008. v. 8.

CAVALIERI FILHO, Sérgio. *Programa de direito do consumidor.* São Paulo: Atlas, 2008.

DENARI, Zelmo et al. *Código Brasileiro de Defesa do Consumidor comentado pelos autores do anteprojeto.* 8. ed. Rio de Janeiro: Forense Universitária, 2004.

DENSA, Roberta. *Direito do consumidor.* Série Leituras Jurídicas: Provas e Concursos. 5. ed. São Paulo: Atlas, 2009. v. 21.

GARCIA, Leonardo de Medeiros. *Direito do Consumidor.* Código Comentado e Jurisprudência. 6. ed. rev. atual. e ampl. Rio de Janeiro: Impetus, 2010.

GONÇALVES, Carlos Roberto. *Direito civil brasileiro* – Contratos e atos unilaterais. 8. ed. São Paulo: Saraiva, 2011. v. 3.

GRINOVER, Ada Pellegrini et al. *Código Brasileiro de Defesa do Consumidor comentado pelos autores do anteprojeto.* 8. ed. Rio de Janeiro: Forense Universitária, 2004.

MAZZILLI, Hugo Nigro. *A defesa dos interesses difusos em juízo.* 23. ed. rev., atual. e ampl. São Paulo: Saraiva.

NERY JÚNIOR, Nelson Nery et al. *Código Brasileiro de Defesa do Consumidor comentado pelos autores do anteprojeto.* 8. ed. Rio de Janeiro: Forense Universitária, 2004.

_____; NERY, Rosa Maria de Andrade. *Código Civil comentado.* 7. ed. rev., atual. e ampl. São Paulo: RT, 2009.

_____. *Código de Processo Civil comentado.* 11. ed. rev., atual. e ampl. São Paulo: RT, 2010.

NUNES, Luiz Antonio Rizzatto. *Curso de direito do consumidor.* 2. ed. rev. e atual. São Paulo: Saraiva, 2005.

VENOSA, Sílvio de Salvo. *Direito civil* – Contratos em espécie. 5. ed. São Paulo: Atlas, 2005. v. 3.

WAMBIER, Teresa Arruda Alvim (Orient.). CARVALHO, Fabiano; BARIONI, Rodrigo (Coords.). *Aspectos processuais do Código de Defesa do Consumidor.* São Paulo: RT, 2008. v. 1.

LEGISLAÇÃO

LEGISLAÇÃO

DECRETO Nº 22.626, DE 7 DE ABRIL DE 1933

Dispõe sobre os juros nos contratos e dá outras providências.

► Publicado no *DOU* de 8-4-1933 e retificado no *DOU* de 17-4-1933.

Art. 1º É vedado, e será punido nos termos desta Lei, estipular em quaisquer contratos taxas de juros superiores ao dobro da taxa legal.

§§ 1º e 2º *Revogados*. Dec.-lei nº 182, de 5-1-1938.

§ 3º A taxa de juros deve ser estipulada em escritura pública ou escrito particular, e, não o sendo, entender-se-á que as partes acordaram nos juros de seis por cento ao ano, a contar da data da propositura da respectiva ação ou do protesto cambial.

Art. 2º É vedado, a pretexto de comissão, receber taxas maiores do que as permitidas por esta Lei.

Art. 3º As taxas de juros estabelecidas nesta Lei entrarão em vigor com a sua publicação e a partir desta data serão aplicáveis aos contratos existentes ou já ajuizados.

Art. 4º É proibido contar juros dos juros; esta proibição não compreende a acumulação de juros vencidos aos saldos líquidos em conta-corrente de ano a ano.

Art. 5º Admite-se que pela mora dos juros contratados estes sejam elevados de um por cento e não mais.

Art. 6º Tratando-se de operações a prazo superior a seis meses, quando os juros ajustados forem pagos por antecipação, o cálculo deve ser feito de modo que a importância desses juros não exceda a que produziria a importância líquida da operação no prazo convencionado, às taxas máximas que esta Lei permite.

Art. 7º O devedor poderá sempre liquidar ou amortizar a dívida quando hipotecária ou pignoratícia antes do vencimento, sem sofrer imposição de multa, gravame ou encargo de qualquer natureza por motivo dessa antecipação.

§ 1º O credor poderá exigir que a amortização não seja inferior a vinte e cinco por cento do valor inicial da dívida.

§ 2º Em caso de amortização, os juros só serão devidos sobre o saldo devedor.

Art. 8º As multas ou cláusulas penais, quando convencionadas, reputam-se estabelecidas para atender a despesas judiciais e honorários de advogados, e não poderão ser exigidas quando não for intentada ação judicial para cobrança da respectiva obrigação.

Parágrafo único. Quando se tratar de empréstimo até cem mil cruzeiros e com garantia hipotecária, as multas ou cláusulas penais convencionadas reputam-se estabelecidas para atender, apenas, a honorários de advogados, sendo as despesas judiciais pagas de acordo com a conta feita nos autos da ação judicial para cobrança da respectiva obrigação.

Art. 9º Não é válida cláusula penal superior à importância de dez por cento do valor da dívida.

Art. 10. As dívidas a que se refere o artigo 1º, §§ 1º, *in fine*, e 2º, se existentes ao tempo da publicação desta Lei, quando efetivamente cobertas, poderão ser pagas em dez prestações anuais iguais e continuadas, se assim entender o devedor.

Parágrafo único. A falta de pagamento de uma prestação, decorrido um ano da publicação desta Lei, determina o vencimento da dívida e dá ao credor o direito de excussão.

Art. 11. O contrato celebrado com infração desta Lei é nulo de pleno direito, ficando assegurada ao devedor a repetição do que houver pago a mais.

Art. 12. Os corretores e intermediários, que aceitarem negócios contrários ao texto da presente Lei, incorrerão em multa de cinco a vinte contos de réis, aplicada pelo Ministro da Fazenda e, em caso de reincidência, serão demitidos, sem prejuízo de outras penalidades aplicáveis.

Art. 13. É considerada delito de usura, toda a simulação ou prática tendente a ocultar a verdadeira taxa do juro ou a fraudar os dispositivos desta Lei, para o fim de sujeitar o devedor a maiores prestações ou encargos, além dos estabelecidos no respectivo título ou instrumento.

Penas: Prisão de seis meses a um ano e multas de cinco contos a cinquenta contos de réis.

No caso de reincidência, tais penas serão elevadas ao dobro.

Parágrafo único. Serão responsáveis como coautores o agente e o intermediário, e em se tratando de pessoa jurídica, os que tiverem qualidade para representá-la.

Art. 14. A tentativa deste crime é punível nos termos da lei penal vigente.

Art. 15. São consideradas circunstâncias agravantes o fato de, para conseguir aceitação de exigências contrárias a esta Lei, valer-se o credor da inexperiência ou das paixões do menor, ou da deficiência ou doença mental de alguém, ainda que não esteja interdito, ou de circunstâncias aflitivas em que se encontre o devedor.

Art. 16. Continuam em vigor os artigos 24, parágrafo único, nº 4, e 27 do Decreto nº 5.746, de 9 de dezembro de 1929, e artigo 44, nº 1, do Decreto nº 2.044, de 17 de dezembro de 1908, e as disposições do Código Comercial no que não contravierem com esta Lei.

Art. 17. O governo federal baixará uma lei especial, dispondo sobre as casas de empréstimos sobre penhores e congêneres.

Art. 18. O teor desta Lei será transmitido por telegrama a todos os interventores federais, para que a façam publicar incontinenti.

Art. 19. Revogam-se as disposições em contrário.

Rio de Janeiro, 7 de abril de 1933;
112º da Independência e
45º da República.

Getúlio Vargas

DECRETO-LEI Nº 4.657, DE 4 DE SETEMBRO DE 1942

Lei de Introdução às normas do Direito Brasileiro.

▶ Ementa com a redação dada pela Lei nº 12.376, de 30-12-2010.

▶ Publicado no *DOU* de 9-9-1942, retificado no *DOU* de 8-10-1942 e no *DOU* de 17-6-1943.

O Presidente da República, usando da atribuição que lhe confere o artigo 180 da Constituição, decreta:

Art. 1º Salvo disposição contrária, a lei começa a vigorar em todo o País quarenta e cinco dias depois de oficialmente publicada.

§ 1º Nos Estados estrangeiros, a obrigatoriedade da lei brasileira, quando admitida, se inicia três meses depois de oficialmente publicada.

§ 2º *Revogado.* Lei nº 12.036, de 1º-10-2009.

§ 3º Se, antes de entrar a lei em vigor, ocorrer nova publicação de seu texto, destinada a correção, o prazo deste artigo e dos parágrafos anteriores começará a correr da nova publicação.

§ 4º As correções a texto de lei já em vigor consideram-se lei nova.

Art. 2º Não se destinando à vigência temporária, a lei terá vigor até que outra a modifique ou revogue.

§ 1º A lei posterior revoga a anterior quando expressamente o declare, quando seja com ela incompatível ou quando regule inteiramente a matéria de que tratava a lei anterior.

§ 2º A lei nova, que estabeleça disposições gerais ou especiais a par das já existentes, não revoga nem modifica a lei anterior.

§ 3º Salvo disposição em contrário, a lei revogada não se restaura por ter a lei revogadora perdido a vigência.

Art. 3º Ninguém se escusa de cumprir a lei, alegando que não a conhece.

Art. 4º Quando a lei for omissa, o juiz decidirá o caso de acordo com a analogia, os costumes e os princípios gerais de direito.

Art. 5º Na aplicação da lei, o juiz atenderá aos fins sociais a que ela se dirige e às exigências do bem comum.

Art. 6º A Lei em vigor terá efeito imediato e geral, respeitados o ato jurídico perfeito, o direito adquirido e a coisa julgada.

§ 1º Reputa-se ato jurídico perfeito o já consumado segundo a lei vigente ao tempo em que se efetuou.

§ 2º Consideram-se adquiridos assim os direitos que o seu titular, ou alguém por ele, possa exercer, como aqueles cujo começo do exercício tenha termo prefixo, ou condição preestabelecida inalterável, a arbítrio de outrem.

§ 3º Chama-se coisa julgada ou caso julgado a decisão judicial de que já não caiba recurso.

▶ Art. 6º com a redação dada pela Lei nº 3.238, de 1º-8-1957.

Art. 7º A lei do país em que for domiciliada a pessoa determina as regras sobre o começo e o fim da personalidade, o nome, a capacidade e os direitos de família.

§ 1º Realizando-se o casamento no Brasil, será aplicada a lei brasileira quanto aos impedimentos dirimentes e às formalidades da celebração.

§ 2º O casamento de estrangeiros poderá celebrar-se perante autoridades diplomáticas ou consulares do país de ambos os nubentes.

▶ § 2º com a redação dada pela Lei nº 3.238, de 1º-8-1957.

§ 3º Tendo os nubentes domicílio diverso, regerá os casos de invalidade do matrimônio a lei do primeiro domicílio conjugal.

§ 4º O regime de bens, legal ou convencional, obedece à lei do país em que tiverem os nubentes domicílio, e, se este for diverso, à do primeiro domicílio conjugal.

§ 5º O estrangeiro casado, que se naturalizar brasileiro, pode, mediante expressa anuência de seu cônjuge, requerer ao juiz, no ato de entrega do decreto de naturalização, se apostile ao mesmo a adoção do regime de comunhão parcial de bens, respeitados os direitos de terceiros e dada esta adoção ao competente registro.

▶ § 5º com a redação dada pela Lei nº 6.515, de 26-12-1977 (Lei do Divórcio).

§ 6º O divórcio realizado no estrangeiro, se um ou ambos os cônjuges forem brasileiros, só será reconhecido no Brasil depois de 1 (um) ano da data da sentença, salvo se houver sido antecedida de separação judicial por igual prazo, caso em que a homologação produzirá efeito imediato, obedecidas as condições estabelecidas para a eficácia das sentenças estrangeiras no país. O Superior Tribunal de Justiça, na forma de seu regimento interno, poderá reexaminar, a requerimento do interessado, decisões já proferidas em pedidos de homologação de sentenças estrangeiras de divórcio de brasileiros, a fim de que passem a produzir todos os efeitos legais.

▶ § 6º com a redação dada pela Lei nº 12.036, de 1º-10-2009.

§ 7º Salvo o caso de abandono, o domicílio do chefe da família estende-se ao outro cônjuge e aos filhos não emancipados, e o do tutor ou curador aos incapazes sob sua guarda.

§ 8º Quando a pessoa não tiver domicílio, considerar-se-á domiciliada no lugar de sua residência ou naquele em que se encontre.

Art. 8º Para qualificar os bens e regular as relações a eles concernentes, aplicar-se-á a lei do país em que estiverem situados.

§ 1º Aplicar-se-á a lei do país em que for domiciliado o proprietário, quanto aos bens móveis que ele trouxer ou se destinarem a transporte para outros lugares.

§ 2º O penhor regula-se pela lei do domicílio que tiver a pessoa, em cuja posse se encontre a coisa apenhada.

Art. 9º Para qualificar e reger as obrigações, aplicar-se-á a lei do país em que se constituírem.

§ 1º Destinando-se a obrigação a ser executada no Brasil e dependendo de forma essencial, será esta observada, admitidas as peculiaridades da lei estrangeira quanto aos requisitos extrínsecos do ato.

§ 2º A obrigação resultante do contrato reputa-se constituída no lugar em que residir o proponente.

Art. 10. A sucessão por morte ou por ausência obedece à lei do país em que era domiciliado o defunto ou o desaparecido, qualquer que seja a natureza e a situação dos bens.

§ 1º A sucessão de bens de estrangeiros, situados no País, será regulada pela lei brasileira em benefício do cônjuge ou dos filhos brasileiros, ou de quem os represente, sempre que não lhes seja mais favorável a lei pessoal do *de cujus*.

▶ § 1º com a redação dada pela Lei nº 9.047, de 18-5-1995.

§ 2º A lei do domicílio do herdeiro ou legatário regula a capacidade para suceder.

Art. 11. As organizações destinadas a fins de interesse coletivo, como as sociedades e as fundações, obedecem à lei do Estado em que se constituírem.

§ 1º Não poderão, entretanto, ter no Brasil filiais, agências ou estabelecimentos antes de serem os atos constitutivos aprovados pelo Governo brasileiro, ficando sujeitas à lei brasileira.

§ 2º Os Governos estrangeiros, bem como as organizações de qualquer natureza, que eles tenham constituído, dirijam ou hajam investido de funções públicas, não poderão adquirir no Brasil bens imóveis ou suscetíveis de desapropriação.

§ 3º Os Governos estrangeiros podem adquirir a propriedade dos prédios necessários à sede dos representantes diplomáticos ou dos agentes consulares.

Art. 12. É competente a autoridade judiciária brasileira, quando for o réu domiciliado no Brasil ou aqui tiver de ser cumprida a obrigação.

§ 1º Só à autoridade judiciária brasileira compete conhecer das ações relativas a imóveis situados no Brasil.

§ 2º A autoridade judiciária brasileira cumprirá, concedido o *exequatur* e segundo a forma estabelecida pela lei brasileira, as diligências deprecadas por autoridade estrangeira competente, observando a lei desta, quanto ao objeto das diligências.

▶ A concessão de *exequatur* às cartas rogatórias passou a ser da competência do STJ, conforme art. 105, I, *i*, da CF, com a redação dada pela EC nº 45, de 8-12-2004.

Art. 13. A prova dos fatos ocorridos em país estrangeiro rege-se pela lei que nele vigorar, quanto ao ônus e aos meios de produzir-se, não admitindo os tribunais brasileiros provas que a lei brasileira desconheça.

Art. 14. Não conhecendo a lei estrangeira, poderá o juiz exigir de quem a invoca prova do texto e da vigência.

Art. 15. Será executada no Brasil a sentença proferida no estrangeiro, que reúna os seguintes requisitos:

a) haver sido proferida por juiz competente;
b) terem sido as partes citadas ou haver-se legalmente verificado à revelia;
c) ter passado em julgado e estar revestida das formalidades necessárias para a execução no lugar em que foi proferida;
d) estar traduzida por intérprete autorizado;
e) ter sido homologada pelo Supremo Tribunal Federal.

▶ A concessão de *exequatur* às cartas rogatórias passou a ser da competência do STJ, conforme art. 105, I, *i*, da CF, com a redação dada pela EC nº 45, de 8-12-2004.

Parágrafo único. *Revogado*. Lei nº 12.036, de 1º-10-2009.

Art. 16. Quando, nos termos dos artigos precedentes, se houver de aplicar a lei estrangeira, ter-se-á em vista a disposição desta, sem considerar-se qualquer remissão por ela feita a outra lei.

Art. 17. As leis, atos e sentenças de outro país, bem como quaisquer declarações de vontade, não terão eficácia no Brasil, quando ofenderem a soberania nacional, a ordem pública e os bons costumes.

Art. 18. Tratando-se de brasileiros, são competentes as autoridades consulares brasileiras para lhes celebrar o casamento e os mais atos de registro civil e de tabelionato, inclusive o registro de nascimento e de óbito dos filhos de brasileiro ou brasileira nascidos no país da sede do consulado.

▶ Artigo com a redação dada pela Lei nº 3.238, de 1º-8-1957.

Art. 19. Reputam-se válidos todos os atos indicados no artigo anterior e celebrados pelos cônsules brasileiros na vigência do Decreto-Lei nº 4.657, de 4 de setembro de 1942, desde que satisfaçam todos os requisitos legais.

Parágrafo único. No caso em que a celebração desses atos tiver sido recusada pelas autoridades consulares, com fundamento no artigo 18 do mesmo Decreto-Lei, ao interessado é facultado renovar o pedido dentro de noventa dias contados da data da publicação desta Lei.

▶ Art. 19 acrescido pela Lei nº 3.238, de 1º-8-1957.

Rio de Janeiro, 4 de setembro de 1942; 121º da Independência e 54º da República.

Getúlio Vargas

LEI Nº 1.060, DE 5 DE FEVEREIRO DE 1950

Estabelece normas para a concessão de assistência judiciária aos necessitados.

▶ Publicada no *DOU* de 13-2-1950.

Art. 1º Os poderes públicos federal e estadual, independentemente da colaboração que possam receber dos municípios e da Ordem dos Advogados do Brasil – OAB, concederão assistência judiciária aos necessitados, nos termos desta Lei (VETADO).

▶ Artigo com a redação dada pela Lei nº 7.510, de 4-7-1986.

Art. 2º Gozarão dos benefícios desta Lei os nacionais ou estrangeiros residentes no país, que necessitarem recorrer à Justiça penal, civil, militar ou do trabalho.

Parágrafo único. Considera-se necessitado, para os fins legais, todo aquele cuja situação econômica não lhe permita pagar as custas do processo e os honorários de advogado, sem prejuízo do sustento próprio ou da família.

Art. 3º A assistência judiciária compreende as seguintes isenções:

I – das taxas judiciárias e dos selos;

II – dos emolumentos e custas devidos aos juízes, órgãos do Ministério Público e serventuários da Justiça;

III – das despesas com as publicações indispensáveis no jornal encarregado da divulgação dos atos oficiais;

IV – das indenizações devidas às testemunhas que, quando empregados, receberão do empregador salário integral, como se em serviço estivessem, ressalvado o direito regressivo contra o poder público federal, no Distrito Federal e nos Territórios; ou contra o poder público estadual, nos Estados;

V – dos honorários de advogado e peritos;

VI – das despesas com a realização do exame de código genético – DNA que for requisitado pela autoridade judiciária nas ações de investigação de paternidade ou maternidade;

▶ Inciso VI acrescido pela Lei nº 10.137, de 6-12-2001.

VII – dos depósitos previstos em lei para interposição de recurso, ajuizamento de ação e demais atos processuais inerentes ao exercício da ampla defesa e do contraditório.
► Inciso VII acrescido pela LC nº 132, de 7-10-2009.

Parágrafo único. A publicação de edital em jornal encarregado da divulgação de atos oficiais, na forma do inciso III, dispensa a publicação em outro jornal.
► Parágrafo único com a redação dada pela Lei nº 7.288, de 18-12-1984.

Art. 4º A parte gozará dos benefícios da assistência judiciária, mediante simples afirmação, na própria petição inicial, de que não está em condições de pagar as custas do processo e os honorários de advogado, sem prejuízo próprio ou de sua família.

§ 1º Presume-se pobre, até prova em contrário, quem afirmar essa condição nos termos desta Lei, sob pena de pagamento até o décuplo das custas judiciais.

§ 2º A impugnação do direito à assistência judiciária não suspende o curso do processo e será feita em autos apartados.

§ 3º A apresentação da Carteira de Trabalho e Previdência Social, devidamente legalizada, onde o juiz verificará a necessidade da parte, substituirá os atestados exigidos nos §§ 1º e 2º deste artigo.
► Este parágrafo foi acrescido pela Lei nº 6.654, de 30-5-1979. Posteriormente, a Lei nº 7.510, de 4-7-1986, alterou a redação do art. 4º, porém não fez qualquer menção ao § 3º, razão pela qual está sendo mantido nesta edição.

Art. 5º O juiz, se não tiver fundadas razões para indeferir o pedido, deverá julgá-lo de plano, motivando ou não o deferimento, dentro do prazo de setenta e duas horas.

§ 1º Deferido o pedido, o juiz determinará que o serviço de assistência judiciária, organizado e mantido pelo Estado, onde houver, indique, no prazo de dois dias úteis, o advogado que patrocinará a causa do necessitado.

§ 2º Se no Estado não houver serviço de assistência judiciária, por ele mantido, caberá a indicação à Ordem dos Advogados, por suas Seções Estaduais, ou Subseções Municipais.

§ 3º Nos municípios em que não existirem subseções da Ordem dos Advogados do Brasil, o próprio juiz fará a nomeação do advogado que patrocinará a causa do necessitado.

§ 4º Será preferido para a defesa da causa o advogado que o interessado indicar e que declare aceitar o encargo.

§ 5º Nos Estados onde a Assistência Judiciária seja organizada e por eles mantida, o Defensor Público, ou quem exerça cargo equivalente, será intimado pessoalmente de todos os atos do processo, em ambas as instâncias, contando-se-lhes em dobro todos os prazos.
► § 5º acrescido pela Lei nº 7.871, de 8-11-1989.

Art. 6º O pedido, quando formulado no curso da ação, não a suspenderá, podendo o juiz, em face das provas, conceder ou denegar de plano o benefício de assistência. A petição, neste caso, será autuada em separado, apensando-se os respectivos autos aos da causa principal, depois de resolvido o incidente.

Art. 7º A parte contrária poderá, em qualquer fase da lide, requerer a revogação dos benefícios de assistência, desde que prove a inexistência ou o desaparecimento dos requisitos essenciais à sua concessão.

Parágrafo único. Tal requerimento não suspenderá o curso da ação, e se processará pela forma estabelecida no final do artigo 6º desta Lei.

Art. 8º Ocorrendo as circunstâncias mencionadas no artigo anterior, poderá o juiz, *ex officio*, decretar a revogação dos benefícios, ouvida a parte interessada dentro de quarenta e oito horas improrrogáveis.

Art. 9º Os benefícios da assistência judiciária compreendem todos os atos do processo até decisão final do litígio, em todas as instâncias.

Art. 10. São individuais e concedidos em cada caso ocorrente os benefícios de assistência judiciária, que se não transmitem ao cessionário de direito e se extinguem pela morte do beneficiário, podendo, entretanto, ser concedidos aos herdeiros que continuarem a demanda e que necessitarem de tais favores, na forma estabelecida nesta Lei.

Art. 11. Os honorários de advogado e peritos, as custas do processo, as taxas e selos judiciários serão pagos pelo vencido, quando o beneficiário de assistência for vencedor na causa.

§ 1º Os honorários do advogado serão arbitrados pelo juiz até o máximo de quinze por cento sobre o líquido apurado na execução da sentença.

§ 2º A parte vencida poderá acionar a vencedora para reaver as despesas do processo, inclusive honorários do advogado, desde que prove ter a última perdido a condição legal de necessitada.

Art. 12. A parte beneficiada pela isenção do pagamento das custas ficará obrigada a pagá-las, desde que possa fazê-lo, sem prejuízo do sustento próprio ou da família. Se dentro de cinco anos, a contar da sentença final, o assistido não puder satisfazer tal pagamento, a obrigação ficará prescrita.

Art. 13. Se o assistido puder atender, em parte, as despesas do processo, o juiz mandará pagar as custas, que serão rateadas entre os que tiverem direito ao seu recebimento.

Art. 14. Os profissionais liberais designados para o desempenho do encargo de defensor ou de perito, conforme o caso, salvo justo motivo previsto em lei ou, na sua omissão, a critério da autoridade judiciária competente, são obrigados ao respectivo cumprimento, sob pena de multa de Cr$ 1.000,00 (mil cruzeiros) a Cr$ 10.000,00 (dez mil cruzeiros), sujeita ao reajustamento estabelecido na Lei nº 6.205, de 29 de abril de 1975, sem prejuízo da sanção disciplinar cabível.

▶ *Caput* com a redação dada pela Lei nº 6.465, de 14-11-1977.

§ 1º Na falta de indicação pela assistência ou pela própria parte, o juiz solicitará a do órgão de classe respectivo.

▶ § 1º acrescido pela Lei nº 6.465, de 14-11-1977.

§ 2º A multa prevista neste artigo reverterá em benefício do profissional que assumir o encargo na causa.

▶ Parágrafo único transformado em § 2º e com a redação dada pela Lei nº 6.465, de 14-11-1977.

Art. 15. São motivos para a recusa do mandato pelo advogado designado ou nomeado:

1º) estar impedido de exercer a advocacia;
2º) ser procurador constituído pela parte contrária ou ter com ela relações profissionais de interesse atual;
3º) ter necessidade de se ausentar da sede do juízo para atender a outro mandato anteriormente outorgado ou para defender interesses próprios inadiáveis;
4º) já haver manifestado por escrito sua opinião contrária ao direito que o necessitado pretende pleitear;
5º) haver dado à parte contrária parecer escrito sobre a contenda.

Parágrafo único. A recusa será solicitada ao juiz, que, de plano, a concederá, temporária ou definitivamente, ou a denegará.

Art. 16. Se o advogado, ao comparecer em juízo, não exibir o instrumento do mandato outorgado pelo assistido, o juiz determinará que se exarem na ata da audiência os termos da referida outorga.

Parágrafo único. O instrumento de mandato não será exigido, quando a parte for representada em juízo por advogado integrante de entidade de direito público incumbido, na forma da lei, de prestação de assistência judiciária gratuita, ressalvados:

▶ Parágrafo único acrescido pela Lei nº 6.248, de 8-10-1975.

a) os atos previstos no artigo 38 do Código de Processo Civil;

b) o requerimento de abertura de inquérito por crime de ação privada, a proposição de ação penal privada ou o oferecimento de representação por crime de ação pública condicionada.

Art. 17. Caberá apelação das decisões proferidas em consequência da aplicação desta Lei; a apelação será recebida somente no efeito devolutivo quando a sentença conceder o pedido.

▶ Artigo com a redação dada pela Lei nº 6.014, de 27-12-1973.

Art. 18. Os acadêmicos de direito, a partir da 4ª serie, poderão ser indicados pela assistência judiciária, ou nomeados pelo juiz para auxiliar o patrocínio das causas dos necessitados, ficando sujeitos às mesmas obrigações impostas por esta Lei aos advogados.

Art. 19. Esta Lei entrará em vigor trinta dias depois da sua publicação no *Diário Oficial da União*, revogadas as disposições em contrário.

Rio de Janeiro, 5 de fevereiro de 1950; 129º da Independência e 62º da República.

Eurico G. Dutra

LEI Nº 1.521, DE 26 DE DEZEMBRO DE 1951

Altera dispositivos da legislação vigente sobre crimes contra a economia popular.

(EXCERTOS)

▶ Publicada no *DOU* de 27-12-1951.

Art. 1º Serão punidos, na forma desta Lei, os crimes e as contravenções contra a economia popular. Esta Lei regulará o seu julgamento.

Art. 2º São crimes desta natureza:

I – recusar individualmente em estabelecimento comercial a prestação de serviços essenciais à subsistência; sonegar mercadoria ou recusar vendê-la a quem esteja em condições de comprar a pronto pagamento;

II – favorecer ou preferir comprador ou freguês em detrimento de outro, ressalvados os sistemas de entrega ao consumo por intermédio de distribuidores ou revendedores;

III – expor à venda ou vender mercadoria ou produto alimentício, cujo fabrico haja desatendido a determinações oficiais, quanto ao peso e composição;

IV – negar ou deixar o fornecedor de serviços essenciais de entregar ao freguês a nota relativa à prestação de serviço, desde que a importância exceda de quinze cruzeiros, e com a indicação do preço, do nome e endereço do estabelecimento, do nome da firma ou responsável, da data e local da transação e do nome e residência do freguês;

V – misturar gêneros e mercadorias de espécies diferentes, expô-los à venda ou vendê-los, como puros; misturar gêneros e mercadorias de qualidades desiguais para expô-los à venda ou vendê-los por preço marcado para os de mais alto custo;

VI – transgredir tabelas oficiais de gêneros e mercadorias, ou de serviços essenciais, bem como expor à venda ou oferecer ao público ou vender tais gêneros, mercadorias ou serviços, por preço superior ao tabelado, assim como não manter afixadas, em lugar visível e de fácil leitura, as tabelas de preços aprovadas pelos órgãos competentes;

VII – negar ou deixar o vendedor de fornecer nota ou caderno de venda de gêneros de primeira necessidade, seja à vista ou a prazo, e cuja importância exceda de dez cruzeiros, ou de especificar na nota ou caderno – que serão isentos de selo – o preço da mercadoria vendida, o nome e o endereço do estabelecimento, a firma ou o responsável, a data e local da transação e o nome e residência do freguês;

VIII – celebrar ajuste para impor determinado preço de revenda ou exigir do comprador que não compre de outro vendedor;

IX – obter ou tentar obter ganhos ilícitos em detrimento do povo ou de número indeterminado de pessoas mediante especulações ou processos fraudulentos ("bola de neve", "cadeias", "pichardismo" e quaisquer outros equivalentes);

X – violar contrato de venda a prestações, fraudando sorteios ou deixando de entregar a coisa vendida, sem devolução das prestações pagas, ou descontar destas, nas vendas com reserva de domínio, quando o contrato for rescindido por culpa do comprador, quantia maior do que a correspondente à depreciação do objeto;

XI – fraudar pesos ou medidas padronizados em lei ou regulamentos; possuí-los ou detê-los, para efeitos de comércio, sabendo estarem fraudados.

Pena – detenção, de seis meses a dois anos, e multa, de dois mil a cinquenta mil cruzeiros.

Parágrafo único. Na configuração dos crimes previstos nesta Lei, bem como na de qualquer outro de defesa da economia popular, sua guarda e seu emprego considerar-se-ão como de primeira necessidade ou necessários ao consumo do povo, os gêneros, artigos, mercadorias e qualquer outra espécie de coisas ou bens indispensáveis à subsistência do indivíduo em condições higiênicas e ao exercício normal de suas atividades. Estão compreendidos nesta definição os artigos destinados à alimentação, ao vestuário e à iluminação, os terapêuticos ou sanitários, o combustível, a habitação e os materiais de construção.

Art. 3º São também crimes desta natureza:

I – destruir ou inutilizar, intencionalmente e sem autorização legal, com o fim de determinar alta de preços, em proveito próprio ou de terceiro, matérias-primas ou produtos necessários ao consumo do povo;

II – abandonar ou fazer abandonar lavoura ou plantações, suspender ou fazer suspender a atividade de fábricas, usinas ou quaisquer estabelecimentos de produção, ou meios de transporte, mediante indenização paga pela desistência da competição;

III – promover ou participar de consórcio, convênio, ajuste, aliança ou fusão de capitais, com o fim de impedir ou dificultar, para o efeito de aumento arbitrário de lucros, a concorrência em matéria de produção, transportes ou comércio;

IV – reter ou açambarcar matérias-primas, meios de produção ou produtos necessários ao consumo do povo, com o fim de dominar o mercado em qualquer ponto do País e provocar a alta dos preços;

V – vender mercadorias abaixo do preço de custo com o fim de impedir a concorrência;

VI – provocar a alta ou a baixa de preços de mercadorias, títulos públicos, valores ou salários por meio de notícias falsas, operações fictícias ou qualquer outro artifício;

VII – dar indicações ou fazer afirmações falsas em prospectos ou anúncios, para fim de substituição, compra ou venda de títulos, ações ou quotas;

VIII – exercer funções de direção, administração ou gerência de mais de uma empresa ou sociedade do mesmo ramo de indústria ou comércio com o fim de impedir ou dificultar a concorrência;

IX – gerir fraudulenta ou temerariamente bancos ou estabelecimentos bancários, ou de capitalização; sociedades de seguros, pecúlios ou pensões vitalícias; sociedades para empréstimos ou financiamento de construções e de vendas de imóveis a prestações, com ou sem sorteio ou preferência por meio de pontos ou quotas; caixas econômicas; caixas Raiffeisen; caixas mútuas, de beneficência, socorros ou empréstimos; caixas de pecúlios, pensão e aposentadoria; caixas construtoras; cooperativas; sociedades de economia coletiva, levando-as à falência ou à insolvência, ou não cumprindo qualquer das cláusulas contratuais com prejuízo dos interessados;

X – fraudar de qualquer modo escriturações, lançamentos, registros, relatórios, pareceres e outras informações devidas a sócios de sociedades civis ou comerciais, em que o capital seja fracionado em ações ou quotas de valor nominativo igual ou inferior a um mil cruzeiros com o fim de sonegar lucros, dividendos, percentagens, rateios ou bonificações, ou de desfalcar ou desviar fundos de reserva ou reservas técnicas.

Pena – detenção, de dois anos a dez anos, e multa, de vinte mil a cem mil cruzeiros.

Art. 4º Constitui crime da mesma natureza a usura pecuniária ou real, assim se considerando:

a) cobrar juros, comissões ou descontos percentuais, sobre dívidas em dinheiro, superiores à taxa permitida por lei; cobrar ágio superior à taxa oficial de câmbio, sobre quantia permutada por moeda estrangeira; ou, ainda, emprestar sob penhor que seja privativo de instituição oficial de crédito;

b) obter, ou estipular, em qualquer contrato, abusando da premente necessidade, inexperiência ou leviandade de outra parte, lucro patrimonial que exceda o quinto do valor corrente ou justo da prestação feita ou prometida.

Pena – detenção, de seis meses a dois anos, e multa, de cinco mil a vinte mil cruzeiros.

§ 1º Nas mesmas penas incorrerão os procuradores, mandatários ou mediadores que intervierem na operação usurária, bem como os cessionários de crédito usurário que, cientes de sua natureza ilícita, o fizerem valer em sucessiva transmissão ou execução judicial.

§ 2º São circunstâncias agravantes do crime de usura:

I – ser cometido em época de grave crise econômica;

II – ocasionar grave dano individual;

III – dissimular-se a natureza usurária do contrato;

IV – quando cometido:

a) por militar, funcionário público, ministro de culto religioso; por pessoa cuja condição econômico-social seja manifestamente superior à da vítima;

b) em detrimento de operário ou de agricultor; de menor de dezoito anos ou de deficiente mental, interditado ou não.

§ 3º *Revogado*. MP nº 2.172-32, de 23-8-2001, que até o encerramento desta edição não havia sido convertida em Lei. Tinha a seguinte redação: *"A estipulação de juros ou lucros usurários será nula, devendo o juiz ajustá-los à medida legal, ou, caso já tenha sido cumprida, ordenar a restituição da quantia paga em excesso, com os juros legais a contar da data do pagamento indevido."*

Art. 5º Nos crimes definidos nesta Lei, haverá suspensão da pena e livramento condicional em todos os casos permitidos pela legislação comum. Será a fiança concedida nos termos da legislação em vigor, devendo ser arbitrada dentro dos limites de cinco mil cruzeiros a cinquenta mil cruzeiros, nas hipóteses do artigo 2º, e dentro dos limites de dez mil a cem mil cruzeiros nos demais casos, reduzida a metade dentro desse limites, quando o infrator for empregado do estabelecimento comercial ou industrial, ou não ocupe cargo ou posto de direção dos negócios.

Art. 6º Verificado qualquer crime contra a economia popular ou contra a saúde pública (Capítulo III do Título VIII do Código Penal) e atendendo à gravidade do fato, sua repercussão e efeitos, o juiz, na sentença, declarará a interdição de direito, determinada no artigo 69, IV, do Código Penal, de seis meses a um ano, assim como, mediante representação da autoridade policial, poderá decretar, dentro de quarenta e oito horas, a suspensão provisória, pelo prazo de quinze dias, do exercício da profissão ou atividade do infrator.

▶ Referência a dispositivo da antiga Parte Geral do CP, revogada pela Lei nº 7.209, de 11-7-1984. Trata da matéria o art. 47, II, do CP vigente.

Art. 7º Os juízes recorrerão de ofício sempre que absolverem os acusados em processo por crime contra a economia popular ou contra a saúde pública, ou quando determinarem o arquivamento dos autos do respectivo inquérito policial.

Art. 8º Nos crimes contra a saúde pública, os exames periciais serão realizados, no Distrito Federal, pelas repartições da Secretaria-Geral da Saúde e Assistência e da Secretaria da Agricultura, Indústria e Comércio da Prefeitura ou pelo Gabinete de Exames Periciais do Departamento de Segurança Pública e nos Estados e

Territórios pelos serviços congêneres, valendo qualquer dos laudos como corpo de delito.

Art. 9º *Revogado.* Lei nº 6.649, de 16-5-1979.

Art. 10. Terá forma sumária, nos termos do Capítulo V, Título II, Livro II, do Código de Processo Penal, o processo das contravenções e dos crimes contra a economia popular, não submetidos ao julgamento pelo júri.

§ 1º Os atos policiais (inquérito ou processo iniciado por portaria) deverão terminar no prazo de dez dias.

§ 2º O prazo para oferecimento da denúncia será de dois dias, esteja ou não o réu preso.

§ 3º A sentença do juiz será proferida dentro do prazo de trinta dias contados do recebimento dos autos da autoridade policial (artigo 536 do Código de Processo Penal).

§ 4º A retardação injustificada, pura e simples, dos prazos indicados nos parágrafos anteriores, importa em crime de prevaricação (artigo 319 do Código Penal).

Art. 11. No Distrito Federal, o processo das infrações penais relativas à economia popular caberá, indistintamente, a todas as varas criminais com exceção das 1ª e 20ª, observadas as disposições quanto aos crimes da competência do júri de que trata o artigo 12.

....

Art. 33. Esta Lei entrará em vigor sessenta dias depois de sua publicação, aplicando-se aos processos iniciados na sua vigência.

Art. 34. Revogam-se as disposições em contrário.

Rio de Janeiro, 26 de dezembro de 1951;
130º da Independência e
63º da República.

Getúlio Vargas

LEI Nº 6.463, DE 9 DE NOVEMBRO DE 1977

Torna obrigatória a declaração de preço total nas vendas a prestação, e dá outras providências.

▶ Publicada no *DOU* de 10-11-1977.

Art. 1º Nas vendas a prestação de artigos de qualquer natureza e na respectiva publicidade escrita e falada será obrigatória a declaração do preço de venda à vista da mercadoria, o número e o valor das prestações, a taxa de juros mensal e demais encargos financeiros a serem pagos pelo comprador, incidentes sobre as vendas a prestação.

Parágrafo único. É obrigatória a emissão de fatura nas vendas de mercadoria a prestação, da qual além dos demais requisitos legais, deverão constar, separadamente, o valor da mercadoria e o custo do financiamento, de forma a documentar o valor total da operação.

Art. 2º O valor do acréscimo cobrado nas vendas a prestação, em relação ao preço de venda a vista da mercadoria, não poderá ser superior ao estritamente necessário para a empresa atender às despesas de operação com seu departamento de crédito, adicionada a taxa de custo dos financiamentos das instituições de crédito autorizadas a funcionar no País.

Parágrafo único. O limite percentual máximo do valor do acréscimo cobrado nas vendas a prazo, em relação ao preço de venda a vista da mercadoria, será fixado e regulado através de atos do Ministro da Fazenda.

Art. 3º Às empresas e casas comerciais que infringirem as disposições desta Lei serão impostas multas nos valores que forem fixados pelo Ministério da Fazenda.

Art. 4º Dentro de 90 (noventa) dias, o Ministério da Fazenda expedirá instruções regulando a fiscalização e o comércio de que trata esta Lei, bem como fixará os valores das multas a que se refere o art. 3º.

Art. 5º Esta Lei entrará em vigor na data de sua publicação, revogadas as disposições em contrário.

Brasília, em 09 de novembro de 1.977;
156º da Independência e
89º da República.

Ernesto Geisel

LEI Nº 7.347, DE 24 DE JULHO DE 1985

Disciplina a ação civil pública de responsabilidade por danos causados ao meio ambiente, ao consumidor, a bens e direitos de valor artístico, estético, histórico, turístico e paisagístico (VETADO), e dá outras providências.

▶ Publicada no *DOU* de 25-7-1985.

Art. 1º Regem-se pelas disposições desta Lei, sem prejuízo da ação popular, as ações de responsabilidade por danos morais e patrimoniais causados:

▶ *Caput* com a redação dada pela Lei nº 8.884, de 11-6-1994.

I – ao meio ambiente;

II – ao consumidor;

III – a bens e direitos de valor artístico, estético, histórico, turístico e paisagístico;

IV – a qualquer outro interesse difuso ou coletivo;

148 | Manual de Direito do Consumidor

V – por infração à ordem econômica e da economia popular;

VI – à ordem urbanística.

▶ Incisos V e VI com a redação dada pela MP nº 2.180-35, de 24-8-2001, que até o encerramento desta edição não havia sido convertida em Lei.

Parágrafo único. Não será cabível ação civil pública para veicular pretensões que envolvam tributos, contribuições previdenciárias, o Fundo de Garantia do Tempo de Serviço – FGTS ou outros fundos de natureza institucional cujos beneficiários podem ser individualmente determinados.

▶ Parágrafo único acrescido pela MP nº 2.180-35, de 24-8-2001, que até o encerramento desta edição não havia sido convertida em Lei.

Art. 2º As ações previstas nesta Lei serão propostas no foro do local onde ocorrer o dano, cujo juízo terá competência funcional para processar e julgar a causa.

Parágrafo único. A propositura da ação prevenirá a jurisdição do juízo para todas as ações posteriormente intentadas que possuam a mesma causa de pedir ou o mesmo objeto.

▶ Parágrafo único acrescido pela MP nº 2.180-35, de 24-8-2001, que até o encerramento desta edição não havia sido convertida em Lei.

Art. 3º A ação civil poderá ter por objeto a condenação em dinheiro ou o cumprimento de obrigação de fazer ou não fazer.

Art. 4º Poderá ser ajuizada ação cautelar para os fins desta Lei, objetivando, inclusive, evitar o dano ao meio ambiente, ao consumidor, à ordem urbanística ou aos bens e direitos de valor artístico, estético, histórico, turístico e paisagístico (VETADO).

▶ Artigo com a redação dada pela Lei nº 10.257, de 10-7-2001.

Art. 5º Têm legitimidade para propor a ação principal e a ação cautelar:

▶ *Caput* com a redação dada pela Lei nº 11.448, de 15-1-2007.

I – o Ministério Público;

II – a Defensoria Pública;

▶ Incisos I e II com a redação dada pela Lei nº 11.448, de 15-1-2007.

III – a União, os Estados, o Distrito Federal e os Municípios;

IV – a autarquia, empresa pública, fundação ou sociedade de economia mista;

V – a associação que, concomitantemente:

a) esteja constituída há pelo menos 1 (um) ano nos termos da lei civil;

b) inclua, entre suas finalidades institucionais, a proteção ao meio ambiente, ao consumidor, à ordem econômica, à livre concorrência ou ao patrimônio artístico, estético, histórico, turístico e paisagístico.

▶ Incisos III a V acrescidos pela Lei nº 11.448, de 15-1-2007.

§ 1º O Ministério Público, se não intervier no processo como parte, atuará obrigatoriamente como fiscal da lei.

§ 2º Fica facultado ao Poder Público e a outras associações legitimadas nos termos deste artigo habilitar-se como litisconsortes de qualquer das partes.

§ 3º Em caso de desistência infundada ou abandono da ação por associação legitimada, o Ministério Público ou outro legitimado assumirá a titularidade ativa.

▶ § 3º com a redação dada pela Lei nº 8.078, de 11-9-1990.

§ 4º O requisito da pré-constituição poderá ser dispensado pelo juiz, quando haja manifesto interesse social evidenciado pela dimensão ou característica do dano, ou pela relevância do bem jurídico a ser protegido.

§ 5º Admitir-se-á o litisconsórcio facultativo entre os Ministérios Públicos da União, do Distrito Federal e dos Estados na defesa dos interesses e direitos de que cuida esta Lei.

§ 6º Os órgãos públicos legitimados poderão tomar dos interessados compromisso de ajustamento de sua conduta às exigências legais, mediante cominações, que terá eficácia de título executivo extrajudicial.

▶ §§ 4º a 6º acrescidos pela Lei nº 8.078, de 11-9-1990.

Art. 6º Qualquer pessoa poderá e o servidor público deverá provocar a iniciativa do Ministério Público, ministrando-lhe informações sobre fatos que constituam objeto da ação civil e indicando-lhe os elementos de convicção.

Art. 7º Se, no exercício de suas funções, os juízes e tribunais tiverem conhecimento de fatos que possam ensejar a propositura da ação civil, remeterão peças ao Ministério Público para as providências cabíveis.

Art. 8º Para instruir a inicial, o interessado poderá requerer às autoridades competentes as certidões e informações que julgar necessárias, a serem fornecidas no prazo de quinze dias.

§ 1º O Ministério Público poderá instaurar, sob sua presidência, inquérito civil, ou requisitar, de qualquer organismo público ou particular, certidões, informações, exames ou perícias, no prazo que assinalar, o qual não poderá ser inferior a dez dias úteis.

§ 2º Somente nos casos em que a lei impuser sigilo, poderá ser negada certidão ou informação, hipótese em que a ação poderá ser proposta desacompanhada daqueles documentos, cabendo ao juiz requisitá-los.

Art. 9º Se o órgão do Ministério Público, esgotadas todas as diligências, se convencer da inexistência de fundamento para a propositura da ação civil, promoverá o arquivamento dos autos do inquérito civil ou das peças informativas, fazendo-o fundamentadamente.

§ 1º Os autos do inquérito civil ou das peças de informação arquivadas serão remetidos, sob pena de se incorrer em falta grave, no prazo de três dias, ao Conselho Superior do Ministério Público.

§ 2º Até que, em sessão do Conselho Superior do Ministério Público, seja homologada ou rejeitada a promoção de arquivamento, poderão as associações legitimadas apresentar razões escritas ou documentos, que serão juntados aos autos do inquérito ou anexados às peças de informação.

§ 3º A promoção de arquivamento será submetida a exame e deliberação do Conselho Superior do Ministério Público, conforme dispuser o seu regimento.

§ 4º Deixando o Conselho Superior de homologar a promoção de arquivamento, designará, desde logo, outro órgão do Ministério Público para o ajuizamento da ação.

Art. 10. Constitui crime, punido com pena de reclusão de um a três anos, mais multa de dez a mil Obrigações do Tesouro Nacional – OTN, a recusa, o retardamento ou a omissão de dados técnicos indispensáveis à propositura da ação civil, quando requisitados pelo Ministério Público.

▶ Lei nº 7.730, de 31-1-1989, extinguiu a OTN.

Art. 11. Na ação que tenha por objeto o cumprimento de obrigação de fazer ou não fazer, o juiz determinará o cumprimento da prestação da atividade devida ou a cessação da atividade nociva, sob pena de execução específica, ou de cominação de multa diária, se esta for suficiente ou compatível, independentemente de requerimento do autor.

Art. 12. Poderá o juiz conceder mandado liminar, com ou sem justificação prévia, em decisão sujeita a agravo.

§ 1º A requerimento de pessoa jurídica de direito público interessada, e para evitar grave lesão à ordem, à saúde, à segurança e à economia pública, poderá o Presidente do Tribunal a que competir o conhecimento do respectivo recurso suspender a execução da liminar, em decisão fundamentada, da qual caberá agravo para uma das turmas julgadoras, no prazo de cinco dias a partir da publicação do ato.

§ 2º A multa cominada liminarmente só será exigível do réu após o trânsito em julgado da decisão favorável ao autor, mas será devida desde o dia em que se houver configurado o descumprimento.

Art. 13. Havendo condenação em dinheiro, a indenização pelo dano causado reverterá a um fundo gerido por um Conselho Federal ou por Conselhos Estaduais de que participarão necessariamente o Ministério Público e representantes da comunidade, sendo seus recursos destinados à reconstituição dos bens lesados.

§ 1º Enquanto o fundo não for regulamentado, o dinheiro ficará depositado em estabelecimento oficial de crédito, em conta com correção monetária.

▶ Antigo parágrafo único renumerado para § 1º pela Lei nº 12.288, de 20-7-2010.

§ 2º Havendo acordo ou condenação com fundamento em dano causado por ato de discriminação étnica nos termos do disposto no art. 1o desta Lei, a prestação em dinheiro reverterá diretamente ao fundo de que trata o caput e será utilizada para ações de promoção da igualdade étnica, conforme definição do Conselho Nacional de Promoção da Igualdade Racial, na hipótese de extensão nacional, ou dos Conselhos de Promoção de Igualdade Racial estaduais ou locais, nas hipóteses de danos com extensão regional ou local, respectivamente.

▶ § 2º acrescido pela Lei nº 12.288, de 20-7-2010.

Art. 14. O juiz poderá conferir efeito suspensivo aos recursos, para evitar dano irreparável à parte.

Art. 15. Decorridos sessenta dias do trânsito em julgado da sentença condenatória, sem que a associação autora lhe promova a execução, deverá fazê-lo o Ministério Público, facultada igual iniciativa aos demais legitimados.

▶ Artigo com a redação dada pela Lei nº 8.078, de 11-9-1990.

Art. 16. A sentença civil fará coisa julgada *erga omnes*, nos limites da competência territorial do órgão prolator, exceto se o pedido for julgado improcedente por insuficiência de provas, hipótese em que qualquer legitimado poderá intentar outra ação com idêntico fundamento, valendo-se de nova prova.

▶ Artigo com a redação dada pela Lei nº 9.494, de 19-9-1997.

Art. 17. Em caso de litigância de má-fé, a associação autora e os diretores responsáveis pela

150 Manual de Direito do Consumidor

propositura da ação serão solidariamente condenados em honorários advocatícios e ao décuplo das custas, sem prejuízo da responsabilidade por perdas e danos.

▶ Artigo com a redação dada pela Lei nº 8.078, de 11-9-1990, retificada no *DOU* de 10-1-2007.

Art. 18. Nas ações de que trata esta Lei, não haverá adiantamento de custas, emolumentos, honorários periciais e quaisquer outras despesas, nem condenação da associação autora, salvo comprovada má-fé, em honorários de advogado, custas e despesas processuais.

▶ Artigo com a redação dada pela Lei nº 8.078, de 11-9-1990.

Art. 19. Aplica-se à ação civil pública, prevista nesta Lei, o Código de Processo Civil, aprovado pela Lei nº 5.869, de 11 de janeiro de 1973, naquilo em que não contrarie suas disposições.

Art. 20. O fundo de que trata o artigo 13 desta Lei será regulamentado pelo Poder Executivo no prazo de noventa dias.

Art. 21. Aplicam-se à defesa dos direitos e interesses difusos, coletivos e individuais, no que for cabível, os dispositivos do Título III da Lei que instituiu o Código de Defesa do Consumidor.

▶ Artigo acrescido pela Lei nº 8.078, de 11-9-1990.

Art. 22. Esta Lei entra em vigor na data de sua publicação.

▶ Art. 21 renumerado para art. 22 pela Lei nº 8.078, de 11-9-1990.

Art. 23. Revogam-se as disposições em contrário.

▶ Art. 22 renumerado para art. 23 pela Lei nº 8.078, de 11-9-1990.

Brasília, 24 de julho de 1985;
164º da Independência e
97º da República.

José Sarney

LEI Nº 8.078, DE 11 DE SETEMBRO DE 1990

Dispõe sobre a proteção do consumidor e dá outras providências.

▶ Publicada no *DOU* de 12-9-1990, edição extra, e retificada no *DOU* de 10-1-2007.

TÍTULO I – DOS DIREITOS DO CONSUMIDOR

CAPÍTULO I
DISPOSIÇÕES GERAIS

Art. 1º O presente Código estabelece normas de proteção e defesa do consumidor, de ordem pública e interesse social, nos termos dos artigos 5º, inciso XXXII, 170, inciso V, da Constituição Federal e artigo 48 de suas Disposições Transitórias.

Art. 2º Consumidor é toda pessoa física ou jurídica que adquire ou utiliza produto ou serviço como destinatário final.

Parágrafo único. Equipara-se a consumidor a coletividade de pessoas, ainda que indetermináveis, que haja intervindo nas relações de consumo.

Art. 3º Fornecedor é toda pessoa física ou jurídica, pública ou privada, nacional ou estrangeira, bem como os entes despersonalizados, que desenvolvem atividades de produção, montagem, criação, construção, transformação, importação, exportação, distribuição ou comercialização de produtos ou prestações de serviços.

§ 1º Produto é qualquer bem, móvel ou imóvel, material ou imaterial.

§ 2º Serviço é qualquer atividade fornecida no mercado de consumo, mediante remuneração, inclusive as de natureza bancária, financeira, de crédito e securitária, salvo as decorrentes das relações de caráter trabalhista.

CAPÍTULO II
DA POLÍTICA NACIONAL DE RELAÇÕES DE CONSUMO

Art. 4º A Política Nacional das Relações de Consumo tem por objetivo o atendimento das necessidades dos consumidores, o respeito à sua dignidade, saúde e segurança, a proteção de seus interesses econômicos, a melhoria da sua qualidade de vida, bem como a transparência e harmonia das relações de consumo, atendidos os seguintes princípios:

▶ *Caput* com a redação dada pela Lei nº 9.008, de 21-3-1995.

I – reconhecimento da vulnerabilidade do consumidor no mercado de consumo;

II – ação governamental no sentido de proteger efetivamente o consumidor:

a) por iniciativa direta;

b) por incentivos à criação e desenvolvimento de associações representativas;

c) pela presença do Estado no mercado de consumo;

d) pela garantia dos produtos e serviços com padrões adequados de qualidade, segurança, durabilidade e desempenho;

III – harmonização dos interesses dos participantes das relações de consumo e compatibilização da proteção do consumidor com a necessidade de desenvolvimento econômico e tecnológico, de modo a viabilizar os princípios nos quais se funda a ordem econômica (artigo 170, da Constituição Federal), sempre com base na boa-fé e equilíbrio nas relações entre consumidores e fornecedores;

IV – educação e informação de fornecedores e consumidores, quanto aos seus direitos e deveres, com vistas à melhoria do mercado de consumo;

V – incentivo à criação pelos fornecedores de meios eficientes de controle de qualidade e segurança de produtos e serviços, assim como de mecanismos alternativos de solução de conflitos de consumo;

VI – coibição e repressão eficientes de todos os abusos praticados no mercado de consumo, inclusive a concorrência desleal e utilização indevida de inventos e criações industriais, das marcas e nomes comerciais e signos distintivos, que possam causar prejuízos aos consumidores;

VII – racionalização e melhoria dos serviços públicos;

VIII – estudo constante das modificações do mercado de consumo.

Art. 5º Para a execução da Política Nacional das Relações de Consumo, contará o Poder Público com os seguintes instrumentos, entre outros:

I – manutenção de assistência jurídica, integral e gratuita para o consumidor carente;

II – instituição de Promotorias de Justiça de Defesa do Consumidor, no âmbito do Ministério Público;

III – criação de delegacias de polícia especializadas no atendimento de consumidores vítimas de infrações penais de consumo;

IV – criação de Juizados Especiais de Pequenas Causas e Varas Especializadas para a solução de litígios de consumo;

V – concessão de estímulos à criação e desenvolvimento das Associações de Defesa do Consumidor.

§§ 1º e 2º VETADOS.

Capítulo III
DOS DIREITOS BÁSICOS DO CONSUMIDOR

Art. 6º São direitos básicos do consumidor:

I – a proteção da vida, saúde e segurança contra os riscos provocados por práticas no fornecimento de produtos e serviços considerados perigosos ou nocivos;

II – a educação e divulgação sobre o consumo adequado dos produtos e serviços, asseguradas a liberdade de escolha e a igualdade nas contratações;

III – a informação adequada e clara sobre os diferentes produtos e serviços, com especificação correta de quantidade, características, composição, qualidade e preço, bem como sobre os riscos que apresentem;

IV – a proteção contra a publicidade enganosa e abusiva, métodos comerciais coercitivos ou desleais, bem como contra práticas e cláusulas abusivas ou impostas no fornecimento de produtos e serviços;

V – a modificação das cláusulas contratuais que estabeleçam prestações desproporcionais ou sua revisão em razão de fatos supervenientes que as tornem excessivamente onerosas;

VI – a efetiva prevenção e reparação de danos patrimoniais e morais, individuais, coletivos e difusos;

VII – o acesso aos órgãos judiciários e administrativos, com vistas à prevenção ou reparação de danos patrimoniais e morais, individuais, coletivos ou difusos, assegurada a proteção jurídica, administrativa e técnica aos necessitados;

VIII – a facilitação da defesa de seus direitos, inclusive com a inversão do ônus da prova, a seu favor, no processo civil, quando, a critério do juiz, for verossímil a alegação ou quando for ele hipossuficiente, segundo as regras ordinárias de experiências;

IX – VETADO;

X – a adequada e eficaz prestação dos serviços públicos em geral.

Art. 7º Os direitos previstos neste Código não excluem outros decorrentes de tratados ou convenções internacionais de que o Brasil seja signatário, da legislação interna ordinária, de regulamentos expedidos pelas autoridades administrativas competentes, bem como dos que derivem dos princípios gerais do direito, analogia, costumes e equidade.

▶ Art. 4º da Lei de Introdução às normas do Direito Brasileiro (antiga LICC, com a redação da ementa alterada pela Lei nº 12.376, de 30-12-2010).

Parágrafo único. Tendo mais de um autor a ofensa, todos responderão solidariamente pela reparação dos danos previstos nas normas de consumo.

CAPÍTULO IV
DA QUALIDADE DE PRODUTOS E SERVIÇOS, DA PREVENÇÃO E DA REPARAÇÃO DOS DANOS

SEÇÃO I
DA PROTEÇÃO À SAÚDE E SEGURANÇA

Art. 8º Os produtos e serviços colocados no mercado de consumo não acarretarão riscos à saúde ou segurança dos consumidores, exceto os considerados normais e previsíveis em decorrência de sua natureza e fruição, obrigando-se os fornecedores, em qualquer hipótese, a dar as informações necessárias e adequadas a seu respeito.

Parágrafo único. Em se tratando de produto industrial, ao fabricante cabe prestar as informações a que se refere este artigo, através de impressos apropriados que devam acompanhar o produto.

Art. 9º O fornecedor de produtos e serviços potencialmente nocivos ou perigosos à saúde ou segurança deverá informar, de maneira ostensiva e adequada, a respeito da sua nocividade ou periculosidade, sem prejuízo da adoção de outras medidas cabíveis em cada caso concreto.

Art. 10. O fornecedor não poderá colocar no mercado de consumo produto ou serviço que sabe ou deveria saber apresentar alto grau de nocividade ou periculosidade à saúde ou segurança.

§ 1º O fornecedor de produtos e serviços que, posteriormente à sua introdução no mercado de consumo, tiver conhecimento da periculosidade que apresentem, deverá comunicar o fato imediatamente às autoridades competentes e aos consumidores, mediante anúncios publicitários.

§ 2º Os anúncios publicitários a que se refere o parágrafo anterior serão veiculados na imprensa, rádio e televisão, às expensas do fornecedor do produto ou do serviço.

§ 3º Sempre que tiverem conhecimento de periculosidade de produtos ou serviços à saúde ou segurança dos consumidores, a União, os Estados, o Distrito Federal e os Municípios deverão informá-los a respeito.

Art. 11. VETADO.

SEÇÃO II
DA RESPONSABILIDADE PELO FATO DO PRODUTO E DO SERVIÇO

Art. 12. O fabricante, o produtor, o construtor, nacional ou estrangeiro, e o importador respondem, independentemente da existência de culpa, pela reparação dos danos causados aos consumidores por defeitos decorrentes de projeto, fabricação, construção, montagem, fórmulas, manipulação, apresentação ou acondicionamento de seus produtos, bem como por informações insuficientes ou inadequadas sobre sua utilização e riscos.

§ 1º O produto é defeituoso quando não oferece a segurança que dele legitimamente se espera, levando-se em consideração as circunstâncias relevantes, entre as quais:

I – sua apresentação;

II – o uso e os riscos que razoavelmente dele se esperam;

III – a época em que foi colocado em circulação.

§ 2º O produto não é considerado defeituoso pelo fato de outro de melhor qualidade ter sido colocado no mercado.

§ 3º O fabricante, o construtor, o produtor ou importador só não será responsabilizado quando provar:

I – que não colocou o produto no mercado;

II – que, embora haja colocado o produto no mercado, o defeito inexiste;

III – a culpa exclusiva do consumidor ou de terceiro.

Art. 13. O comerciante é igualmente responsável, nos termos do artigo anterior, quando:

I – o fabricante, o construtor, o produtor ou o importador não puderem ser identificados;

II – o produto for fornecido sem identificação clara do seu fabricante, produtor, construtor ou importador;

III – não conservar adequadamente os produtos perecíveis.

Parágrafo único. Aquele que efetivar o pagamento ao prejudicado poderá exercer o direito de regresso contra os demais responsáveis, segundo sua participação na causação do evento danoso.

Art. 14. O fornecedor de serviços responde, independentemente da existência de culpa, pela reparação dos danos causados aos consumidores por defeitos relativos à prestação dos serviços, bem como por informações insuficientes ou inadequadas sobre sua fruição e riscos.

§ 1º O serviço é defeituoso quando não fornece a segurança que o consumidor dele pode esperar, levando-se em consideração as circunstâncias relevantes, entre as quais:

I – o modo de seu fornecimento;

II – o resultado e os riscos que razoavelmente dele se esperam;

III – a época em que foi fornecido.

§ 2º O serviço não é considerado defeituoso pela adoção de novas técnicas.

§ 3º O fornecedor de serviços só não será responsabilizado quando provar:
I - que, tendo prestado o serviço, o defeito inexiste;
II - a culpa exclusiva do consumidor ou de terceiro.

§ 4º A responsabilidade pessoal dos profissionais liberais será apurada mediante a verificação de culpa.

Arts. 15 e 16. VETADOS.

Art. 17. Para os efeitos desta Seção, equiparam-se aos consumidores todas as vítimas do evento.

Seção III
DA RESPONSABILIDADE POR VÍCIO DO PRODUTO E DO SERVIÇO

Art. 18. Os fornecedores de produtos de consumo duráveis ou não duráveis respondem solidariamente pelos vícios de qualidade ou quantidade que os tornem impróprios ou inadequados ao consumo a que se destinam ou lhes diminuam o valor, assim como por aqueles decorrentes da disparidade, com as indicações constantes do recipiente, da embalagem, rotulagem ou mensagem publicitária, respeitadas as variações decorrentes de sua natureza, podendo o consumidor exigir a substituição das partes viciadas.

§ 1º Não sendo o vício sanado no prazo máximo de trinta dias, pode o consumidor exigir, alternativamente e à sua escolha:
I - a substituição do produto por outro da mesma espécie, em perfeitas condições de uso;
II - a restituição imediata da quantia paga, monetariamente atualizada, sem prejuízo de eventuais perdas e danos;
III - o abatimento proporcional do preço.

§ 2º Poderão as partes convencionar a redução ou ampliação do prazo previsto no parágrafo anterior, não podendo ser inferior a sete nem superior a cento e oitenta dias. Nos contratos de adesão, a cláusula de prazo deverá ser convencionada em separado, por meio de manifestação expressa do consumidor.

§ 3º O consumidor poderá fazer uso imediato das alternativas do § 1º deste artigo sempre que, em razão da extensão do vício, a substituição das partes viciadas puder comprometer a qualidade ou características do produto, diminuir-lhe o valor ou se tratar de produto essencial.

§ 4º Tendo o consumidor optado pela alternativa do inciso I do § 1º deste artigo, e não sendo possível a substituição do bem, poderá haver substituição por outro de espécie, marca ou modelo diversos, mediante complementação ou restituição de eventual diferença de preço, sem prejuízo do disposto nos incisos II e III do § 1º deste artigo.

§ 5º No caso de fornecimento de produtos *in natura*, será responsável perante o consumidor o fornecedor imediato, exceto quando identificado claramente seu produtor.

§ 6º São impróprios ao uso e consumo:
I - os produtos cujos prazos de validade estejam vencidos;
II - os produtos deteriorados, alterados, adulterados, avariados, falsificados, corrompidos, fraudados, nocivos à vida ou à saúde, perigosos ou, ainda, aqueles em desacordo com as normas regulamentares de fabricação, distribuição ou apresentação;
III - os produtos que, por qualquer motivo, se revelem inadequados ao fim a que se destinam.

Art. 19. Os fornecedores respondem solidariamente pelos vícios de quantidade do produto sempre que, respeitadas as variações decorrentes de sua natureza, seu conteúdo líquido for inferior às indicações constantes do recipiente, da embalagem, rotulagem ou de mensagem publicitária, podendo o consumidor exigir, alternativamente e à sua escolha:
I - o abatimento proporcional do preço;
II - complementação do peso ou medida;
III - a substituição do produto por outro da mesma espécie, marca ou modelo, sem os aludidos vícios;
IV - a restituição imediata da quantia paga, monetariamente atualizada, sem prejuízo de eventuais perdas e danos.

§ 1º Aplica-se a este artigo o disposto no § 4º do artigo anterior.

§ 2º O fornecedor imediato será responsável quando fizer a pesagem ou a medição e o instrumento utilizado não estiver aferido segundo os padrões oficiais.

Art. 20. O fornecedor de serviços responde pelos vícios de qualidade que os tornem impróprios ao consumo ou lhes diminuam o valor, assim como por aqueles decorrentes da disparidade com as indicações constantes da oferta ou mensagem publicitária, podendo o consumidor exigir, alternativamente e à sua escolha:
I - a reexecução dos serviços, sem custo adicional e quando cabível;

II – a restituição imediata da quantia paga, monetariamente atualizada, sem prejuízo de eventuais perdas e danos;

III – o abatimento proporcional do preço.

§ 1º A reexecução dos serviços poderá ser confiada a terceiros devidamente capacitados, por conta e risco do fornecedor.

§ 2º São impróprios os serviços que se mostrem inadequados para os fins que razoavelmente deles se esperam, bem como aqueles que não atendam as normas regulamentares de prestabilidade.

Art. 21. No fornecimento de serviços que tenham por objetivo a reparação de qualquer produto considerar-se-á implícita a obrigação do fornecedor de empregar componentes de reposição originais adequados e novos, ou que mantenham as especificações técnicas do fabricante, salvo, quanto a estes últimos, autorização em contrário do consumidor.

Art. 22. Os órgãos públicos, por si ou suas empresas, concessionárias, permissionárias ou sob qualquer outra forma de empreendimento, são obrigados a fornecer serviços adequados, eficientes, seguros e, quanto aos essenciais, contínuos.

Parágrafo único. Nos casos de descumprimento, total ou parcial, das obrigações referidas neste artigo, serão as pessoas jurídicas compelidas a cumpri-las e a reparar os danos causados na forma prevista neste Código.

Art. 23. A ignorância do fornecedor sobre os vícios de qualidade por inadequação dos produtos e serviços não o exime de responsabilidade.

Art. 24. A garantia legal de adequação do produto ou serviço independe de termo expresso, vedada a exoneração contratual do fornecedor.

Art. 25. É vedada a estipulação contratual de cláusula que impossibilite, exonere ou atenue a obrigação de indenizar prevista nesta e nas Seções anteriores.

§ 1º Havendo mais de um responsável pela causação do dano, todos responderão solidariamente pela reparação prevista nesta e nas Seções anteriores.

§ 2º Sendo o dano causado por componente ou peça incorporado ao produto ou serviço, são responsáveis solidários seu fabricante, construtor ou importador e o que realizou a incorporação.

Seção IV

DA DECADÊNCIA E DA PRESCRIÇÃO

Art. 26. O direito de reclamar pelos vícios aparentes ou de fácil constatação caduca em:

I – trinta dias, tratando-se de fornecimento de serviço e de produto não duráveis;

II – noventa dias, tratando-se de fornecimento de serviço e de produto duráveis.

§ 1º Inicia-se a contagem do prazo decadencial a partir da entrega efetiva do produto ou do término da execução dos serviços.

§ 2º Obstam a decadência:

I – a reclamação comprovadamente formulada pelo consumidor perante o fornecedor de produtos e serviços até a resposta negativa correspondente, que deve ser transmitida de forma inequívoca;

II – VETADO;

III – a instauração de inquérito civil, até seu encerramento.

§ 3º Tratando-se de vício oculto, o prazo decadencial inicia-se no momento em que ficar evidenciado o defeito.

Art. 27. Prescreve em cinco anos a pretensão à reparação pelos danos causados por fato do produto ou do serviço prevista na Seção II deste Capítulo, iniciando-se a contagem do prazo a partir do conhecimento do dano e de sua autoria.

Parágrafo único. VETADO.

Seção V

DA DESCONSIDERAÇÃO DA PERSONALIDADE JURÍDICA

Art. 28. O juiz poderá desconsiderar a personalidade jurídica da sociedade quando, em detrimento do consumidor, houver abuso de direito, excesso de poder, infração da lei, fato ou ato ilícito ou violação dos estatutos ou contrato social. A desconsideração também será efetivada quando houver falência, estado de insolvência, encerramento ou inatividade da pessoa jurídica provocados por má administração.

§ 1º VETADO.

§ 2º As sociedades integrantes dos grupos societários e as sociedades controladas, são subsidiariamente responsáveis pelas obrigações decorrentes deste Código.

§ 3º As sociedades consorciadas são solidariamente responsáveis pelas obrigações decorrentes deste Código.

§ 4º As sociedades coligadas só responderão por culpa.

§ 5º Também poderá ser desconsiderada a pessoa jurídica sempre que sua personalidade for, de alguma forma, obstáculo ao ressarcimento de prejuízos causados aos consumidores.

CAPÍTULO V
DAS PRÁTICAS COMERCIAIS

SEÇÃO I
DAS DISPOSIÇÕES GERAIS

Art. 29. Para os fins deste Capítulo e do seguinte, equiparam-se aos consumidores todas as pessoas determináveis ou não, expostas às práticas nele previstas.

SEÇÃO II
DA OFERTA

Art. 30. Toda informação ou publicidade, suficientemente precisa, veiculada por qualquer forma ou meio de comunicação com relação a produtos e serviços oferecidos ou apresentados, obriga o fornecedor que a fizer veicular ou dela se utilizar e integra o contrato que vier a ser celebrado.

Art. 31. A oferta e apresentação de produtos ou serviços devem assegurar informações corretas, claras, precisas, ostensivas e em língua portuguesa sobre suas características, qualidades, quantidade, composição, preço, garantia, prazos de validade e origem, entre outros dados, bem como sobre os riscos que apresentam à saúde e segurança dos consumidores.

Parágrafo único. As informações de que trata este artigo, nos produtos refrigerados oferecidos ao consumidor, serão gravadas de forma indelével.

▶ Parágrafo único acrescido pela Lei nº 11.989, de 27-7-2009.

Art. 32. Os fabricantes e importadores deverão assegurar a oferta de componentes e peças de reposição enquanto não cessar a fabricação ou importação do produto.

Parágrafo único. Cessadas a produção ou importação, a oferta deverá ser mantida por período razoável de tempo, na forma da lei.

Art. 33. Em caso de oferta ou venda por telefone ou reembolso postal, deve constar o nome do fabricante e endereço na embalagem, publicidade e em todos os impressos utilizados na transação comercial.

Parágrafo único. É proibida a publicidade de bens e serviços por telefone, quando a chamada for onerosa ao consumidor que a origina.

▶ Parágrafo único acrescido pela Lei nº 11.800, de 29-10-2008.

Art. 34. O fornecedor do produto ou serviço é solidariamente responsável pelos atos de seus prepostos ou representantes autônomos.

Art. 35. Se o fornecedor de produtos ou serviços recusar cumprimento à oferta, apresentação ou publicidade, o consumidor poderá, alternativamente e à sua livre escolha:

I – exigir o cumprimento forçado da obrigação, nos termos da oferta, apresentação ou publicidade;

II – aceitar outro produto ou prestação de serviço equivalente;

III – rescindir o contrato, com direito à restituição de quantia eventualmente antecipada, monetariamente atualizada, e a perdas e danos.

SEÇÃO III
DA PUBLICIDADE

Art. 36. A publicidade deve ser veiculada de tal forma que o consumidor, fácil e imediatamente, a identifique como tal.

Parágrafo único. O fornecedor, na publicidade de seus produtos ou serviços, manterá, em seu poder, para informação dos legítimos interessados, os dados fáticos, técnicos e científicos que dão sustentação à mensagem.

Art. 37. É proibida toda publicidade enganosa ou abusiva.

§ 1º É enganosa qualquer modalidade de informação ou comunicação de caráter publicitário, inteira ou parcialmente falsa, ou, por qualquer outro modo, mesmo por omissão, capaz de induzir em erro o consumidor a respeito da natureza, características, qualidade, quantidade, propriedades, origem, preço e quaisquer outros dados sobre produtos e serviços.

§ 2º É abusiva, dentre outras, a publicidade discriminatória de qualquer natureza, a que incite à violência, explore o medo ou a superstição, se aproveite da deficiência de julgamento e experiência da criança, desrespeite valores ambientais, ou que seja capaz de induzir o consumidor a se comportar de forma prejudicial ou perigosa à sua saúde ou segurança.

§ 3º Para os efeitos deste Código, a publicidade é enganosa por omissão quando deixar de informar sobre dado essencial do produto ou serviço.

§ 4º VETADO.

Art. 38. O ônus da prova da veracidade e correção da informação ou comunicação publicitária cabe a quem as patrocina.

156 Manual de Direito do Consumidor

SEÇÃO IV

DAS PRÁTICAS ABUSIVAS

Art. 39. É vedado ao fornecedor de produtos ou serviços, dentre outras práticas abusivas:
- *Caput* com a redação dada pela Lei nº 8.884, de 11-6-1994.

I – condicionar o fornecimento de produto ou de serviço ao fornecimento de outro produto ou serviço, bem como, sem justa causa, a limites quantitativos;

II – recusar atendimento às demandas dos consumidores, na exata medida de suas disponibilidades de estoque, e, ainda, de conformidade com os usos e costumes;

III – enviar ou entregar ao consumidor, sem solicitação prévia, qualquer produto ou fornecer qualquer serviço;

IV – prevalecer-se da fraqueza ou ignorância do consumidor, tendo em vista sua idade, saúde, conhecimento ou condição social, para impingir-lhe seus produtos ou serviços;

V – exigir do consumidor vantagem manifestamente excessiva;

VI – executar serviços sem a prévia elaboração de orçamento e autorização expressa do consumidor, ressalvadas as decorrentes de práticas anteriores entre as partes;

VII – repassar informação depreciativa, referente a ato praticado pelo consumidor no exercício de seus direitos;

VIII – colocar, no mercado de consumo, qualquer produto ou serviço em desacordo com as normas expedidas pelos órgãos oficiais competentes ou, se normas específicas não existirem, pela Associação Brasileira de Normas Técnicas ou outra entidade credenciada pelo Conselho Nacional de Metrologia, Normalização e Qualidade Industrial — CONMETRO;

IX – recusar a venda de bens ou a prestação de serviços, diretamente a quem se disponha a adquiri-los mediante pronto pagamento, ressalvados os casos de intermediação regulados em leis especiais;
- Inciso IX com a redação dada pela Lei nº 8.884, de 11-6-1994.

X – elevar sem justa causa o preço de produtos ou serviços;
- Inciso X acrescido pela Lei nº 8.884, de 11-6-1994.

XI – aplicar fórmula ou índice de reajuste diverso do legal ou contratualmente estabelecido;
- Este inciso foi acrescido pela MP nº 1.890-67, de 22-10-1999, que foi convertida na Lei nº 9.870, de 23-11-1999, que dispõe sobre o valor total das anuidades escolares. Todavia, certamente por um lapso, a referida Lei, ao invés de convalidar o inciso XI deste artigo, terminou acrescentando o inciso XIII, exatamente com a mesma redação. Como até o encerramento desta edição a falha ainda não havia sido corrigida, transcrevemos ambos os incisos, muito embora sejam idênticos.

XII – deixar de estipular prazo para o cumprimento de sua obrigação ou deixar a fixação de seu termo inicial a seu exclusivo critério;
- Inciso XII acrescido pela Lei nº 9.008, de 21-3-1995.

XIII – aplicar fórmula ou índice de reajuste diverso do valor legal ou contratualmente estabelecido.
- Inciso XIII acrescido pela Lei nº 9.870, de 23-11-1999.

Parágrafo único. Os serviços prestados e os produtos remetidos ou entregues ao consumidor, na hipótese prevista no inciso III, equiparam-se às amostras grátis, inexistindo obrigação de pagamento.

Art. 40. O fornecedor de serviço será obrigado a entregar ao consumidor orçamento prévio discriminando o valor da mão de obra, dos materiais e equipamentos a serem empregados, as condições de pagamento, bem como as datas de início e término dos serviços.

§ 1º Salvo estipulação em contrário, o valor orçado terá validade pelo prazo de dez dias, contado de seu recebimento pelo consumidor.

§ 2º Uma vez aprovado pelo consumidor, o orçamento obriga os contraentes e somente pode ser alterado mediante livre negociação das partes.

§ 3º O consumidor não responde por quaisquer ônus ou acréscimos decorrentes da contratação de serviços de terceiros, não previstos no orçamento prévio.

Art. 41. No caso de fornecimento de produtos ou de serviços sujeitos ao regime de controle ou de tabelamento de preços, os fornecedores deverão respeitar os limites oficiais sob pena de, não o fazendo, responderem pela restituição da quantia recebida em excesso, monetariamente atualizada, podendo o consumidor exigir, à sua escolha, o desfazimento do negócio, sem prejuízo de outras sanções cabíveis.

SEÇÃO V

DA COBRANÇA DE DÍVIDAS

Art. 42. Na cobrança de débitos, o consumidor inadimplente não será exposto a ridículo, nem será submetido a qualquer tipo de constrangimento ou ameaça.

Parágrafo único. O consumidor cobrado em quantia indevida tem direito à repetição do indébito, por valor igual ao dobro do que pagou em excesso, acrescido de correção monetária e juros legais, salvo hipótese de engano justificável.

Art. 42-A. Em todos os documentos de cobrança de débitos apresentados ao consumidor, deverão constar o nome, o endereço e o número de inscrição no Cadastro de Pessoas Físicas – CPF ou no Cadastro Nacional de Pessoa Jurídica – CNPJ do fornecedor do produto ou serviço correspondente.

▶ Artigo acrescido pela Lei nº 12.039, de 1º-10-2009.

SEÇÃO VI
DOS BANCOS DE DADOS E CADASTROS DE CONSUMIDORES

Art. 43. O consumidor, sem prejuízo do disposto no artigo 86, terá acesso às informações existentes em cadastros, fichas, registros e dados pessoais e de consumo arquivados sobre ele, bem como sobre as suas respectivas fontes.

▶ O referido art. 86 foi vetado.

§ 1º Os cadastros e dados de consumidores devem ser objetivos, claros, verdadeiros e em linguagem de fácil compreensão, não podendo conter informações negativas referentes a período superior a cinco anos.

§ 2º A abertura de cadastro, ficha, registro e dados pessoais e de consumo deverá ser comunicada por escrito ao consumidor, quando não solicitada por ele.

§ 3º O consumidor, sempre que encontrar inexatidão nos seus dados e cadastros, poderá exigir sua imediata correção, devendo o arquivista, no prazo de cinco dias úteis, comunicar a alteração aos eventuais destinatários das informações incorretas.

§ 4º Os bancos de dados e cadastros relativos a consumidores, os serviços de proteção ao crédito e congêneres são considerados entidades de caráter público.

§ 5º Consumada a prescrição relativa à cobrança de débitos do consumidor, não serão fornecidas, pelos respectivos Sistemas de Proteção ao Crédito, quaisquer informações que possam impedir ou dificultar novo acesso ao crédito junto aos fornecedores.

Art. 44. Os órgãos públicos de defesa do consumidor manterão cadastros atualizados de reclamações fundamentadas contra fornecedores de produtos e serviços, devendo divulgá-lo pública e anualmente. A divulgação indicará se a reclamação foi atendida ou não pelo fornecedor.

§ 1º É facultado o acesso às informações lá constantes para orientação e consulta por qualquer interessado.

§ 2º Aplicam-se a este artigo, no que couber, as mesmas regras enunciadas no artigo anterior e as do parágrafo único do artigo 22 deste Código.

Art. 45. VETADO.

CAPÍTULO VI
DA PROTEÇÃO CONTRATUAL

SEÇÃO I
DISPOSIÇÕES GERAIS

Art. 46. Os contratos que regulam as relações de consumo não obrigarão os consumidores, se não lhes for dada a oportunidade de tomar conhecimento prévio de seu conteúdo, ou se os respectivos instrumentos forem redigidos de modo a dificultar a compreensão de seu sentido e alcance.

Art. 47. As cláusulas contratuais serão interpretadas de maneira mais favorável ao consumidor.

Art. 48. As declarações de vontade constantes de escritos particulares, recibos e pré-contratos relativos às relações de consumo vinculam o fornecedor, ensejando inclusive execução específica, nos termos do artigo 84 e parágrafos.

Art. 49. O consumidor pode desistir do contrato, no prazo de sete dias a contar de sua assinatura ou do ato de recebimento do produto ou serviço, sempre que a contratação de fornecimento de produtos e serviços ocorrer fora do estabelecimento comercial, especialmente por telefone ou a domicílio.

Parágrafo único. Se o consumidor exercitar o direito de arrependimento previsto neste artigo, os valores eventualmente pagos, a qualquer título, durante o prazo de reflexão, serão devolvidos, de imediato, monetariamente atualizados.

Art. 50. A garantia contratual é complementar à legal e será conferida mediante termo escrito.

Parágrafo único. O termo de garantia ou equivalente deve ser padronizado e esclarecer, de maneira adequada, em que consiste a mesma garantia, bem como a forma, o prazo e o lugar em que pode ser exercitada e os ônus a cargo do consumidor, devendo ser-lhe entregue, devidamente preenchido pelo fornecedor, no ato do fornecimento, acompanhado de manual de instrução, de instalação e uso de produto em linguagem didática, com ilustrações.

Seção II
DAS CLÁUSULAS ABUSIVAS

Art. 51. São nulas de pleno direito, entre outras, as cláusulas contratuais relativas ao fornecimento de produtos e serviços que:

I - impossibilitem, exonerem ou atenuem a responsabilidade do fornecedor por vícios de qualquer natureza dos produtos e serviços ou impliquem renúncia ou disposição de direitos. Nas relações de consumo entre o fornecedor e o consumidor-pessoa jurídica, a indenização poderá ser limitada, em situações justificáveis;

II - subtraiam ao consumidor a opção de reembolso da quantia já paga, nos casos previstos neste Código;

III - transfiram responsabilidades a terceiros;

IV - estabeleçam obrigações consideradas iníquas, abusivas, que coloquem o consumidor em desvantagem exagerada, ou sejam incompatíveis com a boa-fé ou a equidade;

V - VETADO;

VI - estabeleçam inversão do ônus da prova em prejuízo do consumidor;

VII - determinem a utilização compulsória de arbitragem;

VIII - imponham representante para concluir ou realizar outro negócio jurídico pelo consumidor;

IX - deixem ao fornecedor a opção de concluir ou não o contrato, embora obrigando o consumidor;

X - permitam ao fornecedor, direta ou indiretamente, variação do preço de maneira unilateral;

XI - autorizem o fornecedor a cancelar o contrato unilateralmente, sem que igual direito seja conferido ao consumidor;

XII - obriguem o consumidor a ressarcir os custos de cobrança de sua obrigação, sem que igual direito lhe seja conferido contra o fornecedor;

XIII - autorizem o fornecedor a modificar unilateralmente o conteúdo ou a qualidade do contrato, após sua celebração;

XIV - infrinjam ou possibilitem a violação de normas ambientais;

XV - estejam em desacordo com o sistema de proteção ao consumidor;

XVI - possibilitem a renúncia do direito de indenização por benfeitorias necessárias.

§ 1º Presume-se exagerada, entre outros casos, a vantagem que:

I - ofende os princípios fundamentais do sistema jurídico a que pertence;

II - restringe direitos ou obrigações fundamentais inerentes à natureza do contrato, de tal modo a ameaçar seu objeto ou o equilíbrio contratual;

III - se mostra excessivamente onerosa para o consumidor, considerando-se a natureza e conteúdo do contrato, o interesse das partes e outras circunstâncias peculiares ao caso.

§ 2º A nulidade de uma cláusula contratual abusiva não invalida o contrato, exceto quando de sua ausência, apesar dos esforços de integração, decorrer ônus excessivo a qualquer das partes.

§ 3º VETADO.

§ 4º É facultado a qualquer consumidor ou entidade que o represente requerer ao Ministério Público que ajuíze a competente ação para ser declarada a nulidade de cláusula contratual que contrarie o disposto neste Código ou de qualquer forma não assegure o justo equilíbrio entre direitos e obrigações das partes.

Art. 52. No fornecimento de produtos ou serviços que envolva outorga de crédito ou concessão de financiamento ao consumidor, o fornecedor deverá, entre outros requisitos, informá-lo prévia e adequadamente sobre:

I - preço do produto ou serviço em moeda corrente nacional;

II - montante dos juros de mora e da taxa efetiva anual de juros;

III - acréscimos legalmente previstos;

IV - número e periodicidade das prestações;

V - soma total a pagar, com e sem financiamento.

§ 1º As multas de mora decorrentes do inadimplemento de obrigações no seu termo não poderão ser superiores a dois por cento do valor da prestação.

▶ § 1º com a redação dada pela Lei nº 9.298, de 1º-8-1996.

§ 2º É assegurada ao consumidor a liquidação antecipada do débito, total ou parcialmente, mediante redução proporcional dos juros e demais acréscimos.

§ 3º VETADO.

Art. 53. Nos contratos de compra e venda de móveis ou imóveis mediante pagamento em prestações, bem como nas alienações fiduciárias em garantia, consideram-se nulas de pleno direito as cláusulas que estabeleçam a perda total das prestações pagas em benefício do credor que, em razão do inadimplemento, pleitear a resolução do contrato e a retomada do produto alienado.

§ 1º VETADO.

§ 2º Nos contratos do sistema de consórcio de produtos duráveis, a compensação ou a restituição das parcelas quitadas, na forma deste artigo, terá descontada, além da vantagem econômica auferida com a fruição, os prejuízos que o desistente ou inadimplente causar ao grupo.

§ 3º Os contratos de que trata o *caput* deste artigo serão expressos em moeda corrente nacional.

SEÇÃO III
DOS CONTRATOS DE ADESÃO

Art. 54. Contrato de adesão é aquele cujas cláusulas tenham sido aprovadas pela autoridade competente ou estabelecidas unilateralmente pelo fornecedor de produtos ou serviços, sem que o consumidor possa discutir ou modificar substancialmente seu conteúdo.

§ 1º A inserção de cláusula no formulário não desfigura a natureza de adesão do contrato.

§ 2º Nos contratos de adesão admite-se cláusula resolutória, desde que alternativa, cabendo a escolha ao consumidor, ressalvando-se o disposto no § 2º do artigo anterior.

§ 3º Os contratos de adesão escritos serão redigidos em termos claros e com caracteres ostensivos e legíveis, cujo tamanho da fonte não será inferior ao corpo doze, de modo a facilitar sua compreensão pelo consumidor.

▶ § 3º com a redação dada pela Lei nº 11.785, de 22-9-2008.

§ 4º As cláusulas que implicarem limitação de direito do consumidor deverão ser redigidas com destaque, permitindo sua imediata e fácil compreensão.

§ 5º VETADO.

CAPÍTULO VII
DAS SANÇÕES ADMINISTRATIVAS

Art. 55. A União, os Estados e o Distrito Federal, em caráter concorrente e nas suas respectivas áreas de atuação administrativa, baixarão normas relativas à produção, industrialização, distribuição e consumo de produtos e serviços.

§ 1º A União, os Estados, o Distrito Federal e os Municípios fiscalizarão e controlarão a produção, industrialização, distribuição, publicidade de produtos e serviços e o mercado de consumo, no interesse da preservação da vida, da saúde, da segurança, da informação e do bem-estar do consumidor, baixando as normas que se fizerem necessárias.

§ 2º VETADO.

§ 3º Os órgãos federais, estaduais, do Distrito Federal e municipais com atribuições para fiscalizar e controlar o mercado de consumo manterão comissões permanentes para elaboração, revisão e atualização das normas referidas no § 1º, sendo obrigatória a participação dos consumidores e fornecedores.

§ 4º Os órgãos oficiais poderão expedir notificações aos fornecedores para que, sob pena de desobediência, prestem informações sobre questões de interesse do consumidor, resguardado o segredo industrial.

Art. 56. As infrações das normas de defesa do consumidor ficam sujeitas, conforme o caso, às seguintes sanções administrativas, sem prejuízo das de natureza civil, penal e das definidas em normas específicas:

I – multa;

II – apreensão do produto;

III – inutilização do produto;

IV – cassação do registro do produto junto ao órgão competente;

V – proibição de fabricação do produto;

VI – suspensão de fornecimento de produtos ou serviço;

VII – suspensão temporária de atividade;

VIII – revogação de concessão ou permissão de uso;

IX – cassação de licença do estabelecimento ou de atividade;

X – interdição, total ou parcial, de estabelecimento, de obra ou de atividade;

XI – intervenção administrativa;

XII – imposição de contrapropaganda.

Parágrafo único. As sanções previstas neste artigo serão aplicadas pela autoridade administrativa, no âmbito de sua atribuição, podendo ser aplicadas cumulativamente, inclusive por medida cautelar antecedente ou incidente de procedimento administrativo.

Art. 57. A pena de multa, graduada de acordo com a gravidade da infração, a vantagem auferida e a condição econômica do fornecedor, será aplicada mediante procedimento administrativo, revertendo para o Fundo de que trata a Lei nº 7.347, de 24 de julho de 1985, os valores cabíveis à União, ou para os fundos estaduais ou municipais de proteção ao consumidor nos demais casos.

▶ *Caput* com a redação dada pela Lei nº 8.656, de 21-5-1993.

Parágrafo único. A multa será em montante nunca inferior a duzentas e não superior a três milhões de vezes o valor da Unidade Fiscal de Referência (UFIR), ou índice equivalente que venha substituí-lo.

▶ Parágrafo único acrescido pela Lei nº 8.703, de 6-9-1993.

Art. 58. As penas de apreensão, de inutilização de produtos, de proibição de fabricação de produtos, de suspensão do fornecimento de produto ou serviço, de cassação do registro do produto e revogação da concessão ou permissão de uso serão aplicadas pela administração, mediante procedimento administrativo, assegurada ampla defesa, quando forem constatados vícios de quantidade ou de qualidade por inadequação ou insegurança do produto ou serviço.

Art. 59. As penas de cassação de alvará de licença, de interdição e de suspensão temporária da atividade, bem como a de intervenção administrativa serão aplicadas mediante procedimento administrativo, assegurada ampla defesa, quando o fornecedor reincidir na prática das infrações de maior gravidade previstas neste Código e na legislação de consumo.

§ 1º A pena de cassação da concessão será aplicada à concessionária de serviço público, quando violar obrigação legal ou contratual.

§ 2º A pena de intervenção administrativa será aplicada sempre que as circunstâncias de fato desaconselharem a cassação de licença, a interdição ou suspensão da atividade.

§ 3º Pendendo ação judicial na qual se discuta a imposição de penalidade administrativa, não haverá reincidência até o trânsito em julgado da sentença.

Art. 60. A imposição de contrapropaganda será cominada quando o fornecedor incorrer na prática de publicidade enganosa ou abusiva, nos termos do artigo 36 e seus parágrafos, sempre às expensas do infrator.

▶ A referência deste dispositivo ao art. 36 deve ser entendida como feita ao art. 37 e seus parágrafos, que tratam exatamente da publicidade enganosa, da publicidade abusiva e da publicidade enganosa por omissão, enquanto o art. 36 e seu parágrafo único tratam, respectivamente, da veiculação da publicidade e da disponibilidade dos dados que sustentam a mensagem publicitária.

§ 1º A contrapropaganda será divulgada pelo responsável da mesma forma, frequência e dimensão e, preferencialmente no mesmo veículo, local, espaço e horário, de forma capaz de desfazer o malefício da publicidade enganosa ou abusiva.

§§ 2º e 3º VETADOS.

TÍTULO II – DAS INFRAÇÕES PENAIS

Art. 61. Constituem crimes contra as relações de consumo previstas neste Código, sem prejuízo do disposto no Código Penal e leis especiais, as condutas tipificadas nos artigos seguintes.

Art. 62. VETADO.

Art. 63. Omitir dizeres ou sinais ostensivos sobre a nocividade ou periculosidade de produtos, nas embalagens, nos invólucros, recipientes ou publicidade:

Pena – Detenção de seis meses a dois anos e multa.

§ 1º Incorrerá nas mesmas penas quem deixar de alertar, mediante recomendações escritas ostensivas, sobre a periculosidade do serviço a ser prestado.

§ 2º Se o crime é culposo:

Pena – Detenção de um a seis meses ou multa.

Art. 64. Deixar de comunicar à autoridade competente e aos consumidores a nocividade ou periculosidade de produtos cujo conhecimento seja posterior à sua colocação no mercado:

Pena – Detenção de seis meses a dois anos e multa.

Parágrafo único. Incorrerá nas mesmas penas quem deixar de retirar do mercado, imediatamente quando determinado pela autoridade competente, os produtos nocivos ou perigosos, na forma deste artigo.

Art. 65. Executar serviço de alto grau de periculosidade, contrariando determinação de autoridade competente:

Pena – Detenção de seis meses a dois anos e multa.

Parágrafo único. As penas deste artigo são aplicáveis sem prejuízo das correspondentes à lesão corporal e à morte.

Art. 66. Fazer afirmação falsa ou enganosa, ou omitir informação relevante sobre a natureza, característica, qualidade, quantidade, segurança, desempenho, durabilidade, preço ou garantia de produtos ou serviços:

Pena – Detenção de três meses a um ano e multa.

§ 1º Incorrerá nas mesmas penas quem patrocinar a oferta.

§ 2º Se o crime é culposo:

Pena – Detenção de um a seis meses ou multa.

Art. 67. Fazer ou promover publicidade que sabe ou deveria saber ser enganosa ou abusiva:
Pena – Detenção de três meses a um ano e multa.
Parágrafo único. VETADO.

Art. 68. Fazer ou promover publicidade que sabe ou deveria saber ser capaz de induzir o consumidor a se comportar de forma prejudicial ou perigosa a sua saúde ou segurança:
Pena – Detenção de seis meses a dois anos e multa.
Parágrafo único. VETADO.

Art. 69. Deixar de organizar dados fáticos, técnicos e científicos que dão base à publicidade:
Pena – Detenção de um a seis meses ou multa.

Art. 70. Empregar, na reparação de produtos, peças ou componentes de reposição usados, sem autorização do consumidor:
Pena – Detenção de três meses a um ano e multa.

Art. 71. Utilizar, na cobrança de dívidas, de ameaça, coação, constrangimento físico ou moral, afirmações falsas, incorretas ou enganosas ou de qualquer outro procedimento que exponha o consumidor, injustificadamente, a ridículo ou interfira com seu trabalho, descanso ou lazer:
Pena – Detenção de três meses a um ano e multa.

Art. 72. Impedir ou dificultar o acesso do consumidor às informações que sobre ele constem em cadastros, banco de dados, fichas e registros:
Pena – Detenção de seis meses a um ano ou multa.

Art. 73. Deixar de corrigir imediatamente informação sobre consumidor constante de cadastro, banco de dados, fichas ou registros que sabe ou deveria saber ser inexata:
Pena – Detenção de um a seis meses ou multa.

Art. 74. Deixar de entregar ao consumidor o termo de garantia adequadamente preenchido e com especificação clara de seu conteúdo:
Pena – Detenção de um a seis meses ou multa.

Art. 75. Quem, de qualquer forma, concorrer para os crimes referidos neste Código incide nas penas a esses cominadas na medida de sua culpabilidade, bem como o diretor, administrador ou gerente da pessoa jurídica que promover, permitir ou por qualquer modo aprovar o fornecimento, oferta, exposição à venda ou manutenção em depósito de produtos ou a oferta e prestação de serviços nas condições por ele proibidas.

Art. 76. São circunstâncias agravantes dos crimes tipificados neste Código:
I – serem cometidos em época de grave crise econômica ou por ocasião de calamidade;
II – ocasionarem grave dano individual ou coletivo;
III – dissimular-se a natureza ilícita do procedimento;
IV – quando cometidos:
a) por servidor público, ou por pessoa cuja condição econômico-social seja manifestamente superior à da vítima;
b) em detrimento de operário ou rurícola; de menor de dezoito ou maior de sessenta anos ou de pessoas portadoras de deficiência mental, interditadas ou não;
V – serem praticados em operações que envolvam alimentos, medicamentos ou quaisquer outros produtos ou serviços essenciais.

Art. 77. A pena pecuniária prevista nesta Seção será fixada em dias-multa, correspondente ao mínimo e ao máximo de dias de duração da pena privativa da liberdade cominada ao crime. Na individualização desta multa, o juiz observará o disposto no artigo 60, § 1º, do Código Penal.

Art. 78. Além das penas privativas de liberdade e de multa, podem ser impostas, cumulativa ou alternadamente, observado o disposto nos artigos 44 a 47, do Código Penal:
I – a interdição temporária de direitos;
II – a publicação em órgãos de comunicação de grande circulação ou audiência, às expensas do condenado, de notícia sobre os fatos e a condenação;
III – a prestação de serviços à comunidade.

Art. 79. O valor da fiança, nas infrações de que trata este Código, será fixado pelo juiz, ou pela autoridade que presidir o inquérito, entre cem e duzentas mil vezes o valor do Bônus do Tesouro Nacional – BTN, ou índice equivalente que venha substituí-lo.

Parágrafo único. Se assim recomendar a situação econômica do indiciado ou do réu, a fiança poderá ser:
a) reduzida até a metade de seu valor mínimo;
b) aumentada pelo juiz até vinte vezes.

Art. 80. No processo penal atinente aos crimes previstos neste Código, bem como a outros crimes e contravenções que envolvam relações de consumo, poderão intervir, como assistentes do Ministério Público, os legitimados indicados no artigo 82, incisos III e IV, aos quais também é facultado propor ação penal subsidiária, se a denúncia não for oferecida no prazo legal.

TÍTULO III – DA DEFESA DO CONSUMIDOR EM JUÍZO

Capítulo I

DISPOSIÇÕES GERAIS

Art. 81. A defesa dos interesses e direitos dos consumidores e das vítimas poderá ser exercida em juízo individualmente, ou a título coletivo.

Parágrafo único. A defesa coletiva será exercida quando se tratar de:

I – interesses ou direitos difusos, assim entendidos, para efeitos deste Código, os transindividuais, de natureza indivisível, de que sejam titulares pessoas indeterminadas e ligadas por circunstâncias de fato;

II – interesses ou direitos coletivos, assim entendidos, para efeitos deste Código, os transindividuais de natureza indivisível de que seja titular grupo, categoria ou classe de pessoas ligadas entre si ou com a parte contrária por uma relação jurídica base;

III – interesses ou direitos individuais homogêneos, assim entendidos os decorrentes de origem comum.

Art. 82. Para os fins do artigo 81, parágrafo único, são legitimados concorrentemente:

▶ *Caput* com a redação dada pela Lei nº 9.008, de 21-3-1995.

I – o Ministério Público;

II – a União, os Estados, os Municípios e o Distrito Federal;

III – as entidades e órgãos da administração pública, direta ou indireta, ainda que sem personalidade jurídica, especificamente destinados à defesa dos interesses e direitos protegidos por este Código;

IV – as associações legalmente constituídas há pelo menos um ano e que incluam entre seus fins institucionais a defesa dos interesses e direitos protegidos por este Código, dispensada a autorização assemblear.

§ 1º O requisito da pré-constituição pode ser dispensado pelo juiz, nas ações previstas no artigo 91 e seguintes, quando haja manifesto interesse social evidenciado pela dimensão ou característica do dano, ou pela relevância do bem jurídico a ser protegido.

§§ 2º e 3º VETADOS.

Art. 83. Para a defesa dos direitos e interesses protegidos por este Código são admissíveis todas as espécies de ações capazes de propiciar sua adequada e efetiva tutela.

Parágrafo único. VETADO.

Art. 84. Na ação que tenha por objeto o cumprimento da obrigação de fazer ou não fazer, o juiz concederá a tutela específica da obrigação ou determinará providências que assegurem o resultado prático equivalente ao do adimplemento.

§ 1º A conversão da obrigação em perdas e danos somente será admissível se por elas optar o autor ou se impossível a tutela específica ou a obtenção do resultado prático correspondente.

§ 2º A indenização por perdas e danos se fará sem prejuízo da multa (artigo 287 do Código de Processo Civil).

§ 3º Sendo relevante o fundamento da demanda e havendo justificado receio de ineficácia do provimento final, é lícito ao juiz conceder a tutela liminarmente ou após justificação prévia, citado o réu.

§ 4º O juiz poderá, na hipótese do § 3º ou na sentença, impor multa diária ao réu, independentemente de pedido do autor, se for suficiente ou compatível com a obrigação, fixando prazo razoável para o cumprimento do preceito.

§ 5º Para a tutela específica ou para a obtenção do resultado prático equivalente, poderá o juiz determinar as medidas necessárias, tais como busca e apreensão, remoção de coisas e pessoas, desfazimento de obra, impedimento de atividade nociva, além de requisição de força policial.

Arts. 85 e 86. VETADOS.

Art. 87. Nas ações coletivas de que trata este Código não haverá adiantamento de custas, emolumentos, honorários periciais e quaisquer outras despesas, nem condenação da associação autora, salvo comprovada má-fé, em honorários de advogados, custas e despesas processuais.

Parágrafo único. Em caso de litigância de má-fé, a associação autora e os diretores responsáveis pela propositura da ação serão solidariamente condenados em honorários advocatícios e ao décuplo das custas, sem prejuízo da responsabilidade por perdas e danos.

Art. 88. Na hipótese do artigo 13, parágrafo único deste Código, a ação de regresso poderá ser ajuizada em processo autônomo, facultada a possibilidade de prosseguir-se nos mesmos autos, vedada a denunciação da lide.

Art. 89. VETADO.

Art. 90. Aplicam-se às ações previstas neste Título as normas do Código de Processo Civil e da Lei nº 7.347, de 24 de julho de 1985, inclusive no que respeita ao inquérito civil, naquilo que não contrariar suas disposições.

CAPÍTULO II
DAS AÇÕES COLETIVAS PARA A DEFESA DE INTERESSES INDIVIDUAIS HOMOGÊNEOS

Art. 91. Os legitimados de que trata o artigo 82 poderão propor, em nome próprio e no interesse das vítimas ou seus sucessores, ação civil coletiva de responsabilidade pelos danos individualmente sofridos, de acordo com o disposto nos artigos seguintes.

► Artigo com a redação dada pela Lei nº 9.008, de 21-3-1995.

Art. 92. O Ministério Público, se não ajuizar a ação, atuará sempre como fiscal da lei.

Parágrafo único. VETADO.

Art. 93. Ressalvada a competência da justiça federal, é competente para a causa a justiça local:

I – no foro do lugar onde ocorreu ou deva ocorrer o dano, quando de âmbito local;

II – no foro da Capital do Estado ou no do Distrito Federal, para os danos de âmbito nacional ou regional, aplicando-se as regras do Código de Processo Civil aos casos de competência concorrente.

Art. 94. Proposta a ação, será publicado edital no órgão oficial, a fim de que os interessados possam intervir no processo como litisconsortes, sem prejuízo de ampla divulgação pelos meios de comunicação social por parte dos órgãos de defesa do consumidor.

Art. 95. Em caso de procedência do pedido, a condenação será genérica, fixando a responsabilidade do réu pelos danos causados.

Art. 96. VETADO.

Art. 97. A liquidação e a execução de sentença poderão ser promovidas pela vítima e seus sucessores, assim como pelos legitimados de que trata o artigo 82.

Parágrafo único. VETADO.

Art. 98. A execução poderá ser coletiva, sendo promovida pelos legitimados de que trata o artigo 82, abrangendo as vítimas cujas indenizações já tiverem sido fixadas em sentença de liquidação, sem prejuízo do ajuizamento de outras execuções.

► *Caput* com a redação dada pela Lei nº 9.008, de 21-3-1995.

§ 1º A execução coletiva far-se-á com base em certidão das sentenças de liquidação, da qual deverá constar a ocorrência ou não do trânsito em julgado.

§ 2º É competente para a execução o juízo:

I – da liquidação da sentença ou da ação condenatória, no caso de execução individual;

II – da ação condenatória, quando coletiva a execução.

Art. 99. Em caso de concurso de créditos decorrentes de condenação prevista na Lei nº 7.347, de 24 de julho de 1985, e de indenizações pelos prejuízos individuais resultantes do mesmo evento danoso, estas terão preferência no pagamento.

Parágrafo único. Para efeito do disposto neste artigo, a destinação da importância recolhida ao Fundo criado pela Lei nº 7.347, de 24 de julho de 1985, ficará sustada enquanto pendentes de decisão de segundo grau as ações de indenização pelos danos individuais, salvo na hipótese de o patrimônio do devedor ser manifestamente suficiente para responder pela integralidade das dívidas.

Art. 100. Decorrido o prazo de um ano sem habilitação de interessados em número compatível com a gravidade do dano, poderão os legitimados do artigo 82 promover a liquidação e execução da indenização devida.

Parágrafo único. O produto da indenização devida reverterá para o Fundo criado pela Lei nº 7.347, de 24 de julho de 1985.

CAPÍTULO III
DAS AÇÕES DE RESPONSABILIDADE DO FORNECEDOR DE PRODUTOS E SERVIÇOS

Art. 101. Na ação de responsabilidade civil do fornecedor de produtos e serviços, sem prejuízo do disposto nos Capítulos I e II deste Título, serão observadas as seguintes normas:

I – a ação pode ser proposta no domicílio do autor;

II – o réu que houver contratado seguro de responsabilidade poderá chamar ao processo o segurador, vedada a integração do contraditório pelo Instituto de Resseguros do Brasil. Nesta hipótese, a sentença que julgar procedente o pedido condenará o réu nos termos do artigo 80 do Código de Processo Civil. Se o réu houver sido declarado falido, o síndico será intimado a informar a existência de seguro de responsabilidade, facultando-se, em caso afirmativo, o ajuizamento de ação de indenização diretamente contra o segurador, vedada a denunciação da lide ao Instituto de Resseguros do Brasil e dispensado o litisconsórcio obrigatório com este.

Art. 102. Os legitimados a agir na forma deste Código poderão propor ação visando compelir o Poder Público competente a proibir, em todo o território nacional, a produção, divulgação, distribuição ou venda, ou a determinar alteração na composição, estrutura, fórmula ou acondicionamento de produto, cujo uso ou consumo regular se revele nocivo ou perigoso à saúde pública e à incolumidade pessoal.

§§ 1º e 2º VETADOS.

CAPÍTULO IV
DA COISA JULGADA

Art. 103. Nas ações coletivas de que trata este Código, a sentença fará coisa julgada:

I - *erga omnes*, exceto se o pedido for julgado improcedente por insuficiência de provas, hipótese em que qualquer legitimado poderá intentar outra ação, com idêntico fundamento, valendo-se de nova prova, na hipótese do inciso I do parágrafo único do artigo 81;

II - *ultra partes*, mas limitadamente ao grupo, categoria ou classe, salvo improcedência por insuficiência de provas, nos termos do inciso anterior, quando se tratar da hipótese prevista no inciso II do parágrafo único do artigo 81;

III - *erga omnes*, apenas no caso de procedência do pedido, para beneficiar todas as vítimas e seus sucessores, na hipótese do inciso III do parágrafo único do artigo 81.

§ 1º Os efeitos da coisa julgada previstos nos incisos I e II não prejudicarão interesses e direitos individuais dos integrantes da coletividade, do grupo, categoria ou classe.

§ 2º Na hipótese prevista no inciso III, em caso de improcedência do pedido, os interessados que não tiverem intervindo no processo como litisconsortes poderão propor ação de indenização a título individual.

§ 3º Os efeitos da coisa julgada de que cuida o artigo 16, combinado com o artigo 13 da Lei nº 7.347, de 24 de julho de 1985, não prejudicarão as ações de indenização por danos pessoalmente sofridos, propostas individualmente ou na forma prevista neste Código, mas, se procedente o pedido, beneficiarão as vítimas e seus sucessores, que poderão proceder à liquidação e à execução, nos termos dos artigos 96 a 99.

▶ O referido art. 96 foi vetado.

§ 4º Aplica-se o disposto no parágrafo anterior à sentença penal condenatória.

Art. 104. As ações coletivas, previstas nos incisos I e II do parágrafo único do artigo 81, não induzem litispendência para as ações individuais, mas os efeitos da coisa julgada *erga omnes* ou *ultra partes* a que aludem os incisos II e III do artigo anterior não beneficiarão os autores das ações individuais, se não for requerida

sua suspensão no prazo de 30 (trinta) dias, a contar da ciência nos autos do ajuizamento da ação coletiva.

TÍTULO IV - DO SISTEMA NACIONAL DE DEFESA DO CONSUMIDOR

Art. 105. Integram o Sistema Nacional de Defesa do Consumidor - SNDC os órgãos federais, estaduais, do Distrito Federal e municipais e as entidades privadas de defesa do consumidor.

Art. 106. O Departamento Nacional de Defesa do Consumidor, da Secretaria Nacional de Direito Econômico-MJ, ou órgão federal que venha substituí-lo, é organismo de coordenação da política do Sistema Nacional de Defesa do Consumidor, cabendo-lhe:

I - planejar, elaborar, propor, coordenar e executar a política nacional de proteção ao consumidor;

II - receber, analisar, avaliar e encaminhar consultas, denúncias ou sugestões apresentadas por entidades representativas ou pessoas jurídicas de direito público ou privado;

III - prestar aos consumidores orientação permanente sobre seus direitos e garantias;

IV - informar, conscientizar e motivar o consumidor através dos diferentes meios de comunicação;

V - solicitar à polícia judiciária a instauração de inquérito policial para a apreciação de delito contra os consumidores, nos termos da legislação vigente;

VI - representar ao Ministério Público competente para fins de adoção de medidas processuais no âmbito de suas atribuições;

VII - levar ao conhecimento dos órgãos competentes as infrações de ordem administrativa que violarem os interesses difusos, coletivos, ou individuais dos consumidores;

VIII - solicitar o concurso de órgãos e entidades da União, Estados, do Distrito Federal e Municípios, bem como auxiliar a fiscalização de preços, abastecimento, quantidade e segurança de bens e serviços;

IX - incentivar, inclusive com recursos financeiros e outros programas especiais, a formação de entidades de defesa do consumidor pela população e pelos órgãos públicos estaduais e municipais;

X a XII - VETADOS;

XIII - desenvolver outras atividades compatíveis com suas finalidades.

Parágrafo único. Para a consecução de seus objetivos, o Departamento Nacional de Defesa do Consumidor poderá solicitar o concurso de órgãos e entidades de notória especialização técnico-científica.

TÍTULO V – DA CONVENÇÃO COLETIVA DE CONSUMO

Art. 107. As entidades civis de consumidores e as associações de fornecedores ou sindicatos de categoria econômica podem regular, por convenção escrita, relações de consumo que tenham por objeto estabelecer condições relativas ao preço, à qualidade, à quantidade, à garantia e características de produtos e serviços, bem como à reclamação e composição do conflito de consumo.

§ 1º A convenção tornar-se-á obrigatória a partir do registro do instrumento no cartório de títulos e documentos.

§ 2º A convenção somente obrigará os filiados às entidades signatárias.

§ 3º Não se exime de cumprir a convenção o fornecedor que se desligar da entidade em data posterior ao registro do instrumento.

Art. 108. VETADO.

TÍTULO VI – DISPOSIÇÕES FINAIS

Art. 109. VETADO.

Art. 110. Acrescente-se o seguinte inciso IV ao artigo 1º da Lei nº 7.347, de 24 de julho de 1985:

"IV – a qualquer outro interesse difuso ou coletivo;"

Art. 111. O inciso II do artigo 5º da Lei nº 7.347, de 24 de julho de 1985, passa a ter a seguinte redação:

"II – inclua, entre suas finalidades institucionais, a proteção ao meio ambiente, ao consumidor, ao patrimônio artístico, estético, histórico, turístico e paisagístico, ou a qualquer outro interesse difuso ou coletivo".

▶ Inciso II com nova redação dada pela Lei nº 11.448, de 15-1-2007.

Art. 112. O § 3º do artigo 5º da Lei nº 7.347, de 24 de julho de 1985, passa a ter a seguinte redação:

"§ 3º Em caso de desistência infundada ou abandono da ação por associação legitimada, o Ministério Público ou outro legitimado assumirá a titularidade ativa."

Art. 113. Acrescente-se os seguintes §§ 4º, 5º e 6º ao artigo 5º da Lei nº 7.347, de 24 de julho de 1985:

"§ 4º O requisito da pré-constituição poderá ser dispensado pelo juiz, quando haja manifesto interesse social evidenciado pela dimensão ou característica do dano, ou pela relevância do bem jurídico a ser protegido.

§ 5º Admitir-se-á o litisconsórcio facultativo entre os Ministérios Públicos da União, do Distrito Federal e dos Estados na defesa dos interesses e direitos de que cuida esta Lei.

§ 6º Os órgãos públicos legitimados poderão tomar dos interessados compromisso de ajustamento de sua conduta às exigências legais, mediante cominações, que terá eficácia de título executivo extrajudicial."

Art. 114. O artigo 15 da Lei nº 7.347, de 24 de julho de 1985, passa a ter a seguinte redação:

"Art. 15. Decorridos sessenta dias do trânsito em julgado da sentença condenatória, sem que a associação autora lhe promova a execução, deverá fazê-lo o Ministério Público, facultada igual iniciativa aos demais legitimados."

Art. 115. Suprima-se o *caput* do artigo 17 da Lei nº 7.347, de 24 de julho de 1985, passando o parágrafo único a constituir o *caput*, com a seguinte redação:

"Art. 17. Em caso de litigância de má-fé, a associação autora e os diretores responsáveis pela propositura da ação serão solidariamente condenados em honorários advocatícios e ao décuplo das custas, sem prejuízo da responsabilidade por perdas e danos."

▶ Artigo com a redação retificada no *DOU* de 10-1-2007.

Art. 116. Dê-se a seguinte redação ao artigo 18 da Lei nº 7.347, de 24 de julho de 1985:

"Art. 18. Nas ações de que trata esta Lei, não haverá adiantamento de custas, emolumentos, honorários periciais e quaisquer outras despesas, nem condenação da associação autora, salvo comprovada má-fé, em honorários de advogado, custas e despesas processuais."

Art. 117. Acrescente-se à Lei nº 7.347, de 24 de julho de 1985, o seguinte dispositivo, renumerando-se os seguintes:

"Art. 21. Aplicam-se à defesa dos direitos e interesses difusos, coletivos e individuais, no que for cabível, os dispositivos do Título III da Lei que instituiu o Código de Defesa do Consumidor."

Art. 118. Este Código entrará em vigor dentro de cento e oitenta dias a contar de sua publicação.

Art. 119. Revogam-se as disposições em contrário.

Brasília, 11 de setembro de 1990; 169º da Independência e 102º da República.

Fernando Collor

LEI Nº 8.137, DE 27 DE DEZEMBRO DE 1990

Define crimes contra a ordem tributária, econômica e contra as relações de consumo, e dá outras providências.

▶ Publicada no *DOU* de 28-12-1990.

CAPÍTULO I
DOS CRIMES CONTRA A ORDEM TRIBUTÁRIA

SEÇÃO I
DOS CRIMES PRATICADOS POR PARTICULARES

Art. 1º Constitui crime contra a ordem tributária suprimir ou reduzir tributo, ou contribuição social e qualquer acessório, mediante as seguintes condutas:

I – omitir informação, ou prestar declaração falsa às autoridades fazendárias;

II – fraudar a fiscalização tributária, inserindo elementos inexatos, ou omitindo operação de qualquer natureza, em documento ou livro exigido pela lei fiscal;

III – falsificar ou alterar nota fiscal, fatura, duplicata, nota de venda, ou qualquer outro documento relativo à operação tributável;

IV – elaborar, distribuir, fornecer, emitir ou utilizar documento que saiba ou deva saber falso ou inexato;

V – negar ou deixar de fornecer, quando obrigatório, nota fiscal ou documento equivalente, relativa à venda de mercadoria ou prestação de serviço, efetivamente realizada, ou fornecê-la em desacordo com a legislação.

Pena – reclusão, de dois a cinco anos, e multa.

Parágrafo único. A falta de atendimento da exigência da autoridade, no prazo de dez dias, que poderá ser convertido em horas em razão da maior ou menor complexidade da matéria ou da dificuldade quanto ao atendimento da exigência, caracteriza a infração prevista no inciso V.

Art. 2º Constitui crime da mesma natureza:

I – fazer declaração falsa ou omitir declaração sobre rendas, bens ou fatos, ou empregar outra fraude, para eximir-se, total ou parcialmente, de pagamento de tributo;

II – deixar de recolher, no prazo legal, valor de tributo ou de contribuição social, descontado ou cobrado, na qualidade de sujeito passivo de obrigação e que deveria recolher aos cofres públicos;

III – exigir, pagar ou receber, para si ou para o contribuinte beneficiário, qualquer percentagem sobre a parcela dedutível ou deduzida de imposto ou de contribuição como incentivo fiscal;

IV – deixar de aplicar, ou aplicar em desacordo com o estatuído, incentivo fiscal ou parcelas de imposto liberadas por órgão ou entidade de desenvolvimento;

V – utilizar ou divulgar programa de processamento de dados que permita ao sujeito passivo da obrigação tributária possuir informação contábil diversa daquela que é, por lei, fornecida à Fazenda Pública.

Pena – detenção, de seis meses a dois anos, e multa.

SEÇÃO II
DOS CRIMES PRATICADOS POR FUNCIONÁRIOS PÚBLICOS

Art. 3º Constitui crime funcional contra a ordem tributária, além dos previstos no Decreto-Lei nº 2.848, de 7 de dezembro de 1940 – Código Penal (Título XI, Capítulo I):

I – extraviar livro oficial, processo fiscal ou qualquer documento, de que tenha a guarda em razão da função; sonegá-lo, ou inutilizá-lo, total ou parcialmente, acarretando pagamento indevido ou inexato de tributo ou contribuição social;

II – exigir, solicitar ou receber, para si ou para outrem, direta ou indiretamente, ainda que fora da função ou antes de iniciar seu exercício, mas em razão dela, vantagem indevida; ou aceitar promessa de tal vantagem, para deixar de lançar ou cobrar tributo ou contribuição social, ou cobrá-los parcialmente;

Pena – reclusão, de três a oito anos e multa.

III – patrocinar, direta ou indiretamente, interesse privado perante a administração fazendária, valendo-se da qualidade de funcionário público.

Pena – reclusão, de um a quatro anos, e multa.

CAPÍTULO II
DOS CRIMES CONTRA A ECONOMIA E AS RELAÇÕES DE CONSUMO

Art. 4º Constitui crime contra a ordem econômica:

I – abusar do poder econômico, dominando o mercado ou eliminando, total ou parcialmente, a concorrência mediante:

a) ajuste ou acordo de empresas;

b) aquisição de acervos de empresas ou cotas, ações, títulos ou direitos;

c) coalização, incorporação, fusão ou integração de empresas;

d) concentração de ações, títulos, cotas ou direitos em poder de empresa, empresas coligadas ou controladas, ou pessoas físicas;

e) cessação parcial ou total das atividades da empresa;
f) impedimento a constituição, funcionamento ou desenvolvimento de empresa concorrente;
II – formar acordo, convênio, ajuste ou aliança entre ofertantes, visando:
a) à fixação artificial de preços ou quantidades vendidas ou produzidas;
b) ao controle regionalizado do mercado por empresa ou grupo de empresas;
c) ao controle, em detrimento da concorrência, de rede de distribuição ou de fornecedores;
III – discriminar preços de bens ou de prestação de serviços por ajustes ou acordo de grupo econômico, com o fim de estabelecer monopólio, ou de eliminar, total ou parcialmente, a concorrência;
IV – açambarcar, sonegar, destruir ou inutilizar bens de produção ou de consumo, com o fim de estabelecer monopólio ou de eliminar, total ao parcialmente, a concorrência;
V – provocar oscilação de preços em detrimento de empresa concorrente ou vendedor de matéria-prima, mediante ajuste ou acordo, ou por outro meio fraudulento;
VI – vender mercadorias abaixo do preço de custo, com o fim de impedir a concorrência;
VII – elevar sem justa causa o preço de bem ou serviço, valendo-se de posição dominante no mercado.
▶ Inciso VII com a redação dada pela Lei nº 8.884, de 11-6-1994.
Pena – reclusão, de dois a cinco anos, ou multa.
Art. 5º Constitui crime da mesma natureza:
I – exigir exclusividade de propaganda, transmissão ou difusão de publicidade, em detrimento de concorrência;
II – subordinar a venda de bem ou a utilização de serviço à aquisição de outro bem, ou ao uso de determinado serviço;
III – sujeitar a venda de bem ou a utilização de serviço à aquisição de quantidade arbitrariamente determinada;
IV – recusar-se, sem justa causa, o diretor, administrador, ou gerente de empresa a prestar à autoridade competente ou prestá-la de modo inexato, informação sobre o custo de produção ou preço de venda.
Pena – detenção, de dois a cinco anos, ou multa.
Parágrafo único. A falta de atendimento da exigência da autoridade, no prazo de dez dias, que poderá ser convertido em horas em razão da maior ou menor complexidade da matéria ou da dificuldade quanto ao atendimento da exigência, caracteriza a infração prevista no inciso IV.

Art. 6º Constitui crime da mesma natureza:
I – vender ou oferecer à venda mercadoria, ou contratar ou oferecer serviço, por preço superior ao oficialmente tabelado, ao fixado por órgão ou entidade governamental, e ao estabelecido em regime legal de controle;
II – aplicar fórmula de reajustamento de preços ou indexação de contrato proibida, ou diversa daquela que for legalmente estabelecida, ou fixada por autoridade competente;
III – exigir, cobrar ou receber qualquer vantagem ou importância adicional de preço tabelado, congelado, administrado, fixado ou controlado pelo Poder Público, inclusive por meio da adoção ou de aumento de taxa ou outro percentual, incidente sobre qualquer contratação.
Pena – detenção, de um a quatro anos, ou multa.
Art. 7º Constitui crime contra as relações de consumo:
I – favorecer ou preferir, sem justa causa, comprador ou freguês, ressalvados os sistemas de entrega ao consumo por intermédio de distribuidores ou revendedores;
II – vender ou expor à venda mercadoria cuja embalagem, tipo, especificação, peso ou composição esteja em desacordo com as prescrições legais, ou que não corresponda à respectiva classificação oficial;
III – misturar gêneros e mercadorias de espécies diferentes, para vendê-los ou expô-los à venda como puros; misturar gêneros e mercadorias de qualidades desiguais para vendê-los ou expô-los à venda por preço estabelecido para os de mais alto custo;
IV – fraudar preços por meio de:
a) alteração, sem modificação essencial ou de qualidade, de elementos tais como denominação, sinal externo, marca, embalagem, especificação técnica, descrição, volume, peso, pintura ou acabamento de bem ou serviço;
b) divisão em partes de bem ou serviço, habitualmente oferecido à venda em conjunto;
c) junção de bens ou serviços, comumente oferecidos à venda em separado;

d) aviso de inclusão de insumo não empregado na produção do bem ou na prestação dos serviços;

V – elevar o valor cobrado nas vendas a prazo de bens ou serviços, mediante a exigência de comissão ou de taxa de juros ilegais;

VI – sonegar insumos ou bens, recusando-se a vendê-los a quem pretenda comprá-los nas condições publicamente ofertadas, ou retê-los para o fim de especulação;

VII – induzir o consumidor ou usuário a erro, por via de indicação ou afirmação falsa ou enganosa sobre a natureza, qualidade de bem ou serviço, utilizando-se de qualquer meio, inclusive a veiculação ou divulgação publicitária;

VIII – destruir, inutilizar ou danificar matéria-prima ou mercadoria, com o fim de provocar alta de preço, em proveito próprio ou de terceiros;

IX – vender, ter em depósito para vender ou expor à venda ou, de qualquer forma, entregar matéria-prima ou mercadoria, em condições impróprias ao consumo.

Pena – detenção, de dois a cinco anos, ou multa.

Parágrafo único. Nas hipóteses dos incisos II, III e IX pune-se a modalidade culposa, reduzindo-se a pena e a detenção de um terço ou a de multa à quinta parte.

Capítulo III

DAS MULTAS

Art. 8º Nos crimes definidos nos artigos 1º a 3º desta Lei, a pena de multa será fixada entre dez e trezentos e sessenta dias-multa, conforme seja necessário e suficiente para reprovação e prevenção do crime.

Parágrafo único. O dia-multa será fixado pelo juiz em valor não inferior a quatorze nem superior a duzentos Bônus do Tesouro Nacional – BTN.

Art. 9º A pena de detenção ou reclusão poderá ser convertida em multa de valor equivalente a:

I – duzentos mil até cinco milhões de BTN, nos crimes definidos no artigo 4º;

II – cinco mil até duzentos mil BTN, nos crimes definidos nos artigos 5º e 6º;

III – cinquenta mil até um milhão de BTN, nos crimes definidos no artigo 7º.

Art. 10. Caso o juiz, considerado o ganho ilícito e a situação econômica do réu, verifique a insuficiência ou excessiva onerosidade das penas pecuniárias previstas nesta Lei, poderá diminuí-las até a décima parte ou elevá-las ao décuplo.

Capítulo IV

DAS DISPOSIÇÕES GERAIS

Art. 11. Quem, de qualquer modo, inclusive por meio de pessoa jurídica, concorre para os crimes definidos nesta Lei, incide nas penas a estes cominadas, na medida de sua culpabilidade.

Parágrafo único. Quando a venda ao consumidor for efetuada por sistema de entrega ao consumo ou por intermédio de distribuidor ou revendedor, seja em regime de concessão comercial ou outro em que o preço ao consumidor é estabelecido ou sugerido pelo fabricante ou concedente, o ato por este praticado não alcança o distribuidor ou revendedor.

Art. 12. São circunstâncias que podem agravar de um terço até a metade as penas previstas nos artigos 1º, 2º e 4º a 7º:

I – ocasionar grave dano à coletividade;

II – ser o crime cometido por servidor público no exercício de suas funções;

III – ser o crime praticado em relação à prestação de serviços ou ao comércio de bens essenciais à vida ou à saúde.

Art. 13. VETADO.

Art. 14. *Revogado.* Lei nº 8.383, de 30-12-1991.

Art. 15. Os crimes previstos nesta Lei são de ação penal pública, aplicando-se-lhes o disposto no artigo 100 do Decreto-Lei nº 2.848, de 7 de dezembro de 1940 – Código Penal.

Art. 16. Qualquer pessoa poderá provocar a iniciativa do Ministério Público nos crimes descritos nesta Lei, fornecendo-lhe por escrito informações sobre o fato e a autoria, bem como indicando o tempo, o lugar e os elementos de convicção.

Parágrafo único. Nos crimes previstos nesta Lei, cometidos em quadrilha ou coautoria, o coautor que participe ou que através de confissão espontânea revelar à autoridade policial ou judicial toda a trama delituosa terá a sua pena reduzida de um a dois terços.

▶ Parágrafo único acrescido pela Lei nº 9.080, de 19-7-1995.

Art. 17. Compete ao Departamento Nacional de Abastecimento e Preços, quando e se necessário, providenciar a desapropriação de estoques, a fim de evitar crise no mercado ou colapso no abastecimento.

Art. 18. *Revogado.* Lei nº 8.176, de 8-2-1991.

Art. 19. O *caput* do artigo 172 do Decreto-Lei nº 2.848, de 7 de dezembro de 1940 – Código Penal, passa a ter a seguinte redação:

"Art. 172. Emitir fatura, duplicata ou nota de venda que não corresponda à mercadoria vendida, em quantidade ou qualidade, ou ao serviço prestado.

Pena – detenção, de dois a quatro anos, e multa".

Art. 20. O §1º do artigo 316 do Decreto-Lei nº 2.848, de 7 de dezembro de 1940 – Código Penal, passa a ter a seguinte redação:

"Art. 316. ....

§ 1º Se o funcionário exige tributo ou contribuição social que sabe ou deveria saber indevido, ou, quando devido, emprega na cobrança meio vexatório ou gravoso, que a lei não autoriza;

Pena – reclusão, de três a oito anos, e multa".

Art. 21. O artigo 318 do Decreto-Lei nº 2.848, de 7 de dezembro de 1940 – Código Penal, quanto à fixação da pena, passa a ter a seguinte redação:

"Art. 318. ....

Pena – reclusão, de três a oito anos, e multa".

Art. 22. Esta Lei entra em vigor na data de sua publicação.

Art. 23. Revogam-se as disposições em contrário e, em especial, o artigo 279 do Decreto-Lei nº 2.848, de 7 de dezembro de 1940 – Código Penal.

Brasília, 27 de dezembro de 1990;
169º da Independência e
102º da República.

Fernando Collor

LEI Nº 8.884, DE 11 DE JUNHO DE 1994

Transforma o Conselho Administrativo de Defesa Econômica – CADE em Autarquia, dispõe sobre a prevenção e a repressão às infrações contra a ordem econômica e dá outras providências.

▶ Publicada no *DOU* de 13-6-1994.

TÍTULO I – DAS DISPOSIÇÕES GERAIS

Capítulo I

DA FINALIDADE

Art. 1º Esta Lei dispõe sobre a prevenção e a repressão às infrações contra a ordem econômica, orientada pelos ditames constitucionais de liberdade de iniciativa, livre concorrência, função social da propriedade, defesa dos consumidores e repressão ao abuso do poder econômico.

Parágrafo único. A coletividade é a titular dos bens jurídicos protegidos por esta Lei.

Capítulo II

DA TERRITORIALIDADE

Art. 2º Aplica-se esta Lei, sem prejuízo de convenções e tratados de que seja signatário o Brasil, às práticas cometidas no todo ou em parte no território nacional ou que nele produzam ou possam produzir efeitos.

§ 1º Reputa-se domiciliada no Território Nacional a empresa estrangeira que opere ou tenha no Brasil filial, agência, sucursal, escritório, estabelecimento, agente ou representante.

▶ Parágrafo único transformado em § 1º pela Lei nº 10.149, de 21-12-2000.

§ 2º A empresa estrangeira será notificada e intimada de todos os atos processuais, independentemente de procuração ou de disposição contratual ou estatutária, na pessoa do responsável por sua filial, agência, sucursal, estabelecimento ou escritório instalado no Brasil.

▶ § 2º acrescido pela Lei nº 10.149, de 21-12-2000.

TÍTULO II – DO CONSELHO ADMINISTRATIVO DE DEFESA ECONÔMICA – CADE

Capítulo I

DA AUTARQUIA

Art. 3º O Conselho Administrativo de Defesa Econômica – CADE, órgão judicante com jurisdição em todo o território nacional, criado pela Lei nº 4.137, de 10 de setembro de 1962, passa a se constituir em autarquia federal, vinculada ao Ministério da Justiça, com sede e foro no Distrito Federal, e atribuições previstas nesta Lei.

Capítulo II

DA COMPOSIÇÃO DO CONSELHO

Art. 4º O Plenário do CADE é composto por um Presidente e seis Conselheiros, escolhidos dentre cidadãos com mais de trinta anos de idade, de notório saber jurídico ou econômico e reputação ilibada, nomeados pelo Presidente da República, depois de aprovados pelo Senado Federal.

▶ *Caput* com a redação dada pela Lei nº 9.021, de 30-3-1995.

§ 1º O mandato do Presidente e dos Conselheiros é de dois anos, permitida uma recondução.

§ 2º Os cargos de Presidente e de Conselheiro são de dedicação exclusiva, não se admitindo qualquer acumulação, salvo as constitucionalmente permitidas.

§ 3º No caso de renúncia, morte ou perda de mandato do Presidente do CADE, assumirá o Conselheiro mais antigo ou o mais idoso, nessa ordem, até nova nomeação, sem prejuízo de suas atribuições.

§ 4º No caso de renúncia, morte ou perda de mandato de Conselheiro, proceder-se-á a nova nomeação, para completar o mandato do substituído.

§ 5º Se, nas hipóteses previstas no parágrafo anterior, ou no caso de encerramento de mandatos dos Conselheiros, a composição do Conselho ficar reduzida a número inferior ao estabelecido no artigo 49, considerar-se-ão automaticamente interrompidos os prazos previstos nos artigos 28, 31, 32, 33, 35, 37, 39, 42, 45, 46, parágrafo único, 52, § 2º e 54,§§ 4º, 6º, 7º e 10, desta Lei, e suspensa a tramitação de processos, iniciando-se a nova contagem imediatamente após a recomposição do *quorum*.

▶ § 5º acrescido pela Lei nº 9.470, de 10-7-1997.

Art. 5º A perda de mandato do Presidente ou dos Conselheiros do CADE só poderá ocorrer em virtude de decisão do Senado Federal, por provocação do Presidente da República, ou em razão de condenação penal irrecorrível por crime doloso, ou de processo disciplinar de conformidade com o que prevê a Lei nº 8.112, de 11 de dezembro de 1990 e a Lei nº 8.429, de 2 de junho de 1992, e por infringência de quaisquer das vedações previstas no artigo 6º.

Parágrafo único. Também perderá o mandato, automaticamente, o membro do CADE que faltar a três reuniões ordinárias consecutivas, ou vinte intercaladas, ressalvados os afastamentos temporários autorizados pelo Colegiado.

Art. 6º Ao Presidente e aos Conselheiros é vedado:

I – receber, a qualquer título, e sob qualquer pretexto, honorários, percentagens ou custas;

II – exercer profissão liberal;

III – participar, na forma de controlador, diretor, administrador, gerente, preposto ou mandatário, de sociedade civil, comercial ou empresas de qualquer espécie;

IV – emitir parecer sobre matéria de sua especialização, ainda que em tese, ou funcionar como consultor de qualquer tipo de empresa;

V – manifestar, por qualquer meio de comunicação, opinião sobre processo pendente de julgamento, ou juízo depreciativo sobre despachos, votos ou sentenças de órgãos judiciais, ressalvada a crítica nos autos, em obras técnicas ou no exercício do magistério;

VI – exercer atividade político-partidária.

CAPÍTULO III

DA COMPETÊNCIA DO PLENÁRIO DO CADE

Art. 7º Compete ao Plenário do CADE:

I – zelar pela observância desta Lei e seu Regulamento e do Regimento Interno do Conselho;

II – decidir sobre a existência de infração à ordem econômica e aplicar as penalidades previstas na lei;

III – decidir os processos instaurados pela Secretaria de Direito Econômico do Ministério da Justiça;

IV – decidir os recursos de ofício do Secretário da SDE;

V – ordenar providências que conduzam à cessação de infração à ordem econômica, dentro do prazo que determinar;

VI – aprovar os termos do compromisso de cessação de prática e do compromisso de desempenho, bem como determinar à SDE que fiscalize seu cumprimento;

VII – apreciar em grau de recurso as medidas preventivas adotadas pela SDE ou pelo Conselheiro Relator;

VIII – intimar os interessados de suas decisões;

IX – requisitar informações de quaisquer pessoas, órgãos, autoridades e entidades públicas ou privadas, respeitando e mantendo o sigilo legal quando for o caso, bem como determinar as diligências que se fizerem necessárias ao exercício das suas funções;

X – requisitar dos órgãos do Poder Executivo Federal e solicitar das autoridades dos Estados, Municípios, Distrito Federal e Territórios as medidas necessárias ao cumprimento desta Lei;

XI – contratar a realização de exames, vistorias e estudos, aprovando em cada caso, os respectivos honorários profissionais e demais despesas de processo, que deverão ser pagas pela empresa, se vier a ser punida nos termos desta Lei;

XII – apreciar os atos ou condutas, sob qualquer forma manifestados, sujeitos à aprovação nos termos do artigo 54, fixando compromisso de desempenho, quando for o caso;

XIII – requerer ao Poder Judiciário a execução de suas decisões, nos termos desta Lei;

XIV – requisitar serviços e pessoal de quaisquer órgãos e entidades do Poder Público Federal;

XV – determinar à Procuradoria do CADE a adoção de providências administrativas e judiciais;

XVI – firmar contratos e convênios com órgãos ou entidades nacionais e submeter, previamente, ao Ministro de Estado da Justiça os que devam ser celebrados com organismos estrangeiros ou internacionais;

XVII – responder a consultas sobre matéria de sua competência;

XVIII – instruir o público sobre as formas de infração da ordem econômica;

XIX – elaborar e aprovar seu regimento interno, dispondo sobre seu funcionamento, na forma das deliberações, normas de procedimento e organização de seus serviços internos, inclusive estabelecendo férias coletivas do Colegiado e do Procurador-Geral, durante o qual não correrão os prazos processuais nem aquele referido no § 6º do artigo 54 desta Lei;

▶ Inciso XIX com a redação dada pela Lei nº 9.069, de 29-6-1995.

XX – propor a estrutura do quadro de pessoal da Autarquia, observado o disposto no inciso II do artigo 37 da Constituição Federal;

XXI – elaborar proposta orçamentária nos termos desta Lei.

XXII – indicar o substituto eventual do Procurador-Geral nos casos de faltas, afastamento ou impedimento.

▶ Inciso XXII acrescido pela Lei nº 9.069, de 29-6-1995.

Capítulo IV
DA COMPETÊNCIA DO PRESIDENTE DO CADE

Art. 8º Compete ao Presidente do CADE:

I – representar legalmente a Autarquia, em juízo e fora dele;

II – presidir, com direito a voto, inclusive o de qualidade, as reuniões do Plenário;

III – distribuir os processos, por sorteio, nas reuniões do Plenário;

IV – convocar as sessões e determinar a organização da respectiva pauta;

V – cumprir e fazer cumprir as decisões do CADE;

VI – determinar à Procuradoria as providências judiciais para execução das decisões e julgados da Autarquia;

VII – assinar os compromissos de cessação de infração da ordem econômica e os compromissos de desempenho;

VIII – submeter à aprovação do Plenário a proposta orçamentária, e a lotação ideal do pessoal que prestará serviço à entidade;

IX – orientar, coordenar e supervisionar as atividades administrativas da entidade.

Capítulo V
DA COMPETÊNCIA DOS CONSELHEIROS DO CADE

Art. 9º Compete aos Conselheiros do CADE:

I – emitir voto nos processos e questões submetidas ao Plenário;

II – proferir despachos e lavrar as decisões nos processos em que forem relatores;

III – submeter ao Plenário a requisição de informações e documentos de quaisquer pessoas, órgãos, autoridades e entidades públicas ou privadas, a serem mantidas sob sigilo legal, quando for o caso, bem como determinar as diligências que se fizerem necessárias ao exercício das suas funções;

IV – adotar medidas preventivas fixando o valor da multa diária pelo seu descumprimento;

V – desincumbir-se das demais tarefas que lhes forem cometidas pelo regimento.

Capítulo VI
DA PROCURADORIA DO CADE

Art. 10. Junto ao CADE funcionará uma Procuradoria, com as seguintes atribuições:

I – prestar assessoria jurídica à Autarquia e defendê-la em juízo;

II – promover a execução judicial das decisões e julgados da Autarquia;

III – requerer, com a autorização do Plenário, medidas judiciais visando à cessação de infrações da ordem econômica;

IV – promover acordos judiciais nos processos relativos a infrações contra a ordem econômica, mediante autorização do Plenário do CADE, e ouvido o representante do Ministério Público Federal;

V – emitir parecer nos processos de competência do CADE;

VI – zelar pelo cumprimento desta Lei;

VII – desincumbir-se das demais tarefas que lhe sejam atribuídas pelo Regimento Interno.

Art. 11. O Procurador-Geral será indicado pelo Ministro de Estado da Justiça e nomeado pelo Presidente da República, dentre brasileiros de ilibada reputação e notório conhecimento jurídico, depois de aprovado pelo Senado Federal.

§ 1º O Procurador-Geral participará das reuniões do CADE, sem direito a voto.

§ 2º Aplicam-se ao Procurador-Geral as mesmas normas de tempo de mandato, recondução, impedimentos, perda de mandato e substituição aplicáveis aos Conselheiros do CADE.

§ 3º Nos casos de faltas, afastamento temporário ou impedimento do Procurador-Geral, o Plenário indicará e o Presidente do CADE nomeará o substituto eventual, para atuar por prazo não superior a noventa dias, dispensada a aprovação pelo Senado Federal, fazendo ele jus à remuneração do cargo enquanto durar a substituição.

► § 3º acrescido pela Lei nº 9.069, de 29-6-1995.

TÍTULO III – DO MINISTÉRIO PÚBLICO FEDERAL PERANTE O CADE

Art. 12. O Procurador-Geral da República, ouvido o Conselho Superior, designará membro do Ministério Público Federal para, nesta qualidade, oficiar nos processos sujeitos à apreciação do CADE.

Parágrafo único. O CADE poderá requerer ao Ministério Público Federal que promova a execução de seus julgados ou do compromisso de cessação, bem como a adoção de medidas judiciais, no exercício da atribuição estabelecida pela alínea *b* do inciso XIV do artigo 6º da Lei Complementar nº 75, de 20 de maio de 1993.

TÍTULO IV – DA SECRETARIA DE DIREITO ECONÔMICO

Art. 13. A Secretaria de Direito Econômico do Ministério da Justiça – SDE, com a estrutura que lhe confere a lei, será dirigida por um Secretário, indicado pelo Ministro de Estado da Justiça, dentre brasileiros de notório saber jurídico ou econômico e ilibada reputação, nomeado pelo Presidente da República.

Art. 14. Compete à SDE:

I – zelar pelo cumprimento desta Lei, monitorando e acompanhando as práticas de mercado;

II – acompanhar, permanentemente, as atividades e práticas comerciais de pessoas físicas ou jurídicas que detiverem posição dominante em mercado relevante de bens ou serviços, para prevenir infrações da ordem econômica, podendo, para tanto, requisitar as informações e documentos necessários, mantendo o sigilo legal, quando for o caso;

III – proceder, em face de indícios de infração da ordem econômica, a averiguações preliminares para instauração de processo administrativo;

IV – decidir pela insubsistência dos indícios, arquivando os autos das averiguações preliminares;

V – requisitar informações de quaisquer pessoas, órgãos, autoridades e entidades públicas ou privadas, mantendo o sigilo legal quando for o caso, bem como determinar as diligências que se fizerem necessárias ao exercício das suas funções;

VI – instaurar processo administrativo para apuração e repressão de infrações da ordem econômica;

VII – recorrer de ofício ao CADE, quando decidir pelo arquivamento das averiguações preliminares ou do processo administrativo;

VIII – remeter ao CADE, para julgamento, os processos que instaurar, quando entender configurada infração da ordem econômica;

IX – celebrar, nas condições que estabelecer, compromisso de cessação, submetendo-o ao CADE, e fiscalizar o seu cumprimento;

X – sugerir ao CADE condições para a celebração de compromisso de desempenho, e fiscalizar o seu cumprimento;

XI – adotar medidas preventivas que conduzam à cessação de prática que constitua infração da ordem econômica, fixando prazo para seu cumprimento e o valor da multa diária a ser aplicada, no caso de descumprimento;

XII – receber e instruir os processos a serem julgados pelo CADE, inclusive consultas, e fiscalizar o cumprimento das decisões do CADE;

XIII – orientar os órgãos da administração pública quanto à adoção de medidas necessárias ao cumprimento desta Lei;

XIV – desenvolver estudos e pesquisas objetivando orientar a política de prevenção de infrações da ordem econômica;

XV – instruir o público sobre as diversas formas de infração da ordem econômica, e os modos de sua prevenção e repressão;

XVI – exercer outras atribuições previstas em lei.

TÍTULO V – DAS INFRAÇÕES DA ORDEM ECONÔMICA

CAPÍTULO I

DAS DISPOSIÇÕES GERAIS

Art. 15. Esta Lei aplica-se às pessoas físicas ou jurídicas de direito público ou privado, bem como a quaisquer associações de entidades ou pessoas, constituídas de fato ou de direito, ainda que temporariamente, com ou sem personalidade jurídica, mesmo que exerçam atividade sob regime de monopólio legal.

Art. 16. As diversas formas de infração da ordem econômica implicam a responsabilidade da empresa e a responsabilidade individual de seus dirigentes ou administradores, solidariamente.

Art. 17. Serão solidariamente responsáveis as empresas ou entidades integrantes de grupo econômico, de fato ou de direito, que praticarem infração da ordem econômica.

Art. 18. A personalidade jurídica do responsável por infração da ordem econômica poderá ser desconsiderada quando houver da parte deste abuso de direito, excesso de poder, infração da lei, fato ou ato ilícito ou violação dos estatutos ou contrato social. A desconsideração também será efetivada quando houver falência, estado de insolvência, encerramento ou inatividade da pessoa jurídica provocados por má administração.

Art. 19. A repressão das infrações da ordem econômica não exclui a punição de outros ilícitos previstos em lei.

Capítulo II

DAS INFRAÇÕES

Art. 20. Constituem infração da ordem econômica, independentemente de culpa, os atos sob qualquer forma manifestados, que tenham por objeto ou possam produzir os seguintes efeitos, ainda que não sejam alcançados:

I – limitar, falsear ou de qualquer forma prejudicar a livre concorrência ou a livre iniciativa;

II – dominar mercado relevante de bens ou serviços;

III – aumentar arbitrariamente os lucros;

IV – exercer de forma abusiva posição dominante.

§ 1º A conquista de mercado resultante de processo natural fundado na maior eficiência de agente econômico em relação a seus competidores não caracteriza o ilícito previsto no inciso II.

§ 2º Ocorre posição dominante quando uma empresa ou grupo de empresas controla parcela substancial de mercado relevante, como fornecedor, intermediário, adquirente ou financiador de um produto, serviço ou tecnologia a ele relativa.

§ 3º A posição dominante a que se refere o parágrafo anterior é presumida quando a empresa ou grupo de empresas controla vinte por cento de mercado relevante, podendo este percentual ser alterado pelo CADE para setores específicos da economia.

▶ § 3º acrescido pela Lei nº 9.069, de 29-6-1995.

Art. 21. As seguintes condutas, além de outras, na medida em que configurem hipótese prevista no artigo 20 e seus incisos, caracterizam infração da ordem econômica:

I – fixar ou praticar, em acordo com concorrente, sob qualquer forma, preços e condições de venda de bens ou de prestação de serviços;

II – obter ou influenciar a adoção de conduta comercial uniforme ou concertada entre concorrentes;

III – dividir os mercados de serviços ou produtos, acabados ou semiacabados, ou as fontes de abastecimento de matérias-primas ou produtos intermediários;

IV – limitar ou impedir o acesso de novas empresas ao mercado;

V – criar dificuldades à constituição, ao funcionamento ou ao desenvolvimento de empresa concorrente ou de fornecedor, adquirente ou financiador de bens ou serviços;

VI – impedir o acesso de concorrente às fontes de insumo, matérias-primas, equipamentos ou tecnologia, bem como aos canais de distribuição;

VII – exigir ou conceder exclusividade para divulgação de publicidade nos meios de comunicação de massa;

VIII – combinar previamente preços ou ajustar vantagens na concorrência pública ou administrativa;

IX – utilizar meios enganosos para provocar a oscilação de preços de terceiros;

X – regular mercados de bens ou serviços, estabelecendo acordos para limitar ou controlar a pesquisa e o desenvolvimento tecnológico, a produção de bens ou prestação de serviços, ou para dificultar investimentos destinados à produção de bens ou serviços ou à sua distribuição;

XI – impor, no comércio de bens ou serviços, a distribuidores, varejistas e representantes, preços de revenda, descontos, condições de pagamento, quantidades mínimas ou máximas, margem de lucro ou quaisquer outras condições de comercialização relativos a negócios destes com terceiros;

XII – discriminar adquirentes ou fornecedores de bens ou serviços por meio da fixação diferenciada de preços, ou de condições operacionais de venda ou prestação de serviços;

XIII – recusar a venda de bens ou a prestação de serviços, dentro das condições de pagamento normais aos usos e costumes comerciais;

XIV – dificultar ou romper a continuidade ou desenvolvimento de relações comerciais de prazo indeterminado em razão de recusa da outra parte em submeter-se a cláusulas e condições comerciais injustificáveis ou anticoncorrenciais;

XV - destruir, inutilizar ou açambarcar matérias-primas, produtos intermediários ou acabados, assim como destruir, inutilizar ou dificultar a operação de equipamentos destinados a produzi-los, distribuí-los ou transportá-los;

XVI - açambarcar ou impedir a exploração de direitos de propriedade industrial ou intelectual ou de tecnologia;

XVII - abandonar, fazer abandonar ou destruir lavouras ou plantações, sem justa causa comprovada;

XVIII - vender injustificadamente mercadoria abaixo do preço de custo;

XIX - importar quaisquer bens abaixo do custo no país exportador, que não seja signatário dos Códigos "Antidumping" e de Subsídios do GATT;

XX - interromper ou reduzir em grande escala a produção, sem justa causa comprovada;

XXI - cessar parcial ou totalmente as atividades da empresa sem justa causa comprovada;

XXII - reter bens de produção ou de consumo, exceto para garantir a cobertura dos custos de produção;

XXIII - subordinar a venda de um bem à aquisição de outro ou à utilização de um serviço, ou subordinar a prestação de um serviço à utilização de outro ou à aquisição de um bem;

XXIV - impor preços excessivos, ou aumentar sem justa causa o preço de bem ou serviço.

Parágrafo único. Na caracterização da imposição de preços excessivos ou do aumento injustificado de preços, além de outras circunstâncias econômicas e mercadológicas relevantes, considerar-se-á:

I - o preço do produto ou serviço, ou sua elevação, não justificados pelo comportamento do custo dos respectivos insumos, ou pela introdução de melhorias de qualidade;

II - o preço de produto anteriormente produzido, quando se tratar de sucedâneo resultante de alterações não substanciais;

III - o preço de produtos e serviços similares, ou sua evolução, em mercados competitivos comparáveis;

IV - a existência de ajuste ou acordo, sob qualquer forma, que resulte em majoração do preço de bem ou serviço ou dos respectivos custos.

Art. 22. VETADO.

Parágrafo único. VETADO.

CAPÍTULO III

DAS PENAS

Art. 23. A prática de infração da ordem econômica sujeita os responsáveis às seguintes penas:

I - no caso de empresa, multa de um a trinta por cento do valor do faturamento bruto no seu último exercício, excluídos os impostos, a qual nunca será inferior à vantagem auferida, quando quantificável;

II - no caso de administrador, direta ou indiretamente responsável pela infração cometida por empresa, multa de dez a cinquenta por cento do valor daquela aplicável à empresa, de responsabilidade pessoal e exclusiva do administrador;

III - no caso das demais pessoas físicas ou jurídicas de direito público ou privado, bem como quaisquer associações de entidades ou pessoas constituídas de fato ou de direito, ainda que temporariamente, com ou sem personalidade jurídica, que não exerçam atividade empresarial, não sendo possível utilizar-se o critério do valor do faturamento bruto, a multa será de seis mil a seis milhões de Unidades Fiscais de Referência - UFIR, ou padrão superveniente.

▶ Inciso III acrescido pela Lei nº 9.069, de 29-6-1995.

Parágrafo único. Em caso de reincidência, as multas cominadas serão aplicadas em dobro.

Art. 24. Sem prejuízo das penas cominadas no artigo anterior, quando assim o exigir a gravidade dos fatos ou o interesse público geral, poderão ser impostas as seguintes penas, isolada ou cumulativamente:

I - a publicação, em meia página e às expensas do infrator, em jornal indicado na decisão, de extrato da decisão condenatória, por dois dias seguidos, de uma a três semanas consecutivas;

II - a proibição de contratar com instituições financeiras oficiais e participar de licitação tendo por objeto aquisições, alienações, realização de obras e serviços, concessão de serviços públicos, junto à Administração Pública Federal, Estadual, Municipal e do Distrito Federal, bem como entidades da administração indireta, por prazo não inferior a cinco anos;

III - a inscrição do infrator no Cadastro Nacional de Defesa do Consumidor;

IV - a recomendação aos órgãos públicos competentes para que:

a) seja concedida licença compulsória de patentes de titularidade do infrator;

b) não seja concedido ao infrator parcelamento de tributos federais por ele devidos ou para que sejam cancelados, no todo ou em parte, incentivos fiscais ou subsídios públicos.

V – a cisão de sociedade, transferência de controle societário, venda de ativo, cessação parcial de atividade, ou qualquer outro ato ou providência necessários para a eliminação dos efeitos nocivos à ordem econômica.

Art. 25. Pela continuidade de atos ou situações que configurem infração da ordem econômica, após decisão do Plenário do CADE determinando sua cessação, ou pelo descumprimento de medida preventiva ou compromisso de cessação previstos nesta Lei, o responsável fica sujeito a multa diária de valor não inferior a cinco mil Unidades Fiscais de Referência – UFIR, ou padrão superveniente, podendo ser aumentada em até vinte vezes se assim o recomendar sua situação econômica e a gravidade da infração.

Art. 26. A recusa, omissão, enganosidade, ou retardamento injustificado de informação ou documentos solicitados pelo CADE, SDE, SEAE, ou qualquer entidade pública atuando na aplicação desta Lei, constitui infração punível com multa diária de cinco mil UFIR, podendo ser aumentada em até vinte vezes se necessário para garantir sua eficácia em razão da situação econômica do infrator.

▶ *Caput* com a redação dada pela Lei nº 9.021, de 30-3-1995.

§ 1º O montante fixado para a multa diária de que trata o *caput* deste artigo constará do documento que contiver a requisição da autoridade competente.

§ 2º A multa prevista neste artigo será computada diariamente até o limite de noventa dias contados a partir da data fixada no documento a que se refere o parágrafo anterior.

§ 3º Compete à autoridade requisitante a aplicação da multa prevista no *caput* deste artigo.

§ 4º Responde solidariamente pelo pagamento da multa de que trata este artigo, a filial, sucursal, escritório ou estabelecimento, no País, de empresa estrangeira.

§ 5º A falta injustificada do representante ou de terceiros, quando intimados para prestar esclarecimentos orais, no curso de procedimento, de averiguações preliminares ou de processo administrativo, sujeitará o faltante à multa de R$ 500,00 (quinhentos reais) a R$ 10.700,00 (dez mil e setecentos reais), conforme sua situação econômica, que será aplicada mediante auto de infração pela autoridade requisitante.

▶ §§ 1º a 5º acrescidos pela Lei nº 10.149, de 21-12-2000.

Art. 26-A. Impedir, obstruir ou de qualquer outra forma dificultar a realização de inspeção autorizada pela SDE ou SEAE no âmbito de averiguação preliminar, procedimento ou processo administrativo sujeitará o inspecionado ao pagamento de multa de R$ 21.200,00 (vinte e um mil e duzentos reais) a R$ 425.700,00 (quatrocentos e vinte e cinco mil e setecentos reais), conforme a situação econômica do infrator, mediante a lavratura de auto de infração pela Secretaria competente.

▶ Artigo acrescido pela Lei nº 10.149, de 21-12-2000.

Art. 27. Na aplicação das penas estabelecidas nesta Lei serão levados em consideração:

I – a gravidade da infração;

II – a boa-fé do infrator;

III – a vantagem auferida ou pretendida pelo infrator;

IV – a consumação ou não da infração;

V – o grau de lesão, ou perigo de lesão, à livre concorrência, à economia nacional, aos consumidores, ou a terceiros;

VI – os efeitos econômicos negativos produzidos no mercado;

VII – a situação econômica do infrator;

VIII – a reincidência.

Capítulo IV
DA PRESCRIÇÃO

Art. 28. *Revogado.* Lei nº 9.873, de 23-11-1999, que estabelece prazo de prescrição para o exercício de ação punitiva pela Administração Pública Federal, direta e indireta.

Capítulo V
DO DIREITO DE AÇÃO

Art. 29. Os prejudicados, por si ou pelos legitimados do artigo 82 da Lei nº 8.078, de 11 de setembro de 1990, poderão ingressar em juízo para, em defesa de seus interesses individuais ou individuais homogêneos, obter a cessação de práticas que constituam infração da ordem econômica, bem como o recebimento de indenização por perdas e danos sofridos, independentemente do processo administrativo, que não será suspenso em virtude do ajuizamento da ação.

TÍTULO VI – DO PROCESSO ADMINISTRATIVO

Capítulo I

DAS AVERIGUAÇÕES PRELIMINARES

Art. 30. A SDE promoverá averiguações preliminares, de ofício ou à vista de representação escrita e fundamentada de qualquer interessado, quando os indícios de infração à ordem econômica não forem suficientes para a instauração de processo administrativo.

▶ *Caput* com a redação dada pela Lei nº 10.149, de 21-12-2000.

§ 1º Nas averiguações preliminares, o Secretário da SDE poderá adotar quaisquer das providências previstas nos artigos 35, 35-A e 35-B, inclusive requerer esclarecimentos do representado ou de terceiros, por escrito ou pessoalmente.

▶ § 1º com a redação dada pela Lei nº 10.149, de 21-12-2000.

§ 2º A representação de Comissão do Congresso Nacional, ou de qualquer de suas Casas, independe de averiguações preliminares, instaurando-se desde logo o processo administrativo.

§ 3º As averiguações preliminares poderão correr sob sigilo, no interesse das investigações, a critério do Secretário da SDE.

▶ § 3º acrescido pela Lei nº 10.149, de 21-12-2000.

Art. 31. Concluídas, dentro de sessenta dias, as averiguações preliminares, o Secretário da SDE determinará a instauração do processo administrativo ou o seu arquivamento, recorrendo de ofício ao CADE neste último caso.

Capítulo II

DA INSTAURAÇÃO E INSTRUÇÃO DO PROCESSO ADMINISTRATIVO

Art. 32. O processo administrativo será instaurado em prazo não superior a oito dias, contado do conhecimento do fato, da representação, ou do encerramento das averiguações preliminares, por despacho fundamentado do Secretário da SDE, que especificará os fatos a serem apurados.

Art. 33. O representado será notificado para apresentar defesa no prazo de quinze dias.

§ 1º A notificação inicial conterá inteiro teor do despacho de instauração do processo administrativo e da representação, se for o caso.

§ 2º A notificação inicial do representado será feita pelo correio, com aviso de recebimento em nome próprio, ou, não tendo êxito a notificação postal, por edital publicado no *Diário Oficial da União* e em jornal de grande circulação no Estado em que resida ou tenha sede, contando-se os prazos da juntada do Aviso de Recebimento, ou da publicação, conforme o caso.

§ 3º A intimação dos demais atos processuais será feita mediante publicação no *Diário Oficial da União*, da qual deverão constar o nome do representado e de seu advogado.

§ 4º O representado poderá acompanhar o processo administrativo por seu titular e seus diretores ou gerentes, ou por advogado legalmente habilitado, assegurando-se-lhes amplo acesso ao processo na SDE e no CADE.

Art. 34. Considerar-se-á revel o representado que, notificado, não apresentar defesa no prazo legal, incorrendo em confissão quanto à matéria de fato, contra ele correndo os demais prazos, independentemente de notificação. Qualquer que seja a fase em que se encontre o processo, nele poderá intervir o revel, sem direito à repetição de qualquer ato já praticado.

Art. 35. Decorrido o prazo de apresentação da defesa, a SDE determinará a realização de diligências e a produção de provas de interesse da Secretaria, a serem apresentadas no prazo de quinze dias, sendo-lhe facultado exercer os poderes de instrução previstos nesta Lei, mantendo-se o sigilo legal quando for o caso.

▶ *Caput* com a redação dada pela Lei nº 10.149, de 21-12-2000.

§ 1º As diligências e provas determinadas pelo Secretário da SDE, inclusive inquirição de testemunhas, serão concluídas no prazo de quarenta e cinco dias, prorrogável por igual período em caso de justificada necessidade.

▶ Parágrafo único transformado em § 1º pela Lei nº 10.149, de 21-12-2000.

§ 2º Respeitado o objeto de averiguação preliminar, de procedimento ou de processo administrativo, compete ao Secretário da SDE autorizar, mediante despacho fundamentado, a realização de inspeção na sede social, estabelecimento, escritório, filial ou sucursal de empresa investigada, notificando-se a inspecionada com pelo menos vinte e quatro horas de antecedência, não podendo a diligência ter início antes das seis ou após as dezoito horas.

§ 3º Na hipótese do parágrafo anterior, poderão ser inspecionados estoques, objetos, papéis de qualquer natureza, assim como livros comerciais, computadores e arquivos magnéticos, podendo-se extrair ou requisitar cópias de quaisquer documentos ou dados eletrônicos.

▶ §§ 2º e 3º acrescidos pela Lei nº 10.149, de 21-12-2000.

Art. 35-A. A Advocacia-Geral da União, por solicitação da SDE, poderá requerer ao Poder Judiciário mandado de busca e apreensão de objetos, papéis de qualquer natureza, assim como de livros comerciais, computadores e arquivos magnéticos de empresa ou pessoa física, no interesse da instrução do procedimento, das averiguações preliminares ou do processo administrativo, aplicando-se, no que couber, o disposto no artigo 839 e seguintes do Código de Processo Civil, sendo inexigível a propositura de ação principal.

§ 1º No curso de procedimento administrativo destinado a instruir representação a ser encaminhada à SDE, poderá a SEAE exercer, no que couber, as competências previstas no *caput* deste artigo e no artigo 35 desta Lei.

§ 2º O procedimento administrativo de que trata o parágrafo anterior poderá correr sob sigilo, no interesse das investigações, a critério do SEAE.

▶ Art. 35-A acrescido pela Lei nº 10.149, de 21-12-2000.

Art. 35-B. A União, por intermédio da SDE, poderá celebrar acordo de leniência, com a extinção da ação punitiva da administração pública ou a redução de um a dois terços da penalidade aplicável, nos termos deste artigo, com pessoas físicas e jurídicas que forem autoras de infração à ordem econômica, desde que colaborem efetivamente com as investigações e o processo administrativo e que dessa colaboração resulte:

I – a identificação dos demais coautores da infração; e

II – a obtenção de informações e documentos que comprovem a infração noticiada ou sob investigação.

§ 1º O disposto neste artigo não se aplica às empresas ou pessoas físicas que tenham estado à frente da conduta tida como infracionária.

§ 2º O acordo de que trata o *caput* deste artigo somente poderá ser celebrado se preenchidos, cumulativamente, os seguintes requisitos:

I – a empresa ou pessoa física seja a primeira a se qualificar com respeito à infração noticiada ou sob investigação;

II – a empresa ou pessoa física cesse completamente seu envolvimento na infração noticiada ou sob investigação a partir da data de propositura do acordo;

III – a SDE não disponha de provas suficientes para assegurar a condenação da empresa ou pessoa física quando da propositura do acordo; e

IV – a empresa ou pessoa física confesse sua participação no ilícito e coopere plena e permanentemente com as investigações e o processo administrativo, comparecendo, sob suas expensas, sempre que solicitada, a todos os atos processuais, até seu encerramento.

§ 3º O acordo de leniência firmado com a União, por intermédio da SDE, estipulará as condições necessárias para assegurar a efetividade da colaboração e o resultado útil do processo.

§ 4º A celebração do acordo de leniência não se sujeita à aprovação do CADE, competindo-lhe, no entanto, quando do julgamento do processo administrativo, verificado o cumprimento do acordo:

I – decretar a extinção da ação punitiva da administração pública em favor do infrator, nas hipóteses em que a proposta de acordo tiver sido apresentada à SDE sem que essa tivesse conhecimento prévio da infração noticiada; ou

II – nas demais hipóteses, reduzir de um a dois terços as penas aplicáveis, observado o disposto no artigo 27 desta Lei, devendo ainda considerar na gradação da pena a efetividade da colaboração prestada e a boa-fé do infrator no cumprimento do acordo de leniência.

§ 5º Na hipótese do inciso II do parágrafo anterior, a pena sobre a qual incidirá o fator redutor não será superior à menor das penas aplicadas aos demais coautores da infração, relativamente aos percentuais fixados para a aplicação das multas de que trata o artigo 23 desta Lei.

§ 6º Serão estendidos os efeitos do acordo de leniência aos dirigentes e administradores da empresa habilitada, envolvidos na infração, desde que firmem o respectivo instrumento em conjunto com a empresa, respeitadas as condições impostas nos incisos II a IV do § 2º deste artigo.

§ 7º A empresa ou pessoa física que não obtiver, no curso de investigação ou processo administrativo, habilitação para a celebração do acordo de que trata este artigo, poderá celebrar com a SDE, até a remessa do processo para julgamento, acordo de leniência relacionado a uma outra infração, da qual não tenha qualquer conhecimento prévio a Secretaria.

§ 8º Na hipótese do parágrafo anterior, o infrator se beneficiará da redução de um terço da pena que lhe for aplicável naquele processo, sem prejuízo da obtenção dos benefícios de que trata o inciso I do § 4º deste artigo em relação à nova infração denunciada.

§ 9º Considera-se sigilosa a proposta de acordo de que trata este artigo, salvo no interesse das investigações e do processo administrativo.

§ 10. Não importará em confissão quanto à matéria de fato, nem reconhecimento de ilicitude da conduta analisada, a proposta de acordo de leniência rejeitada pelo Secretário da SDE, da qual não se fará qualquer divulgação.

§ 11. A aplicação do disposto neste artigo observará a regulamentação a ser editada pelo Ministro de Estado da Justiça.

▶ Art. 35-B acrescido pela Lei nº 10.149, de 21-12-2000.

Art. 35-C. Nos crimes contra a ordem econômica, tipificados na Lei nº 8.137, de 27 de novembro de 1990, a celebração de acordo de leniência, nos termos desta Lei, determina a suspensão do curso do prazo prescricional e impede o oferecimento da denúncia.

Parágrafo único. Cumprido o acordo de leniência pelo agente, extingue-se automaticamente a punibilidade dos crimes a que se refere o *caput* deste artigo.

▶ Art. 35-C acrescido pela Lei nº 10.149, de 21-12-2000.

Art. 36. As autoridades federais, os diretores de autarquia, fundação, empresa pública e sociedade de economia mista federais são obrigados a prestar, sob pena de responsabilidade, toda a assistência e colaboração que lhes for solicitada pelo CADE ou SDE, inclusive elaborando pareceres técnicos sobre as matérias de sua competência.

Art. 37. O representado apresentará as provas de seu interesse no prazo máximo de quarenta e cinco dias contado da apresentação da defesa, podendo apresentar novos documentos a qualquer momento, antes de encerrada a instrução processual.

Parágrafo único. O representado poderá requerer ao Secretário da SDE que designe dia, hora e local para oitiva de testemunhas, em número não superior a três.

Art. 38. A Secretaria de Acompanhamento Econômico do Ministério da Fazenda será informada por ofício da instauração do processo administrativo para, querendo, emitir parecer sobre as matérias de sua especialização, o qual deverá ser apresentado antes do encerramento da instrução processual.

▶ Artigo com a redação dada pela Lei nº 9.021, de 30-3-1995.

Art. 39. Concluída a instrução processual, o representado será notificado para apresentar alegações finais, no prazo de cinco dias, após o que o Secretário de Direito Econômico, em relatório circunstanciado, decidirá pela remessa dos autos ao CADE para julgamento, ou pelo seu arquivamento, recorrendo de ofício ao CADE nesta última hipótese.

Art. 40. As averiguações preliminares e o processo administrativo devem ser conduzidos e concluídos com a maior brevidade compatível com o esclarecimento dos fatos, nisso se esmerando o Secretário da SDE, e os membros do CADE, assim como os servidores e funcionários desses órgãos, sob pena de promoção da respectiva responsabilidade.

Art. 41. Das decisões do Secretário da SDE não caberá recurso ao superior hierárquico.

Capítulo III

DO JULGAMENTO DO PROCESSO ADMINISTRATIVO PELO CADE

Art. 42. Recebido o processo, o Presidente do CADE o distribuirá, mediante sorteio, ao Conselheiro Relator, que abrirá vistas à Procuradoria para manifestar-se no prazo de vinte dias.

▶ Artigo com a redação dada pela Lei nº 9.069, de 29-6-1995.

Art. 43. O Conselheiro Relator poderá determinar a realização de diligências complementares ou requerer novas informações, na forma do artigo 35, bem como facultar à parte a produção de novas provas, quando entender insuficientes para a formação de sua convicção os elementos existentes nos autos.

Art. 44. A convite do Presidente, por indicação do Relator, qualquer pessoa poderá apresentar esclarecimento ao CADE, a propósito de assuntos que estejam em pauta.

Art. 45. No ato do julgamento em plenário, de cuja data serão intimadas as partes com antecedência mínima de cinco dias, o Procurador-Geral e o representado ou seu advogado terão, respectivamente, direito à palavra por quinze minutos cada um.

Art. 46. A decisão do CADE, que em qualquer hipótese será fundamentada, quando for pela existência de infração da ordem econômica, conterá:

I – especificação dos fatos que constituam a infração apurada e a indicação das providências a serem tomadas pelos responsáveis para fazê-la cessar;

II – prazo dentro do qual devam ser iniciadas e concluídas as providências referidas no inciso anterior;

III – multa estipulada;

IV - multa diária em caso de continuidade da infração.

Parágrafo único. A decisão do CADE será publicada dentro de cinco dias no *Diário Oficial da União*.

Art. 47. O CADE fiscalizará o cumprimento de suas decisões.

▶ Artigo com a redação dada pela Lei nº 9.069, de 29-6-1995.

Art. 48. Descumprida a decisão, no todo ou em parte, será o fato comunicado ao Presidente do CADE, que determinará ao Procurador-Geral que providencie sua execução judicial.

Art. 49. As decisões do CADE serão tomadas por maioria absoluta, com a presença mínima de cinco membros.

Art. 50. As decisões do CADE não comportam revisão no âmbito do Poder Executivo, promovendo-se, de imediato, sua execução e comunicando-se, em seguida, ao Ministério Público, para as demais medidas legais cabíveis no âmbito de suas atribuições.

Art. 51. O Regulamento e o Regimento Interno do CADE disporão de forma complementar sobre o processo administrativo.

Capítulo IV
DA MEDIDA PREVENTIVA E DA ORDEM DE CESSAÇÃO

Art. 52. Em qualquer fase do processo administrativo poderá o Secretário da SDE ou o Conselheiro Relator, por iniciativa própria ou mediante provocação do Procurador-Geral do CADE, adotar medida preventiva, quando houver indício ou fundado receio de que o representado, direta ou indiretamente, cause ou possa causar ao mercado lesão irreparável ou de difícil reparação, ou torne ineficaz o resultado final do processo.

§ 1º Na medida preventiva, o Secretário da SDE ou o Conselheiro Relator determinará a imediata cessação da prática e ordenará, quando materialmente possível, a reversão à situação anterior, fixando multa diária nos termos do artigo 25.

§ 2º Da decisão do Secretário da SDE ou do Conselheiro Relator do CADE que adotar medida preventiva caberá recurso voluntário, no prazo de cinco dias, ao Plenário do CADE, sem efeito suspensivo.

Capítulo V
DO COMPROMISSO DE CESSAÇÃO

Art. 53. Em qualquer das espécies de processo administrativo, o CADE poderá tomar do representado compromisso de cessação da prática sob investigação ou dos seus efeitos lesivos, sempre que, em juízo de conveniência e oportunidade, entender que atende aos interesses protegidos por lei.

▶ *Caput* com a redação dada pela Lei nº 11.482, de 31-5-2007.

§ 1º Do termo de compromisso deverão constar os seguintes elementos:

I - a especificação das obrigações do representado para fazer cessar a prática investigada ou seus efeitos lesivos, bem como obrigações que julgar cabíveis;

II - a fixação do valor da multa para o caso de descumprimento, total ou parcial, das obrigações compromissadas;

III - a fixação do valor da contribuição pecuniária ao Fundo de Defesa de Direitos Difusos quando cabível.

§ 2º Tratando-se da investigação da prática de infração relacionada ou decorrente das condutas previstas nos incisos I, II, III ou VIII do *caput* do art. 21 desta Lei, entre as obrigações a que se refere o inciso I do § 1º deste artigo figurará, necessariamente, a obrigação de recolher ao Fundo de Defesa de Direitos Difusos um valor pecuniário que não poderá ser inferior ao mínimo previsto no art. 23 desta Lei.

§ 3º A celebração do termo de compromisso poderá ser proposta até o início da sessão de julgamento do processo administrativo relativo à prática investigada.

§ 4º O termo de compromisso constitui título exclusivo extrajudicial.

§ 5º O processo administrativo ficará suspenso enquanto estiver sendo cumprido o compromisso e será arquivado ao término do prazo fixado se atendidas todas as condições estabelecidas no termo.

▶ §§ 1º a 5º com a redação dada pela Lei nº 11.482, de 31-5-2007.

§ 6º A suspensão do processo administrativo a que se refere o § 5º deste artigo dar-se-á somente em relação ao representado que firmou o compromisso, seguindo o processo seu curso regular para os demais representados.

§ 7º Declarado o descumprimento do compromisso, o CADE aplicará as sanções nele previstas e determinará o prosseguimento do processo administrativo e as demais medidas administrativas e judiciais cabíveis para sua execução.

§ 8º As condições do termo de compromisso poderão ser alteradas pelo CADE se comprovar sua excessiva onerosidade para o representado, desde que a alteração não acarrete prejuízo para terceiros ou para a coletividade.

§ 9º O CADE definirá, em resolução, normas complementares sobre cabimento, tempo e modo da celebração do termo de compromisso de cessação.

▶ §§ 6º a 9º acrescidos pela Lei nº 11.482, de 31-5-2007.

TÍTULO VII – DAS FORMAS DE CONTROLE

Capítulo I
DO CONTROLE DE ATOS E CONTRATOS

Art. 54. Os atos, sob qualquer forma manifestados, que possam limitar ou de qualquer forma prejudicar a livre concorrência, ou resultar na dominação de mercados relevantes de bens ou serviços, deverão ser submetidos à apreciação do CADE.

§ 1º O CADE poderá autorizar os atos a que se refere o *caput*, desde que atendam as seguintes condições:

I – tenham por objetivo, cumulada ou alternativamente:

a) aumentar a produtividade;

b) melhorar a qualidade de bens ou serviço; ou

c) propiciar a eficiência e o desenvolvimento tecnológico ou econômico;

II – os benefícios decorrentes sejam distribuídos equitativamente entre os seus participantes, de um lado, e os consumidores ou usuários finais, de outro;

III – não impliquem eliminação da concorrência de parte substancial de mercado relevante de bens e serviços;

IV – sejam observados os limites estritamente necessários para atingir os objetivos visados.

§ 2º Também poderão ser considerados legítimos os atos previstos neste artigo, desde que atendidas pelo menos três das condições previstas nos incisos do parágrafo anterior, quando necessários por motivos preponderantes da economia nacional e do bem comum, e desde que não impliquem prejuízo ao consumidor ou usuário final.

§ 3º Incluem-se nos atos de que trata o *caput* aqueles que visem a qualquer forma de concentração econômica, seja através de fusão ou incorporação de empresas, constituição de sociedade para exercer o controle de empresas ou qualquer forma de agrupamento societário, que implique participação de empresa ou grupo de empresas resultante em vinte por cento de um mercado relevante, ou em que qualquer dos participantes tenha registrado faturamento bruto anual no último balanço equivalente a R$ 400.000.000,00 (quatrocentos milhões de reais).

▶ § 3º com a redação dada pela Lei nº 10.149, de 21-12-2000.

§ 4º Os atos de que trata o *caput* deverão ser apresentados para exame, previamente ou no prazo máximo de quinze dias úteis de sua realização, mediante encaminhamento da respectiva documentação em três vias à SDE, que imediatamente enviará uma via ao CADE e outra à SEAE.

▶ § 4º com a redação dada pela Lei nº 9.021, de 30-3-1995.

§ 5º A inobservância dos prazos de apresentação previstos no parágrafo anterior será punida com multa pecuniária, de valor não inferior a sessenta mil UFIR nem superior a seis milhões de UFIR a ser aplicada pelo CADE, sem prejuízo da abertura de processo administrativo, nos termos do artigo 32.

§ 6º Após receber o parecer técnico da SEAE, que será emitido em até trinta dias, a SDE manifestar-se-á em igual prazo e, em seguida, encaminhará o processo, devidamente instruído, ao Plenário do CADE, que deliberará no prazo de sessenta dias.

§ 7º A eficácia dos atos de que trata este artigo condiciona-se à sua aprovação, caso em que retroagirá à data de sua realização; não tendo sido apreciados pelo CADE no prazo estabelecido no parágrafo anterior, serão automaticamente considerados aprovados.

▶ §§ 6º e 7º com a redação dada pela Lei nº 9.021, de 30-3-1995.

§ 8º Os prazos estabelecidos nos §§ 6º e 7º ficarão suspensos enquanto não forem apresentados esclarecimentos e documentos imprescindíveis à análise do processo, solicitados pelo CADE, SDE ou SEAE.

§ 9º Se os atos especificados neste artigo não forem realizados sob condição suspensiva ou deles já tiverem decorrido efeitos perante terceiros, inclusive de natureza fiscal, o Plenário do CADE, se concluir pela sua não aprovação, determinará as providências cabíveis no sentido de que sejam desconstituídos, total ou parcialmente, seja através de distrato, cisão de sociedade, venda de ativos, cessação parcial de atividades ou qualquer outro ato ou providência que elimine os efeitos nocivos à ordem econômica, independentemente da responsabilidade civil por perdas e danos eventualmente causados a terceiros.

§ 10. As mudanças de controle acionário de companhias abertas e os registros de fusão, sem prejuízo da obrigação das partes envolvidas, devem ser comunicados à SDE, pela Comissão de Valores Mobiliários – CVM e pelo Departamento Nacional de Registro Comercial do Ministério da Indústria, Comércio e Turismo – DNRC/MICT, respectivamente, no prazo de cinco dias úteis para, se for o caso, serem examinados.

Art. 55. A aprovação de que trata o artigo anterior poderá ser revista pelo CADE, de ofício ou mediante provocação da SDE, se a decisão for baseada em informações falsas ou enganosas prestadas pelo interessado, se ocorrer o descumprimento de quaisquer das obrigações assumidas ou não forem alcançados os benefícios visados.

Art. 56. As Juntas Comerciais ou órgãos correspondentes nos Estados não poderão arquivar quaisquer atos relativos à constituição, transformação, fusão, incorporação ou agrupamento de empresas, bem como quaisquer alterações, nos respectivos atos constitutivos, sem que dos mesmos conste:

I – a declaração precisa e detalhada do seu objeto;

II – o capital de cada sócio e a forma e prazo de sua realização;

III – o nome por extenso e qualificação de cada um dos sócios acionistas;

IV – o local da sede e respectivo endereço, inclusive das filiais declaradas;

V – os nomes dos diretores por extenso e respectiva qualificação;

VI – o prazo de duração da sociedade;

VII – o número, espécie e valor das ações.

Art. 57. Nos instrumentos de distrato, além da declaração da importância repartida entre os sócios e a referência à pessoa ou pessoas que assumirem o ativo e passivo da empresa, deverão ser indicados os motivos da dissolução.

Capítulo II
DO COMPROMISSO DE DESEMPENHO

Art. 58. O Plenário do CADE definirá compromissos de desempenho para os interessados que submetam atos a exame na forma do artigo 54, de modo a assegurar o cumprimento das condições estabelecidas no § 1º do referido artigo.

§ 1º Na definição dos compromissos de desempenho será levado em consideração o grau de exposição do setor à competição internacional e as alterações no nível de emprego, dentre outras circunstâncias relevantes.

§ 2º Deverão constar dos compromissos de desempenho metas qualitativas ou quantitativas em prazos predefinidos, cujo cumprimento será acompanhado pela SDE.

§ 3º O descumprimento injustificado do compromisso de desempenho implicará a revogação da aprovação do CADE, na forma do artigo 55, e a abertura de processo administrativo para adoção das medidas cabíveis.

Capítulo III
DA CONSULTA

Art. 59. *Revogado*. Lei nº 9.069, de 29-6-1995.

TÍTULO VIII – DA EXECUÇÃO JUDICIAL DAS DECISÕES DO CADE

Capítulo I
DO PROCESSO

Art. 60. A decisão do Plenário do CADE, cominando multa ou impondo obrigação de fazer ou não fazer, constitui título executivo extrajudicial.

Art. 61. A execução que tenha por objeto exclusivamente a cobrança de multa pecuniária será feita de acordo com o disposto na Lei nº 6.830, de 22 de setembro de 1980.

Art. 62. Na execução que tenha por objeto, além da cobrança de multa, o cumprimento de obrigação de fazer ou não fazer, o Juiz concederá a tutela específica da obrigação, ou determinará providências que assegurem o resultado prático equivalente ao do adimplemento.

§ 1º A conversão da obrigação de fazer ou não fazer em perdas e danos somente será admissível se impossível a tutela específica ou a obtenção do resultado prático correspondente.

§ 2º A indenização por perdas e danos far-se-á sem prejuízo das multas.

Art. 63. A execução será feita por todos os meios, inclusive mediante intervenção na empresa, quando necessária.

Art. 64. A execução das decisões do CADE será promovida na Justiça Federal do Distrito Federal ou da sede ou do domicílio do executado, à escolha do CADE.

Art. 65. O oferecimento de embargos ou o ajuizamento de qualquer outra ação que vise a desconstituição do título executivo não suspenderá a execução, se não for garantido o juízo no valor das multas aplicadas, assim como de prestação de caução, a ser fixada pelo juízo, que garanta o cumprimento da decisão final proferida nos autos, inclusive no que tange a multas diárias.

Art. 66. Em razão da gravidade da infração da ordem econômica, e havendo fundado receio de dano irreparável ou de difícil reparação, ainda que tenha havido o depósito das multas e prestação de caução, poderá o Juiz determinar a adoção imediata, no todo ou em parte, das providências contidas no título executivo.

Art. 67. No cálculo do valor da multa diária pela continuidade da infração, tomar-se-á como termo inicial a data final fixada pelo CADE para a adoção voluntária das providências contidas em sua decisão, e como termo final o dia do seu efetivo cumprimento.

Art. 68. O processo de execução das decisões do CADE terá preferência sobre as demais espécies de ação, exceto *habeas corpus* e mandado de segurança.

CAPÍTULO II

DA INTERVENÇÃO JUDICIAL

Art. 69. O Juiz decretará a intervenção na empresa quando necessária para permitir a execução específica, nomeando o interventor.

Parágrafo único. A decisão que determinar a intervenção deverá ser fundamentada e indicará, clara e precisamente, as providências a serem tomadas pelo interventor nomeado.

Art. 70. Se, dentro de quarenta e oito horas, o executado impugnar o interventor por motivo de inaptidão ou inidoneidade, feita a prova da alegação em três dias, o Juiz decidirá em igual prazo.

Art. 71. Sendo a impugnação julgada procedente, o Juiz nomeará novo interventor no prazo de cinco dias.

Art. 72. A intervenção poderá ser revogada antes do prazo estabelecido, desde que comprovado o cumprimento integral da obrigação que a determinou.

Art. 73. A intervenção judicial deverá restringir-se aos atos necessários ao cumprimento da decisão judicial que a determinar, e terá duração máxima de cento e oitenta dias, ficando o interventor responsável por suas ações e omissões, especialmente em caso de abuso de poder e desvio de finalidade.

§ 1º Aplica-se ao interventor, no que couber, o disposto nos artigos 153 a 159 da Lei nº 6.404, de 15 de dezembro de 1976.

§ 2º A remuneração do interventor será arbitrada pelo Juiz, que poderá substituí-lo a qualquer tempo, sendo obrigatória a substituição quando incorrer em insolvência civil, quando for sujeito passivo ou ativo de qualquer forma de corrupção ou prevaricação, ou infringir quaisquer de seus deveres.

Art. 74. O Juiz poderá afastar de suas funções os responsáveis pela administração da empresa que, comprovadamente, obstarem o cumprimento de atos de competência do interventor. A substituição dar-se-á na forma estabelecida no contrato social da empresa.

§ 1º Se, apesar das providências previstas no *caput*, um ou mais responsáveis pela administração da empresa persistirem em obstar a ação do interventor, o Juiz procederá na forma do disposto no § 2º.

§ 2º Se a maioria dos responsáveis pela administração da empresa recusar colaboração ao interventor, o Juiz determinará que este assuma a administração total da empresa.

Art. 75. Compete ao interventor:

I – praticar ou ordenar que sejam praticados os atos necessários à execução;

II – denunciar ao Juiz quaisquer irregularidades praticadas pelos responsáveis pela empresa e das quais venha a ter conhecimento;

III – apresentar ao Juiz relatório mensal de suas atividades.

Art. 76. As despesas resultantes da intervenção correrão por conta do executado contra quem ela tiver sido decretada.

Art. 77. Decorrido o prazo da intervenção, o interventor apresentará ao Juiz Federal relatório circunstanciado de sua gestão, propondo a extinção e o arquivamento do processo ou pedindo a prorrogação do prazo na hipótese de não ter sido possível cumprir integralmente a decisão exequenda.

Art. 78. Todo aquele que se opuser ou obstaculizar a intervenção ou, cessada esta, praticar quaisquer atos que direta ou indiretamente anulem seus efeitos, no todo ou em parte, ou desobedecer a ordens legais do interventor será, conforme o caso, responsabilizado criminalmente por resistência, desobediência ou coação no curso do processo, na forma dos artigos 329, 330 e 344 do Código Penal.

TÍTULO IX – DAS DISPOSIÇÕES FINAIS E TRANSITÓRIAS

Art. 79. VETADO.

Parágrafo único. VETADO.

Art. 80. O cargo de Procurador do CADE é transformado em cargo de Procurador-Geral e transferido para a Autarquia ora criada juntamente com os cargos de Presidente e Conselheiro.

Art. 81. O Poder Executivo, no prazo de sessenta dias, enviará ao Congresso Nacional projeto de lei dispondo sobre o quadro de pessoal permanente da nova Autarquia, bem como sobre a natureza e a remuneração dos cargos de

Presidente, Conselheiro e Procurador-Geral do CADE.

§ 1º Enquanto o CADE não contar com quadro próprio de pessoal, as cessões temporárias de servidores para a Autarquia serão feitas independentemente de cargos ou funções comissionados, e sem prejuízo dos vencimentos e demais vantagens asseguradas aos que se encontram na origem, inclusive para representar judicialmente a Autarquia.

§ 2º O Presidente do CADE elaborará e submeterá ao Plenário, para aprovação, a relação dos servidores a serem requisitados para servir à Autarquia, os quais poderão ser colocados à disposição da SDE.

Art. 81-A. O Conselho Administrativo de Defesa Econômica – CADE poderá efetuar, nos termos do art. 37, inciso IX, da Constituição Federal, e observado o disposto na Lei nº 8.745, de 9 de dezembro de 1993, contratação por tempo determinado, pelo prazo de doze meses, do pessoal técnico imprescindível ao exercício de suas competências institucionais, limitando-se ao número de trinta.

Parágrafo único. A contratação referida no *caput* poderá ser prorrogada, desde que sua duração total não ultrapasse o prazo de vinte e quatro meses, ficando limitada sua vigência, em qualquer caso, a 31 de dezembro de 2005, e dar-se-á mediante processo seletivo simplificado, compreendendo, obrigatoriamente, prova escrita e, facultativamente, análise de curriculum vitae, sem prejuízo de outras modalidades que, a critério do CADE, venham a ser exigidas.

Art. 82. VETADO.

Art. 83. Aplicam-se subsidiariamente aos processos administrativo e judicial previstos nesta Lei as disposições do Código de Processo Civil e das Leis nº 7.347, de 24 de julho de 1985 e nº 8.078, de 11 de setembro de 1990.

Art. 84. O valor das multas previstas nesta Lei será convertido em moeda corrente na data do efetivo pagamento e recolhido ao Fundo de que trata a Lei nº 7.347, de 24 de julho de 1985.

Art. 85. O inciso VII do artigo 4º da Lei nº 8.137, de 27 de dezembro de 1990, passa a vigorar com a seguinte redação:

"Art. 4º ....

....

VII – elevar sem justa causa o preço de bem ou serviço, valendo-se de posição dominante no mercado."

Art. 86. O artigo 312 do Código de Processo Penal passa a vigorar com a seguinte redação:

"Art. 312. A prisão preventiva poderá ser decretada como garantia da ordem pública, da ordem econômica, por conveniência da instrução criminal, ou para assegurar a aplicação da lei penal, quando houver prova da existência do crime e indício suficiente de autoria."

Art. 87. O artigo 39 da Lei nº 8.078, de 11 de setembro de 1990, passa a vigorar com a seguinte redação, acrescendo-se-lhe os seguintes incisos:

"Art. 39. É vedado ao fornecedor de produtos ou serviços, dentre outras práticas abusivas:

....

IX – recusar a venda de bens ou a prestação de serviços, diretamente a quem se disponha a adquiri-los mediante pronto pagamento, ressalvados os casos de intermediação regulados em leis especiais;

X – elevar sem justa causa o preço de produtos ou serviços."

Art. 88. O artigo 1º da Lei nº 7.347, de 24 de julho de 1985, passa a vigorar com a seguinte redação e a inclusão de novo inciso:

"Art. 1º Regem-se pelas disposições desta lei, sem prejuízo da ação popular, as ações de responsabilidade por danos morais e patrimoniais causados:

....

V – por infração da ordem econômica."

Parágrafo único. O inciso II do artigo 5º da Lei nº 7.347, de 24 de julho de 1985, passa a ter a seguinte redação:

"Art. 5º ....

....

II – inclua entre suas finalidades institucionais a proteção ao meio ambiente ao consumidor, à ordem econômica, à livre concorrência, ou ao patrimônio artístico, estético, histórico, turístico e paisagístico;

...."

▶ Atualmente este inciso tem redação dada pela Lei nº 11.448, de 15-1-2007.

Art. 89. Nos processos judiciais em que se discuta a aplicação desta Lei, o CADE deverá ser intimado para, querendo, intervir no feito na qualidade de assistente.

Art. 90. Ficam interrompidos os prazos relativos aos processos de consulta formulados com base no artigo 74 da Lei nº 4.137, de 10 de setembro de 1962, com a redação dada pelo artigo 13 da Lei nº 8.158, de 8 de janeiro de

1991, aplicando-se aos mesmos o disposto no Título VII, Capítulo I, desta Lei.

Art. 91. O disposto nesta Lei não se aplica aos casos de *dumping* e subsídios de que tratam os Acordos Relativos à Implementação do artigo VI do Acordo Geral sobre Tarifas Aduaneiras e Comércio, promulgados pelos Decretos nº 93.941 e nº 93.962, de 16 e 22 de janeiro de 1987, respectivamente.

Art. 92. Revogam-se as disposições em contrário, assim como as Leis nºˢ 4.137, de 10 de setembro de 1962, 8.158, de 8 de janeiro de 1991, e 8.002, de 14 de março de 1990, mantido o disposto no artigo 36 da Lei nº 8.880, de 27 de maio de 1994.

Art. 93. Esta Lei entra em vigor na data de sua publicação.

Brasília, 11 de junho de 1994; 173º da Independência e 106º da República.

Itamar Franco

DECRETO Nº 1.306, DE 9 DE NOVEMBRO DE 1994

Regulamenta o Fundo de Defesa de Direitos Difusos, de que tratam os arts. 13 e 20 da Lei nº 7.347, de 24 de julho de 1985, seu conselho gestor e dá outras providências.

► Publicado no *DOU* de 10-11-1994 e retificado no *DOU* de 11-11-1994.

Art. 1º O Fundo de Defesa de Direitos Difusos (FDD), criado pela Lei nº 7.347, de 24 de julho de 1985, tem por finalidade a reparação dos danos causados ao meio ambiente, ao consumidor, a bens e direitos de valor artístico, estético, histórico, turístico, paisagístico, por infração à ordem econômica e a outros interesses difusos e coletivos.

Art. 2º Constituem recursos do FDD, o produto da arrecadação:

I – das condenações judiciais de que tratam os artigos 11 e 13, da Lei nº 7.347, de 24 de julho de 1985;

II – das multas e indenizações decorrentes da aplicação da Lei nº 7.853, de 24 de outubro de 1989, desde que não destinadas à reparação de danos a interesses individuais;

III – dos valores destinados à União em virtude da aplicação da multa prevista no artigo 57 e seu parágrafo único e do produto de indenização prevista no artigo 100, parágrafo único, da Lei nº 8.078, de 11 de setembro de 1990;

IV – das condenações judiciais de que trata o parágrafo 2º, do artigo 2º, da Lei nº 7.913, de 7 de dezembro de 1989;

V – das multas referidas no artigo 84, da Lei nº 8.884, de 11 de junho de 1994;

VI – dos rendimentos auferidos com a aplicação dos recursos do fundo;

VII – de outras receitas que vierem a ser destinadas ao fundo;

VIII – de doações de pessoas físicas ou jurídicas, nacionais ou estrangeiras.

Art. 3º O FDD será gerido pelo Conselho Federal Gestor do Fundo de Defesa de Direitos Difusos (CFDD), órgão colegiado integrante da estrutura organizacional do Ministério da Justiça, com sede em Brasília, e composto pelos seguintes membros:

I – um representante da Secretaria de Direito Econômico do Ministério da Justiça, que o presidirá;

II – um representante do Ministério do Meio Ambiente e da Amazônia Legal;

III – um representante do Ministério da Cultura;

IV – um representante do Ministério da Saúde vinculado à área de vigilância sanitária;

V – um representante do Ministério da Fazenda;

VI – um representante do Conselho Administrativo de Defesa Econômica (CADE);

VII – um representante do Ministério Público Federal;

VIII – três representantes de entidades civis que atendam aos pressupostos dos incisos I e II, do artigo 5º, da Lei nº 7.347, de 24 de julho de 1985.

§ 1º Cada representante de que trata este artigo terá um suplente, que o substituirá nos seus afastamentos e impedimentos legais.

§ 2º É vedada a remuneração, a qualquer título, pela participação no CFDD, sendo a atividade considerada serviço público relevante.

Art. 4º Os representantes e seus respectivos suplentes serão designados pelo Ministro da Justiça; os dos incisos I a V dentre os servidores dos respectivos Ministérios, indicados pelo seu titular; o do inciso VI dentre os servidores ou conselheiros, indicado pelo presidente da autarquia; o do inciso VII indicado pelo Procurador-Geral da República, dentre os integrantes da carreira, e os do incisos VIII indicados pelas respectivas entidades devidamente inscritas perante o CFDD.

Parágrafo único. Os representantes serão designados pelo prazo de dois anos, admitida uma reconduzido por mais de uma vez.

Art. 5º Funcionará como Secretaria Executiva do CFDD a Secretaria de Direito Econômico do Ministério da Justiça.

Art. 6º Compete ao CFDD:

I – zelar pela aplicação dos recursos na consecução dos objetivos previstos nas Leis nºs 7.347, de 1985, 7.853, de 1989, 7.913, de 1989, 8.078, de 1990 e 8.884, de 1994, no âmbito do disposto no art. 1º deste decreto;

II – aprovar convênios e contratos, a serem firmados pela Secretaria Executiva do Conselho, objetivando atender ao disposto no inciso I deste artigo;

III – examinar e aprovar projetos de reconstituição de bens lesados, inclusive os de caráter científico e de pesquisa;

IV – promover, por meio de órgãos da administração pública e de entidades Civis interessadas, eventos educativos ou científicos;

V – fazer editar, inclusive em colaboração com órgãos oficiais, material informativo sobre as matérias mencionadas no artigo 1º deste decreto;

VI – promover atividades e eventos que contribuam para a difusão da cultura, da proteção ao meio ambiente, do consumidor, da livre concorrência, do patrimônio histórico, artístico, estético, turístico, paisagístico e de outros interesses difusos e coletivos;

VII – examinar e aprovar os projetos de modernização administrativa dos órgãos públicos responsáveis pela execução das políticas relativas às áreas a que se refere o artigo 1º deste decreto;

VIII – elaborar o seu regimento interno.

Art. 7º Os recursos arrecadados serão distribuídos para a efetivação das medidas dispostas no artigo anterior e suas aplicações deverão estar relacionadas com a natureza da infração ou do dano causado.

Parágrafo único. Os recursos serão prioritariamente aplicados na reparação específica do dano causado, sempre que tal fato for possível.

Art. 8º Em caso de concurso de créditos decorrentes de condenação prevista na Lei nº 7.347, de 24 de julho de 1985, e depositados no FDD, e de indenizações pelos prejuízos individuais resultantes do mesmo evento danoso, estas terão preferência no pagamento, de acordo com o artigo 99, da Lei nº 8.078, de 1990.

Parágrafo único. Neste caso, a importância recolhida ao FDD terá sua destinação sustada enquanto pendentes de recursos as ações de indenização pelos danos individuais, salvo na hipótese de o patrimônio do devedor ser manifestamente suficiente para responder pela integralidade das dívidas.

Art. 9º O CFDD estabelecerá sua forma de funcionamento por meio de regimento interno, que será elaborado dentro de sessenta dias, a partir da sua instalação, aprovado por portaria do Ministro da Justiça.

Art. 10. Os recursos destinados ao fundo serão centralizados em conta especial mantida no Banco do Brasil S.A., em Brasília, DF, denominada "Ministério da Justiça – CFDD – Fundo".

Parágrafo único. Nos termos do Regimento Interno do CFDD, os recursos destinados ao fundo provenientes de condenações judiciais de aplicação de multas administrativas deverão ser identificados segundo a natureza da infração ou do dano causado, de modo a permitir o cumprimento do disposto no art. 7º deste decreto.

Art. 11. O CFDD, mediante entendimento a ser mantido com o Poder Judiciário e os Ministérios Públicos Federal e Estaduais, será informado sobre a propositura de toda ação civil pública, a existência de depósito judicial, de sua natureza, e do trânsito em julgado da decisão.

Art. 12. Este decreto entra em vigor na data de sua publicação.

Art. 13. Fica revogado o Decreto nº 407, de 27 de dezembro de 1991.

Brasília, 9 de novembro de 1994;
173º da Independência e
106º da República.

Itamar Franco

LEI Nº 8.987, DE 13 DE FEVEREIRO DE 1995

Dispõe sobre o regime de concessão e permissão da prestação de serviços públicos previsto no art. 175 da Constituição Federal, e dá outras providências.

► Publicada no *DOU* de 14-2-1995 e republicada no *DOU* de 28-9-1998.

CAPÍTULO I

DAS DISPOSIÇÕES PRELIMINARES

Art. 1º As concessões de serviços públicos e de obras públicas e as permissões de serviços públicos reger-se-ão pelos termos do art. 175 da Constituição Federal, por esta Lei, pelas normas legais pertinentes e pelas cláusulas dos indispensáveis contratos.

Parágrafo único. A União, os Estados, o Distrito Federal e os Municípios promoverão a revisão e as adaptações necessárias de sua legislação às prescrições desta Lei, buscando atender as peculiaridades das diversas modalidades dos seus serviços.

Art. 2º Para os fins do disposto nesta Lei, considera-se:

I – poder concedente: a União, o Estado, o Distrito Federal ou o Município, em cuja competência se encontre o serviço público, precedido ou não da execução de obra pública, objeto de concessão ou permissão;

II – concessão de serviço público: a delegação de sua prestação, feita pelo poder concedente, mediante licitação, na modalidade de concorrência, à pessoa jurídica ou consórcio de empresas que demonstre capacidade para seu desempenho, por sua conta e risco e por prazo determinado;

III – concessão de serviço público precedida da execução de obra pública: a construção, total ou parcial, conservação, reforma, ampliação ou melhoramento de quaisquer obras de interesse público, delegada pelo poder concedente, mediante licitação, na modalidade de concorrência, à pessoa jurídica ou consórcio de empresas que demonstre capacidade para a sua realização, por sua conta e risco, de forma que o investimento da concessionária seja remunerado e amortizado mediante a exploração do serviço ou da obra por prazo determinado;

IV – permissão de serviço público: a delegação, a título precário, mediante licitação, da prestação de serviços públicos, feita pelo poder concedente à pessoa física ou jurídica que demonstre capacidade para seu desempenho, por sua conta e risco.

Art. 3º As concessões e permissões sujeitar-se-ão à fiscalização pelo poder concedente responsável pela delegação, com a cooperação dos usuários.

Art. 4º A concessão de serviço público, precedida ou não da execução de obra pública, será formalizada mediante contrato, que deverá observar os termos desta Lei, das normas pertinentes e do edital de licitação.

Art. 5º O poder concedente publicará, previamente ao edital de licitação, ato justificando a conveniência da outorga de concessão ou permissão, caracterizando seu objeto, área e prazo.

Capítulo II

DO SERVIÇO ADEQUADO

Art. 6º Toda concessão ou permissão pressupõe a prestação de serviço adequado ao pleno atendimento dos usuários, conforme estabelecido nesta Lei, nas normas pertinentes e no respectivo contrato.

§ 1º Serviço adequado é o que satisfaz as condições de regularidade, continuidade, eficiência, segurança, atualidade, generalidade, cortesia na sua prestação e modicidade das tarifas.

§ 2º A atualidade compreende a modernidade das técnicas, do equipamento e das instalações e a sua conservação, bem como a melhoria e expansão do serviço.

§ 3º Não se caracteriza como descontinuidade do serviço a sua interrupção em situação de emergência ou após prévio-aviso, quando:

I – motivada por razões de ordem técnica ou de segurança das instalações; e

II – por inadimplemento do usuário, considerado o interesse da coletividade.

Capítulo III

DOS DIREITOS E OBRIGAÇÕES DOS USUÁRIOS

Art. 7º Sem prejuízo do disposto na Lei nº 8.078, de 11 de setembro de 1990, são direitos e obrigações dos usuários:

I – receber serviço adequado;

II – receber do poder concedente e da concessionária informações para a defesa de interesses individuais ou coletivos;

III – obter e utilizar o serviço, com liberdade de escolha entre vários prestadores de serviços, quando for o caso, observadas as normas do poder concedente;

▶ Inciso III com a redação dada pela Lei nº 9.648, de 27-5-1998.

IV – levar ao conhecimento do poder público e da concessionária as irregularidades de que tenham conhecimento, referentes ao serviço prestado;

V – comunicar às autoridades competentes os atos ilícitos praticados pela concessionária na prestação do serviço;

VI – contribuir para a permanência das boas condições dos bens públicos através dos quais lhes são prestados os serviços.

Art. 7º-A. As concessionárias de serviços públicos, de direito público e privado, nos Estados e no Distrito Federal, são obrigadas a oferecer ao consumidor e ao usuário, dentro do mês de vencimento, o mínimo de seis datas opcionais para escolherem os dias de vencimento de seus débitos.

▶ Art. 7º-A acrescido pela Lei nº 9.791, de 24-3-1999.

Parágrafo único. VETADO. Lei nº 9.791, de 24-3-1999.

Capítulo IV

DA POLÍTICA TARIFÁRIA

Art. 8º VETADO.

Art. 9º A tarifa do serviço público concedido será fixada pelo preço da proposta vencedora da licitação e preservada pelas regras de revisão previstas nesta Lei, no edital e no contrato.

§ 1º A tarifa não será subordinada à legislação específica anterior e somente nos casos expressamente previstos em lei, sua cobrança poderá ser condicionada à existência de serviço público alternativo e gratuito para o usuário.

▶ § 1º com a redação dada pela Lei nº 9.648, de 27-5-1998.

§ 2º Os contratos poderão prever mecanismos de revisão das tarifas, a fim de manter-se o equilíbrio econômico-financeiro.

§ 3º Ressalvados os impostos sobre a renda, a criação, alteração ou extinção de quaisquer tributos ou encargos legais, após a apresentação da proposta, quando comprovado seu impacto, implicará a revisão da tarifa, para mais ou para menos, conforme o caso.

§ 4º Em havendo alteração unilateral do contrato que afete o seu inicial equilíbrio econômico-financeiro, o poder concedente deverá restabelecê-lo, concomitantemente à alteração.

Art. 10. Sempre que forem atendidas as condições do contrato, considera-se mantido seu equilíbrio econômico-financeiro.

Art. 11. No atendimento às peculiaridades de cada serviço público, poderá o poder concedente prever, em favor da concessionária, no edital de licitação, a possibilidade de outras fontes provenientes de receitas alternativas, complementares, acessórias ou de projetos associados, com ou sem exclusividade, com vistas a favorecer a modicidade das tarifas, observado o disposto no art. 17 desta Lei.

Parágrafo único. As fontes de receita previstas neste artigo serão obrigatoriamente consideradas para a aferição do inicial equilíbrio econômico-financeiro do contrato.

Art. 12. VETADO.

Art. 13. As tarifas poderão ser diferenciadas em função das características técnicas e dos custos específicos provenientes do atendimento aos distintos segmentos de usuários.

Capítulo V

DA LICITAÇÃO

Art. 14. Toda concessão de serviço público, precedida ou não da execução de obra pública, será objeto de prévia licitação, nos termos da legislação própria e com observância dos princípios da legalidade, moralidade, publicidade, igualdade, do julgamento por critérios objetivos e da vinculação ao instrumento convocatório.

Art. 15. No julgamento da licitação será considerado um dos seguintes critérios:

I – o menor valor da tarifa do serviço público a ser prestado;

II – a maior oferta, nos casos de pagamento ao poder concedente pela outorga da concessão;

III – a combinação, dois a dois, dos critérios referidos nos incisos I, II e VII;

IV – melhor proposta técnica, com preço fixado no edital;

V – melhor proposta em razão da combinação dos critérios de menor valor da tarifa do serviço público a ser prestado com o de melhor técnica;

VI – melhor proposta em razão da combinação dos critérios de maior oferta pela outorga da concessão com o de melhor técnica; ou

VII – melhor oferta de pagamento pela outorga após qualificação de propostas técnicas.

§ 1º A aplicação do critério previsto no inciso III só será admitida quando previamente estabelecida no edital de licitação, inclusive com regras e fórmulas precisas para avaliação econômico-financeira.

§ 2º Para fins de aplicação do disposto nos incisos IV, V, VI e VII, o edital de licitação conterá parâmetros e exigências para formulação de propostas técnicas.

§ 3º O poder concedente recusará propostas manifestamente inexequíveis ou financeiramente incompatíveis com os objetivos da licitação.

§ 4º Em igualdade de condições, será dada preferência à proposta apresentada por empresa brasileira.

▶ Art. 15 com a redação dada pela Lei nº 9.648, de 27-5-1998.

Art. 16. A outorga de concessão ou permissão não terá caráter de exclusividade, salvo no caso de inviabilidade técnica ou econômica justificada no ato a que se refere o art. 5º desta Lei.

Art. 17. Considerar-se-á desclassificada a proposta que, para sua viabilização, necessite de vantagens ou subsídios que não estejam previamente autorizados em lei e à disposição de todos os concorrentes.

§ 1º Considerar-se-á, também, desclassificada a proposta de entidade estatal alheia à esfera político-administrativa do poder concedente que, para sua viabilização, necessite de vantagens ou subsídios do poder público controlador da referida entidade.

▶ Parágrafo único transformado em § 1º pela Lei nº 9.648, de 27-5-1998.

§ 2º Inclui-se nas vantagens ou subsídios de que trata este artigo, qualquer tipo de tratamento tributário diferenciado, ainda que em consequência da natureza jurídica do licitante, que comprometa a isonomia fiscal que deve prevalecer entre todos os concorrentes.

▶ § 2º acrescido pela Lei nº 9.648, de 27-5-1998.

Art. 18. O edital de licitação será elaborado pelo poder concedente, observados, no que couber, os critérios e as normas gerais da legislação própria sobre licitações e contratos e conterá, especialmente:

I – o objeto, metas e prazo da concessão;

II – a descrição das condições necessárias à prestação adequada do serviço;

III – os prazos para recebimento das propostas, julgamento da licitação e assinatura do contrato;

IV – prazo, local e horário em que serão fornecidos, aos interessados, os dados, estudos e projetos necessários à elaboração dos orçamentos e apresentação das propostas;

V – os critérios e a relação dos documentos exigidos para a aferição da capacidade técnica, da idoneidade financeira e da regularidade jurídica e fiscal;

VI – as possíveis fontes de receitas alternativas, complementares ou acessórias, bem como as provenientes de projetos associados;

VII – os direitos e obrigações do poder concedente e da concessionária em relação a alterações e expansões a serem realizadas no futuro, para garantir a continuidade da prestação do serviço;

VIII – os critérios de reajuste e revisão da tarifa;

IX – os critérios, indicadores, fórmulas e parâmetros a serem utilizados no julgamento técnico e econômico-financeiro da proposta;

X – a indicação dos bens reversíveis;

XI – as características dos bens reversíveis e as condições em que estes serão postos à disposição, nos casos em que houver sido extinta a concessão anterior;

XII – a expressa indicação do responsável pelo ônus das desapropriações necessárias à execução do serviço ou da obra pública, ou para a instituição de servidão administrativa;

XIII – as condições de liderança da empresa responsável, na hipótese em que for permitida a participação de empresas em consórcio;

XIV – nos casos de concessão, a minuta do respectivo contrato, que conterá as cláusulas essenciais referidas no art. 23 desta Lei, quando aplicáveis;

XV – nos casos de concessão de serviços públicos precedida da execução de obra pública, os dados relativos à obra, dentre os quais os elementos do projeto básico que permitam sua plena caracterização, bem assim as garantias exigidas para essa parte específica do contrato, adequadas a cada caso e limitadas ao valor da obra;

▶ Inciso XV com a redação dada pela Lei nº 9.648, de 27-5-1998.

XVI – nos casos de permissão, os termos do contrato de adesão a ser firmado.

Art. 18-A. O edital poderá prever a inversão da ordem das fases de habilitação e julgamento, hipótese em que:

I – encerrada a fase de classificação das propostas ou o oferecimento de lances, será aberto o invólucro com os documentos de habilitação do licitante mais bem classificado, para verificação do atendimento das condições fixadas no edital;

II – verificado o atendimento das exigências do edital, o licitante será declarado vencedor;

III – inabilitado o licitante melhor classificado, serão analisados os documentos habilitatórios do licitante com a proposta classificada em segundo lugar, e assim sucessivamente, até que um licitante classificado atenda às condições fixadas no edital;

IV – proclamado o resultado final do certame, o objeto será adjudicado ao vencedor nas condições técnicas e econômicas por ele ofertadas.

▶ Art. 18-A acrescido pela Lei nº 11.196, de 21-11-2005.

Art. 19. Quando permitida, na licitação, a participação de empresas em consórcio, observar-se-ão as seguintes normas:

I – comprovação de compromisso, público ou particular, de constituição de consórcio, subscrito pelas consorciadas;

II – indicação da empresa responsável pelo consórcio;

III – apresentação dos documentos exigidos nos incisos V e XIII do artigo anterior, por parte de cada consorciada;

IV – impedimento de participação de empresas consorciadas na mesma licitação, por intermédio de mais de um consórcio ou isoladamente.

§ 1º O licitante vencedor fica obrigado a promover, antes da celebração do contrato, a constituição e registro do consórcio, nos termos do compromisso referido no inciso I deste artigo.

§ 2º A empresa líder do consórcio é a responsável perante o poder concedente pelo cumprimento do contrato de concessão, sem prejuízo da responsabilidade solidária das demais consorciadas.

Art. 20. É facultado ao poder concedente, desde que previsto no edital, no interesse do serviço a ser concedido, determinar que o licitante vencedor, no caso de consórcio, se constitua em empresa antes da celebração do contrato.

Art. 21. Os estudos, investigações, levantamentos, projetos, obras e despesas ou investimentos já efetuados, vinculados à concessão, de utilidade para a licitação, realizados pelo poder concedente ou com a sua autorização, estarão à disposição dos interessados, devendo o vencedor da licitação ressarcir os dispêndios correspondentes, especificados no edital.

Art. 22. É assegurada a qualquer pessoa a obtenção de certidão sobre atos, contratos, decisões ou pareceres relativos à licitação ou às próprias concessões.

Capítulo VI

DO CONTRATO DE CONCESSÃO

Art. 23. São cláusulas essenciais do contrato de concessão as relativas:

I – ao objeto, à área e ao prazo da concessão;

II – ao modo, forma e condições de prestação do serviço;

III – aos critérios, indicadores, fórmulas e parâmetros definidores da qualidade do serviço;

IV – ao preço do serviço e aos critérios e procedimentos para o reajuste e a revisão das tarifas;

V – aos direitos, garantias e obrigações do poder concedente e da concessionária, inclusive os relacionados às previsíveis necessidades de futura alteração e expansão do serviço e consequente modernização, aperfeiçoamento e ampliação dos equipamentos e das instalações;

VI – aos direitos e deveres dos usuários para obtenção e utilização do serviço;

VII – à forma de fiscalização das instalações, dos equipamentos, dos métodos e práticas de execução do serviço, bem como a indicação dos órgãos competentes para exercê-la;

VIII – às penalidades contratuais e administrativas a que se sujeita a concessionária e sua forma de aplicação;

IX – aos casos de extinção da concessão;

X – aos bens reversíveis;

XI – aos critérios para o cálculo e a forma de pagamento das indenizações devidas à concessionária, quando for o caso;

XII – às condições para prorrogação do contrato;

XIII – à obrigatoriedade, forma e periodicidade da prestação de contas da concessionária ao poder concedente;

XIV – à exigência da publicação de demonstrações financeiras periódicas da concessionária; e

XV – ao foro e ao modo amigável de solução das divergências contratuais.

Parágrafo único. Os contratos relativos à concessão de serviço público precedido da execução de obra pública deverão, adicionalmente:

I – estipular os cronogramas físico-financeiros de execução das obras vinculadas à concessão; e

II – exigir garantia do fiel cumprimento, pela concessionária, das obrigações relativas às obras vinculadas à concessão.

Art. 23-A. O contrato de concessão poderá prever o emprego de mecanismos privados para resolução de disputas decorrentes ou relacionadas ao contrato, inclusive a arbitragem, a ser realizada no Brasil e em língua portuguesa, nos termos da Lei nº 9.307, de 23 de setembro de 1996.

▶ Art. 23-A acrescido pela Lei nº 11.196, de 21-11-2005.

Art. 24. VETADO.

Art. 25. Incumbe à concessionária a execução do serviço concedido, cabendo-lhe responder por todos os prejuízos causados ao poder concedente, aos usuários ou a terceiros, sem que a fiscalização exercida pelo órgão competente exclua ou atenue essa responsabilidade.

§ 1º Sem prejuízo da responsabilidade a que se refere este artigo, a concessionária poderá contratar com terceiros o desenvolvimento de atividades inerentes, acessórias ou complementares ao serviço concedido, bem como a implementação de projetos associados.

§ 2º Os contratos celebrados entre a concessionária e os terceiros a que se refere o parágrafo anterior reger-se-ão pelo direito privado, não se estabelecendo qualquer relação jurídica entre os terceiros e o poder concedente.

§ 3º A execução das atividades contratadas com terceiros pressupõe o cumprimento das normas regulamentares da modalidade do serviço concedido.

Art. 26. É admitida a subconcessão, nos termos previstos no contrato de concessão, desde que expressamente autorizada pelo poder concedente.

§ 1º A outorga de subconcessão será sempre precedida de concorrência.

§ 2º O subconcessionário se sub-rogará todos os direitos e obrigações da subconcedente dentro dos limites da subconcessão.

Art. 27. A transferência de concessão ou do controle societário da concessionária sem prévia anuência do poder concedente implicará a caducidade da concessão.

§ 1º Para fins de obtenção da anuência de que trata o *caput* deste artigo, o pretendente deverá:

I – atender às exigências de capacidade técnica, idoneidade financeira e regularidade jurídica e fiscal necessárias à assunção do serviço; e

II – comprometer-se a cumprir todas as cláusulas do contrato em vigor.

▶ Parágrafo único transformado em § 1º pela Lei nº 11.196, de 21-11-2005.

§ 2º Nas condições estabelecidas no contrato de concessão, o poder concedente autorizará a assunção do controle da concessionária por seus financiadores para promover sua reestruturação financeira e assegurar a continuidade da prestação dos serviços.

§ 3º Na hipótese prevista no § 2º deste artigo, o poder concedente exigirá dos financiadores que atendam às exigências de regularidade jurídica e fiscal, podendo alterar ou dispensar os demais requisitos previstos no § 1º, inciso I deste artigo.

§ 4º A assunção do controle autorizada na forma do § 2º deste artigo não alterará as obrigações da concessionária e de seus controladores ante ao poder concedente.

▶ §§ 2º a 4º acrescidos pela Lei nº 11.196, de 21-11-2005.

Art. 28. Nos contratos de financiamento, as concessionárias poderão oferecer em garantia os direitos emergentes da concessão, até o limite que não comprometa a operacionalização e a continuidade da prestação do serviço.

Parágrafo único. *Revogado.* Lei nº 9.074, de 7-7-1995.

Art. 28-A. Para garantir contratos de mútuo de longo prazo, destinados a investimentos relacionados a contratos de concessão, em qualquer de suas modalidades, as concessionárias poderão ceder ao mutuante, parcela de seus créditos operacionais futuros, observadas as seguintes condições:

I – o contrato de cessão dos créditos deverá ser registrado em Cartório de Títulos e Documentos para ter eficácia perante terceiros;

II – sem prejuízo do disposto no inciso I do *caput* deste artigo, a cessão do crédito não terá eficácia em relação ao Poder Público concedente senão quando for este formalmente notificado;

III – os créditos futuros cedidos nos termos deste artigo serão constituídos sob a titularidade do mutuante, independentemente de qualquer formalidade adicional;

IV – o mutuante poderá indicar instituição financeira para efetuar a cobrança e receber os pagamentos dos créditos cedidos ou permitir que a concessionária o faça, na qualidade de representante e depositária;

V – na hipótese de ter sido indicada instituição financeira, conforme previsto no inciso IV do *caput* deste artigo, fica a concessionária obrigada a apresentar a essa os créditos para cobrança;

VI – os pagamentos dos créditos cedidos deverão ser depositados pela concessionária ou pela instituição encarregada da cobrança em conta-corrente bancária vinculada ao contrato de mútuo;

VII – a instituição financeira depositária deverá transferir os valores recebidos ao mutuante à medida que as obrigações do contrato de mútuo tornarem-se exigíveis; e

VIII – o contrato de cessão disporá sobre a devolução à concessionária dos recursos excedentes, sendo vedada a retenção do saldo após o adimplemento integral do contrato.

Parágrafo único. Para os fins deste artigo, serão considerados contratos de longo prazo aqueles cujas obrigações tenham prazo médio de vencimento superior a cinco anos.

▶ Art. 28-A acrescido pela Lei nº 11.196, de 21-11-2005.

Capítulo VII
DOS ENCARGOS DO PODER CONCEDENTE

Art. 29. Incumbe ao poder concedente:

I – regulamentar o serviço concedido e fiscalizar permanentemente a sua prestação;

II – aplicar as penalidades regulamentares e contratuais;

III – intervir na prestação do serviço, nos casos e condições previstos em lei;

IV – extinguir a concessão, nos casos previstos nesta Lei e na forma prevista no contrato;

V – homologar reajustes e proceder à revisão das tarifas na forma desta Lei, das normas pertinentes e do contrato;

VI - cumprir e fazer cumprir as disposições regulamentares do serviço e as cláusulas contratuais da concessão;

VII - zelar pela boa qualidade do serviço, receber, apurar e solucionar queixas e reclamações dos usuários, que serão cientificados, em até trinta dias, das providências tomadas;

VIII - declarar de utilidade pública os bens necessários à execução do serviço ou obra pública, promovendo as desapropriações, diretamente ou mediante outorga de poderes à concessionária, caso em que será desta a responsabilidade pelas indenizações cabíveis;

IX - declarar de necessidade ou utilidade pública, para fins de instituição de servidão administrativa, os bens necessários à execução de serviço ou obra pública, promovendo-a diretamente ou mediante outorga de poderes à concessionária, caso em que será desta a responsabilidade pelas indenizações cabíveis;

X - estimular o aumento da qualidade, produtividade, preservação do meio ambiente e conservação;

XI - incentivar a competitividade; e

XII - estimular a formação de associações de usuários para defesa de interesses relativos ao serviço.

Art. 30. No exercício da fiscalização, o poder concedente terá acesso aos dados relativos à administração, contabilidade, recursos técnicos, econômicos e financeiros da concessionária.

Parágrafo único. A fiscalização do serviço será feita por intermédio de órgão técnico do poder concedente ou por entidade com ele conveniada, e, periodicamente, conforme previsto em norma regulamentar, por comissão composta de representantes do poder concedente, da concessionária e dos usuários.

Capítulo VIII
DOS ENCARGOS DA CONCESSIONÁRIA

Art. 31. Incumbe à concessionária:

I - prestar serviço adequado, na forma prevista nesta Lei, nas normas técnicas aplicáveis e no contrato;

II - manter em dia o inventário e o registro dos bens vinculados à concessão;

III - prestar contas da gestão do serviço ao poder concedente e aos usuários, nos termos definidos no contrato;

IV - cumprir e fazer cumprir as normas do serviço e as cláusulas contratuais da concessão;

V - permitir aos encarregados da fiscalização livre acesso, em qualquer época, às obras, aos equipamentos e às instalações integrantes do serviço, bem como a seus registros contábeis;

VI - promover as desapropriações e constituir servidões autorizadas pelo poder concedente, conforme previsto no edital e no contrato;

VII - zelar pela integridade dos bens vinculados à prestação do serviço, bem como segurá-los adequadamente; e

VIII - captar, aplicar e gerir os recursos financeiros necessários à prestação do serviço.

Parágrafo único. As contratações, inclusive de mão de obra, feitas pela concessionária serão regidas pelas disposições de direito privado e pela legislação trabalhista, não se estabelecendo qualquer relação entre os terceiros contratados pela concessionária e o poder concedente.

Capítulo IX
DA INTERVENÇÃO

Art. 32. O poder concedente poderá intervir na concessão, com o fim de assegurar a adequação na prestação do serviço, bem como o fiel cumprimento das normas contratuais, regulamentares e legais pertinentes.

Parágrafo único. A intervenção far-se-á por decreto do poder concedente, que conterá a designação do interventor, o prazo da intervenção e os objetivos e limites da medida.

Art. 33. Declarada a intervenção, o poder concedente deverá, no prazo de trinta dias, instaurar procedimento administrativo para comprovar as causas determinantes da medida e apurar responsabilidades, assegurado o direito de ampla defesa.

§ 1º Se ficar comprovado que a intervenção não observou os pressupostos legais e regulamentares será declarada sua nulidade, devendo o serviço ser imediatamente devolvido à concessionária, sem prejuízo de seu direito à indenização.

§ 2º O procedimento administrativo a que se refere o *caput* deste artigo deverá ser concluído no prazo de até cento e oitenta dias, sob pena de considerar-se inválida a intervenção.

Art. 34. Cessada a intervenção, se não for extinta a concessão, a administração do serviço será devolvida à concessionária, precedida de prestação de contas pelo interventor, que responderá pelos atos praticados durante a sua gestão.

Capítulo X
DA EXTINÇÃO DA CONCESSÃO

Art. 35. Extingue-se a concessão por:

I - advento do termo contratual;

II – encampação;
III – caducidade;
IV – rescisão;
V – anulação; e
VI – falência ou extinção da empresa concessionária e falecimento ou incapacidade do titular, no caso de empresa individual.

§ 1º Extinta a concessão, retornam ao poder concedente todos os bens reversíveis, direitos e privilégios transferidos ao concessionário conforme previsto no edital e estabelecido no contrato.

§ 2º Extinta a concessão, haverá a imediata assunção do serviço pelo poder concedente, procedendo-se aos levantamentos, avaliações e liquidações necessários.

§ 3º A assunção do serviço autoriza a ocupação das instalações e a utilização, pelo poder concedente, de todos os bens reversíveis.

§ 4º Nos casos previstos nos incisos I e II deste artigo, o poder concedente, antecipando-se à extinção da concessão, procederá aos levantamentos e avaliações necessários à determinação dos montantes da indenização que será devida à concessionária, na forma dos arts. 36 e 37 desta Lei.

Art. 36. A reversão no advento do termo contratual far-se-á com a indenização das parcelas dos investimentos vinculados a bens reversíveis, ainda não amortizados ou depreciados, que tenham sido realizados com o objetivo de garantir a continuidade e atualidade do serviço concedido.

Art. 37. Considera-se encampação a retomada do serviço pelo poder concedente durante o prazo da concessão, por motivo de interesse público, mediante lei autorizativa específica e após prévio pagamento da indenização, na forma do artigo anterior.

Art. 38. A inexecução total ou parcial do contrato acarretará, a critério do poder concedente, a declaração de caducidade da concessão ou a aplicação das sanções contratuais, respeitadas as disposições deste artigo, do art. 27, e as normas convencionadas entre as partes.

§ 1º A caducidade da concessão poderá ser declarada pelo poder concedente quando:

I – o serviço estiver sendo prestado de forma inadequada ou deficiente, tendo por base as normas, critérios, indicadores e parâmetros definidores da qualidade do serviço;

II – a concessionária descumprir cláusulas contratuais ou disposições legais ou regulamentares concernentes à concessão;

III – a concessionária paralisar o serviço ou concorrer para tanto, ressalvadas as hipóteses decorrentes de caso fortuito ou força maior;

IV – a concessionária perder as condições econômicas, técnicas ou operacionais para manter a adequada prestação do serviço concedido;

V – a concessionária não cumprir as penalidades impostas por infrações, nos devidos prazos;

VI – a concessionária não atender a intimação do poder concedente no sentido de regularizar a prestação do serviço; e

VII – a concessionária for condenada em sentença transitada em julgado por sonegação de tributos, inclusive contribuições sociais.

§ 2º A declaração da caducidade da concessão deverá ser precedida da verificação da inadimplência da concessionária em processo administrativo, assegurado o direito de ampla defesa.

§ 3º Não será instaurado processo administrativo de inadimplência antes de comunicados à concessionária, detalhadamente, os descumprimentos contratuais referidos no § 1º deste artigo, dando-lhe um prazo para corrigir as falhas e transgressões apontadas e para o enquadramento, nos termos contratuais.

§ 4º Instaurado o processo administrativo e comprovada a inadimplência, a caducidade será declarada por decreto do poder concedente, independentemente de indenização prévia, calculada no decurso do processo.

§ 5º A indenização de que trata o parágrafo anterior, será devida na forma do art. 36 desta Lei e do contrato, descontado o valor das multas contratuais e dos danos causados pela concessionária.

§ 6º Declarada a caducidade, não resultará para o poder concedente qualquer espécie de responsabilidade em relação aos encargos, ônus, obrigações ou compromissos com terceiros ou com empregados da concessionária.

Art. 39. O contrato de concessão poderá ser rescindido por iniciativa da concessionária, no caso de descumprimento das normas contratuais pelo poder concedente, mediante ação judicial especialmente intentada para esse fim.

Parágrafo único. Na hipótese prevista no *caput* deste artigo, os serviços prestados pela concessionária não poderão ser interrompidos ou paralisados, até a decisão judicial transitada em julgado.

Capítulo XI
DAS PERMISSÕES

Art. 40. A permissão de serviço público será formalizada mediante contrato de adesão, que observará os termos desta Lei, das demais normas pertinentes e do edital de licitação, inclusive quanto à precariedade e à revogabilidade unilateral do contrato pelo poder concedente.

Parágrafo único. Aplica-se às permissões o disposto nesta Lei.

Capítulo XII
DISPOSIÇÕES FINAIS E TRANSITÓRIAS

Art. 41. O disposto nesta Lei não se aplica à concessão, permissão e autorização para o serviço de radiodifusão sonora e de sons e imagens.

Art. 42. As concessões de serviço público outorgadas anteriormente à entrada em vigor desta Lei consideram-se válidas pelo prazo fixado no contrato ou no ato de outorga, observado o disposto no art. 43 desta Lei.

§ 1º Vencido o prazo mencionado no contrato ou ato de outorga, o serviço poderá ser prestado por órgão ou entidade do poder concedente, ou delegado a terceiros, mediante novo contrato.

▶ § 1º com a redação dada pela Lei nº 11.445, de 5-1-2007.

§ 2º As concessões em caráter precário, as que estiverem com prazo vencido e as que estiverem em vigor por prazo indeterminado, inclusive por força de legislação anterior, permanecerão válidas pelo prazo necessário à realização dos levantamentos e avaliações indispensáveis à organização das licitações que precederão a outorga das concessões que as substituirão, prazo esse que não será inferior a 24 (vinte e quatro) meses.

§ 3º As concessões a que se refere o § 2º deste artigo, inclusive as que não possuam instrumento que as formalize ou que possuam cláusula que preveja prorrogação, terão validade máxima até o dia 31 de dezembro de 2010, desde que, até o dia 30 de junho de 2009, tenham sido cumpridas, cumulativamente, as seguintes condições:

I – levantamento mais amplo e retroativo possível dos elementos físicos constituintes da infraestrutura de bens reversíveis e dos dados financeiros, contábeis e comerciais relativos à prestação dos serviços, em dimensão necessária e suficiente para a realização do cálculo de eventual indenização relativa aos investimentos ainda não amortizados pelas receitas emergentes da concessão, observadas as disposições legais e contratuais que regulavam a prestação do serviço ou a ela aplicáveis nos 20 (vinte) anos anteriores ao da publicação desta Lei;

II – celebração de acordo entre o poder concedente e o concessionário sobre os critérios e a forma de indenização de eventuais créditos remanescentes de investimentos ainda não amortizados ou depreciados, apurados a partir dos levantamentos referidos no inciso I deste parágrafo e auditados por instituição especializada escolhida de comum acordo pelas partes; e

III – publicação na imprensa oficial de ato formal de autoridade do poder concedente, autorizando a prestação precária dos serviços por prazo de até 6 (seis) meses, renovável até 31 de dezembro de 2008, mediante comprovação do cumprimento do disposto nos incisos I e II deste parágrafo.

§ 4º Não ocorrendo o acordo previsto no inciso II do § 3º deste artigo, o cálculo da indenização de investimentos será feito com base nos critérios previstos no instrumento de concessão antes celebrado ou, na omissão deste, por avaliação de seu valor econômico ou reavaliação patrimonial, depreciação e amortização de ativos imobilizados definidos pelas legislações fiscal e das sociedades por ações, efetuada por empresa de auditoria independente escolhida de comum acordo pelas partes.

§ 5º No caso do § 4º deste artigo, o pagamento de eventual indenização será realizado, mediante garantia real, por meio de 4 (quatro) parcelas anuais, iguais e sucessivas, da parte ainda não amortizada de investimentos e de outras indenizações relacionadas à prestação dos serviços, realizados com capital próprio do concessionário ou de seu controlador, ou originários de operações de financiamento, ou obtidos mediante emissão de ações, debêntures e outros títulos mobiliários, com a primeira parcela paga até o último dia útil do exercício financeiro em que ocorrer a reversão.

§ 6º Ocorrendo acordo, poderá a indenização de que trata o § 5º deste artigo ser paga mediante receitas de novo contrato que venha a disciplinar a prestação do serviço.

▶ §§ 3º a 6º acrescidos pela Lei nº 11.445, de 5-1-2007.

Art. 43. Ficam extintas todas as concessões de serviços públicos outorgadas sem licitação na vigência da Constituição de 1988.

Parágrafo único. Ficam também extintas todas as concessões outorgadas sem licitação anteriormente à Constituição de 1988, cujas obras ou serviços não tenham sido iniciados ou que se encontrem paralisados quando da entrada em vigor desta Lei.

Art. 44. As concessionárias que tiverem obras que se encontrem atrasadas, na data da publicação desta Lei, apresentarão ao poder concedente, dentro de cento e oitenta dias, plano efetivo de conclusão das obras.

Parágrafo único. Caso a concessionária não apresente o plano a que se refere este artigo ou se este plano não oferecer condições efetivas para o término da obra, o poder concedente poderá declarar extinta a concessão, relativa a essa obra.

Art. 45. Nas hipóteses de que tratam os arts. 43 e 44 desta Lei, o poder concedente indenizará as obras e serviços realizados somente no caso e com os recursos da nova licitação.

Parágrafo único. A licitação de que trata o *caput* deste artigo deverá, obrigatoriamente, levar em conta, para fins de avaliação, o estágio das obras paralisadas ou atrasadas, de modo a permitir a utilização do critério de julgamento estabelecido no inciso III do art. 15 desta Lei.

Art. 46. Esta Lei entra em vigor na data de sua publicação.

Art. 47. Revogam-se as disposições em contrário.

Brasília, 13 de fevereiro de 1995;
174º da Independência e
107º da República.

Fernando Henrique Cardoso

LEI Nº 9.099, DE 26 DE SETEMBRO DE 1995

Dispõe sobre os Juizados Especiais Cíveis e Criminais e dá outras providências.

▶ Publicada no *DOU* de 27-9-1995.

CAPÍTULO I
DISPOSIÇÕES GERAIS

Art. 1º Os Juizados Especiais Cíveis e Criminais, órgãos da Justiça Ordinária, serão criados pela União, no Distrito Federal e nos Territórios, e pelos Estados, para conciliação, processo, julgamento e execução, nas causas de sua competência.

Art. 2º O processo orientar-se-á pelos critérios da oralidade, simplicidade, informalidade, economia processual e celeridade, buscando, sempre que possível, a conciliação ou a transação.

CAPÍTULO II
DOS JUIZADOS ESPECIAIS CÍVEIS

SEÇÃO I
DA COMPETÊNCIA

Art. 3º O Juizado Especial Cível tem competência para conciliação, processo e julgamento das causas cíveis de menor complexidade, assim consideradas:

I – as causas cujo valor não exceda a quarenta vezes o salário-mínimo;

II – as enumeradas no artigo 275, inciso II, do Código de Processo Civil;

III – a ação de despejo para uso próprio;

IV – as ações possessórias sobre bens imóveis de valor não excedente ao fixado no inciso I deste artigo.

§ 1º Compete ao Juizado Especial promover a execução:

I – dos seus julgados;

II – dos títulos executivos extrajudiciais, no valor de até quarenta vezes o salário-mínimo, observado o disposto no § 1º do artigo 8º desta Lei.

§ 2º Ficam excluídas da competência do Juizado Especial as causas de natureza alimentar, falimentar, fiscal e de interesse da Fazenda Pública, e também as relativas a acidentes de trabalho, a resíduos e ao estado e capacidade das pessoas, ainda que de cunho patrimonial.

§ 3º A opção pelo procedimento previsto nesta Lei importará em renúncia ao crédito excedente ao limite estabelecido neste artigo, excetuada a hipótese de conciliação.

Art. 4º É competente, para as causas previstas nesta Lei, o Juizado do foro:

I – do domicílio do réu ou, a critério do autor, do local onde aquele exerça atividades profissionais ou econômicas ou mantenha estabelecimento, filial, agência, sucursal ou escritório;

II – do lugar onde a obrigação deva ser satisfeita;

III – do domicílio do autor ou do local do ato ou fato, nas ações para reparação de dano de qualquer natureza.

Parágrafo único. Em qualquer hipótese, poderá a ação ser proposta no foro previsto no inciso I deste artigo.

SEÇÃO II
DO JUIZ, DOS CONCILIADORES E DOS JUÍZES LEIGOS

Art. 5º O juiz dirigirá o processo com liberdade para determinar as provas a serem produzidas, para apreciá-las e para dar especial valor às regras de experiência comum ou técnica.

Art. 6º O juiz adotará em cada caso a decisão que reputar mais justa e equânime, atendendo aos fins sociais da lei e às exigências do bem comum.

Art. 7º Os conciliadores e juízes leigos são auxiliares da Justiça, recrutados, os primeiros, preferentemente, entre os bacharéis em Direito, e os segundos, entre advogados com mais de cinco anos de experiência.

Parágrafo único. Os juízes leigos ficarão impedidos de exercer a advocacia perante os Juizados Especiais, enquanto no desempenho de suas funções.

Seção III

DAS PARTES

Art. 8º Não poderão ser partes, no processo instituído por esta Lei, o incapaz, o preso, as pessoas jurídicas de direito público, as empresas públicas da União, a massa falida e o insolvente civil.

§ 1º Somente serão admitidas a propor ação perante o Juizado Especial:

▶ *Caput* do § 1º com a redação dada pela Lei nº 12.126, de 16-12-2009.

I – as pessoas físicas capazes, excluídos os cessionários de direito de pessoas jurídicas;

II – as microempresas, assim definidas pela Lei nº 9.841, de 5 de outubro de 1999;

III – as pessoas jurídicas qualificadas como Organização da Sociedade Civil de Interesse Público, nos termos da Lei nº 9.790, de 23 de março de 1999;

IV – as sociedades de crédito ao microempreendedor, nos termos do art. 1º da Lei nº 10.194, de 14 de fevereiro de 2001.

▶ Incisos I a IV acrescidos pela Lei nº 12.126, de 16-12-2009.

§ 2º O maior de dezoito anos poderá ser autor, independentemente de assistência, inclusive para fins de conciliação.

Art. 9º Nas causas de valor até vinte salários-mínimos, as partes comparecerão pessoalmente, podendo ser assistidas por advogados; nas de valor superior, a assistência é obrigatória.

§ 1º Sendo facultativa a assistência, se uma das partes comparecer assistida por advogado, ou se o réu for pessoa jurídica ou firma individual, terá a outra parte, se quiser, assistência judiciária prestada por órgão instituído junto ao Juizado Especial, na forma da lei local.

§ 2º O juiz alertará as partes da conveniência do patrocínio por advogado, quando a causa o recomendar.

§ 3º O mandato ao advogado poderá ser verbal, salvo quanto aos poderes especiais.

§ 4º O réu, sendo pessoa jurídica ou titular de firma individual, poderá ser representado por preposto credenciado, munido de carta de preposição com poderes para transigir, sem haver necessidade de vínculo empregatício.

▶ § 4º com a redação dada pela Lei nº 12.137, de 18-12-2009.

Art. 10. Não se admitirá, no processo, qualquer forma de intervenção de terceiro nem de assistência. Admitir-se-á o litisconsórcio.

Art. 11. O Ministério Público intervirá nos casos previstos em lei.

Seção IV

DOS ATOS PROCESSUAIS

Art. 12. Os atos processuais serão públicos e poderão realizar-se em horário noturno, conforme dispuserem as normas de organização judiciária.

Art. 13. Os atos processuais serão válidos sempre que preencherem as finalidades para as quais forem realizados, atendidos os critérios indicados no artigo 2º desta Lei.

§ 1º Não se pronunciará qualquer nulidade sem que tenha havido prejuízo.

§ 2º A prática de atos processuais em outras comarcas poderá ser solicitada por qualquer meio idôneo de comunicação.

§ 3º Apenas os atos considerados essenciais serão registrados resumidamente, em notas manuscritas, datilografadas, taquigrafadas ou estenotipadas. Os demais atos poderão ser gravados em fita magnética ou equivalente, que será inutilizada após o trânsito em julgado da decisão.

§ 4º As normas locais disporão sobre a conservação das peças do processo e demais documentos que o instruem.

Seção V

DO PEDIDO

Art. 14. O processo instaurar-se-á com a apresentação do pedido, escrito ou oral, à Secretaria do Juizado.

§ 1º Do pedido constarão, de forma simples e em linguagem acessível:

I – o nome, a qualificação e o endereço das partes;

II – os fatos e os fundamentos, de forma sucinta;

III – o objeto e seu valor.

§ 2º É lícito formular pedido genérico quando não for possível determinar, desde logo, a extensão da obrigação.

§ 3º O pedido oral será reduzido a escrito pela Secretaria do Juizado, podendo ser utilizado o sistema de fichas ou formulários impressos.

Art. 15. Os pedidos mencionados no artigo 3º desta Lei poderão ser alternativos ou cumulados; nesta última hipótese, desde que conexos e a soma não ultrapasse o limite fixado naquele dispositivo.

Art. 16. Registrado o pedido, independentemente de distribuição e autuação, a Secretaria do Juizado designará a sessão de conciliação, a realizar-se no prazo de quinze dias.

Art. 17. Comparecendo inicialmente ambas as partes, instaurar-se-á, desde logo, a sessão de conciliação, dispensados o registro prévio de pedido e a citação.

Parágrafo único. Havendo pedidos contrapostos, poderá ser dispensada a contestação formal e ambos serão apreciados na mesma sentença.

SEÇÃO VI

DAS CITAÇÕES E INTIMAÇÕES

Art. 18. A citação far-se-á:

I – por correspondência, com aviso de recebimento em mão própria;

II – tratando-se de pessoa jurídica ou firma individual, mediante entrega ao encarregado da recepção, que será obrigatoriamente identificado;

III – sendo necessário, por oficial de justiça, independentemente de mandado ou carta precatória.

§ 1º A citação conterá cópia do pedido inicial, dia e hora para comparecimento do citando e advertência de que, não comparecendo este, considerar-se-ão verdadeiras as alegações iniciais, e será proferido julgamento, de plano.

§ 2º Não se fará citação por edital.

§ 3º O comparecimento espontâneo suprirá a falta ou nulidade da citação.

Art. 19. As intimações serão feitas na forma prevista para citação, ou por qualquer outro meio idôneo de comunicação.

§ 1º Dos atos praticados na audiência, considerar-se-ão desde logo cientes as partes.

§ 2º As partes comunicarão ao juízo as mudanças de endereço ocorridas no curso do processo, reputando-se eficazes as intimações enviadas ao local anteriormente indicado, na ausência da comunicação.

SEÇÃO VII

DA REVELIA

Art. 20. Não comparecendo o demandado à sessão de conciliação ou à audiência de instrução e julgamento, reputar-se-ão verdadeiros os fatos alegados no pedido inicial, salvo se o contrário resultar da convicção do juiz.

SEÇÃO VIII

DA CONCILIAÇÃO E DO JUÍZO ARBITRAL

Art. 21. Aberta a sessão, o juiz togado ou leigo esclarecerá as partes presentes sobre as vantagens da conciliação, mostrando-lhes os riscos e as consequências do litígio, especialmente quanto ao disposto no § 3º do artigo 3º desta Lei.

Art. 22. A conciliação será conduzida pelo juiz togado ou leigo ou por conciliador sob sua orientação.

Parágrafo único. Obtida a conciliação, esta será reduzida a escrito e homologada pelo juiz togado, mediante sentença com eficácia de título executivo.

Art. 23. Não comparecendo o demandado, o juiz togado proferirá sentença.

Art. 24. Não obtida a conciliação, as partes poderão optar, de comum acordo, pelo juízo arbitral, na forma prevista nesta Lei.

§ 1º O juízo arbitral considerar-se-á instaurado, independentemente de termo de compromisso, com a escolha do árbitro pelas partes. Se este não estiver presente, o juiz convocá-lo-á e designará, de imediato, a data para a audiência de instrução.

§ 2º O árbitro será escolhido dentre os juízes leigos.

Art. 25. O árbitro conduzirá o processo com os mesmos critérios do juiz, na forma dos artigos 5º e 6º desta Lei, podendo decidir por equidade.

Art. 26. Ao término da instrução, ou nos cinco dias subsequentes, o árbitro apresentará o laudo ao juiz togado para homologação por sentença irrecorrível.

SEÇÃO IX

DA INSTRUÇÃO E JULGAMENTO

Art. 27. Não instituído o juízo arbitral, proceder-se-á imediatamente à audiência de instrução e julgamento, desde que não resulte prejuízo para a defesa.

Parágrafo único. Não sendo possível a sua realização imediata, será a audiência designada para um dos quinze dias subsequentes, cientes, desde logo, as partes e testemunhas eventualmente presentes.

Art. 28. Na audiência de instrução e julgamento serão ouvidas as partes, colhida a prova e, em seguida, proferida a sentença.

Art. 29. Serão decididos de plano todos os incidentes que possam interferir no regular prosseguimento da audiência. As demais questões serão decididas na sentença.

Parágrafo único. Sobre os documentos apresentados por uma das partes, manifestar-se-á imediatamente a parte contrária, sem interrupção da audiência.

SEÇÃO X
DA RESPOSTA DO RÉU

Art. 30. A contestação, que será oral ou escrita, conterá toda matéria de defesa, exceto arguição de suspeição ou impedimento do juiz, que se processará na forma da legislação em vigor.

Art. 31. Não se admitirá a reconvenção. É lícito ao réu, na contestação, formular pedido em seu favor, nos limites do artigo 3º desta Lei, desde que fundado nos mesmos fatos que constituem objeto da controvérsia.

Parágrafo único. O autor poderá responder ao pedido do réu na própria audiência ou requerer a designação da nova data, que será desde logo fixada, cientes todos os presentes.

SEÇÃO XI
DAS PROVAS

Art. 32. Todos os meios de prova moralmente legítimos, ainda que não especificados em lei, são hábeis para provar a veracidade dos fatos alegados pelas partes.

Art. 33. Todas as provas serão produzidas na audiência de instrução e julgamento, ainda que não requeridas previamente, podendo o juiz limitar ou excluir as que considerar excessivas, impertinentes ou protelatórias.

Art. 34. As testemunhas, até o máximo de três para cada parte, comparecerão à audiência de instrução e julgamento levadas pela parte que as tenha arrolado, independentemente de intimação, ou mediante esta, se assim for requerido.

§ 1º O requerimento para intimação das testemunhas será apresentado à Secretaria no mínimo cinco dias antes da audiência de instrução e julgamento.

§ 2º Não comparecendo a testemunha intimada, o juiz poderá determinar sua imediata condução, valendo-se, se necessário, do concurso da força pública.

Art. 35. Quando a prova do fato exigir, o juiz poderá inquirir técnicos de sua confiança, permitida às partes a apresentação de parecer técnico.

Parágrafo único. No curso da audiência, poderá o juiz, de ofício ou a requerimento das partes, realizar inspeção em pessoas ou coisas, ou determinar que o faça pessoa de sua confiança, que lhe relatará informalmente o verificado.

Art. 36. A prova oral não será reduzida a escrito, devendo a sentença referir, no essencial, os informes trazidos nos depoimentos.

Art. 37. A instrução poderá ser dirigida por juiz leigo, sob a supervisão de juiz togado.

SEÇÃO XII
DA SENTENÇA

Art. 38. A sentença mencionará os elementos de convicção do Juiz, com breve resumo dos fatos relevantes ocorridos em audiência, dispensado o relatório.

Parágrafo único. Não se admitirá sentença condenatória por quantia ilíquida, ainda que genérico o pedido.

Art. 39. É ineficaz a sentença condenatória na parte que exceder a alçada estabelecida nesta Lei.

Art. 40. O Juiz leigo que tiver dirigido a instrução proferirá sua decisão e imediatamente a submeterá ao juiz togado, que poderá homologá-la, proferir outra em substituição ou, antes de se manifestar, determinar a realização de atos probatórios indispensáveis.

Art. 41. Da sentença, excetuada a homologatória de conciliação ou laudo arbitral, caberá recurso para o próprio Juizado.

§ 1º O recurso será julgado por uma turma composta por três juízes togados, em exercício no primeiro grau de jurisdição, reunidos na sede do Juizado.

§ 2º No recurso, as partes serão obrigatoriamente representadas por advogado.

Art. 42. O recurso será interposto no prazo de dez dias, contados da ciência da sentença, por petição escrita, da qual constarão as razões e o pedido do recorrente.

§ 1º O preparo será feito, independentemente de intimação, nas quarenta e oito horas seguintes à interposição, sob pena de deserção.

§ 2º Após o preparo, a Secretaria intimará o recorrido para oferecer resposta escrita no prazo de dez dias.

Art. 43. O recurso terá somente efeito devolutivo, podendo o juiz dar-lhe efeito suspensivo, para evitar dano irreparável para a parte.

Art. 44. As partes poderão requerer a transcrição da gravação da fita magnética a que alude o § 3º do artigo 13 desta Lei, correndo por conta do requerente as despesas respectivas.

Art. 45. As partes serão intimadas da data da sessão de julgamento.

Art. 46. O julgamento em segunda instância constará apenas da ata, com a indicação suficiente do processo, fundamentação sucinta e parte dispositiva. Se a sentença for confirmada pelos próprios fundamentos, a súmula do julgamento servirá de acórdão.

Art. 47. VETADO.

SEÇÃO XIII
DOS EMBARGOS DE DECLARAÇÃO

Art. 48. Caberão embargos de declaração quando, na sentença ou acórdão, houver obscuridade, contradição, omissão ou dúvida.

Parágrafo único. Os erros materiais podem ser corrigidos de ofício.

Art. 49. Os embargos de declaração serão interpostos por escrito ou oralmente, no prazo de cinco dias, contados da ciência da decisão.

Art. 50. Quando interpostos contra sentença, os embargos de declaração suspenderão o prazo para recurso.

SEÇÃO XIV
DA EXTINÇÃO DO PROCESSO SEM JULGAMENTO DO MÉRITO

Art. 51. Extingue-se o processo, além dos casos previstos em lei:

I - quando o autor deixar de comparecer a qualquer das audiências do processo;

II - quando inadmissível o procedimento instituído por esta Lei ou seu prosseguimento, após a conciliação;

III - quando for reconhecida a incompetência territorial;

IV - quando sobrevier qualquer dos impedimentos previstos no artigo 8º desta Lei;

V - quando, falecido o autor, a habilitação depender de sentença ou não se der no prazo de trinta dias;

VI - quando, falecido o réu, o autor não promover a citação dos sucessores no prazo de trinta dias da ciência do fato.

§ 1º A extinção do processo independerá, em qualquer hipótese, de prévia intimação pessoal das partes.

§ 2º No caso do inciso I deste artigo, quando comprovar que a ausência decorre de força maior, a parte poderá ser isentada, pelo Juiz, do pagamento das custas.

SEÇÃO XV
DA EXECUÇÃO

Art. 52. A execução da sentença processar-se-á no próprio Juizado, aplicando-se, no que couber, o disposto no Código de Processo Civil, com as seguintes alterações:

I - as sentenças serão necessariamente líquidas, contendo a conversão em Bônus do Tesouro Nacional - BTN ou índice equivalente;

II - os cálculos de conversão de índices, de honorários, de juros e de outras parcelas serão efetuados por servidor judicial;

III - a intimação da sentença será feita, sempre que possível, na própria audiência em que for proferida. Nessa intimação, o vencido será instado a cumprir a sentença tão logo ocorra seu trânsito em julgado, e advertido dos efeitos do seu descumprimento (inciso V);

IV - não cumprida voluntariamente a sentença transitada em julgado, e tendo havido solicitação do interessado, que poderá ser verbal, proceder-se-á desde logo à execução, dispensada nova citação;

V - nos casos de obrigação de entregar, de fazer, ou de não fazer, o juiz, na sentença ou na fase de execução, cominará multa diária, arbitrada de acordo com as condições econômicas do devedor, para a hipótese de inadimplemento. Não cumprida a obrigação, o credor poderá requerer a elevação da multa ou a transformação da condenação em perdas e danos, que o juiz de imediato arbitrará, seguindo-se a execução por quantia certa, incluída a multa vencida de obrigação de dar, quando evidenciada a malícia do devedor na execução do julgado;

VI - na obrigação de fazer, o juiz pode determinar o cumprimento por outrem, fixado o valor que o devedor deve depositar para as despesas, sob pena de multa diária;

VII - na alienação forçada dos bens, o juiz poderá autorizar o devedor, o credor ou terceira pessoa idônea a tratar da alienação do bem penhorado, a qual se aperfeiçoará em juízo até a data fixada para a praça ou o leilão. Sendo o preço inferior ao da avaliação, as partes serão ouvidas. Se o pagamento não for à vista, será oferecida caução idônea, nos casos de alienação de bem móvel, ou hipotecado o imóvel;

VIII - é dispensada a publicação de editais em jornais, quando se tratar de alienação de bens de pequeno valor;

IX - o devedor poderá oferecer embargos, nos autos da execução, versando sobre:

a) falta ou nulidade da citação no processo, se ele correu à revelia;

b) manifesto excesso de execução;
c) erro de cálculo;
d) causa impeditiva, modificativa ou extintiva da obrigação, superveniente à sentença.

Art. 53. A execução de título executivo extrajudicial, no valor de até quarenta salários-mínimos, obedecerá ao disposto no Código de Processo Civil, com as modificações introduzidas por esta Lei.

§ 1º Efetuada a penhora, o devedor será intimado a comparecer à audiência de conciliação, quando poderá oferecer embargos (artigo 52, IX), por escrito ou verbalmente.

§ 2º Na audiência, será buscado o meio mais rápido e eficaz para a solução do litígio, se possível com dispensa da alienação judicial, devendo o conciliador propor, entre outras medidas cabíveis, o pagamento do débito a prazo ou a prestação, a dação em pagamento ou a imediata adjudicação do bem penhorado.

§ 3º Não apresentados os embargos em audiência, ou julgados improcedentes, qualquer das partes poderá requerer ao juiz a adoção de uma das alternativas do parágrafo anterior.

§ 4º Não encontrado o devedor ou inexistindo bens penhoráveis, o processo será imediatamente extinto, devolvendo-se os documentos ao autor.

SEÇÃO XVI
DAS DESPESAS

Art. 54. O acesso ao Juizado Especial independerá, em primeiro grau de jurisdição, do pagamento de custas, taxas ou despesas.

Parágrafo único. O preparo do recurso, na forma do § 1º do artigo 42 desta Lei, compreenderá todas as despesas processuais, inclusive aquelas dispensadas em primeiro grau de jurisdição, ressalvada a hipótese de assistência judiciária gratuita.

Art. 55. A sentença de primeiro grau não condenará o vencido em custas e honorários de advogado, ressalvados os casos de litigância de má-fé. Em segundo grau, o recorrente, vencido, pagará as custas e honorários de advogado, que serão fixados entre dez por cento e vinte por cento do valor de condenação ou, não havendo condenação, do valor corrigido da causa.

Parágrafo único. Na execução não serão contadas custas, salvo quando:

I – reconhecida a litigância de má-fé;
II – improcedentes os embargos do devedor;
III – tratar-se de execução de sentença que tenha sido objeto de recurso improvido do devedor.

SEÇÃO XVII
DISPOSIÇÕES FINAIS

Art. 56. Instituído o Juizado Especial, serão implantadas as curadorias necessárias e o serviço de assistência judiciária.

Art. 57. O acordo extrajudicial, de qualquer natureza ou valor, poderá ser homologado, no juízo competente, independentemente de termo, valendo a sentença como título executivo judicial.

Parágrafo único. Valerá como título extrajudicial o acordo celebrado pelas partes, por instrumento escrito, referendado pelo órgão competente do Ministério Público.

Art. 58. As normas de organização judiciária local poderão estender a conciliação prevista nos artigos 22 e 23 a causas não abrangidas por esta Lei.

Art. 59. Não se admitirá ação rescisória nas causas sujeitas ao procedimento instituído por esta Lei.

CAPÍTULO III
DOS JUIZADOS ESPECIAIS CRIMINAIS

DISPOSIÇÕES GERAIS

Art. 60. O Juizado Especial Criminal, provido por juízes togados ou togados e leigos, tem competência para a conciliação, o julgamento e a execução das infrações penais de menor potencial ofensivo, respeitadas as regras de conexão e continência.

▶ *Caput* com a redação dada pela Lei nº 11.313, de 28-6-2006.

Parágrafo único. Na reunião de processos, perante o juízo comum ou o tribunal do júri, decorrentes da aplicação das regras de conexão e continência, observar-se-ão os institutos da transação penal e da composição dos danos civis.

▶ Parágrafo único acrescido pela Lei nº 11.313, de 28-6-2006.

Art. 61. Consideram-se infrações penais de menor potencial ofensivo, para os efeitos desta Lei, as contravenções penais e os crimes a que a lei comine pena máxima não superior a 2 (dois) anos, cumulada ou não com multa.

▶ Artigo com a redação dada pela Lei nº 11.313, de 28-6-2006.

Art. 62. O processo perante o Juizado Especial orientar-se-á pelos critérios da oralidade, informalidade, economia processual e celeridade, objetivando, sempre que possível, a reparação dos danos sofridos pela vítima e a aplicação de pena não privativa de liberdade.

Seção I

DA COMPETÊNCIA E DOS ATOS PROCESSUAIS

Art. 63. A competência do Juizado será determinada pelo lugar em que foi praticada a infração penal.

Art. 64. Os atos processuais serão públicos e poderão realizar-se em horário noturno e em qualquer dia da semana, conforme dispuserem as normas de organização judiciária.

Art. 65. Os atos processuais serão válidos sempre que preencherem as finalidades para as quais foram realizados, atendidos os critérios indicados no artigo 62 desta Lei.

§ 1º Não se pronunciará qualquer nulidade sem que tenha havido prejuízo.

§ 2º A prática de atos processuais em outras comarcas poderá ser solicitada por qualquer meio hábil de comunicação.

§ 3º Serão objeto de registro escrito exclusivamente os atos havidos por essenciais. Os atos realizados em audiência de instrução e julgamento poderão ser gravados em fita magnética ou equivalente.

Art. 66. A citação será pessoal e far-se-á no próprio Juizado, sempre que possível, ou por mandado.

Parágrafo único. Não encontrado o acusado para ser citado, o Juiz encaminhará as peças existentes ao juízo comum para adoção do procedimento previsto em lei.

Art. 67. A intimação far-se-á por correspondência, com aviso de recebimento pessoal ou, tratando-se de pessoa jurídica ou firma individual, mediante entrega ao encarregado da recepção, que será obrigatoriamente identificado, ou, sendo necessário, por oficial de justiça, independentemente de mandado ou carta precatória, ou ainda por qualquer meio idôneo de comunicação.

Parágrafo único. Dos atos praticados em audiência considerar-se-ão desde logo cientes as partes, os interessados e defensores.

Art. 68. Do ato de intimação do autor do fato e do mandado de citação do acusado, constará a necessidade de seu comparecimento acompanhado de advogado, com a advertência de que, na sua falta, ser-lhe-á designado defensor público.

Seção II

DA FASE PRELIMINAR

Art. 69. A autoridade policial que tomar conhecimento da ocorrência lavrará termo circunstanciado e o encaminhará imediatamente ao Juizado, com o autor do fato e a vítima, providenciando-se as requisições dos exames periciais necessários.

Parágrafo único. Ao autor do fato que, após a lavratura do termo, for imediatamente encaminhado ao juizado ou assumir o compromisso de a ele comparecer, não se imporá prisão em flagrante, nem se exigirá fiança. Em caso de violência doméstica, o juiz poderá determinar, como medida de cautela, seu afastamento do lar, domicílio ou local de convivência com a vítima.

▶ Parágrafo único com a redação dada pela Lei nº 10.455, de 13-5-2002.

Art. 70. Comparecendo o autor do fato e a vítima, e não sendo possível a realização imediata da audiência preliminar, será designada data próxima, da qual ambos sairão cientes.

Art. 71. Na falta do comparecimento de qualquer dos envolvidos, a Secretaria providenciará sua intimação e, se for o caso, a do responsável civil, na forma dos artigos 67 e 68 desta Lei.

Art. 72. Na audiência preliminar, presente o representante do Ministério Público, o autor do fato e a vítima e, se possível, o responsável civil, acompanhados por seus advogados, o Juiz esclarecerá sobre a possibilidade da composição dos danos e da aceitação da proposta de aplicação imediata de pena não privativa de liberdade.

Art. 73. A conciliação será conduzida pelo Juiz ou por conciliador sob sua orientação.

Parágrafo único. Os conciliadores são auxiliares da Justiça, recrutados, na forma da lei local, preferentemente entre bacharéis em Direito, excluídos os que exerçam funções na administração da Justiça Criminal.

Art. 74. A composição dos danos civis será reduzida a escrito e, homologada pelo Juiz mediante sentença irrecorrível, terá eficácia de título a ser executado no juízo civil competente.

Parágrafo único. Tratando-se de ação penal de iniciativa privada ou de ação penal pública condicionada à representação, o acordo homologado acarreta a renúncia ao direito de queixa ou representação.

Art. 75. Não obtida a composição dos danos civis, será dada imediatamente ao ofendido a oportunidade de exercer o direito de representação verbal, que será reduzida a termo.

Parágrafo único. O não oferecimento da representação na audiência preliminar não implica decadência do direito, que poderá ser exercido no prazo previsto em lei.

Art. 76. Havendo representação ou tratando-se de crime de ação penal pública incondicionada, não sendo caso de arquivamento, o Ministério Público poderá propor a aplicação imediata de pena restritiva de direitos ou multas, a ser especificada na proposta.

§ 1º Nas hipóteses de ser a pena de multa a única aplicável, o Juiz poderá reduzi-la até a metade.

§ 2º Não se admitirá a proposta se ficar comprovado:

I – ter sido o autor da infração condenado, pela prática de crime, à pena privativa de liberdade, por sentença definitiva;

II – ter sido o agente beneficiado anteriormente, no prazo de cinco anos, pela aplicação de pena restritiva ou multa, nos termos deste artigo;

III – não indicarem os antecedentes, a conduta social e a personalidade do agente, bem como os motivos e as circunstâncias, ser necessária e suficiente a adoção da medida.

§ 3º Aceita a proposta pelo autor da infração e seu defensor, será submetida à apreciação do Juiz.

§ 4º Acolhendo a proposta do Ministério Público aceita pelo autor da infração, o Juiz aplicará a pena restritiva de direitos ou multa, que não importará em reincidência, sendo registrada apenas para impedir novamente o mesmo benefício no prazo de cinco anos.

§ 5º Da sentença prevista no parágrafo anterior caberá a apelação referida no artigo 82 desta Lei.

§ 6º A imposição da sanção de que trata o § 4º deste artigo não constará de certidão de antecedentes criminais, salvo para os fins previstos no mesmo dispositivo, e não terá efeitos civis, cabendo aos interessados propor ação cabível no juízo cível.

Seção III
DO PROCEDIMENTO SUMARÍSSIMO

Art. 77. Na ação penal de iniciativa pública, quando não houver aplicação de pena, pela ausência do autor do fato, ou pela não ocorrência da hipótese prevista no artigo 76 desta Lei, o Ministério Público oferecerá ao Juiz, de imediato, denúncia oral, se não houver necessidade de diligências imprescindíveis.

§ 1º Para o oferecimento da denúncia, que será elaborada com base no termo de ocorrência referido no artigo 69 desta Lei, com dispensa do inquérito policial, prescindir-se-á do exame do corpo de delito quando a materialidade do crime estiver aferida por boletim médico ou prova equivalente.

§ 2º Se a complexidade ou circunstâncias do caso não permitirem a formulação da denúncia, o Ministério Público poderá requerer ao Juiz o encaminhamento das peças existentes, na forma do parágrafo único do artigo 66 desta Lei.

§ 3º Na ação penal de iniciativa do ofendido poderá ser oferecida queixa oral, cabendo ao Juiz verificar se a complexidade e as circunstâncias do caso determinam a adoção das providências previstas no parágrafo único do artigo 66 desta Lei.

Art. 78. Oferecida a denúncia ou queixa, será reduzida a termo, entregando-se cópia ao acusado, que com ela ficará citado e imediatamente cientificado da designação de dia e hora para a audiência de instrução e julgamento, da qual também tomarão ciência o Ministério Público, o ofendido, o responsável civil e seus advogados.

§ 1º Se o acusado não estiver presente, será citado na forma dos artigos 66 e 68 desta Lei e cientificado da data da audiência de instrução e julgamento, devendo a ela trazer suas testemunhas ou apresentar requerimento para intimação, no mínimo cinco dias antes de sua realização.

§ 2º Não estando presentes o ofendido e o responsável civil, serão intimados nos termos do artigo 67 desta Lei para comparecerem à audiência de instrução e julgamento.

§ 3º As testemunhas arroladas serão intimadas na forma prevista no artigo 67 desta Lei.

Art. 79. No dia e hora designados para a audiência de instrução e julgamento, se na fase preliminar não tiver havido possibilidade de tentativa de conciliação e de oferecimento de proposta pelo Ministério Público, proceder-se-á nos termos dos artigos 72, 73, 74 e 75 desta Lei.

Art. 80. Nenhum ato será adiado, determinando o Juiz, quando imprescindível, a condução coercitiva de quem deva comparecer.

Art. 81. Aberta a audiência, será dada a palavra ao defensor para responder à acusação, após o que o Juiz receberá, ou não, a denúncia ou queixa; havendo recebimento, serão ouvidas as vítimas e as testemunhas de acusação e defesa, interrogando-se a seguir o acusado, se presente, passando-se imediatamente aos debates orais e à prolação da sentença.

§ 1º Todas as provas serão produzidas na audiência de instrução e julgamento, podendo o Juiz limitar ou excluir as que considerar excessivas, impertinentes ou protelatórias.

§ 2º De todo o ocorrido na audiência será lavrado termo, assinado pelo Juiz e pelas partes, contendo breve resumo dos fatos relevantes ocorridos em audiência e a sentença.

§ 3º A sentença, dispensado o relatório, mencionará os elementos de convicção do Juiz.

Art. 82. Da decisão de rejeição da denúncia ou queixa e da sentença caberá apelação, que poderá ser julgada por turma composta de três Juízes em exercício no primeiro grau de jurisdição, reunidos na sede do Juizado.

§ 1º A apelação será interposta no prazo de dez dias, contados da ciência da sentença pelo Ministério Público, pelo réu e seu defensor, por petição escrita, da qual constarão as razões e o pedido do recorrente.

§ 2º O recorrido será intimado para oferecer resposta escrita no prazo de dez dias.

§ 3º As partes poderão requerer a transcrição da gravação da fita magnética a que alude o § 3º do artigo 65 desta Lei.

§ 4º As partes serão intimadas da data da sessão de julgamento pela imprensa.

§ 5º Se a sentença for confirmada pelos próprios fundamentos, a súmula do julgamento servirá de acórdão.

Art. 83. Caberão embargos de declaração quando, em sentença ou acórdão, houver obscuridade, contradição, omissão ou dúvida.

§ 1º Os embargos de declaração serão opostos por escrito ou oralmente, no prazo de cinco dias, contados da ciência da decisão.

§ 2º Quando opostos contra sentença, os embargos de declaração suspenderão o prazo para o recurso.

§ 3º Os erros materiais podem ser corrigidos de ofício.

Seção IV

DA EXECUÇÃO

Art. 84. Aplicada exclusivamente pena de multa, seu cumprimento far-se-á mediante pagamento na Secretaria do Juizado.

Parágrafo único. Efetuado o pagamento, o Juiz declarará extinta a punibilidade, determinando que a condenação não fique constando dos registros criminais, exceto para fins de requisição judicial.

Art. 85. Não efetuado o pagamento de multa, será feita a conversão em pena privativa da liberdade, ou restritiva de direitos, nos termos previstos em lei.

Art. 86. A execução das penas privativas de liberdade e restritivas de direitos, ou de multa cumulada com estas, será processada perante o órgão competente, nos termos da lei.

Seção V

DAS DESPESAS PROCESSUAIS

Art. 87. Nos casos de homologação de acordo civil e aplicação de pena restritiva de direitos ou multa (arts. 74 e 76, § 4º), as despesas processuais serão reduzidas, conforme dispuser lei estadual.

Seção VI

DISPOSIÇÕES FINAIS

Art. 88. Além das hipóteses do Código Penal e da legislação especial, dependerá de representação a ação penal relativa aos crimes de lesões corporais leves e lesões culposas.

Art. 89. Nos crimes em que a pena mínima cominada for igual ou inferior a um ano, abrangidas ou não por esta Lei, o Ministério Público, ao oferecer a denúncia, poderá propor a suspensão do processo, por dois a quatro anos, desde que o acusado não esteja sendo processado ou não tenha sido condenado por outro crime, presentes os demais requisitos que autorizariam a suspensão condicional da pena (artigo 77 do Código Penal).

§ 1º Aceita a proposta pelo acusado e seu defensor, na presença do Juiz, este, recebendo a denúncia, poderá suspender o processo, submetendo o acusado a período de prova, sob as seguintes condições:

I – reparação do dano, salvo impossibilidade de fazê-lo;

II – proibição de frequentar determinados lugares;

III – proibição de ausentar-se da comarca onde reside, sem autorização do Juiz;

IV – comparecimento pessoal e obrigatório a juízo, mensalmente, para informar e justificar suas atividades.

§ 2º O Juiz poderá especificar outras condições a que fica subordinada a suspensão, desde que adequadas ao fato e à situação pessoal do acusado.

§ 3º A suspensão será revogada se, no curso do prazo, o beneficiário vier a ser processado por outro crime ou não efetuar, sem motivo justificado, a reparação do dano.

§ 4º A suspensão poderá ser revogada se o acusado vier a ser processado, no curso do prazo, por contravenção, ou descumprir qualquer outra condição imposta.

§ 5º Expirado o prazo sem revogação, o Juiz declarará extinta a punibilidade.

§ 6º Não correrá a prescrição durante o prazo de suspensão do processo.

§ 7º Se o acusado não aceitar a proposta prevista neste artigo, o processo prosseguirá em seus ulteriores termos.

Art. 90. As disposições desta Lei não se aplicam aos processos penais cuja instrução já estiver iniciada.

▶ O STF, por unanimidade de votos, julgou parcialmente procedente a ADIN nº 1.719-9, dando a este artigo interpretação conforme a CF, para excluir de sua abrangência as normas de direito penal mais favoráveis aos réus contidas nesta Lei (*DJU* de 3-8-2007).

Art. 90-A. As disposições desta Lei não se aplicam no âmbito da Justiça Militar.

▶ Artigo acrescido pela Lei nº 9.839, de 27-9-1999.

Art. 91. Nos casos em que esta Lei passa a exigir representação para a propositura da ação penal pública, o ofendido ou seu representante legal será intimado para oferecê-la no prazo de trinta dias, sob pena de decadência.

Art. 92. Aplicam-se subsidiariamente as disposições dos Códigos Penal e de Processo Penal, no que não forem incompatíveis com esta Lei.

Capítulo IV

DISPOSIÇÕES FINAIS COMUNS

Art. 93. Lei Estadual disporá sobre o Sistema de Juizados Especiais Cíveis e Criminais, sua organização, composição e competência.

Art. 94. Os serviços de cartório poderão ser prestados, e as audiências realizadas fora da sede da Comarca, em bairros ou cidades a ela pertencentes, ocupando instalações de prédios públicos, de acordo com audiências previamente anunciadas.

Art. 95. Os Estados, Distrito Federal e Territórios criarão e instalarão os Juizados Especiais no prazo de seis meses, a contar da vigência desta Lei.

Art. 96. Esta Lei entra em vigor no prazo de sessenta dias após a sua publicação.

Art. 97. Ficam revogadas a Lei nº 4.611, de 2 de abril de 1965 e a Lei nº 7.244, de 7 de novembro de 1984.

Brasília, 26 de setembro de 1995; 174º da Independência e 107º da República.

Fernando Henrique Cardoso

LEI Nº 9.294, DE 15 DE JULHO DE 1996

Dispõe sobre as restrições ao uso e à propaganda de produtos fumígeros, bebidas alcoólicas, medicamentos, terapias e defensivos agrícolas, nos termos do § 4º do art. 220 da Constituição Federal.

▶ Publicada no *DOU* de 16-7-1996.

Art. 1º O uso e a propaganda de produtos fumígeros, derivados ou não do tabaco, de bebidas alcoólicas, de medicamentos e terapias e de defensivos agrícolas estão sujeitos às restrições e condições estabelecidas por esta Lei, nos termos do § 4º do art. 220 da Constituição Federal.

Parágrafo único. Consideram-se bebidas alcoólicas, para efeitos desta Lei, as bebidas potáveis com teor alcoólico superior a treze graus Gay Lussac.

Art. 2º É proibido o uso de cigarros, cigarrilhas, charutos, cachimbos ou de qualquer outro produto fumígero, derivado ou não do tabaco, em recinto coletivo, privado ou público, salvo em área destinada exclusivamente a esse fim, devidamente isolada e com arejamento conveniente.

§ 1º Incluem-se nas disposições deste artigo as repartições públicas, os hospitais e postos de saúde, as salas de aula, as bibliotecas, os recintos de trabalho coletivo e as salas de teatro e cinema.

§ 2º É vedado o uso dos produtos mencionados no *caput* nas aeronaves e veículos de transporte coletivo.

▶ § 2º com a redação dada pela MP nº 2.190-34, de 23-8-2001, que até o encerramento desta edição não havia sido convertida em Lei.

Art. 3º A propaganda comercial dos produtos referidos no artigo anterior só poderá ser efetuada através de pôsteres, painéis e cartazes, na parte interna dos locais de venda.

▶ *Caput* com a redação dada pela Lei nº 10.167, de 27-12-2000.

§ 1º A propaganda comercial dos produtos referidos neste artigo deverá ajustar-se aos seguintes princípios:

I – não sugerir o consumo exagerado ou irresponsável, nem a indução ao bem-estar ou saúde, ou fazer associação a celebrações cívicas ou religiosas;

II – não induzir as pessoas ao consumo, atribuindo aos produtos propriedades calmantes ou estimulantes, que reduzam a fadiga ou a tensão, ou qualquer efeito similar;

III – não associar ideias ou imagens de maior êxito na sexualidade das pessoas, insinuando o aumento de virilidade ou feminilidade de pessoas fumantes;

IV – não associar o uso do produto à prática de atividades esportivas, olímpicas ou não, nem sugerir ou induzir seu consumo em locais ou situações perigosas, abusivas ou ilegais;
► Inciso IV com a redação dada pela Lei nº 10.167, de 27-12-2000.

V – não empregar imperativos que induzam diretamente ao consumo;

VI – não incluir a participação de crianças ou adolescentes.
► Inciso VI com a redação dada pela Lei nº 10.167, de 27-12-2000.

§ 2º A propaganda conterá, nos meios de comunicação e em função de suas características, advertência, sempre que possível falada e escrita, sobre os malefícios do fumo, bebidas alcoólicas, medicamentos, terapias e defensivos agrícolas, segundo frases estabelecidas pelo Ministério da Saúde, usadas sequencialmente, de forma simultânea ou rotativa.

§ 3º As embalagens e os maços de produtos fumígenos, com exceção dos destinados à exportação, e o material de propaganda referido no *caput* deste artigo conterão a advertência mencionada no § 2º acompanhada de imagens ou figuras que ilustrem o sentido da mensagem.
► §§ 2º e 3º com a redação dada pela MP nº 2.190-34, de 23-8-2001, que até o encerramento desta edição não havia sido convertida em Lei.

§ 4º Nas embalagens, as cláusulas de advertência a que se refere o § 2º deste artigo serão sequencialmente usadas, de forma simultânea ou rotativa, nesta última hipótese devendo variar no máximo a cada cinco meses, inseridas, de forma legível e ostensivamente destacada, em uma das laterais dos maços, carteiras ou pacotes que sejam habitualmente comercializados diretamente ao consumidor.

§ 5º A advertência a que se refere o § 2º deste artigo, escrita de forma legível e ostensiva, será sequencialmente usada de modo simultâneo ou rotativo, nesta última hipótese variando, no máximo, a cada cinco meses.
► § 5º com a redação dada pela Lei nº 10.167, de 27-12-2000.

Art. 3º-A. Quanto aos produtos referidos no art. 2º desta Lei, são proibidos:
► *Caput* acrescido pela Lei nº 10.167, de 27-12-2000.

I – a venda por via postal;

II – a distribuição de qualquer tipo de amostra ou brinde;

III – a propaganda por meio eletrônico, inclusive internet;

IV – a realização de visita promocional ou distribuição gratuita em estabelecimento de ensino ou local público;

V – o patrocínio de atividade cultural ou esportiva;

VI – a propaganda fixa ou móvel em estádio, pista, palco ou local similar;

VII – a propaganda indireta contratada, também denominada *merchandising*, nos programas produzidos no País após a publicação desta Lei, em qualquer horário;
► Incisos I a VII acrescidos pela Lei nº 10.167, de 27-12-2000.

VIII – a comercialização em estabelecimento de ensino, em estabelecimento de saúde e em órgãos ou entidades da Administração Pública;
► Inciso VIII com a redação dada pela Lei nº 10.702, de 14-7-2003.

IX – a venda a menores de dezoito anos.
► Inciso IX acrescido pela Lei nº 10.702, de 14-7-2003.

§ 1º Até 30 de setembro de 2005, o disposto nos incisos V e VI não se aplica no caso de eventos esportivos internacionais que não tenham sede fixa em um único país e sejam organizados ou realizados por instituições estrangeiras.
► Parágrafo único transformado em § 1º e com a redação dada pela Lei nº 10.702, de 14-7-2003.

§ 2º É facultado ao Ministério da Saúde afixar, nos locais dos eventos esportivos a que se refere o § 1º, propaganda fixa com mensagem de advertência escrita que observará os conteúdos a que se refere o § 2º do art. 3º-C, cabendo aos responsáveis pela sua organização assegurar os locais para a referida afixação.
► § 2º acrescido pela Lei nº 10.702, de 14-7-2003.

Art. 3º-B. Somente será permitida a comercialização de produtos fumígenos que ostentem em sua embalagem a identificação junto à Agência Nacional de Vigilância Sanitária, na forma do regulamento.
► Artigo acrescido pela Lei nº 10.167, de 27-12-2000.

Art. 3º-C. A aplicação do disposto no § 1º do art. 3º-A, bem como a transmissão ou retransmissão, por televisão, em território brasileiro, de eventos culturais ou esportivos com imagens geradas no estrangeiro patrocinados por empresas ligadas a produtos fumígeros, exige a veiculação gratuita pelas emissoras de televisão, durante a transmissão do evento, de mensagem de advertência sobre os malefícios do fumo.

§ 1º Na abertura e no encerramento da transmissão do evento, será veiculada mensagem de advertência, cujo conteúdo será definido pelo Ministério da Saúde, com duração não inferior a trinta segundos em cada inserção.

§ 2º A cada intervalo de quinze minutos será veiculada, sobreposta à respectiva transmissão, mensagem de advertência escrita e falada sobre os malefícios do fumo com duração não inferior a quinze segundos em cada inserção, por intermédio das seguintes frases e de outras a serem definidas na regulamentação, usadas sequencialmente, todas precedidas da afirmação "O Ministério da Saúde adverte":

I – "fumar causa mau hálito, perda de dentes e câncer de boca";

II – "fumar causa câncer de pulmão";

III – "fumar causa infarto do coração";

IV – "fumar na gravidez prejudica o bebê";

V – "em gestantes, o cigarro provoca partos prematuros, o nascimento de crianças com peso abaixo do normal e facilidade de contrair asma";

VI – "crianças começam a fumar ao verem os adultos fumando";

VII – "a nicotina é droga e causa dependência"; e

VIII – "fumar causa impotência sexual".

§ 3º Considera-se, para os efeitos desse artigo, integrantes do evento os treinos livres ou oficiais, os ensaios, as reapresentações e os compactos.

▶ § 3º-C acrescido pela Lei nº 10.702, de 14-7-2003.

Art. 4º Somente será permitida a propaganda comercial de bebidas alcoólicas nas emissoras de rádio e televisão entre as vinte e uma e as seis horas.

§ 1º A propaganda de que trata este artigo não poderá associar o produto ao esporte olímpico ou de competição, ao desempenho saudável de qualquer atividade, à condução de veículos e a imagens ou ideias de maior êxito ou sexualidade das pessoas.

§ 2º Os rótulos das embalagens de bebidas alcoólicas conterão advertência nos seguintes termos: "Evite o Consumo Excessivo de Álcool".

Art. 4º-A. Na parte interna dos locais em que se vende bebida alcoólica, deverá ser afixado advertência escrita de forma legível e ostensiva de que é crime dirigir sob a influência de álcool, punível com detenção.

▶ Artigo acrescido pela Lei nº 11.705, de 19-6-2008.

Art. 5º As chamadas e caracterizações de patrocínio dos produtos indicados nos arts. 2º e 4º, para eventos alheios à programação normal ou rotineira das emissoras de rádio e televisão, poderão ser feitas em qualquer horário, desde que identificadas apenas com a marca ou *slogan* do produto, sem recomendação do seu consumo.

§ 1º As restrições deste artigo aplicam-se à propaganda estática existente em estádios, veículos de competição e locais similares.

§ 2º Nas condições do *caput*, as chamadas e caracterizações de patrocínio dos produtos estarão liberados da exigência do § 2º do art. 3º desta Lei.

Art. 6º É vedada a utilização de trajes esportivos, relativamente a esportes olímpicos, para veicular a propaganda dos produtos de que trata esta Lei.

Art. 7º A propaganda de medicamentos e terapias de qualquer tipo ou espécie poderá ser feita em publicações especializadas dirigidas direta e especificamente a profissionais e instituições de saúde.

§ 1º Os medicamentos anódinos e de venda livre, assim classificados pelo órgão competente do Ministério da Saúde, poderão ser anunciados nos órgãos de comunicação social com as advertências quanto ao seu abuso, conforme indicado pela autoridade classificatória.

§ 2º A propaganda dos medicamentos referidos neste artigo não poderá conter afirmações que não sejam passíveis de comprovação científica, nem poderá utilizar depoimentos de profissionais que não sejam legalmente qualificados para fazê-lo.

§ 3º Os produtos fitoterápicos da flora medicinal brasileira que se enquadram no disposto no § 1º deste artigo deverão apresentar comprovação científica dos seus efeitos terapêuticos no prazo de cinco anos da publicação desta Lei, sem o que sua propaganda será automaticamente vedada.

§ 4º É permitida a propaganda de medicamentos genéricos em campanhas publicitárias patrocinadas pelo Ministério da Saúde e nos recintos dos estabelecimentos autorizados a dispensá-los, com indicação do medicamento de referência.

▶ § 4º com a redação dada pela MP nº 2.190-34, de 23-8-2001, que até o encerramento desta edição não havia sido convertida em Lei.

§ 5º Toda a propaganda de medicamentos conterá obrigatoriamente advertência indicando que, a persistirem os sintomas, o médico deverá ser consultado.

► § 4º renumerado para o § 5º pela MP nº 2.190-34, de 23-8-2001, que até o encerramento desta edição não havia sido convertida em Lei.

Art. 8º A propaganda de defensivos agrícolas que contenham produtos de efeito tóxico, mediato ou imediato, para o ser humano, deverá restringir-se a programas e publicações dirigidas aos agricultores e pecuaristas, contendo completa explicação sobre a sua aplicação, precauções no emprego, consumo ou utilização, segundo o que dispuser o órgão competente do Ministério da Agricultura e do Abastecimento, sem prejuízo das normas estabelecidas pelo Ministério da Saúde ou outro órgão do Sistema Único de Saúde.

Art. 9º Aplicam-se ao infrator desta Lei, sem prejuízo de outras penalidades previstas na legislação em vigor, especialmente no Código de Defesa do Consumidor e na Legislação de Telecomunicações, as seguintes sanções:

► *Caput* com a redação dada pela Lei nº 10.167, de 27-12-2000.

I – advertência;

II – suspensão, no veículo de divulgação da publicidade, de qualquer outra propaganda do produto, por prazo de até trinta dias;

III – obrigatoriedade de veiculação de retificação ou esclarecimento para compensar propaganda distorcida ou de má-fé;

IV – apreensão do produto;

V – multa, de R$ 5.000,00 (cinco mil reais) a R$ 100.000,00 (cem mil reais), aplicada conforme a capacidade econômica do infrator;

► Inciso V com a redação dada pela Lei nº 10.167, de 27-12-2000.

VI – suspensão da programação da emissora de rádio e televisão, pelo tempo de dez minutos, por cada minuto ou fração de duração da propaganda transmitida em desacordo com esta Lei, observando-se o mesmo horário.

► Inciso VI acrescido pela Lei nº 10.167, de 27-12-2000.

VII – no caso de violação do disposto no inciso IX do artigo 3º-A, as sanções previstas na Lei nº 6.437, de 20 de agosto de 1977, sem prejuízo do disposto no art. 243 da Lei nº 8.069, de 13 de julho de 1990.

► Inciso VII acrescido pela Lei nº 10.702, de 14-7-2003.

§ 1º As sanções previstas neste artigo poderão ser aplicadas gradativamente e, na reincidência, cumulativamente, de acordo com as especificidade do infrator.

§ 2º Em qualquer caso, a peça publicitária fica definitivamente vetada.

§ 3º Considera-se infrator, para os efeitos desta Lei, toda e qualquer pessoa natural ou jurídica que, de forma direta ou indireta, seja responsável pela divulgação da peça publicitária ou pelo respectivo veículo de comunicação.

► § 3º com a redação dada pela Lei nº 10.167, de 27-12-2000.

§ 4º Compete à autoridade sanitária municipal aplicar as sanções previstas neste artigo, na forma do art. 12 da Lei nº 6.437, de 20 de agosto de 1977, ressalvada a competência exclusiva ou concorrente:

► § 4º acrescido pela Lei nº 10.167, de 27-12-2000.

I – do órgão de vigilância sanitária do Ministério da Saúde, inclusive quanto às sanções aplicáveis às agências de publicidade, responsáveis por propaganda de âmbito nacional;

II – do órgão de regulamentação da aviação civil do Ministério da Defesa, em relação a infrações verificadas no interior de aeronaves;

III – do órgão do Ministério das Comunicações responsável pela fiscalização das emissoras de rádio e televisão;

IV – do órgão de regulamentação de transportes do Ministério dos Transportes, em relação a infrações ocorridas no interior de transportes rodoviários, ferroviários e aquaviários de passageiros.

► Incisos I a IV acrescidos pela Lei nº 10.167, de 27-12-2000.

§ 5º O Poder Executivo definirá as competências dos órgãos e entidades da administração federal encarregados em aplicar as sanções deste artigo.

► § 5º acrescido pela Lei nº 10.702, de 14-7-2003.

Art. 10. O Poder Executivo regulamentará esta Lei no prazo máximo de sessenta dias de sua publicação.

Art. 11. Esta Lei entra em vigor na data de sua publicação.

Art. 12. Revogam-se as disposições em contrário.

Brasília, 15 de julho de 1996;
175º da Independência e
108º da República.

Fernando Henrique Cardoso

LEI Nº 9.307, DE 23 DE SETEMBRO DE 1996

Dispõe sobre a arbitragem.

► Publicada no *DOU* de 24-9-1996.

Capítulo I
DISPOSIÇÕES GERAIS

Art. 1º As pessoas capazes de contratar poderão valer-se da arbitragem para dirimir litígios relativos a direitos patrimoniais disponíveis.

Art. 2º A arbitragem poderá ser de direito ou de equidade, a critério das partes.

§ 1º Poderão as partes escolher, livremente, as regras de direito que serão aplicadas na arbitragem, desde que não haja violação aos bons costumes e à ordem pública.

§ 2º Poderão, também, as partes convencionar que a arbitragem se realize com base nos princípios gerais de direito, nos usos e costumes e nas regras internacionais de comércio.

Capítulo II
DA CONVENÇÃO DE ARBITRAGEM E SEUS EFEITOS

Art. 3º As partes interessadas podem submeter a solução de seus litígios ao juízo arbitral mediante convenção de arbitragem, assim entendida a cláusula compromissória e o compromisso arbitral.

Art. 4º A cláusula compromissória é a convenção através da qual as partes em um contrato comprometem-se a submeter à arbitragem os litígios que possam vir a surgir, relativamente a tal contrato.

§ 1º A cláusula compromissória deve ser estipulada por escrito, podendo estar inserta no próprio contrato ou em documento apartado que a ele se refira.

§ 2º Nos contratos de adesão, a cláusula compromissória só terá eficácia se o aderente tomar a iniciativa de instituir a arbitragem ou concordar, expressamente, com a sua instituição, desde que por escrito em documento anexo ou em negrito, com a assinatura ou visto especialmente para essa cláusula.

Art. 5º Reportando-se as partes, na cláusula compromissória, às regras de algum órgão arbitral institucional ou entidade especializada, a arbitragem será instituída e processada de acordo com tais regras, podendo, igualmente, as partes estabelecer na própria cláusula, ou em outro documento, a forma convencionada para a instituição da arbitragem.

Art. 6º Não havendo acordo prévio sobre a forma de instituir a arbitragem, a parte interessada manifestará à outra parte sua intenção de dar início à arbitragem, por via postal ou por outro meio qualquer de comunicação, mediante comprovação de recebimento, convocando-a para, em dia, hora e local certos, firmar o compromisso arbitral.

Parágrafo único. Não comparecendo a parte convocada ou, comparecendo, recusar-se a firmar o compromisso arbitral, poderá a outra parte propor a demanda de que trata o artigo 7º desta Lei, perante o órgão do Poder Judiciário a que, originariamente, tocaria o julgamento da causa.

Art. 7º Existindo cláusula compromissória e havendo resistência quanto à instituição da arbitragem, poderá a parte interessada requerer a citação da outra parte para comparecer em juízo a fim de lavrar-se o compromisso, designando o juiz audiência especial para tal fim.

§ 1º O autor indicará, com precisão, o objeto da arbitragem, instruindo o pedido com o documento que contiver a cláusula compromissória.

§ 2º Comparecendo as partes à audiência, o juiz tentará, previamente, a conciliação acerca do litígio. Não obtendo sucesso, tentará o juiz conduzir as partes à celebração, de comum acordo, do compromisso arbitral.

§ 3º Não concordando as partes sobre os termos do compromisso, decidirá o juiz, após ouvir o réu, sobre seu conteúdo, na própria audiência ou no prazo de dez dias, respeitadas as disposições da cláusula compromissória e atendendo ao disposto nos artigos 10 e 21, § 2º, desta Lei.

§ 4º Se a cláusula compromissória nada dispuser sobre a nomeação de árbitros, caberá ao juiz, ouvidas as partes, estatuir a respeito, podendo nomear árbitro único para a solução do litígio.

§ 5º A ausência do autor, sem justo motivo, à audiência designada para a lavratura do compromisso arbitral, importará a extinção do processo sem julgamento de mérito.

§ 6º Não comparecendo o réu à audiência, caberá ao juiz, ouvido o autor, estatuir a respeito do conteúdo do compromisso, nomeando árbitro único.

§ 7º A sentença que julgar procedente o pedido valerá como compromisso arbitral.

Art. 8º A cláusula compromissória é autônoma em relação ao contrato em que estiver inserta, de tal sorte que a nulidade deste não implica, necessariamente, a nulidade da cláusula compromissória.

Parágrafo único. Caberá ao árbitro decidir de ofício, ou por provocação das partes, as questões acerca da existência, validade e eficácia da convenção de arbitragem e do contrato que contenha a cláusula compromissória.

Art. 9º O compromisso arbitral é a convenção através da qual as partes submetem um litígio à arbitragem de uma ou mais pessoas, podendo ser judicial ou extrajudicial.

§ 1º O compromisso arbitral judicial celebrar-se-á por termo nos autos, perante o juízo ou tribunal, onde tem curso a demanda.

§ 2º O compromisso arbitral extrajudicial será celebrado por escrito particular, assinado por duas testemunhas, ou por instrumento público.

Art. 10. Constará, obrigatoriamente, do compromisso arbitral:

I – o nome, profissão, estado civil e domicílio das partes;

II – o nome, profissão e domicílio do árbitro, ou dos árbitros, ou, se for o caso, a identificação da entidade à qual as partes delegaram a indicação de árbitros;

III – a matéria que será objeto da arbitragem; e

IV – o lugar em que será proferida a sentença arbitral.

Art. 11. Poderá, ainda, o compromisso arbitral conter:

I – local, ou locais, onde se desenvolverá a arbitragem;

II – a autorização para que o árbitro ou os árbitros julguem por equidade, se assim for convencionado pelas partes;

III – o prazo para apresentação da sentença arbitral;

IV – a indicação da lei nacional ou das regras corporativas aplicáveis à arbitragem, quando assim convencionarem as partes;

V – a declaração da responsabilidade pelo pagamento dos honorários e das despesas com a arbitragem; e

VI – a fixação dos honorários do árbitro, ou dos árbitros.

Parágrafo único. Fixando as partes os honorários do árbitro, ou dos árbitros, no compromisso arbitral, este constituirá título executivo extrajudicial; não havendo tal estipulação, o árbitro requererá ao órgão do Poder Judiciário que seria competente para julgar, originariamente, a causa que os fixe por sentença.

Art. 12. Extingue-se o compromisso arbitral:

I – escusando-se qualquer dos árbitros, antes de aceitar a nomeação, desde que as partes tenham declarado, expressamente, não aceitar substituto;

II – falecendo ou ficando impossibilitado de dar seu voto algum dos árbitros, desde que as partes declarem, expressamente, não aceitar substituto; e

III – tendo expirado o prazo a que se refere o artigo 11, inciso III, desde que a parte interessada tenha notificado o árbitro, ou o presidente do tribunal arbitral, concedendo-lhe o prazo de dez dias para a prolação e apresentação da sentença arbitral.

Capítulo III

DOS ÁRBITROS

Art. 13. Pode ser árbitro qualquer pessoa capaz e que tenha a confiança das partes.

§ 1º As partes nomearão um ou mais árbitros, sempre em número ímpar, podendo nomear, também, os respectivos suplentes.

§ 2º Quando as partes nomearem árbitros em número par, estes estão autorizados, desde logo, a nomear mais um árbitro. Não havendo acordo, requererão as partes ao órgão do Poder Judiciário a que tocaria, originariamente, o julgamento da causa a nomeação do árbitro, aplicável, no que couber, o procedimento previsto no artigo 7º desta Lei.

§ 3º As partes poderão, de comum acordo, estabelecer o processo de escolha dos árbitros ou adotar as regras de um órgão arbitral institucional ou entidade especializada.

§ 4º Sendo nomeados vários árbitros, estes, por maioria, elegerão o presidente do tribunal arbitral. Não havendo consenso, será designado presidente o mais idoso.

§ 5º O árbitro ou o presidente do tribunal designará, se julgar conveniente, um secretário, que poderá ser um dos árbitros.

§ 6º No desempenho de sua função, o árbitro deverá proceder com imparcialidade, independência, competência, diligência e discrição.

§ 7º Poderá o árbitro ou o tribunal arbitral determinar às partes o adiantamento de verbas para despesas e diligências que julgar necessárias.

Art. 14. Estão impedidos de funcionar como árbitros as pessoas que tenham, com as partes ou com o litígio que lhes for submetido, algumas das relações que caracterizam os casos de impedimento ou suspeição de juízes, aplicando-se-lhes, no que couber, os mesmos deveres e responsabilidades, conforme previsto no Código de Processo Civil.

§ 1º As pessoas indicadas para funcionar como árbitro têm o dever de revelar, antes da aceitação da função, qualquer fato que denote dúvida justificada quanto à sua imparcialidade e independência.

§ 2º O árbitro somente poderá ser recusado por motivo ocorrido após sua nomeação.

Poderá, entretanto, ser recusado por motivo anterior à sua nomeação, quando:
a) não for nomeado, diretamente, pela parte; ou
b) o motivo para a recusa do árbitro for conhecido posteriormente à sua nomeação.

Art. 15. A parte interessada em arguir a recusa do árbitro apresentará, nos termos do artigo 20, a respectiva exceção, diretamente ao árbitro ou ao presidente do tribunal arbitral, deduzindo suas razões e apresentando as provas pertinentes.

Parágrafo único. Acolhida a exceção, será afastado o árbitro suspeito ou impedido, que será substituído, na forma do artigo 16 desta Lei.

Art. 16. Se o árbitro escusar-se antes da aceitação da nomeação, ou, após a aceitação, vier a falecer, tornar-se impossibilitado para o exercício da função, ou for recusado, assumirá seu lugar o substituto indicado no compromisso, se houver.

§ 1º Não havendo substituto indicado para o árbitro, aplicar-se-ão as regras do órgão arbitral institucional ou entidade especializada, se as partes as tiverem invocado na convenção de arbitragem.

§ 2º Nada dispondo a convenção de arbitragem e não chegando as partes a um acordo sobre a nomeação do árbitro a ser substituído, procederá a parte interessada da forma prevista no artigo 7º desta Lei, a menos que as partes tenham declarado, expressamente, na convenção de arbitragem, não aceitar substituto.

Art. 17. Os árbitros, quando no exercício de suas funções ou em razão delas, ficam equiparados aos funcionários públicos, para os efeitos da legislação penal.

Art. 18. O árbitro é juiz de fato e de direito, e a sentença que proferir não fica sujeita a recurso ou a homologação pelo Poder Judiciário.

CAPÍTULO IV

DO PROCEDIMENTO ARBITRAL

Art. 19. Considera-se instituída a arbitragem quando aceita a nomeação pelo árbitro, se for único, ou por todos, se forem vários.

Parágrafo único. Instituída a arbitragem e entendendo o árbitro ou o tribunal arbitral que há necessidade de explicitar alguma questão disposta na convenção de arbitragem, será elaborado, juntamente com as partes, um adendo, firmado por todos, que passará a fazer parte integrante da convenção de arbitragem.

Art. 20. A parte que pretender arguir questões relativas à competência, suspeição ou impedimento do árbitro ou dos árbitros, bem como nulidade, invalidade ou ineficácia da convenção de arbitragem, deverá fazê-lo na primeira oportunidade que tiver de se manifestar, após a instituição da arbitragem.

§ 1º Acolhida a arguição de suspeição ou impedimento, será o árbitro substituído nos termos do artigo 16 desta Lei, reconhecida a incompetência do árbitro ou do tribunal arbitral, bem como a nulidade, invalidade ou ineficácia da convenção de arbitragem, serão as partes remetidas ao órgão do Poder Judiciário competente para julgar a causa.

§ 2º Não sendo acolhida a arguição, terá normal prosseguimento a arbitragem, sem prejuízo de vir a ser examinada a decisão pelo órgão do Poder Judiciário competente, quando da eventual propositura da demanda de que trata o artigo 33 desta Lei.

Art. 21. A arbitragem obedecerá ao procedimento estabelecido pelas partes na convenção de arbitragem, que poderá reportar-se às regras de um órgão arbitral institucional ou entidade especializada, facultando-se, ainda, às partes delegar ao próprio árbitro, ou ao tribunal arbitral, regular o procedimento.

§ 1º Não havendo estipulação acerca do procedimento, caberá ao árbitro ou ao tribunal arbitral discipliná-lo.

§ 2º Serão, sempre, respeitados no procedimento arbitral os princípios do contraditório, da igualdade das partes, da imparcialidade do árbitro e de seu livre convencimento.

§ 3º As partes poderão postular por intermédio de advogado, respeitada, sempre, a faculdade de designar quem as represente ou assista no procedimento arbitral.

§ 4º Competirá ao árbitro ou ao tribunal arbitral, no início do procedimento, tentar a conciliação das partes, aplicando-se, no que couber, o artigo 28 desta Lei.

Art. 22. Poderá o árbitro ou o tribunal arbitral tomar o depoimento das partes, ouvir testemunhas e determinar a realização de perícias ou outras provas que julgar necessárias, mediante requerimento das partes ou de ofício.

§ 1º O depoimento das partes e das testemunhas será tomado em local, dia e hora previamente comunicados, por escrito, e reduzido a termo, assinado pelo depoente, ou a seu rogo, e pelos árbitros.

§ 2º Em caso de desatendimento, sem justa causa, da convocação para prestar depoimento pessoal, o árbitro ou o tribunal arbitral levará em consideração o comportamento da parte faltosa, ao proferir sua sentença; se a ausência for de testemunha, nas mesmas circunstâncias, poderá o árbitro ou o presidente do tribunal arbitral requerer à autoridade judiciária que conduza a testemunha renitente, comprovando existência da convenção de arbitragem.

§ 3º A revelia da parte não impedirá que seja proferida a sentença arbitral.

§ 4º Ressalvado o disposto no § 2º, havendo necessidade de medidas coercitivas ou cautelares, os árbitros poderão solicitá-las ao órgão do Poder Judiciário que seria, originariamente, competente para julgar a causa.

§ 5º Se, durante o procedimento arbitral, um árbitro vier a ser substituído fica a critério do substituto repetir as provas já produzidas.

CAPÍTULO V

DA SENTENÇA ARBITRAL

Art. 23. A sentença arbitral será proferida no prazo estipulado pelas partes. Nada tendo sido convencionado, o prazo para a apresentação da sentença é de seis meses, contado da instituição da arbitragem ou da substituição do árbitro.

Parágrafo único. As partes e os árbitros, de comum acordo, poderão prorrogar o prazo estipulado.

Art. 24. A decisão do árbitro ou dos árbitros será expressa em documento escrito.

§ 1º Quando forem vários os árbitros, a decisão será tomada por maioria. Se não houver acordo majoritário, prevalecerá o voto do presidente do tribunal arbitral.

§ 2º O árbitro que divergir da maioria poderá, querendo, declarar seu voto em separado.

Art. 25. Sobrevindo no curso da arbitragem controvérsia acerca de direitos indisponíveis e verificando-se que de sua existência, ou não, dependerá o julgamento, o árbitro ou o tribunal arbitral remeterá as partes à autoridade competente do Poder Judiciário, suspendendo o procedimento arbitral.

Parágrafo único. Resolvida a questão prejudicial e juntada aos autos da sentença ou acórdão transitados em julgado, terá normal seguimento a arbitragem.

Art. 26. São requisitos obrigatórios da sentença arbitral:

I – o relatório, que conterá os nomes das partes e um resumo do litígio;

II – os fundamentos da decisão, onde serão analisadas as questões de fato e de direito, mencionando-se, expressamente, se os árbitros julgaram por equidade.

III – o dispositivo, em que os árbitros resolverão as questões que lhes forem submetidas e estabelecerão o prazo para o cumprimento da decisão, se for o caso; e

IV – a data e o lugar em que foi proferida.

Parágrafo único. A sentença arbitral será assinada pelo árbitro ou por todos os árbitros. Caberá ao presidente do tribunal arbitral, na hipótese de um ou alguns dos árbitros não poder ou não querer assinar a sentença, certificar tal fato.

Art. 27. A sentença arbitral decidirá sobre a responsabilidade das partes acerca das custas e despesas com a arbitragem, bem como sobre verba decorrente de litigância de má-fé, se for o caso, respeitadas as disposições da convenção de arbitragem, se houver.

Art. 28. Se, no decurso da arbitragem, as partes chegarem a acordo quanto ao litígio, o árbitro ou o tribunal arbitral poderá, a pedido das partes, declarar tal fato mediante sentença arbitral, que conterá os requisitos do artigo 26 desta Lei.

Art. 29. Proferida a sentença arbitral, dá-se por finda a arbitragem, devendo o árbitro, ou o presidente do tribunal arbitral, enviar cópia da decisão às partes, por via postal ou por outro meio qualquer de comunicação, mediante comprovação de recebimento, ou, ainda, entregando-a diretamente às partes, mediante recibo.

Art. 30. No prazo de cinco dias, a contar do recebimento da notificação ou da ciência pessoal da sentença arbitral, a parte interessada, mediante comunicação à outra parte, poderá solicitar ao árbitro ou ao tribunal arbitral que:

I – corrija qualquer erro material da sentença arbitral;

II – esclareça alguma obscuridade, dúvida ou contradição da sentença arbitral, ou se pronuncie sobre ponto omitido a respeito do qual devia manifestar-se a decisão.

Parágrafo único. O árbitro ou o tribunal arbitral decidirá, no prazo de dez dias, aditando a sentença arbitral e notificando as partes na forma do artigo 29.

Art. 31. A sentença arbitral produz, entre as partes, e seus sucessores, os mesmos efeitos da sentença proferida pelos órgãos do Poder Judiciário e, sendo condenatória, constitui título executivo.

Art. 32. É nula a sentença arbitral se:

I – for nulo o compromisso;

II – emanou de quem não podia ser árbitro;

III – não contiver os requisitos do artigo 26 desta Lei;
IV – for proferida fora dos limites da convenção de arbitragem;
V – não decidir todo o litígio submetido à arbitragem;
VI – comprovado que foi proferida por prevaricação, concussão ou corrupção passiva;
VII – proferida fora do prazo, respeitado o disposto no artigo 12, inciso III, desta Lei; e
VIII – forem desrespeitados os princípios de que trata o artigo 21, § 2º, desta Lei.

Art. 33. A parte interessada poderá pleitear ao órgão do Poder Judiciário competente a decretação da nulidade da sentença arbitral, nos casos previstos nesta Lei.

§ 1º A demanda para a decretação de nulidade da sentença arbitral seguirá o procedimento comum, previsto no Código de Processo Civil, e deverá ser proposta no prazo de até noventa dias após o recebimento da notificação da sentença arbitral ou de seu aditamento.

§ 2º A sentença que julgar procedente o pedido:

I – decretará a nulidade da sentença arbitral, nos casos do artigo 32, incisos I, II, VI, VII e VIII;

II – determinará que o árbitro ou o tribunal arbitral profira novo laudo, nas demais hipóteses.

§ 3º A decretação da nulidade da sentença arbitral também poderá ser arguida mediante ação de embargos do devedor, conforme o artigo 741 e seguintes do Código de Processo Civil, se houver execução judicial.

Capítulo VI
DO RECONHECIMENTO E EXECUÇÃO DE SENTENÇAS ARBITRAIS ESTRANGEIRAS

Art. 34. A sentença arbitral estrangeira será reconhecida ou executada no Brasil de conformidade com os tratados internacionais com eficácia no ordenamento interno e, na sua ausência, estritamente de acordo com os termos desta Lei.

Parágrafo único. Considera-se sentença arbitral estrangeira a que tenha sido proferida fora do Território Nacional.

Art. 35. Para ser reconhecida ou executada no Brasil, a sentença arbitral estrangeira está sujeita, unicamente, à homologação do Supremo Tribunal Federal.

▶ A homologação de sentença estrangeira passou a ser da competência do STJ, conforme art. 105, I, i, da Constituição Federal.

Art. 36. Aplica-se à homologação para reconhecimento ou execução de sentença arbitral estrangeira, no que couber, o disposto nos artigos 483 e 484 do Código de Processo Civil.

Art. 37. A homologação de sentença arbitral estrangeira será requerida pela parte interessada, devendo a petição inicial conter as indicações da lei processual, conforme o artigo 282 do Código de Processo Civil, e ser instruída, necessariamente, com:

I – o original da sentença arbitral ou uma cópia devidamente certificada, autenticada pelo consulado brasileiro e acompanhada de tradução oficial;

II – o original da convenção de arbitragem ou cópia devidamente certificada, acompanhada de tradução oficial.

Art. 38. Somente poderá ser negada a homologação para o reconhecimento ou execução de sentença arbitral estrangeira, quando o réu demonstrar que:

I – as partes na convenção de arbitragem eram incapazes;

II – a convenção de arbitragem não era válida segundo a lei à qual as partes a submeteram, ou, na falta de indicação, em virtude da lei do país onde a sentença arbitral foi proferida;

III – não foi notificado da designação do árbitro ou do procedimento de arbitragem, ou tenha sido violado o princípio do contraditório, impossibilitando a ampla defesa;

IV – a sentença arbitral foi proferida fora dos limites da convenção de arbitragem, e não foi possível separar a parte excedente daquela submetida à arbitragem;

V – a instituição da arbitragem não está de acordo com o compromisso arbitral ou cláusula compromissória;

VI – a sentença arbitral não se tenha, ainda, tornado obrigatória para as partes, tenha sido anulada, ou, ainda, tenha sido suspensa por órgão judicial do país onde a sentença arbitral for prolatada.

Art. 39. Também será denegada a homologação para o reconhecimento ou execução da sentença arbitral estrangeira, se o Supremo Tribunal Federal constatar que:

▶ A homologação de sentença estrangeira passou a ser da competência do STJ, conforme art. 105, I, i, da Constituição Federal.

I – segundo a lei brasileira, o objeto do litígio não é suscetível de ser resolvido por arbitragem;

II – a decisão ofende a ordem pública nacional.

Parágrafo único. Não será considerada ofensa à ordem pública nacional a efetivação da citação da parte residente ou domiciliada no Brasil, nos moldes da convenção de arbitragem ou da lei processual do país onde se realizou a arbitragem, admitindo-se, inclusive, a citação postal com prova inequívoca de recebimento, desde que assegure à parte brasileira tempo hábil para o exercício do direito de defesa.

Art. 40. A denegação da homologação para reconhecimento ou execução de sentença arbitral estrangeira por vícios formais, não obsta que a parte interessada renove o pedido, uma vez sanados os vícios apresentados.

▶ A homologação de sentença estrangeira passou a ser da competência do STJ, conforme art. 105, I, *i*, da Constituição Federal.

CAPÍTULO VII

DISPOSIÇÕES FINAIS

Art. 41. Os artigos 267, inciso VII; 301, inciso IX; e 584, inciso III, do Código de Processo Civil passam a ter a seguinte redação:

"Art. 267. ....

....

VII – pela convenção de arbitragem;"

"Art. 301. ....

....

IX – convenção de arbitragem;"

"Art. 584. ....

....

....

III – a sentença arbitral e a sentença homologatória de transação ou de conciliação;"

▶ O artigo 584 foi revogado pela Lei nº 11.232, de 22-12-2005.

Art. 42. O artigo 520 do Código de Processo Civil passa a ter mais um inciso, com a seguinte redação:

"Art. 520. ....

....

VI – julgar procedente o pedido de instituição de arbitragem."

Art. 43. Esta Lei entrará em vigor sessenta dias após a data de sua publicação.

Art. 44. Ficam revogados os artigos 1.037 a 1.048 da Lei nº 3.071, de 1º de janeiro de 1916, Código Civil Brasileiro; os artigos 101 e 1.072 a 1.102 da Lei nº 5.869, de 11 de janeiro de 1973, Código de Processo Civil; e demais disposições em contrário.

▶ A Lei nº 3.071, de 1º-1-1916, foi revogada pela Lei nº 10.406, de 10-1-2002 (Código Civil).

Brasília, 23 de setembro de 1996; 175º da Independência e 108º da República.

Fernando Henrique Cardoso

DECRETO Nº 2.181, DE 20 DE MARÇO DE 1997

Dispõe sobre a organização do Sistema Nacional de Defesa do Consumidor – SNDC, estabelece as normas gerais de aplicação das sanções administrativas previstas na Lei nº 8.078, de 11 de setembro de 1990, revoga o Decreto nº 861, de 9 de julho de 1993, e dá outras providências.

▶ Publicado no *DOU* de 21-3-1997.

Art. 1º Fica organizado o Sistema Nacional de Defesa do Consumidor – SNDC e estabelecidas as normas gerais de aplicação das sanções administrativas, nos termos da Lei nº 8.078, de 11 de setembro de 1990.

CAPÍTULO I

DO SISTEMA NACIONAL DE DEFESA DO CONSUMIDOR

Art. 2º Integram o SNDC a Secretaria de Direito Econômico do Ministério da Justiça – SDE, por meio do seu Departamento de Proteção e Defesa do Consumidor – DPDC, e os demais órgãos federais, estaduais, do Distrito Federal, municipais e as entidades civis de defesa do consumidor.

CAPÍTULO II

DA COMPETÊNCIA DOS ÓRGÃOS INTEGRANTES DO SNDC

Art. 3º Compete ao DPDC a coordenação da política do Sistema Nacional de Defesa do Consumidor, cabendo-lhe:

I – planejar, elaborar, propor, coordenar e executar a política nacional de proteção e defesa do consumidor;

II – receber, analisar, avaliar e apurar consultas e denúncias apresentadas por entidades representativas ou pessoas jurídicas de direito público ou privado ou por consumidores individuais;

III – prestar aos consumidores orientação permanente sobre seus direitos e garantias;

IV – informar, conscientizar e motivar o consumidor, por intermédio dos diferentes meios de comunicação;

V – solicitar à polícia judiciária a instauração de inquérito para apuração de delito contra o consumidor, nos termos da legislação vigente;

VI – representar ao Ministério Público competente, para fins de adoção de medidas processuais, penais e civis, no âmbito de suas atribuições;

VII – levar ao conhecimento dos órgãos competentes as infrações de ordem administrativa que violarem os interesses difusos, coletivos ou individuais dos consumidores;

VIII – solicitar o concurso de órgãos e entidades da União, dos Estados, do Distrito Federal e dos Municípios, bem como auxiliar na fiscalização de preços, abastecimento, quantidade e segurança de produtos e serviços;

IX – incentivar, inclusive com recursos financeiros e outros programas especiais, a criação de órgãos públicos estaduais e municipais de defesa do consumidor e a formação, pelos cidadãos, de entidades com esse mesmo objetivo;

X – fiscalizar e aplicar as sanções administrativas previstas na Lei nº 8.078, de 1990, e em outras normas pertinentes à defesa do consumidor;

XI – solicitar o concurso de órgãos e entidades de notória especialização técnico-científica para a consecução de seus objetivos;

XII – provocar a Secretaria de Direito Econômico para celebrar convênios e termos de ajustamento de conduta, na forma do § 6º do artigo 5º da Lei nº 7.347, de 24 de julho de 1985;

XIII – elaborar e divulgar o cadastro nacional de reclamações fundamentadas contra fornecedores de produtos e serviços, a que se refere o artigo 44 da Lei nº 8.078, de 1990;

XIV – desenvolver outras atividades compatíveis com suas finalidades.

Art. 4º No âmbito de sua jurisdição e competência, caberá ao órgão estadual, do Distrito Federal e municipal de proteção e defesa do consumidor, criado, na forma da lei, especificamente para este fim, exercitar as atividades contidas nos incisos II a XII do artigo 3º deste Decreto e, ainda:

I – planejar, elaborar, propor, coordenar e executar a política estadual, do Distrito Federal e municipal de proteção e defesa do consumidor, nas suas respectivas áreas de atuação;

II – dar atendimento aos consumidores, processando, regularmente, as reclamações fundamentadas;

III – fiscalizar as relações de consumo;

IV – funcionar, no processo administrativo, como instância de instrução e julgamento, no âmbito de sua competência, dentro das regras fixadas pela Lei nº 8.078, de 1990, pela legislação complementar e por este Decreto;

V – elaborar e divulgar anualmente, no âmbito de sua competência, o cadastro de reclamações fundamentadas contra fornecedores de produtos e serviços, de que trata o artigo 44 da Lei nº 8.078, de 1990, e remeter cópia ao DPDC;

VI – desenvolver outras atividades compatíveis com suas finalidades.

Art. 5º Qualquer entidade ou órgão da Administração Pública, federal, estadual e municipal, destinado à defesa dos interesses e direitos do consumidor, tem, no âmbito de suas respectivas competências, atribuição para apurar e punir infrações a este Decreto e à legislação das relações de consumo.

Parágrafo único. Se instaurado mais de um processo administrativo por pessoas jurídicas de direito público distintas, para apuração de infração decorrente de um mesmo fato imputado ao mesmo fornecedor, eventual conflito de competência será dirimido pelo DPDC, que poderá ouvir a Comissão Nacional Permanente de Defesa do Consumidor – CNPDC, levando sempre em consideração a competência federativa para legislar sobre a respectiva atividade econômica.

Art. 6º As entidades e órgãos da Administração Pública destinados à defesa dos interesses e direitos protegidos pelo Código de Defesa do Consumidor poderão celebrar compromissos de ajustamento de conduta às exigências legais, nos termos do § 6º do artigo 5º da Lei nº 7.347, de 1985, na órbita de suas respectivas competências.

§ 1º A celebração de termo de ajustamento de conduta não impede que outro, desde que mais vantajoso para o consumidor, seja lavrado por quaisquer das pessoas jurídicas de direito público integrantes do SNDC.

§ 2º A qualquer tempo, o órgão subscritor poderá, diante de novas informações ou se assim as circunstâncias o exigirem, retificar ou complementar o acordo firmado, determinando outras providências que se fizerem necessárias, sob pena de invalidade imediata do ato, dando-se seguimento ao procedimento administrativo eventualmente arquivado.

§ 3º O compromisso de ajustamento conterá, entre outras, cláusulas que estipulem condições sobre:

Manual de Direito do Consumidor

I - obrigação do fornecedor de adequar sua conduta às exigências legais, no prazo ajustado;

II - pena pecuniária, diária, pelo descumprimento do ajustado, levando-se em conta os seguintes critérios:

a) o valor global da operação investigada;
b) o valor do produto ou serviço em questão;
c) os antecedentes do infrator;
d) a situação econômica do infrator;

III - ressarcimento das despesas de investigação da infração e instrução do procedimento administrativo.

§ 4º A celebração do compromisso de ajustamento suspenderá o curso do processo administrativo, se instaurado, que somente será arquivado após atendidas todas as condições estabelecidas no respectivo termo.

Art. 7º Compete aos demais órgãos públicos federais, estaduais, do Distrito Federal e municipais que passarem a integrar o SNDC fiscalizar as relações de consumo, no âmbito de sua competência, e autuar, na forma da legislação, os responsáveis por práticas que violem os direitos do consumidor.

Art. 8º As entidades civis de proteção e defesa do consumidor, legalmente constituídas, poderão:

I - encaminhar denúncias aos órgãos públicos de proteção e defesa do consumidor, para as providências legais cabíveis;

II - representar o consumidor em juízo, observado o disposto no inciso IV do artigo 82 da Lei nº 8.078, de 1990;

III - exercer outras atividades correlatas.

Capítulo III
DA FISCALIZAÇÃO, DAS PRÁTICAS INFRATIVAS E DAS PENALIDADES ADMINISTRATIVAS

Seção I
DA FISCALIZAÇÃO

Art. 9º A fiscalização das relações de consumo de que tratam a Lei nº 8.078, de 1990, este Decreto e as demais normas de defesa do consumidor será exercida em todo o território nacional pela Secretaria de Direito Econômico do Ministério da Justiça, por meio do DPDC, pelos órgãos federais integrantes do SNDC, pelos órgãos conveniados com a Secretaria e pelos órgãos de proteção e defesa do consumidor criados pelos Estados, Distrito Federal e Municípios, em suas respectivas áreas de atuação e competência.

Art. 10. A fiscalização de que trata este Decreto será efetuada por agentes fiscais, oficialmente designados, vinculados aos respectivos órgãos de proteção e defesa do consumidor, no âmbito federal, estadual, do Distrito Federal e municipal, devidamente credenciados mediante Cédula de Identificação Fiscal, admitida a delegação mediante convênio.

Art. 11. Sem exclusão da responsabilidade dos órgãos que compõem o SNDC, os agentes de que trata o artigo anterior responderão pelos atos que praticarem quando investidos da ação fiscalizadora.

Seção II
DAS PRÁTICAS INFRATIVAS

Art. 12. São consideradas práticas infrativas:

I - condicionar o fornecimento de produto ou serviço ao fornecimento de outro produto ou serviço, bem como, sem justa causa, a limites quantitativos;

II - recusar atendimento às demandas dos consumidores na exata medida de sua disponibilidade de estoque e, ainda, de conformidade com os usos e costumes;

III - recusar, sem motivo justificado, atendimento à demanda dos consumidores de serviços;

IV - enviar ou entregar ao consumidor qualquer produto ou fornecer qualquer serviço, sem solicitação prévia;

V - prevalecer-se da fraqueza ou ignorância do consumidor, tendo em vista sua idade, saúde, conhecimento ou condição social, para impingir-lhe seus produtos ou serviços;

VI - exigir do consumidor vantagem manifestamente excessiva;

VII - executar serviços sem a prévia elaboração de orçamento e autorização expressa do consumidor, ressalvadas as decorrentes de práticas anteriores entre as partes;

VIII - repassar informação depreciativa referente a ato praticado pelo consumidor no exercício de seus direitos;

IX - colocar, no mercado de consumo, qualquer produto ou serviço:

a) em desacordo com as normas expedidas pelos órgãos oficiais competentes, ou, se normas específicas não existirem, pela Associação Brasileira de Normas Técnicas - ABNT ou outra entidade credenciada pelo Conselho Nacional de Metrologia, Normalização e Qualidade Industrial - CONMETRO;

b) que acarrete risco à saúde ou à segurança dos consumidores e sem informações ostensivas e adequadas;

c) em desacordo com as indicações constantes do recipiente, da embalagem, da rotulagem ou mensagem publicitária, respeitadas as variações decorrentes de sua natureza;

d) impróprio ou inadequado ao consumo a que se destina ou que lhe diminua o valor;

X - deixar de reexecutar os serviços, quando cabível, sem custo adicional;

XI - deixar de estipular prazo para o cumprimento de sua obrigação ou deixar a fixação ou variação de seu termo inicial a seu exclusivo critério.

Art. 13. Serão consideradas, ainda, práticas infrativas, na forma dos dispositivos da Lei nº 8.078, de 1990:

I - ofertar produtos ou serviços sem as informações corretas, claras, precisas e ostensivas, em língua portuguesa, sobre suas características, qualidade, quantidade, composição, preço, condições de pagamento, juros, encargos, garantia, prazos de validade e origem, entre outros dados relevantes;

II - deixar de comunicar à autoridade competente a periculosidade do produto ou serviço, quando do lançamento dos mesmos no mercado de consumo, ou quando da verificação posterior da existência do risco;

III - deixar de comunicar aos consumidores, por meio de anúncios publicitários, a periculosidade do produto ou serviço, quando do lançamento dos mesmos no mercado de consumo, ou quando da verificação posterior da existência do risco;

IV - deixar de reparar os danos causados aos consumidores por defeitos decorrentes de projetos, fabricação, construção, montagem, manipulação, apresentação ou acondicionamento de seus produtos ou serviços, ou por informações insuficientes ou inadequadas sobre a sua utilização e risco;

V - deixar de empregar componentes de reposição originais, adequados e novos, ou que mantenham as especificações técnicas do fabricante, salvo se existir autorização em contrário do consumidor;

VI - deixar de cumprir a oferta, publicitária ou não, suficientemente precisa, ressalvada a incorreção retificada em tempo hábil ou exclusivamente atribuível ao veículo de comunicação, sem prejuízo, inclusive nessas duas hipóteses, do cumprimento forçado do anunciado ou do ressarcimento de perdas e danos sofridos pelo consumidor, assegurado o direito de regresso do anunciante contra seu segurador ou responsável direto;

VII - omitir, nas ofertas ou vendas eletrônicas, por telefone ou reembolso postal, o nome e endereço do fabricante ou do importador na embalagem, na publicidade e nos impressos utilizados na transação comercial;

VIII - deixar de cumprir, no caso de fornecimento de produtos e serviços, o regime de preços tabelados, congelados, administrados, fixados ou controlados pelo Poder Público;

IX - submeter o consumidor inadimplente a ridículo ou a qualquer tipo de constrangimento ou ameaça;

X - impedir ou dificultar o acesso gratuito do consumidor às informações existentes em cadastros, fichas, registros de dados pessoais e de consumo, arquivados sobre ele, bem como sobre as respectivas fontes;

XI - elaborar cadastros de consumo com dados irreais ou imprecisos;

XII - manter cadastros e dados de consumidores com informações negativas, divergentes da proteção legal;

XIII - deixar de comunicar, por escrito, ao consumidor a abertura de cadastro, ficha, registro de dados pessoais e de consumo, quando não solicitada por ele;

XIV - deixar de corrigir, imediata e gratuitamente, a inexatidão de dados e cadastros, quando solicitado pelo consumidor;

XV - deixar de comunicar ao consumidor, no prazo de cinco dias úteis, as correções cadastrais por ele solicitadas;

XVI - impedir, dificultar ou negar, sem justa causa, o cumprimento das declarações constantes de escritos particulares, recibos e pré-contratos concernentes às relações de consumo;

XVII - omitir em impressos, catálogos ou comunicações, impedir, dificultar ou negar a desistência contratual, no prazo de até sete dias a contar da assinatura do contrato ou do ato de recebimento do produto ou serviço, sempre que a contratação ocorrer fora do estabelecimento comercial, especialmente por telefone ou a domicílio;

XVIII - impedir, dificultar ou negar a devolução dos valores pagos, monetariamente atualizados, durante o prazo de reflexão, em caso de desistência do contrato pelo consumidor;

XIX - deixar de entregar o termo de garantia, devidamente preenchido com as informações previstas no parágrafo único do artigo 50 da Lei nº 8.078, de 1990;

XX - deixar, em contratos que envolvam vendas a prazo ou com cartão de crédito, de informar por escrito ao consumidor, prévia e adequadamente, inclusive nas comunicações publicitárias, o preço do produto ou do serviço em moeda corrente nacional, o montante dos juros de mora e da taxa efetiva anual de juros, os acréscimos legal e contratualmente previstos, o número e a periodicidade das prestações e, com igual destaque, a soma total a pagar, com ou sem financiamento;

XXI – deixar de assegurar a oferta de componentes e peças de reposição, enquanto não cessar a fabricação ou importação do produto, e, caso cessadas, de manter a oferta de componentes e peças de reposição por período razoável de tempo, nunca inferior à vida útil do produto ou serviço;

XXII – propor ou aplicar índices ou formas de reajuste alternativos, bem como fazê-lo em desacordo com aquele que seja legal ou contratualmente permitido;

XXIII – recusar a venda de produto ou a prestação de serviços, publicamente ofertados, diretamente a quem se dispõe a adquiri-los mediante pronto pagamento, ressalvados os casos regulados em leis especiais;

XXIV – deixar de trocar o produto impróprio, inadequado, ou de valor diminuído, por outro da mesma espécie, em perfeitas condições de uso, ou de restituir imediatamente a quantia paga, devidamente corrigida, ou fazer abatimento proporcional do preço, a critério do consumidor.

Art. 14. É enganosa qualquer modalidade de informação ou comunicação de caráter publicitário inteira ou parcialmente falsa, ou, por qualquer outro modo, mesmo por omissão, capaz de induzir a erro o consumidor a respeito da natureza, características, qualidade, quantidade, propriedade, origem, preço e de quaisquer outros dados sobre produtos ou serviços.

§ 1º É enganosa, por omissão, a publicidade que deixar de informar sobre dado essencial do produto ou serviço a ser colocado à disposição dos consumidores.

§ 2º É abusiva, entre outras, a publicidade discriminatória de qualquer natureza, que incite à violência, explore o medo ou a superstição, se aproveite da deficiência de julgamento e inexperiência da criança, desrespeite valores ambientais, seja capaz de induzir o consumidor a se comportar de forma prejudicial ou perigosa à sua saúde ou segurança, ou que viole normas legais ou regulamentares de controle da publicidade.

§ 3º O ônus da prova da veracidade (não enganosidade) e da correção (não abusividade) da informação ou comunicação publicitária cabe a quem as patrocina.

Art. 15. Estando a mesma empresa sendo acionada em mais de um Estado federado pelo mesmo fato gerador de prática infrativa, a autoridade máxima do sistema estadual poderá remeter o processo ao órgão coordenador do SNDC, que apurará o fato e aplicará as sanções respectivas.

Art. 16. Nos casos de processos administrativos tramitando em mais de um Estado, que envolvam interesses difusos ou coletivos, o DPDC poderá avocá-los, ouvida a Comissão Nacional Permanente de Defesa do Consumidor, bem como as autoridades máximas dos sistemas estaduais.

Art. 17. As práticas infrativas classificam-se em:

I – leves: aquelas em que forem verificadas somente circunstâncias atenuantes;

II – graves: aquelas em forem verificadas circunstâncias agravantes.

SEÇÃO III

DAS PENALIDADES ADMINISTRATIVAS

Art. 18. A inobservância das normas contidas na Lei nº 8.078, de 1990, e das demais normas de defesa do consumidor constituirá prática infrativa e sujeitará o fornecedor às seguintes penalidades, que poderão ser aplicadas isolada ou cumulativamente, inclusive de forma cautelar, antecedente ou incidente no processo administrativo, sem prejuízo das de natureza cível, penal e das definidas em normas específicas:

I – multa;

II – apreensão do produto;

III – inutilização do produto;

IV – cassação do registro do produto junto ao órgão competente;

V – proibição de fabricação do produto;

VI – suspensão de fornecimento de produtos ou serviços;

VII – suspensão temporária de atividade;

VIII – revogação de concessão ou permissão de uso;

IX – cassação de licença do estabelecimento ou de atividade;

X – interdição, total ou parcial, de estabelecimento, de obra ou de atividade;

XI – intervenção administrativa;

XII – imposição de contrapropaganda.

§ 1º Responderá pela prática infrativa, sujeitando-se às sanções administrativas previstas neste Decreto, quem por ação ou omissão lhe der causa, concorrer para sua prática ou dela se beneficiar.

§ 2º As penalidades previstas neste artigo serão aplicadas pelos órgãos oficiais integrantes do SNDC, sem prejuízo das atribuições do órgão normativo ou regulador da atividade, na forma da legislação vigente.

§ 3º As penalidades previstas nos incisos III a XI deste artigo sujeitam-se a posterior confirmação pelo órgão normativo ou regulador da atividade, nos limites de sua competência.

Art. 19. Toda pessoa física ou jurídica que fizer ou promover publicidade enganosa ou abusiva ficará sujeita à pena de multa, cumulada com aquelas previstas no artigo anterior, sem prejuízo da competência de outros órgãos administrativos.

Parágrafo único. Incide também nas penas deste artigo o fornecedor que:

a) deixar de organizar ou negar aos legítimos interessados os dados fáticos, técnicos e científicos que dão sustentação à mensagem publicitária;

b) veicular publicidade de forma que o consumidor não possa, fácil e imediatamente, identificá-la como tal.

Art. 20. Sujeitam-se à pena de multa os órgãos públicos que, por si ou suas empresas concessionárias, permissionárias ou sob qualquer outra forma de empreendimento, deixarem de fornecer serviços adequados, eficientes, seguros e, quanto aos essenciais, contínuos.

Art. 21. A aplicação da sanção prevista no inciso II do artigo 18 terá lugar quando os produtos forem comercializados em desacordo com as especificações técnicas estabelecidas em legislação própria, na Lei nº 8.078, de 1990, e neste Decreto.

§ 1º Os bens apreendidos, a critério da autoridade, poderão ficar sob a guarda do proprietário, responsável, preposto ou empregado que responda pelo gerenciamento do negócio, nomeado fiel depositário, mediante termo próprio, proibida a venda, utilização, substituição, subtração ou remoção, total ou parcial, dos referidos bens.

§ 2º A retirada de produto por parte da autoridade fiscalizadora não poderá incidir sobre quantidade superior àquela necessária à realização da análise pericial.

Art. 22. Será aplicada multa ao fornecedor de produtos ou serviços que, direta ou indiretamente, inserir, fizer circular ou utilizar-se de cláusula abusiva, qualquer que seja a modalidade do contrato de consumo, inclusive nas operações securitárias, bancárias, de crédito direto ao consumidor, depósito, poupança, mútuo ou financiamento, e especialmente quando:

I - impossibilitar, exonerar ou atenuar a responsabilidade do fornecedor por vícios de qualquer natureza dos produtos e serviços ou implicar renúncia ou disposição de direito do consumidor;

II - deixar de reembolsar ao consumidor a quantia já paga, nos casos previstos na Lei nº 8.078, de 1990;

III - transferir responsabilidades a terceiros;

IV - estabelecer obrigações consideradas iníquas ou abusivas, que coloquem o consumidor em desvantagem exagerada, incompatíveis com a boa-fé ou a equidade;

V - estabelecer inversão do ônus da prova em prejuízo do consumidor;

VI - determinar a utilização compulsória de arbitragem;

VII - impuser representante para concluir ou realizar outro negócio jurídico pelo consumidor;

VIII - deixar ao fornecedor a opção de concluir ou não o contrato, embora obrigando o consumidor;

IX - permitir ao fornecedor, direta ou indiretamente, variação unilateral do preço, juros, encargos, forma de pagamento ou atualização monetária;

X - autorizar o fornecedor a cancelar o contrato unilateralmente, sem que igual direito seja conferido ao consumidor, ou permitir, nos contratos de longa duração ou de trato sucessivo, o cancelamento sem justa causa e motivação, mesmo que dada ao consumidor a mesma opção;

XI - obrigar o consumidor a ressarcir os custos de cobrança de sua obrigação, sem que igual direito lhe seja conferido contra o fornecedor;

XII - autorizar o fornecedor a modificar unilateralmente o conteúdo ou a qualidade do contrato após sua celebração;

XIII - infringir normas ambientais ou possibilitar sua violação;

XIV - possibilitar a renúncia ao direito de indenização por benfeitorias necessárias;

XV - restringir direitos ou obrigações fundamentais à natureza do contrato, de tal modo a ameaçar o seu objeto ou o equilíbrio contratual;

XVI - onerar excessivamente o consumidor, considerando-se a natureza e o conteúdo do contrato, o interesse das partes e outras circunstâncias peculiares à espécie;

XVII - determinar, nos contratos de compra e venda mediante pagamento em prestações, ou nas alienações fiduciárias em garantia, a perda total das prestações pagas, em benefício do credor que, em razão do inadimplemento, pleitear a resilição do contrato e a retomada do produto alienado, ressalvada a cobrança judicial de perdas e danos comprovadamente sofridos;

XVIII – anunciar, oferecer ou estipular pagamento em moeda estrangeira, salvo nos casos previstos em lei;

XIX – cobrar multas de mora superiores a dois por cento, decorrentes de inadimplemento de obrigação no seu termo, conforme o disposto no § 1º do artigo 52 da Lei nº 8.078, de 1990, com a redação dada pela Lei nº 9.298, de 1º de agosto de 1996;

XX – impedir, dificultar ou negar ao consumidor a liquidação antecipada do débito, total ou parcialmente, mediante redução proporcional dos juros, encargos e demais acréscimos, inclusive seguro;

XXI – fizer constar do contrato alguma das cláusulas abusivas a que se refere o artigo 56 deste Decreto;

XXII – elaborar contrato, inclusive o de adesão, sem utilizar termos claros, caracteres ostensivos e legíveis, que permitam sua imediata e fácil compreensão, destacando-se as cláusulas que impliquem obrigação ou limitação dos direitos contratuais do consumidor, inclusive com a utilização de tipos de letra e cores diferenciados, entre outros recursos gráficos e visuais;

XXIII – que impeça a troca de produto impróprio, inadequado, ou de valor diminuído, por outro da mesma espécie, em perfeitas condições de uso, ou a restituição imediata da quantia paga, devidamente corrigida, ou fazer abatimento proporcional do preço, a critério do consumidor.

Parágrafo único. Dependendo da gravidade da infração prevista nos incisos dos artigos 12, 13 e deste artigo, a pena de multa poderá ser cumulada com as demais previstas no artigo 18, sem prejuízo da competência de outros órgãos administrativos.

Art. 23. Os serviços prestados e os produtos remetidos ou entregues ao consumidor, na hipótese prevista no inciso IV do artigo 12 deste Decreto, equiparam-se às amostras grátis, inexistindo obrigação de pagamento.

Art. 24. Para a imposição da pena e sua gradação, serão considerados:

I – as circunstâncias atenuantes e agravantes;

II – os antecedentes do infrator, nos termos do artigo 28 deste Decreto.

Art. 25. Consideram-se circunstâncias atenuantes:

I – a ação do infrator não ter sido fundamental para a consecução do fato;

II – ser o infrator primário;

III – ter o infrator adotado as providências pertinentes para minimizar ou de imediato reparar os efeitos do ato lesivo.

Art. 26. Consideram-se circunstâncias agravantes:

I – ser o infrator reincidente;

II – ter o infrator, comprovadamente, cometido a prática infrativa para obter vantagens indevidas;

III – trazer a prática infrativa consequências danosas à saúde ou à segurança do consumidor;

IV – deixar o infrator, tendo conhecimento do ato lesivo, de tomar as providências para evitar ou mitigar suas consequências;

V – ter o infrator agido com dolo;

VI – ocasionar a prática infrativa dano coletivo ou ter caráter repetitivo;

VII – ter a prática infrativa ocorrido em detrimento de menor de dezoito ou maior de sessenta anos ou de pessoas portadoras de deficiência física, mental ou sensorial, interditadas ou não;

VIII – dissimular-se a natureza ilícita do ato ou atividade;

IX – ser a conduta infrativa praticada aproveitando-se o infrator de grave crise econômica ou da condição cultural, social ou econômica da vítima, ou, ainda, por ocasião de calamidade.

Art. 27. Considera-se reincidência a repetição de prática infrativa, de qualquer natureza, às normas de defesa do consumidor, punida por decisão administrativa irrecorrível.

Parágrafo único. Para efeito de reincidência, não prevalece a sanção anterior, se entre a data da decisão administrativa definitiva e aquela da prática posterior houver decorrido período de tempo superior a cinco anos.

Art. 28. Observado o disposto no artigo 24 deste Decreto pela autoridade competente, a pena de multa será fixada considerando-se a gravidade da prática infrativa, a extensão do dano causado aos consumidores, a vantagem auferida com o ato infrativo e a condição econômica do infrator, respeitados os parâmetros estabelecidos no parágrafo único do artigo 57 da Lei nº 8.078, de 1990.

CAPÍTULO IV

DA DESTINAÇÃO DA MULTA E DA ADMINISTRAÇÃO DOS RECURSOS

Art. 29. A multa de que trata o inciso I do artigo 56 e *caput* do artigo 57 da Lei nº 8.078, de 1990, reverterá para o Fundo pertinente à pessoa jurídica de direito público que impuser a sanção, gerido pelo respectivo Conselho Gestor.

Parágrafo único. As multas arrecadadas pela União e órgãos federais reverterão para o Fundo de Direitos Difusos de que tratam a Lei nº 7.347, de 1985, e Lei nº 9.008, de 21 de março de 1995, gerido pelo Conselho Federal Gestor do Fundo de Defesa dos Direitos Difusos – CFDD.

Art. 30. As multas arrecadadas serão destinadas ao financiamento de projetos relacionados com os objetivos da Política Nacional de Relações de Consumo, com a defesa dos direitos básicos do consumidor e com a modernização administrativa dos órgãos públicos de defesa do consumidor, após aprovação pelo respectivo Conselho Gestor, em cada unidade federativa.

Art. 31. Na ausência de Fundos municipais, os recursos serão depositados no Fundo do respectivo Estado e, faltando este, no Fundo federal.

Parágrafo único. O Conselho Federal Gestor do Fundo de Defesa dos Direitos Difusos poderá apreciar e autorizar recursos para projetos especiais de órgãos e entidades federais, estaduais e municipais de defesa do consumidor.

Art. 32. Na hipótese de multa aplicada pelo órgão coordenador do SNDC nos casos previstos pelo artigo 15 deste Decreto, o Conselho Federal Gestor do FDD restituirá aos fundos dos Estados envolvidos o percentual de até oitenta por cento do valor arrecadado.

CAPÍTULO V

DO PROCESSO ADMINISTRATIVO

Seção I

DAS DISPOSIÇÕES GERAIS

Art. 33. As práticas infrativas às normas de proteção e defesa do consumidor serão apuradas em processo administrativo, que terá início mediante:

I – ato, por escrito, da autoridade competente;
II – lavratura de auto de infração;
III – reclamação.

§ 1º Antecedendo à instauração do processo administrativo, poderá a autoridade competente abrir investigação preliminar, cabendo, para tanto, requisitar dos fornecedores informações sobre as questões investigadas, resguardado o segredo industrial, na forma do disposto no § 4º do artigo 55 da Lei nº 8.078, de 1990.

§ 2º A recusa à prestação das informações ou o desrespeito às determinações e convocações dos órgãos do SNDC caracterizam desobediência, na forma do artigo 330 do Código Penal, ficando a autoridade administrativa com poderes para determinar a imediata cessação da prática, além da imposição das sanções administrativas e civis cabíveis.

Seção II

DA RECLAMAÇÃO

Art. 34. O consumidor poderá apresentar sua reclamação pessoalmente, ou por telegrama, carta, telex, fac-símile ou qualquer outro meio de comunicação, a quaisquer dos órgãos oficiais de proteção e defesa do consumidor.

Seção III

DOS AUTOS DE INFRAÇÃO, DE APREENSÃO E DO TERMO DE DEPÓSITO

Art. 35. Os Autos de Infração, de Apreensão e o Termo de Depósito deverão ser impressos, numerados em série e preenchidos de forma clara e precisa, sem entrelinhas, rasuras ou emendas, mencionando:

I – o Auto de Infração:

a) o local, a data e a hora da lavratura;
b) o nome, o endereço e a qualificação do autuado;
c) a descrição do fato ou do ato constitutivo da infração;
d) o dispositivo legal infringido;
e) a determinação da exigência e a intimação para cumpri-la ou impugná-la no prazo de dez dias;
f) a identificação do agente autuante, sua assinatura, a indicação do seu cargo ou função e o número de sua matrícula;
g) a designação do órgão julgador e o respectivo endereço;
h) a assinatura do autuado;

II – O Auto de Apreensão e o Termo de Depósito:

a) o local, a data e a hora da lavratura;
b) o nome, o endereço e a qualificação do depositário;
c) a descrição e a quantidade dos produtos apreendidos;
d) as razões e os fundamentos da apreensão;
e) o local onde o produto ficará armazenado;

f) a quantidade de amostra colhida para análise;

g) a identificação do agente autuante, sua assinatura, a indicação do seu cargo ou função e o número de sua matrícula;

h) a assinatura do depositário;

i) as proibições contidas no § 1º do artigo 21 deste Decreto.

Art. 36. Os Autos de Infração, de Apreensão e o Termo de Depósito serão lavrados pelo agente autuante que houver verificado a prática infrativa, preferencialmente no local onde foi comprovada a irregularidade.

Art. 37. Os Autos de Infração, de Apreensão e o Termo de Depósito serão lavrados em impresso próprio, composto de três vias, numeradas tipograficamente.

§ 1º Quando necessário, para comprovação de infração, os Autos serão acompanhados de laudo pericial.

§ 2º Quando a verificação do defeito ou vício relativo à qualidade, oferta e apresentação de produtos não depender de perícia, o agente competente consignará o fato no respectivo Auto.

Art. 38. A assinatura nos Autos de Infração, de Apreensão e no Termo de Depósito, por parte do autuado, ao receber cópias dos mesmos, constitui notificação, sem implicar confissão, para os fins do artigo 44 do presente Decreto.

Parágrafo único. Em caso de recusa do autuado em assinar os Autos de Infração, de Apreensão e o Termo de Depósito, o Agente competente consignará o fato nos Autos e no Termo, remetendo-os ao autuado por via postal, com Aviso de Recebimento (AR) ou outro procedimento equivalente, tendo os mesmos efeitos do *caput* deste artigo.

SEÇÃO IV

DA INSTAURAÇÃO DO PROCESSO ADMINISTRATIVO POR ATO DE AUTORIDADE COMPETENTE

Art. 39. O processo administrativo de que trata o artigo 33 deste Decreto poderá ser instaurado mediante reclamação do interessado ou por iniciativa da própria autoridade competente.

Parágrafo único. Na hipótese de a investigação preliminar não resultar em processo administrativo com base em reclamação apresentada por consumidor, deverá este ser informado sobre as razões do arquivamento pela autoridade competente.

Art. 40. O processo administrativo, na forma deste Decreto, deverá, obrigatoriamente, conter:

I – a identificação do infrator;

II – a descrição do fato ou ato constitutivo da infração;

III – os dispositivos legais infringidos;

IV – a assinatura da autoridade competente.

Art. 41. A autoridade administrativa poderá determinar, na forma de ato próprio, constatação preliminar da ocorrência de prática presumida.

SEÇÃO V

DA NOTIFICAÇÃO

Art. 42. A autoridade competente expedirá notificação ao infrator, fixando o prazo de dez dias, a contar da data de seu recebimento, para apresentar defesa, na forma do artigo 44 deste Decreto.

§ 1º A notificação, acompanhada de cópia da inicial do processo administrativo a que se refere o artigo 40, far-se-á:

I – pessoalmente ao infrator, seu mandatário ou preposto;

II – por carta registrada ao infrator, seu mandatário ou preposto, com Aviso de Recebimento (AR).

§ 2º Quando o infrator, seu mandatário ou preposto não puder ser notificado, pessoalmente ou por via postal, será feita a notificação por edital, a ser afixado nas dependências do órgão respectivo, em lugar público, pelo prazo de dez dias, ou divulgado, pelo menos uma vez, na imprensa oficial ou em jornal de circulação local.

SEÇÃO VI

DA IMPUGNAÇÃO E DO JULGAMENTO DO PROCESSO ADMINISTRATIVO

Art. 43. O processo administrativo decorrente de Auto de Infração, de ato de ofício de autoridade competente, ou de reclamação será instruído e julgado na esfera de atribuição do órgão que o tiver instaurado.

Art. 44. O infrator poderá impugnar o processo administrativo, no prazo de dez dias, contados processualmente de sua notificação, indicando em sua defesa:

I – a autoridade julgadora a quem é dirigida;

II – a qualificação do impugnante;

III – as razões de fato e de direito que fundamentam a impugnação;

IV – as provas que lhe dão suporte.

Art. 45. Decorrido o prazo da impugnação, o órgão julgador determinará as diligências cabíveis, podendo dispensar as meramente protelatórias ou irrelevantes, sendo-lhe facultado requisitar do infrator, de quaisquer pessoas físicas ou jurídicas, órgãos ou entidades públicas as necessárias informações, esclarecimentos ou documentos, a serem apresentados no prazo estabelecido.

Art. 46. A decisão administrativa conterá relatório dos fatos, o respectivo enquadramento legal e, se condenatória, a natureza e gradação da pena.

§ 1º A autoridade administrativa competente, antes de julgar o feito, apreciará a defesa e as provas produzidas pelas partes, não estando vinculada ao relatório de sua consultoria jurídica ou órgão similar, se houver.

§ 2º Julgado o processo e fixada a multa, será o infrator notificado para efetuar seu recolhimento no prazo de dez dias ou apresentar recurso.

§ 3º Em caso de provimento do recurso, os valores recolhidos serão devolvidos ao recorrente na forma estabelecida pelo Conselho Gestor do Fundo.

Art. 47. Quando a cominação prevista for a contrapropaganda, o processo poderá ser instruído com indicações técnico-publicitárias, das quais se intimará o autuado, obedecidas, na execução da respectiva decisão, as condições constantes do § 1º do artigo 60 da Lei nº 8.078, de 1990.

SEÇÃO VII
DAS NULIDADES

Art. 48. A inobservância de forma não acarretará a nulidade do ato, se não houver prejuízo para a defesa.

Parágrafo único. A nulidade prejudica somente os atos posteriores ao ato declarado nulo e dele diretamente dependentes ou de que sejam consequência, cabendo à autoridade que a declarar indicar tais atos e determinar o adequado procedimento saneador, se for o caso.

SEÇÃO VIII
DOS RECURSOS ADMINISTRATIVOS

Art. 49. Das decisões da autoridade competente do órgão público que aplicou a sanção caberá recurso, sem efeito suspensivo, no prazo de dez dias, contados da data da intimação da decisão, a seu superior hierárquico, que proferirá decisão definitiva.

Parágrafo único. No caso de aplicação de multas, o recurso será recebido, com efeito suspensivo, pela autoridade superior.

Art. 50. Quando o processo tramitar no âmbito do DPDC, o julgamento do feito será de responsabilidade do Diretor daquele órgão, cabendo recurso ao titular da Secretaria de Direito Econômico, no prazo de dez dias, contados da data da intimação da decisão, como segunda e última instância recursal.

Art. 51. Não será conhecido o recurso interposto fora dos prazos e condições estabelecidos neste Decreto.

Art. 52. Sendo julgada insubsistente a infração, a autoridade julgadora recorrerá à autoridade imediatamente superior, nos termos fixados nesta Seção, mediante declaração na própria decisão.

Art. 53. A decisão é definitiva quando não mais couber recurso, seja de ordem formal ou material.

Art. 54. Todos os prazos referidos nesta Seção são preclusivos.

SEÇÃO IX
DA INSCRIÇÃO NA DÍVIDA ATIVA

Art. 55. Não sendo recolhido o valor da multa em trinta dias, será o débito inscrito em dívida ativa do órgão que houver aplicado a sanção, para subsequente cobrança executiva.

CAPÍTULO VI
DO ELENCO DE CLÁUSULAS ABUSIVAS E DO CADASTRO DE FORNECEDORES

SEÇÃO I
DO ELENCO DE CLÁUSULAS ABUSIVAS

Art. 56. Na forma do artigo 51 da Lei nº 8.078, de 1990, e com o objetivo de orientar o Sistema Nacional de Defesa do Consumidor, a Secretaria de Direito Econômico divulgará, anualmente, elenco complementar de cláusulas contratuais consideradas abusivas, notadamente para o fim de aplicação do disposto no inciso IV do artigo 22 deste Decreto.

§ 1º Na elaboração do elenco referido no *caput* e posteriores inclusões, a consideração sobre a abusividade de cláusulas contratuais se dará de forma genérica e abstrata.

§ 2º O elenco de cláusulas consideradas abusivas tem natureza meramente exemplificativa, não impedindo que outras, também, possam vir a ser assim consideradas pelos órgãos da Administração Pública incumbidos da defesa dos interesses e direitos protegidos pelo Código de Defesa do Consumidor e legislação correlata.

§ 3º A apreciação sobre abusividade de cláusulas contratuais, para fins de sua inclusão no elenco a que se refere o *caput* deste artigo, se dará de ofício ou por provocação dos legitimados referidos no artigo 82 da Lei nº 8.078, de 1990.

Seção II
DO CADASTRO DE FORNECEDORES

Art. 57. Os cadastros de reclamações fundamentadas contra fornecedores constituem instrumento essencial de defesa e orientação dos consumidores, devendo os órgãos públicos competentes assegurar sua publicidade, confiabilidade e continuidade, nos termos do artigo 44 da Lei nº 8.078, de 1990.

Art. 58. Para os fins deste Decreto, considera-se:

I - cadastro: o resultado dos registros feitos pelos órgãos públicos de defesa do consumidor de todas as reclamações fundamentadas contra fornecedores;

II - reclamação fundamentada: a notícia de lesão ou ameaça a direito de consumidor analisada por órgão público de defesa do consumidor, a requerimento ou de ofício, considerada procedente, por decisão definitiva.

Art. 59. Os órgãos públicos de defesa do consumidor devem providenciar a divulgação periódica dos cadastros atualizados de reclamações fundamentadas contra fornecedores.

§ 1º O cadastro referido no *caput* deste artigo será publicado, obrigatoriamente, no órgão de imprensa oficial local, devendo a entidade responsável dar-lhe a maior publicidade possível por meio dos órgãos de comunicação, inclusive eletrônica.

§ 2º O cadastro será divulgado anualmente, podendo o órgão responsável fazê-lo em período menor, sempre que julgue necessário, e conterá informações objetivas, claras e verdadeiras sobre o objeto da reclamação, a identificação do fornecedor e o atendimento ou não da reclamação pelo fornecedor.

§ 3º Os cadastros deverão ser atualizados permanentemente, por meio das devidas anotações, não podendo conter informações negativas sobre fornecedores, referentes a período superior a cinco anos, contado da data da intimação da decisão definitiva.

Art. 60. Os cadastros de reclamações fundamentadas contra fornecedores são considerados arquivos públicos, sendo informações e fontes a todos acessíveis, gratuitamente, vedada a utilização abusiva ou, por qualquer outro modo, estranha à defesa e orientação dos consumidores, ressalvada a hipótese de publicidade comparativa.

Art. 61. O consumidor ou fornecedor poderá requerer, em cinco dias a contar da divulgação do cadastro e mediante petição fundamentada, a retificação de informação inexata que nele conste, bem como a inclusão de informação omitida, devendo a autoridade competente, no prazo de dez dias úteis, pronunciar-se, motivadamente, pela procedência ou improcedência do pedido.

Parágrafo único. No caso de acolhimento do pedido, a autoridade competente providenciará, no prazo deste artigo, a retificação ou inclusão de informação e sua divulgação, nos termos do § 1º do artigo 59 deste Decreto.

Art. 62. Os cadastros específicos de cada órgão público de defesa do consumidor serão consolidados em cadastros gerais, nos âmbitos federal e estadual, aos quais se aplica o disposto nos artigos desta Seção.

Capítulo VII
DAS DISPOSIÇÕES GERAIS

Art. 63. Com base na Lei nº 8.078, de 1990, e legislação complementar, a Secretaria de Direito Econômico poderá expedir atos administrativos, visando à fiel observância das normas de proteção e defesa do consumidor.

Art. 64. Poderão ser lavrados Autos de Comprovação ou Constatação, a fim de estabelecer a situação real de mercado, em determinado lugar e momento, obedecido o procedimento adequado.

Art. 65. Em caso de impedimento à aplicação do presente Decreto, ficam as autoridades competentes autorizadas a requisitar o emprego de força policial.

Art. 66. Este Decreto entra em vigor na data de sua publicação.

Art. 67. Fica revogado o Decreto nº 861, de 9 de julho de 1993.

Brasília, 20 de março de 1997;
176º da Independência e
109º da República.

Fernando Henrique Cardoso

LEI Nº 9.507, DE 12 DE NOVEMBRO DE 1997

Regula o direito de acesso a informações e disciplina o rito processual do habeas data.

▶ Publicada no *DOU* de 13-11-1997.

Art. 1º VETADO.

Parágrafo único. Considera-se de caráter público todo registro ou banco de dados contendo informações que sejam ou que possam ser transmitidas a terceiros ou que não sejam de uso privativo do órgão ou entidade produtora ou depositária das informações.

Art. 2º O requerimento será apresentado ao órgão ou entidade depositária do registro ou banco de dados e será deferido ou indeferido no prazo de quarenta e oito horas.

Parágrafo único. A decisão será comunicada ao requerente em vinte e quatro horas.

Art. 3º Ao deferir o pedido, o depositário do registro ou do banco de dados marcará dia e hora para que o requerente tome conhecimento das informações.

Parágrafo único. VETADO.

Art. 4º Constatada a inexatidão de qualquer dado a seu respeito, o interessado, em petição acompanhada de documentos comprobatórios, poderá requerer sua retificação.

§ 1º Feita a retificação em, no máximo, dez dias após a entrada do requerimento, a entidade ou órgão depositário do registro ou da informação dará ciência ao interessado.

§ 2º Ainda que não se constate a inexatidão do dado, se o interessado apresentar explicação ou contestação sobre o mesmo, justificando possível pendência sobre o fato objeto do dado, tal explicação será anotada no cadastro do interessado.

Arts. 5º e 6º VETADOS.

Art. 7º Conceder-se-á *habeas data*:

I – para assegurar o conhecimento de informações relativas à pessoa do impetrante, constantes de registro ou banco de dados de entidades governamentais ou de caráter público;

II – para a retificação de dados, quando não se prefira fazê-lo por processo sigiloso, judicial ou administrativo;

III – para a anotação nos assentamentos do interessado, de contestação ou explicação sobre dado verdadeiro mas justificável e que esteja sob pendência judicial ou amigável.

Art. 8º A petição inicial, que deverá preencher os requisitos dos artigos 282 a 285 do Código de Processo Civil, será apresentada em duas vias, e os documentos que instruírem a primeira serão reproduzidos por cópia na segunda.

Parágrafo único. A petição inicial deverá ser instruída com prova:

I – da recusa ao acesso às informações ou do decurso de mais de dez dias sem decisão;

II – da recusa em fazer-se a retificação ou do decurso de mais de quinze dias, sem decisão; ou

III – da recusa em fazer-se a anotação a que se refere o § 2º do artigo 4º ou do decurso de mais de quinze dias sem decisão.

Art. 9º Ao despachar a inicial, o juiz ordenará que se notifique o coator do conteúdo da petição, entregando-lhe a segunda via apresentada pelo impetrante, com as cópias dos documentos, a fim de que, no prazo de dez dias, preste as informações que julgar necessárias.

Art. 10. A inicial será desde logo indeferida, quando não for o caso de *habeas data*, ou se lhe faltar algum dos requisitos previstos nesta Lei.

Parágrafo único. Do despacho de indeferimento caberá recurso previsto no artigo 15.

Art. 11. Feita a notificação, o serventuário em cujo cartório corra o feito, juntará aos autos cópia autêntica do ofício endereçado ao coator, bem como a prova da sua entrega a este ou da recusa, seja de recebê-lo, seja de dar recibo.

Art. 12. Findo o prazo a que se refere o artigo 9º, e ouvido o representante do Ministério Público dentro de cinco dias, os autos serão conclusos ao juiz para decisão a ser proferida em cinco dias.

Art. 13. Na decisão, se julgar procedente o pedido, o juiz marcará data e horário para que o coator:

I – apresente ao impetrante as informações a seu respeito, constantes de registros ou bancos de dados; ou

II – apresente em juízo a prova da retificação ou da anotação feita nos assentamentos do impetrante.

Art. 14. A decisão será comunicada ao coator, por correio, com aviso de recebimento, ou por telegrama, radiograma ou telefonema, conforme o requerer o impetrante.

Parágrafo único. Os originais, no caso de transmissão telegráfica, radiofônica ou telefônica, deverão ser apresentados à agência expedidora, com a firma do juiz devidamente reconhecida.

Art. 15. Da sentença que conceder ou negar o *habeas data* cabe apelação.

Parágrafo único. Quando a sentença conceder o *habeas data*, o recurso terá efeito meramente devolutivo.

Art. 16. Quando o *habeas data* for concedido e o Presidente do Tribunal ao qual competir o conhecimento do recurso ordenar ao juiz a suspensão da execução da sentença, desse seu ato caberá agravo para o Tribunal a que presida.

Art. 17. Nos casos de competência do Supremo Tribunal Federal e dos demais Tribunais caberá ao relator a instrução do processo.

Art. 18. O pedido de *habeas data* poderá ser renovado se a decisão denegatória não lhe houver apreciado o mérito.

Art. 19. Os processos de *habeas data* terão prioridade sobre todos os atos judiciais, exceto *habeas corpus* e mandado de segurança. Na instância superior, deverão ser levados a julgamento na primeira sessão que se seguir à data em que, feita a distribuição, forem conclusos ao relator.

Parágrafo único. O prazo para a conclusão não poderá exceder de vinte e quatro horas, a contar da distribuição.

Art. 20. O julgamento do *habeas data* compete:

I – originariamente:

a) ao Supremo Tribunal Federal, contra atos do Presidente da República, das Mesas da Câmara dos Deputados e do Senado Federal, do Tribunal de Contas da União, do Procurador-Geral da República e do próprio Supremo Tribunal Federal;

b) ao Superior Tribunal de Justiça, contra atos de Ministro de Estado ou do próprio Tribunal;

c) aos Tribunais Regionais Federais contra atos do próprio Tribunal ou de juiz federal;

d) a juiz federal, contra ato de autoridade federal, excetuados os casos de competência dos tribunais federais;

e) a tribunais estaduais, segundo o disposto na Constituição do Estado;

f) a juiz estadual, nos demais casos;

II – em grau de recurso:

a) ao Supremo Tribunal Federal, quando a decisão denegatória for proferida em única instância pelos Tribunais Superiores;

b) ao Superior Tribunal de Justiça, quando a decisão for proferida em única instância pelos Tribunais Regionais Federais;

c) aos Tribunais Regionais Federais, quando a decisão for proferida por juiz federal;

d) aos Tribunais Estaduais e ao do Distrito Federal e Territórios, conforme dispuserem a respectiva Constituição e a lei que organizar a Justiça do Distrito Federal;

III – mediante recurso extraordinário ao Supremo Tribunal Federal, nos casos previstos na Constituição.

Art. 21. São gratuitos o procedimento administrativo para acesso a informações e retificação de dados e para anotação de justificação, bem como a ação de *habeas data*.

Art. 22. Esta Lei entra em vigor na data de sua publicação.

Art. 23. Revogam-se as disposições em contrário.

Brasília, 12 de novembro de 1997; 176º da Independência e 109º da República.

Fernando Henrique Cardoso

PORTARIA Nº 4, DE 13 DE MARÇO DE 1998, DA SDE

Divulga, em aditamento ao elenco do art. 51 da Lei nº 8.078/1990 e do art. 22 do Decreto nº 2.181/1997, cláusulas nulas de pleno direito (cláusulas abusivas).

▶ Publicada no *DOU* de 16-3-1998.

O Secretário de Direito Econômico do Ministério da Justiça, no uso de suas atribuições legais,

Considerando o disposto no art. 56 do Decreto nº 2.181, de 20 de março de 1997, e com o objetivo de orientar o Sistema Nacional de Defesa do Consumidor notadamente para o fim de aplicação do disposto no inciso IV do art. 22 deste Decreto;

Considerando que o elenco de Cláusulas Abusivas relativas ao fornecimento de produtos e serviços, constantes do art. 51 da Lei nº 8.078, de 11 de setembro de 1990, é de tipo aberto, exemplificativo, permitindo, desta forma a sua complementação, e

Considerando, ainda, que descrições terminativas dos diversos PROCONs e Ministérios Públicos, pacificam como abusivas as cláusulas a seguir enumeradas, resolve:

Divulgar, em aditamento ao elenco do artigo 51 da Lei nº 8.078/1990 e do artigo 22 do Decreto nº 2.181/1997, as seguintes cláusulas que, dentre outras são nulas de pleno direito:

1. Estabeleçam prazos de carência na prestação ou fornecimento de serviços, em caso de impontualidade das prestações ou mensalidades;

2. Imponham, em caso de impontualidade, interrupção de serviço essencial, sem aviso prévio;

3. Não restabeleçam integralmente os direitos do consumidor a partir da purgação da mora;

4. Impeçam o consumidor de se beneficiar do evento, constante de termo de garantia contratual, que lhe seja mais favorável;

5. Estabeleçam a perda total ou desproporcionada das prestações pagas pelo consumidor, em benefício do credor,

que, em razão de desistência ou inadimplemento, pleitear a resilição ou resolução do contrato, ressalvada a cobrança judicial de perdas e danos comprovadamente sofridos;
6. Estabeleçam sanções em caso de atraso ou descumprimento da obrigação somente em desfavor do consumidor;
7. Estabeleçam cumulativamente a cobrança de comissão de permanência e correção monetária;
8. Elejam foro para dirimir conflitos de correntes de relações de consumo diverso daquele onde reside o consumidor;
9. Revogado. Port. da SDE nº 17, de 22-6-2004.
10. Impeçam, restrinjam ou afastem a aplicação das normas do Código de Defesa do Consumidor nos conflitos decorrentes de contratos de transporte aéreo;
11. Atribuam ao fornecedor o poder de escolha entre múltiplos índices de reajuste, entre os admitidos legalmente;
12. Permitam ao fornecedor emitir títulos de crédito em branco ou livremente circuláveis por meio de endosso na representação de toda e qualquer obrigação assumida pelo consumidor;
13. Estabeleçam a devolução de prestações pagas, sem que os valores sejam corrigidos monetariamente;
14. Imponham limite ao tempo de internação hospitalar, que não o prescrito pelo médico.

Ruy Coutinho do Nascimento

LEI Nº 9.656, DE 3 DE JUNHO DE 1998

Dispõe sobre os planos e seguros privados de assistência à saúde.

(EXCERTOS)

▶ Publicada no *DOU* de 4-6-1998.

Art. 1º Submetem-se às disposições desta Lei as pessoas jurídicas de direito privado que operam planos de assistência à saúde, sem prejuízo do cumprimento da legislação específica que rege a sua atividade, adotando-se, para fins de aplicação das normas aqui estabelecidas, as seguintes definições:

I – Plano Privado de Assistência à Saúde: prestação continuada de serviços ou cobertura de custos assistenciais a preço pré ou pós estabelecido, por prazo indeterminado, com a finalidade de garantir, sem limite financeiro, a assistência à saúde, pela faculdade de acesso e atendimento por profissionais ou serviços de saúde, livremente escolhidos, integrantes ou não de rede credenciada, contratada ou referenciada, visando a assistência médica, hospitalar e odontológica, a ser paga integral ou parcialmente às expensas da operadora contratada, mediante reembolso ou pagamento direto ao prestador, por conta e ordem do consumidor;

II – Operadora de Plano de Assistência à Saúde: pessoa jurídica constituída sob a modalidade de sociedade civil ou comercial, cooperativa, ou entidade de autogestão, que opere produto, serviço ou contrato de que trata o inciso I deste artigo;

III – Carteira: o conjunto de contratos de cobertura de custos assistenciais ou de serviços de assistência à saúde em qualquer das modalidades de que tratam o inciso I e o § 1º deste artigo, com todos os direitos e obrigações nele contidos.

▶ *Caput* e incisos I a III com a redação dada pela MP nº 2.177-44, de 24-8-2001, que até o encerramento desta edição não havia sido convertida em Lei.

§ 1º Está subordinada às normas e à fiscalização da Agência Nacional de Saúde Suplementar – ANS qualquer modalidade de produto, serviço e contrato que apresente, além da garantia de cobertura financeira de riscos de assistência médica, hospitalar e odontológica, outras características que o diferencie de atividade exclusivamente financeira, tais como:

a) custeio de despesas;

b) oferecimento de rede credenciada ou referenciada;

c) reembolso de despesas;

d) mecanismos de regulação;

e) qualquer restrição contratual, técnica ou operacional para a cobertura de procedimentos solicitados por prestador escolhido pelo consumidor; e

f) vinculação de cobertura financeira à aplicação de conceitos ou critérios médico-assistenciais.

§ 2º Incluem-se na abrangência desta Lei as cooperativas que operem os produtos de que tratam o inciso I e o § 1º deste artigo, bem assim as entidades ou empresas que mantém sistemas de assistência à saúde, pela modalidade de autogestão ou de administração.

§ 3º As pessoas físicas ou jurídicas residentes ou domiciliadas no exterior podem constituir ou participar do capital, ou do aumento do capital, de pessoas jurídicas de direito privado constituídas sob as leis brasileiras para operar planos privados de assistência à saúde.

§ 4º É vedada às pessoas físicas a operação dos produtos de que tratam o inciso I e o § 1º deste artigo.

▶ §§ 1º a 4º com a redação dada pela MP nº 2.177-44, de 24-8-2001, que até o encerramento desta edição não havia sido convertida em Lei.

....

Art. 9º Após decorridos cento e vinte dias de vigência desta Lei, para as operadoras, e duzentos e quarenta dias, para as administradoras de planos de assistência à saúde, e até que sejam definidas pela ANS, as normas gerais de registro, as pessoas jurídicas que operam os produtos de que tratam o inciso I e o § 1º do artigo 1º desta Lei, e observado o que dispõe o artigo 19, só poderão comercializar estes produtos se:

I – as operadoras e administradoras estiverem provisoriamente cadastradas na ANS; e

II – os produtos a serem comercializados estiverem registrados na ANS.

▶ *Caput* e incisos I e II com a redação dada pela MP nº 2.177-44, de 24-8-2001, que até o encerramento desta edição não havia sido convertida em Lei.

§ 1º O descumprimento das formalidades previstas neste artigo, além de configurar infração, constitui agravante na aplicação de penalidades por infração das demais normas previstas nesta Lei.

§ 2º A ANS poderá solicitar informações, determinar alterações e promover a suspensão do todo ou de parte das condições dos planos apresentados.

▶ §§ 1º e 2º com a redação dada pela MP nº 2.177-44, de 24-8-2001, que até o encerramento desta edição não havia sido convertida em Lei.

§ 3º A autorização de comercialização será cancelada caso a operadora não comercialize os planos ou os produtos de que tratam o inciso I e o § 1º do artigo 1º desta Lei, no prazo máximo de cento e oitenta dias a contar do seu registro na ANS.

§ 4º A ANS poderá determinar a suspensão temporária da comercialização de plano ou produto caso identifique qualquer irregularidade contratual, econômico-financeira ou assistencial.

▶ §§ 3º e 4º acrescidos pela MP nº 2.177-44, de 24-8-2001, que até o encerramento desta edição não havia sido convertida em Lei.

Art. 10. É instituído o plano referência de assistência à saúde, com cobertura assistencial médico-ambulatorial e hospitalar, compreendendo partos e tratamentos, realizados exclusivamente no Brasil, com padrão de enfermaria, centro de terapia intensiva, ou similar, quando necessária a internação hospitalar, das doenças listadas na Classificação Estatística Internacional de Doenças e Problemas Relacionados com a Saúde, da Organização Mundial de Saúde, respeitadas as exigências mínimas estabelecidas no artigo 12 desta Lei, exceto:

▶ *Caput* com a redação dada pela MP nº 2.177-44, de 24-8-2001, que até o encerramento desta edição não havia sido convertida em Lei.

I – tratamento clínico ou cirúrgico experimental;

▶ Inciso I com a redação dada pela MP nº 2.177-44, de 24-8-2001, que até o encerramento desta edição não havia sido convertida em Lei.

II – procedimentos clínicos ou cirúrgicos para fins estéticos, bem como órteses e próteses para o mesmo fim;

III – inseminação artificial;

IV – tratamento de rejuvenescimento ou de emagrecimento com finalidade estética;

V – fornecimento de medicamentos importados não nacionalizados;

VI – fornecimento de medicamentos para tratamento domiciliar;

VII – fornecimento de próteses, órteses e seus acessórios não ligados ao ato cirúrgico;

▶ Inciso VII com a redação dada pela MP nº 2.177-44, de 24-8-2001, que até o encerramento desta edição não havia sido convertida em Lei.

VIII – *Revogado*. MP nº 2.177-44, de 24-8-2001, que até o encerramento desta edição não havia sido convertida em Lei. Tinha a seguinte redação: "*procedimentos odontológicos, salvo o conjunto de serviços voltados à prevenção e manutenção básica da saúde dentária, assim compreendidos a pesquisa, o tratamento e a remoção de focos de infecção dentária, profilaxia de cárie dentária, cirurgia e traumatologia bucomaxilar*";

IX – tratamentos ilícitos ou antiéticos, assim definidos sob o aspecto médico, ou não reconhecidos pelas autoridades competentes;

X – casos de cataclismos, guerras e comoções internas, quando declarados pela autoridade competente.

§ 1º As exceções constantes dos incisos deste artigo serão objeto de regulamentação pela ANS.

§ 2º As pessoas jurídicas que comercializam produtos de que tratam o inciso I e o § 1º do artigo 1º desta Lei oferecerão, obrigatoriamente, a partir de 3 de dezembro de 1999, o plano referência de que trata este artigo a todos os seus atuais e futuros consumidores.

► O STF, por unanimidade de votos, deferiu, em parte, a medida cautelar na ADIN nº 1.931-8, quanto ao pedido de inconstitucionalidade deste parágrafo, para suspender a eficácia apenas da expressão "atuais e" (*DJU* de 3-9-2003).

§ 3º Excluem-se da obrigatoriedade a que se refere o § 2º deste artigo as pessoas jurídicas que mantêm sistemas de assistência à saúde pela modalidade de autogestão e as pessoas jurídicas que operem exclusivamente planos odontológicos.

§ 4º A amplitude das coberturas, inclusive de transplantes e de procedimentos de alta complexidade, será definida por normas editadas pela ANS.

► §§ 1º a 4º com a redação dada pela MP nº 2.177-44, de 24-8-2001, que até o encerramento desta edição não havia sido convertida em Lei.

Art. 10-A. Cabe às operadoras definidas nos incisos I e II do § 1º do artigo 1º desta Lei, por meio de sua rede de unidades conveniadas, prestar serviço de cirurgia plástica reconstrutiva de mama, utilizando-se de todos os meios e técnicas necessárias, para o tratamento de mutilação decorrente de utilização de técnica de tratamento de câncer.

► Art. 10-A acrescido pela Lei nº 10.223, de 15-5-2001.

Art. 11. É vedada a exclusão de cobertura às doenças e lesões preexistentes à data de contratação dos produtos de que tratam o inciso I e o § 1º do artigo 1º desta Lei após vinte e quatro meses de vigência do aludido instrumento contratual, cabendo à respectiva operadora o ônus da prova e da demonstração do conhecimento prévio do consumidor ou beneficiário.

Parágrafo único. É vedada a suspensão da assistência à saúde do consumidor ou beneficiário, titular ou dependente, até a prova de que trata o *caput*, na forma da regulamentação a ser editada pela ANS.

► *Caput* e parágrafo único com a redação dada pela MP nº 2.177-44, de 24-8-2001, que até o encerramento desta edição não havia sido convertida em Lei.

Art. 12. São facultadas a oferta, a contratação e a vigência dos produtos de que tratam o inciso I e o § 1º do artigo 1º desta Lei, nas segmentações previstas nos incisos I a IV deste artigo, respeitadas as respectivas amplitudes de cobertura definidas no plano referência de que trata o artigo 10, segundo as seguintes exigências mínimas:

► *Caput* com a redação dada pela MP nº 2.177-44, de 24-8-2001, que até o encerramento desta edição não havia sido convertida em Lei.

I – quando incluir atendimento ambulatorial:

a) cobertura de consultas médicas, em número ilimitado, em clínicas básicas e especializadas, reconhecidas pelo Conselho Federal de Medicina;

b) cobertura de serviços de apoio diagnóstico, tratamentos e demais procedimentos ambulatoriais, solicitados pelo médico assistente;

► Alínea *b* com a redação dada pela MP nº 2.177-44, de 24-8-2001, que até o encerramento desta edição não havia sido convertida em Lei.

II – quando incluir internação hospitalar:

a) cobertura de internações hospitalares, vedada a limitação de prazo, valor máximo e quantidade, em clínicas básicas e especializadas, reconhecidas pelo Conselho Federal de Medicina, admitindo-se a exclusão dos procedimentos obstétricos;

b) cobertura de internações hospitalares em centro de terapia intensiva, ou similar, vedada a limitação de prazo, valor máximo e quantidade, a critério do médico assistente;

► Alíneas *a* e *b* com a redação dada pela MP nº 2.177-44, de 24-8-2001, que até o encerramento desta edição não havia sido convertida em Lei.

c) cobertura de despesas referentes a honorários médicos, serviços gerais de enfermagem e alimentação;

d) cobertura de exames complementares indispensáveis para o controle da evolução da doença e elucidação diagnóstica, fornecimento de medicamentos, anestésicos, gases medicinais, transfusões e sessões de quimioterapia e radioterapia, conforme prescrição do médico assistente, realizados ou ministrados durante o período de internação hospitalar;

e) cobertura de toda e qualquer taxa, incluindo materiais utilizados, assim como da remoção do paciente, comprovadamente necessária, para outro estabelecimento hospitalar, dentro dos limites de abrangência geográfica previstos no contrato, em território brasileiro; e

► Alíneas *d* e *e* com a redação dada pela MP nº 2.177-44, de 24-8-2001, que até o encerramento desta edição não havia sido convertida em Lei.

f) cobertura de despesas de acompanhante, no caso de pacientes menores de dezoito anos;

III – quando incluir atendimento obstétrico:

a) cobertura assistencial ao recém-nascido, filho natural ou adotivo do consumidor, ou de seu dependente, durante os primeiros trinta dias após o parto;

b) inscrição assegurada ao recém-nascido, filho natural ou adotivo do consumidor, como dependente, isento do cumprimento dos períodos de carência, desde que a inscrição ocorra no prazo máximo de trinta dias do nascimento ou da adoção;

► Alínea *b* com a redação dada pela MP nº 2.177-44, de 24-8-2001, que até o encerramento desta edição não havia sido convertida em Lei.

IV – quando incluir atendimento odontológico:

a) cobertura de consultas e exames auxiliares ou complementares, solicitados pelo odontólogo assistente;

b) cobertura de procedimentos preventivos, de dentística e endodontia;

c) cobertura de cirurgias orais menores, assim consideradas as realizadas em ambiente ambulatorial e sem anestesia geral;

V – quando fixar períodos de carência:

a) prazo máximo de trezentos dias para partos a termo;

b) prazo máximo de cento e oitenta dias para os demais casos;

c) prazo máximo de vinte e quatro horas para a cobertura dos casos de urgência e emergência;

► Alínea *c* com a redação dada pela MP nº 2.177-44, de 24-8-2001, que até o encerramento desta edição não havia sido convertida em Lei.

VI – reembolso, em todos os tipos de produtos de que tratam o inciso I e o § 1º do artigo 1º desta Lei, nos limites das obrigações contratuais, das despesas efetuadas pelo beneficiário com assistência à saúde, em casos de urgência ou emergência, quando não for poFssível a utilização dos serviços próprios, contratados, credenciados ou referenciados pelas operadoras, de acordo com a relação de preços de serviços médicos e hospitalares praticados pelo respectivo produto, pagáveis no prazo máximo de trinta dias após a entrega da documentação adequada;

► Inciso VI com a redação dada pela MP nº 2.177-44, de 24-8-2001, que até o encerramento desta edição não havia sido convertida em Lei.

VII – inscrição de filho adotivo, menor de doze anos de idade, aproveitando os períodos de carência já cumpridos pelo consumidor adotante.

§ 1º Após cento e vinte dias da vigência desta Lei, fica proibido o oferecimento de produtos de que tratam o inciso I e o § 1º do artigo 1º desta Lei fora das segmentações de que trata este artigo, observadas suas respectivas condições de abrangência e contratação.

§ 2º A partir de 3 de dezembro de 1999, da documentação relativa à contratação de produtos de que tratam o inciso I e o § 1º do artigo 1º desta Lei, nas segmentações de que trata este artigo, deverá constar declaração em separado do consumidor, de que tem conhecimento da existência e disponibilidade do plano referência, e de que este lhe foi oferecido.

► §§ 1º e 2º com a redação dada pela MP nº 2.177-44, de 24-8-2001, que até o encerramento desta edição não havia sido convertida em Lei.

§ 3º *Revogado.* MP nº 2.177-44, de 24-8-2001, que até o encerramento desta edição não havia sido convertida em Lei. Tinha a seguinte redação: *"Nas hipóteses previstas no parágrafo anterior, é vedado o estabelecimento de carências superiores a três dias úteis".*

Art. 13. Os contratos de produtos de que tratam o inciso I e o § 1º do artigo 1º desta Lei têm renovação automática a partir do vencimento do prazo inicial de vigência, não cabendo a cobrança de taxas ou qualquer outro valor no ato da renovação.

Parágrafo único. Os produtos de que trata o *caput*, contratados individualmente, terão vigência mínima de um ano, sendo vedadas:

I – a recontagem de carências;

II – a suspensão ou a rescisão unilateral do contrato, salvo por fraude ou não pagamento da mensalidade por período superior a sessenta dias, consecutivos ou não, nos últimos doze meses de vigência do contrato, desde que o consumidor seja comprovadamente notificado até o quinquagésimo dia de inadimplência; e

III – a suspensão ou a rescisão unilateral do contrato, em qualquer hipótese, durante a ocorrência de internação do titular.

► *Caput* e parágrafo único com a redação dada pela MP nº 2.177-44, de 24-8-2001, que até o encerramento desta edição não havia sido convertida em Lei.

Art. 14. Em razão da idade do consumidor, ou da condição de pessoa portadora de deficiência, ninguém pode ser impedido de participar de planos privados de assistência à saúde.

► Artigo com a redação dada pela MP nº 2.177-44, de 24-8-2001, que até o encerramento desta edição não havia sido convertida em Lei.

Art. 15. A variação das contraprestações pecuniárias estabelecidas nos contratos de produtos de que tratam o inciso I e o § 1º do artigo 1º desta Lei, em razão da idade do consumidor, somente poderá ocorrer caso estejam previstas no contrato inicial as faixas etárias e os percentuais de reajustes incidentes em cada uma delas, conforme normas expedidas pela ANS, ressalvado o disposto no art. 35-E.

Parágrafo único. É vedada a variação a que alude o *caput* para consumidores com mais de sessenta anos de idade, que participarem dos produtos de que tratam o inciso I e o § 1º do artigo 1º, ou sucessores, há mais de dez anos.

► *Caput* e parágrafo único com a redação dada pela MP nº 2.177-44, de 24-8-2001, que até o encerramento desta edição não havia sido convertida em Lei.

Art. 16. Dos contratos, regulamentos ou condições gerais dos produtos de que tratam o inciso I e o § 1º do artigo 1º desta Lei devem constar dispositivos que indiquem com clareza:

► *Caput* com a redação dada pela MP nº 2.177-44, de 24-8-2001, que até o encerramento desta edição não havia sido convertida em Lei.

I – as condições de admissão;
II – o início da vigência;
III – os períodos de carência para consultas, internações, procedimentos e exames;
IV – as faixas etárias e os percentuais a que alude o *caput* do art. 15;
V – as condições de perda da qualidade de beneficiário;

► Inciso V com a redação dada pela MP nº 2.177-44, de 24-8-2001, que até o encerramento desta edição não havia sido convertida em Lei.

VI – os eventos cobertos e excluídos;
VII – o regime, ou tipo de contratação:
 a) individual ou familiar;
 b) coletivo empresarial; ou
 c) coletivo por adesão;
VIII – a franquia, os limites financeiros ou o percentual de coparticipação do consumidor ou beneficiário, contratualmente previstos nas despesas com assistência médica, hospitalar e odontológica;

► Incisos VII e VIII com a redação dada pela MP nº 2.177-44, de 24-8-2001, que até o encerramento desta edição não havia sido convertida em Lei.

IX – os bônus, os descontos ou os agravamentos da contraprestação pecuniária;
X – a área geográfica de abrangência;

► Inciso X com a redação dada pela MP nº 2.177-44, de 24-8-2001, que até o encerramento desta edição não havia sido convertida em Lei.

XI – os critérios de reajuste e revisão das contraprestações pecuniárias;
XII – número de registro na ANS.

► Inciso XII com a redação dada pela MP nº 2.177-44, de 24-8-2001, que até o encerramento desta edição não havia sido convertida em Lei.

Parágrafo único. A todo consumidor titular de plano individual ou familiar será obrigatoriamente entregue, quando de sua inscrição, cópia do contrato, do regulamento ou das condições gerais dos produtos de que tratam o inciso I e o § 1º do artigo 1º, além de material explicativo que descreva, em linguagem simples e precisa, todas as suas características, direitos e obrigações.

► Parágrafo único com a redação dada pela MP nº 2.177-44, de 24-8-2001, que até o encerramento desta edição não havia sido convertida em Lei.

Art. 17. A inclusão como contratados, referenciados ou credenciados dos produtos de que tratam o inciso I e o § 1º do artigo 1º desta Lei, de qualquer entidade hospitalar, implica compromisso para com os consumidores quanto à sua manutenção ao longo da vigência dos contratos.

► *Caput* com a redação dada pela MP nº 2.177-44, de 24-8-2001, que até o encerramento desta edição não havia sido convertida em Lei.

§ 1º É facultada a substituição de entidade hospitalar, a que se refere o *caput* deste artigo, desde que por outro equivalente e mediante comunicação aos consumidores e à ANS com trinta dias de antecedência, ressalvados desse prazo mínimo os casos decorrentes de rescisão por fraude ou infração das normas sanitárias e fiscais em vigor.

§ 2º Na hipótese de a substituição do estabelecimento hospitalar a que se refere o § 1º ocorrer por vontade da operadora durante período de internação do consumidor, o estabelecimento obriga-se a manter a internação e a operadora, a pagar as despesas até a alta hospitalar, a critério médico, na forma do contrato.

- §§ 1º e 2º com a redação dada pela MP nº 2.177-44, de 24-8-2001, que até o encerramento desta edição não havia sido convertida em Lei.

§ 3º Excetuam-se do previsto no § 2º os casos de substituição do estabelecimento hospitalar por infração às normas sanitárias em vigor, durante período de internação, quando a operadora arcará com a responsabilidade pela transferência imediata para outro estabelecimento equivalente, garantindo a continuação da assistência, sem ônus adicional para o consumidor.

§ 4º Em caso de redimensionamento da rede hospitalar por redução, as empresas deverão solicitar à ANS autorização expressa para tanto, informando:

I – nome da entidade a ser excluída;

II – capacidade operacional a ser reduzida com a exclusão;

III – impacto sobre a massa assistida, a partir de parâmetros definidos pela ANS, correlacionando a necessidade de leitos e a capacidade operacional restante; e

IV – justificativa para a decisão, observando a obrigatoriedade de manter cobertura com padrões de qualidade equivalente e sem ônus adicional para o consumidor.

- §§ 3º e 4º acrescidos pela MP nº 2.177-44, de 24-8-2001, que até o encerramento desta edição não havia sido convertida em Lei.

Art. 18. A aceitação, por parte de qualquer prestador de serviço ou profissional de saúde, da condição de contratado, credenciado ou cooperado de uma operadora de produtos de que tratam o inciso I e o § 1º do artigo 1º desta Lei, implicará as seguintes obrigações e direitos:

- *Caput* com a redação dada pela MP nº 2.177-44, de 24-8-2001, que até o encerramento desta edição não havia sido convertida em Lei.

I – o consumidor de determinada operadora, em nenhuma hipótese e sob nenhum pretexto ou alegação, pode ser discriminado ou atendido de forma distinta daquela dispensada aos clientes vinculados a outra operadora ou plano;

II – a marcação de consultas, exames e quaisquer outros procedimentos deve ser feita de forma a atender às necessidades dos consumidores, privilegiando os casos de emergência ou urgência, assim como as pessoas com mais de sessenta e cinco anos de idade, as gestantes, lactantes, lactentes e crianças até cinco anos;

III – a manutenção de relacionamento de contratação, credenciamento ou referenciamento com número ilimitado de operadoras, sendo expressamente vedado às operadoras, independente de sua natureza jurídica constitutiva, impor contratos de exclusividade ou de restrição à atividade profissional.

- Inciso III acrescido pela MP nº 2.177-44, de 24-8-2001, que até o encerramento desta edição não havia sido convertida em Lei.

Parágrafo único. A partir de 3 de dezembro de 1999, os prestadores de serviço ou profissionais de saúde não poderão manter contrato, credenciamento ou referenciamento com operadoras que não tiverem registros para funcionamento e comercialização conforme previsto nesta Lei, sob pena de responsabilidade por atividade irregular.

- Parágrafo único acrescido pela MP nº 2.177-44, de 24-8-2001, que até o encerramento desta edição não havia sido convertida em Lei.

Art. 19. Para requerer a autorização definitiva de funcionamento, as pessoas jurídicas que já atuavam como operadoras ou administradoras dos produtos de que tratam o inciso I e o § 1º do artigo 1º desta Lei, terão prazo de cento e oitenta dias, a partir da publicação da regulamentação específica pela ANS.

- *Caput* com a redação dada pela MP nº 2.177-44, de 24-8-2001, que até o encerramento desta edição não havia sido convertida em Lei.

§ 1º Até que sejam expedidas as normas de registro, serão mantidos registros provisórios das pessoas jurídicas e dos produtos na ANS, com a finalidade de autorizar a comercialização ou operação dos produtos a que alude o *caput*, a partir de 2 de janeiro de 1999.

§ 2º Para o registro provisório, as operadoras ou administradoras dos produtos a que alude o *caput* deverão apresentar à ANS as informações requeridas e os seguintes documentos, independentemente de outros que venham a ser exigidos:

I – registro do instrumento de constituição da pessoa jurídica;

II – nome fantasia;

III – CNPJ;

IV – endereço;

V – telefone, fax e *e-mail*; e

VI – principais dirigentes da pessoa jurídica e nome dos cargos que ocupam.

§ 3º Para registro provisório dos produtos a serem comercializados, deverão ser apresentados à ANS os seguintes dados:

I – razão social da operadora ou da administradora;
II – CNPJ da operadora ou da administradora;
III – nome do produto;
IV – segmentação da assistência (ambulatorial, hospitalar com obstetrícia, hospitalar sem obstetrícia, odontológica e referência);
V – tipo de contratação (individual/familiar, coletivo empresarial e coletivo por adesão);
VI – âmbito geográfico de cobertura;
VII – faixas etárias e respectivos preços;
VIII – rede hospitalar própria por Município (para segmentações hospitalar e referência);
IX – rede hospitalar contratada ou referenciada por Município (para segmentações hospitalar e referência);
X – outros documentos e informações que venham a ser solicitados pela ANS.

§ 4º Os procedimentos administrativos para registro provisório dos produtos serão tratados em norma específica da ANS.

§ 5º Independentemente do cumprimento, por parte da operadora, das formalidades do registro provisório, ou da conformidade dos textos das condições gerais ou dos instrumentos contratuais, ficam garantidos, a todos os usuários de produtos a que alude o *caput*, contratados a partir de 2 de janeiro de 1999, todos os benefícios de acesso e cobertura previstos nesta Lei e em seus regulamentos, para cada segmentação definida no artigo 12.

§ 6º O não cumprimento do disposto neste artigo implica o pagamento de multa diária no valor de R$ 10.000,00 (dez mil reais) aplicada às operadoras dos produtos de que tratam o inciso I e o § 1º do artigo 1º.

§ 7º As pessoas jurídicas que forem iniciar operação de comercialização de planos privados de assistência à saúde, a partir de 8 de dezembro de 1998, estão sujeitas aos registros de que trata o § 1º deste artigo.

► §§ 1º a 7º acrescidos pela MP nº 2.177-44, de 24-8-2001, que até o encerramento desta edição não havia sido convertida em Lei.

Art. 20. As operadoras de produtos de que tratam o inciso I e o § 1º do artigo 1º desta Lei são obrigadas a fornecer, periodicamente, à ANS todas as informações e estatísticas relativas às suas atividades, incluídas as de natureza cadastral, especialmente aquelas que permitam a identificação dos consumidores e de seus dependentes, incluindo seus nomes, inscrições no Cadastro de Pessoas Físicas dos titulares e Municípios onde residem, para fins do disposto no artigo 32.

► *Caput* com a redação dada pela MP nº 2.177-44, de 24-8-2001, que até o encerramento desta edição não havia sido convertida em Lei.

§ 1º Os agentes, especialmente designados pela ANS, para o exercício das atividades de fiscalização e nos limites por ela estabelecidos, têm livre acesso às operadoras, podendo requisitar e apreender processos, contratos, manuais de rotina operacional e demais documentos, relativos aos produtos de que tratam o inciso I e o § 1º do artigo 1º desta Lei.

§ 2º Caracteriza-se como embaraço à fiscalização, sujeito às penas previstas na lei, a imposição de qualquer dificuldade à consecução dos objetivos da fiscalização, de que trata o § 1º deste artigo.

► §§ 1º e 2º acrescidos pela MP nº 2.177-44, de 24-8-2001, que até o encerramento desta edição não havia sido convertida em Lei.

Art. 21. É vedado às operadoras de planos privados de assistência à saúde realizar quaisquer operações financeiras:
I – com seus diretores e membros dos conselhos administrativos, consultivos, fiscais ou assemelhados, bem como com os respectivos cônjuges e parentes até o segundo grau, inclusive;
II – com empresa de que participem as pessoas a que se refere o inciso I, desde que estas sejam, em conjunto ou isoladamente, consideradas como controladoras da empresa.

■ Inciso II com a redação dada pela MP nº 2.177-44, de 24-8-2001, que até o encerramento desta edição não havia sido convertida em Lei.

Art. 22. As operadoras de planos privados de assistência à saúde submeterão suas contas a auditores independentes, registrados no respectivo Conselho Regional de Contabilidade e na Comissão de Valores Mobiliários – CVM, publicando, anualmente, o parecer respectivo, juntamente com as demonstrações financeiras determinadas pela Lei nº 6.404, de 15 de dezembro de 1976.

§ 1º A auditoria independente também poderá ser exigida quanto aos cálculos atuariais, elaborados segundo diretrizes gerais definidas pelo CONSU.

§ 2º As operadoras com número de beneficiários inferior a vinte mil usuários ficam dispensadas da publicação do parecer do auditor

e das demonstrações financeiras, devendo, a ANS, dar-lhes publicidade.
- §§ 1º e 2º acrescidos pela MP nº 2.177-44, de 24-8-2001, que até o encerramento desta edição não havia sido convertida em Lei.

Art. 23. As operadoras de planos privados de assistência à saúde não podem requerer concordata e não estão sujeitas a falência ou insolvência civil, mas tão somente ao regime de liquidação extrajudicial.
- *Caput* com a redação dada pela MP nº 2.177-44, de 24-8-2001, que até o encerramento desta edição não havia sido convertida em Lei.

§ 1º As operadoras sujeitar-se-ão ao regime de falência ou insolvência civil quando, no curso da liquidação extrajudicial, forem verificadas uma das seguintes hipóteses:

I – o ativo da massa liquidanda não for suficiente para o pagamento de pelo menos a metade dos créditos quirografários;

II – o ativo realizável da massa liquidanda não for suficiente, sequer, para o pagamento das despesas administrativas e operacionais inerentes ao regular processamento da liquidação extrajudicial; ou

III – nas hipóteses de fundados indícios de condutas previstas nos artigos 186 a 189 do Decreto-Lei nº 7.661, de 21 de junho de 1945.

§ 2º Para efeito desta Lei, define-se ativo realizável como sendo todo ativo que possa ser convertido em moeda corrente em prazo compatível para o pagamento das despesas administrativas e operacionais da massa liquidanda.

§ 3º À vista do relatório do liquidante extrajudicial, e em se verificando qualquer uma das hipóteses previstas nos incisos I, II ou III do § 1º deste artigo, a ANS poderá autorizá-lo a requerer a falência ou insolvência civil da operadora.

§ 4º A distribuição do requerimento produzirá imediatamente os seguintes efeitos:

I – a manutenção da suspensão dos prazos judiciais em relação à massa liquidanda;

II – a suspensão dos procedimentos administrativos de liquidação extrajudicial, salvo os relativos à guarda e à proteção dos bens e imóveis da massa;

III – a manutenção da indisponibilidade dos bens dos administradores, gerentes, conselheiros e assemelhados, até posterior determinação judicial; e

IV – prevenção do juízo que emitir o primeiro despacho em relação ao pedido de conversão do regime.

§ 5º A ANS, no caso previsto no inciso II do § 1º deste artigo, poderá, no período compreendido entre a distribuição do requerimento e a decretação da falência ou insolvência civil, apoiar a proteção dos bens móveis e imóveis da massa liquidanda.

§ 6º O liquidante enviará ao juízo prevento o rol das ações judiciais em curso cujo andamento ficará suspenso até que o juiz competente nomeie o síndico da massa falida ou o liquidante da massa insolvente.
- §§ 1º a 6º acrescidos pela MP nº 2.177-44, de 24-8-2001, que até o encerramento desta edição não havia sido convertida em Lei.

Art. 24. Sempre que detectadas nas operadoras sujeitas à disciplina desta Lei insuficiência das garantias do equilíbrio financeiro, anormalidades econômico-financeiras ou administrativas graves que coloquem em risco a continuidade ou a qualidade do atendimento à saúde, a ANS poderá determinar a alienação da carteira, o regime de direção fiscal ou técnica, por prazo não superior a trezentos e sessenta e cinco dias, ou a liquidação extrajudicial, conforme a gravidade do caso.
- *Caput* com a redação dada pela MP nº 2.177-44, de 24-8-2001, que até o encerramento desta edição não havia sido convertida em Lei.

§ 1º O descumprimento das determinações do diretor fiscal ou técnico, e do liquidante, por dirigentes, administradores, conselheiros ou empregados da operadora de planos privados de assistência à saúde acarretará o imediato afastamento do infrator, por decisão da ANS, sem prejuízo das sanções penais cabíveis, assegurado o direito ao contraditório, sem que isto implique efeito suspensivo da decisão administrativa que determinou o afastamento.

§ 2º A ANS, *ex officio* ou por recomendação do diretor técnico ou fiscal ou do liquidante, poderá, em ato administrativo devidamente motivado, determinar o afastamento dos diretores, administradores, gerentes e membros do conselho fiscal da operadora sob regime de direção ou em liquidação.

§ 3º No prazo que lhe for designado, o diretor fiscal ou técnico procederá à análise da organização administrativa e da situação econômico-financeira da operadora, bem assim da qualidade do atendimento aos consumidores, e proporá à ANS as medidas cabíveis.

§ 4º O diretor fiscal ou técnico poderá propor a transformação do regime de direção em liquidação extrajudicial.

§ 5º A ANS promoverá, no prazo máximo de noventa dias, a alienação da carteira das operadoras de planos privados de assistência à saúde, no caso de não surtirem efeito as medidas por ela determinadas para sanar as irregularidades ou nas situações que impliquem risco para os consumidores participantes da carteira.

▸ §§ 1º a 5º com a redação dada pela MP nº 2.177-44, de 24-8-2001, que até o encerramento desta edição não havia sido convertida em Lei.

Art. 24-A. Os administradores das operadoras de planos privados de assistência à saúde em regime de direção fiscal ou liquidação extrajudicial, independentemente da natureza jurídica da operadora, ficarão com todos os seus bens indisponíveis, não podendo, por qualquer forma, direta ou indireta, aliená-los ou onerá-los, até apuração e liquidação final de suas responsabilidades.

§ 1º A indisponibilidade prevista neste artigo decorre do ato que decretar a direção fiscal ou a liquidação extrajudicial e atinge a todos aqueles que tenham estado no exercício das funções nos doze meses anteriores ao mesmo ato.

§ 2º Na hipótese de regime de direção fiscal, a indisponibilidade de bens a que se refere o caput deste artigo poderá não alcançar os bens dos administradores, por deliberação expressa da Diretoria Colegiada da ANS.

§ 3º A ANS, *ex officio* ou por recomendação do diretor fiscal ou do liquidante, poderá estender a indisponibilidade prevista neste artigo:

I – aos bens de gerentes, conselheiros e aos de todos aqueles que tenham concorrido, no período previsto no § 1º, para a decretação da direção fiscal ou da liquidação extrajudicial;

II – aos bens adquiridos, a qualquer título, por terceiros, no período previsto no § 1º, das pessoas referidas no inciso I, desde que configurada fraude na transferência.

§ 4º Não se incluem nas disposições deste artigo os bens considerados inalienáveis ou impenhoráveis pela legislação em vigor.

§ 5º A indisponibilidade também não alcança os bens objeto de contrato de alienação, de promessa de compra e venda, de cessão ou promessa de cessão de direitos, desde que os respectivos instrumentos tenham sido levados ao competente registro público, anteriormente à data da decretação da direção fiscal ou da liquidação extrajudicial.

§ 6º Os administradores das operadoras de planos privados de assistência à saúde respondem solidariamente pelas obrigações por eles assumidas durante sua gestão até o montante dos prejuízos causados, independentemente do nexo de causalidade.

▸ Art. 24-A acrescido pela MP nº 2.177-44, de 24-8-2001, que até o encerramento desta edição não havia sido convertida em Lei.

Art. 24-B. A Diretoria Colegiada definirá as atribuições e competências do diretor técnico, diretor fiscal e do responsável pela alienação de carteira, podendo ampliá-las, se necessário.

▸ Art. 24-B acrescido pela MP nº 2.177-44, de 24-8-2001, que até o encerramento desta edição não havia sido convertida em Lei.

Art. 24-C. Os créditos decorrentes da prestação de serviços de assistência privada à saúde preferem a todos os demais, exceto os de natureza trabalhista e tributários.

▸ Art. 24-C acrescido pela MP nº 2.177-44, de 24-8-2001, que até o encerramento desta edição não havia sido convertida em Lei.

Art. 24-D. Aplica-se à liquidação extrajudicial das operadoras de planos privados de assistência à saúde e ao disposto nos artigos 24-A e 35-I, no que couber com os preceitos desta Lei, o disposto na Lei nº 6.024, de 13 de março de 1974, no Decreto-Lei nº 7.661, de 21 de junho de 1945, no Decreto-Lei nº 41, de 18 de novembro de 1966, e no Decreto-Lei nº 73, de 21 de novembro de 1966, conforme o que dispuser a ANS.

▸ Art. 24-D acrescido pela MP nº 2.177-44, de 24-8-2001, que até o encerramento desta edição não havia sido convertida em Lei.

Art. 25. As infrações dos dispositivos desta Lei e de seus regulamentos, bem como aos dispositivos dos contratos firmados, a qualquer tempo, entre operadoras e usuários de planos privados de assistência à saúde, sujeitam a operadora dos produtos de que tratam o inciso I e o § 1º do artigo 1º desta Lei, seus administradores, membros de conselhos administrativos, deliberativos, consultivos, fiscais e assemelhados às seguintes penalidades, sem prejuízo de outras estabelecidas na legislação vigente:

▸ *Caput* com a redação dada pela MP nº 2.177-44, de 24-8-2001, que até o encerramento desta edição não havia sido convertida em Lei.

I – advertência;

II – multa pecuniária;

III – suspensão do exercício do cargo;

IV – inabilitação temporária para exercício de cargos em operadoras de planos de assistência à saúde;

▶ Inciso IV com a redação dada pela MP nº 2.177-44, de 24-8-2001, que até o encerramento desta edição não havia sido convertida em Lei.

V – inabilitação permanente para exercício de cargos de direção ou em conselhos das operadoras a que se refere esta Lei, bem como em entidades de previdência privada, sociedades seguradoras, corretoras de seguros e instituições financeiras;

VI – cancelamento da autorização de funcionamento e alienação da carteira da operadora.

▶ Inciso VI acrescido pela MP nº 2.177-44, de 24-8-2001, que até o encerramento desta edição não havia sido convertida em Lei.

Art. 26. Os administradores e membros dos conselhos administrativos, deliberativos, consultivos, fiscais e assemelhados das operadoras de que trata esta Lei respondem solidariamente pelos prejuízos causados a terceiros, inclusive aos acionistas, cotistas, cooperados e consumidores de planos privados de assistência à saúde, conforme o caso, em consequência do descumprimento de leis, normas e instruções referentes às operações previstas na legislação e, em especial, pela falta de constituição e cobertura das garantias obrigatórias.

▶ Artigo com a redação dada pela MP nº 2.177-44, de 24-8-2001, que até o encerramento desta edição não havia sido convertida em Lei.

Art. 27. A multa de que trata o artigo 25 será fixada e aplicada pela ANS no âmbito de suas atribuições, com valor não inferior a R$ 5.000,00 (cinco mil reais) e não superior a R$ 1.000.000,00 (um milhão de reais) de acordo com o porte econômico da operadora ou prestadora de serviço e a gravidade da infração, ressalvado o disposto no § 6º do artigo 19.

▶ *Caput* com a redação dada pela MP nº 2.177-44, de 24-8-2001, que até o encerramento desta edição não havia sido convertida em Lei.

Parágrafo único. *Revogado.* MP nº 2.177-44, de 24-8-2001, que até o encerramento desta edição não havia sido convertida em Lei. Tinha a seguinte redação: "*As multas constituir-se-ão em receitas da SUSEP*".

Art. 28. *Revogado.* MP nº 2.177-44, de 24-8-2001, que até o encerramento desta edição não havia sido convertida em Lei. Tinha a seguinte redação: "*Das decisões da SUSEP caberá recurso ao CNSP, no prazo de quinze dias, contado a partir do recebimento da intimação*".

Art. 29. As infrações serão apuradas mediante processo administrativo que tenha por base o auto de infração, a representação ou a denúncia positiva dos fatos irregulares, cabendo à ANS dispor sobre normas para instauração, recursos e seus efeitos, instâncias e prazos.

▶ *Caput* com a redação dada pela MP nº 2.177-44, de 24-8-2001, que até o encerramento desta edição não havia sido convertida em Lei.

§ 1º O processo administrativo, antes de aplicada a penalidade, poderá, a título excepcional, ser suspenso, pela ANS, se a operadora ou prestadora de serviço assinar termo de compromisso de ajuste de conduta, perante a diretoria colegiada, que terá eficácia de título executivo extrajudicial, obrigando-se a:

I – cessar a prática de atividades ou atos objetos da apuração; e

II – corrigir as irregularidades, inclusive indenizando os prejuízos delas decorrentes.

§ 2º O termo de compromisso de ajuste de conduta conterá, necessariamente, as seguintes cláusulas:

I – obrigações do compromissário de fazer cessar a prática objeto da apuração, no prazo estabelecido;

II – valor da multa a ser imposta no caso de descumprimento, não inferior a R$ 5.000,00 (cinco mil reais) e não superior a R$ 1.000.000,00 (um milhão de reais) de acordo com o porte econômico da operadora ou da prestadora de serviço.

§ 3º A assinatura do termo de compromisso de ajuste de conduta não importa confissão do compromissário quanto à matéria de fato, nem reconhecimento de ilicitude da conduta em apuração.

§ 4º O descumprimento do termo de compromisso de ajuste de conduta, sem prejuízo da aplicação da multa a que se refere o inciso II do § 2º, acarreta a revogação da suspensão do processo.

§ 5º Cumpridas as obrigações assumidas no termo de compromisso de ajuste de conduta, será extinto o processo.

§ 6º Suspende-se a prescrição durante a vigência do termo de compromisso de ajuste de conduta.

§ 7º Não poderá ser firmado termo de compromisso de ajuste de conduta quando tiver havido descumprimento de outro termo de compromisso de ajuste de conduta nos termos desta Lei, dentro do prazo de dois anos.

§ 8º O termo de compromisso de ajuste de conduta deverá ser publicado no *Diário Oficial da União*.

§ 9º A ANS regulamentará a aplicação do disposto nos §§ 1º a 7º deste artigo.

▶ §§ 1º a 9º acrescidos pela MP nº 2.177-44, de 24-8-2001, que até o encerramento desta edição não havia sido convertida em Lei.

Art. 29-A. A ANS poderá celebrar com as operadoras termo de compromisso, quando houver interesse na implementação de práticas que consistam em vantagens para os consumidores, com vistas a assegurar a manutenção da qualidade dos serviços de assistência à saúde.

§ 1º O termo de compromisso referido no *caput* não poderá implicar restrição de direitos do usuário.

§ 2º Na definição do termo de que trata este artigo serão considerados os critérios de aferição e controle da qualidade dos serviços a serem oferecidos pelas operadoras.

§ 3º O descumprimento injustificado do termo de compromisso poderá importar na aplicação da penalidade de multa a que se refere o inciso II, § 2º, do artigo 29 desta Lei.

▶ Art. 29-A acrescido pela MP nº 2.177-44, de 24-8-2001, que até o encerramento desta edição não havia sido convertida em Lei.

Art. 30. Ao consumidor que contribuir para produtos de que tratam o inciso I e o § 1º do artigo 1º desta Lei, em decorrência de vínculo empregatício, no caso de rescisão ou exoneração do contrato de trabalho sem justa causa, é assegurado o direito de manter sua condição de beneficiário, nas mesmas condições de cobertura assistencial de que gozava quando da vigência do contrato de trabalho, desde que assuma o seu pagamento integral.

▶ *Caput* com a redação dada pela MP nº 2.177-44, de 24-8-2001, que até o encerramento desta edição não havia sido convertida em Lei.

§ 1º O período de manutenção da condição de beneficiário a que se refere o *caput* será de um terço do tempo de permanência nos produtos de que tratam o inciso I e o § 1º do artigo 1º, ou sucessores, com um mínimo assegurado de seis meses e um máximo de vinte e quatro meses.

▶ § 1º com a redação dada pela MP nº 2.177-44, de 24-8-2001, que até o encerramento desta edição não havia sido convertida em Lei.

§ 2º A manutenção de que trata este artigo é extensiva, obrigatoriamente, a todo o grupo familiar inscrito quando da vigência do contrato de trabalho.

§ 3º Em caso de morte do titular, o direito de permanência é assegurado aos dependentes cobertos pelo plano ou seguro privado coletivo de assistência à saúde, nos termos do disposto neste artigo.

§ 4º O direito assegurado neste artigo não exclui vantagens obtidas pelos empregados decorrentes de negociações coletivas de trabalho.

§ 5º A condição prevista no *caput* deste artigo deixará de existir quando da admissão do consumidor titular em novo emprego.

§ 6º Nos planos coletivos custeados integralmente pela empresa, não é considerada contribuição a coparticipação do consumidor, única e exclusivamente, em procedimentos, como fator de moderação, na utilização dos serviços de assistência médica ou hospitalar.

▶ §§ 5º e 6º acrescidos pela MP nº 2.177-44, de 24-8-2001, que até o encerramento desta edição não havia sido convertida em Lei.

Art. 31. Ao aposentado que contribuir para produtos de que tratam o inciso I e o § 1º do artigo 1º desta Lei, em decorrência de vínculo empregatício, pelo prazo mínimo de dez anos, é assegurado o direito de manutenção como beneficiário, nas mesmas condições de cobertura assistencial de que gozava quando da vigência do contrato de trabalho, desde que assuma o seu pagamento integral.

▶ *Caput* com a redação dada pela MP nº 2.177-44, de 24-8-2001, que até o encerramento desta edição não havia sido convertida em Lei.

§ 1º Ao aposentado que contribuir para planos coletivos de assistência à saúde por período inferior ao estabelecido no *caput* é assegurado o direito de manutenção como beneficiário, à razão de um ano para cada ano de contribuição, desde que assuma o pagamento integral do mesmo.

§ 2º Para gozo do direito assegurado neste artigo, observar-se-ão as mesmas condições estabelecidas nos §§ 2º, 3º, 4º, 5º e 6º do artigo 30.

▶ §§ 1º e 2º com a redação dada pela MP nº 2.177-44, de 24-8-2001, que até o encerramento desta edição não havia sido convertida em Lei.

Art. 32. Serão ressarcidos pelas operadoras dos produtos de que tratam o inciso I e o § 1º do artigo 1º desta Lei, de acordo com normas a serem definidas pela ANS, os serviços de atendimento à saúde previstos nos respectivos contratos, prestados a seus consumidores e respectivos dependentes, em instituições públicas ou privadas, conveniadas ou contratadas, integrantes do Sistema Único de Saúde – SUS.

▶ *Caput* com a redação dada pela MP nº 2.177-44, de 24-8-2001, que até o encerramento desta edição não havia sido convertida em Lei.

§ 1º O ressarcimento a que se refere o *caput* será efetuado pelas operadoras à entidade prestadora de serviços, quando esta possuir personalidade jurídica própria, e ao SUS, mediante tabela de procedimentos a ser aprovada pela ANS.

§ 2º Para a efetivação do ressarcimento, a ANS disponibilizará às operadoras a discriminação dos procedimentos realizados para cada consumidor.

§ 3º A operadora efetuará o ressarcimento até o décimo quinto dia após a apresentação da cobrança pela ANS, creditando os valores correspondentes à entidade prestadora ou ao respectivo fundo de saúde, conforme o caso.

§ 4º O ressarcimento não efetuado no prazo previsto no § 3º será cobrado com os seguintes acréscimos:

I – juros de mora contados do mês seguinte ao do vencimento, à razão de um por cento ao mês ou fração;

II – multa de mora de dez por cento.

► §§ 1º a 4º com a redação dada pela MP nº 2.177-44, de 24-8-2001, que até o encerramento desta edição não havia sido convertida em Lei.

§ 5º Os valores não recolhidos no prazo previsto no § 3º serão inscritos em dívida ativa da ANS, a qual compete a cobrança judicial dos respectivos créditos.

§ 6º O produto da arrecadação dos juros e da multa de mora serão revertidos ao Fundo Nacional de Saúde.

§ 7º A ANS fixará normas aplicáveis ao processo de glosa ou impugnação dos procedimentos encaminhados, conforme previsto no § 2º deste artigo.

§ 8º Os valores a serem ressarcidos não serão inferiores aos praticados pelo SUS e nem superiores aos praticados pelas operadoras de produtos de que tratam o inciso I e o § 1º do artigo 1º desta Lei.

► §§ 5º a 8º acrescidos pela MP nº 2.177-44, de 24-8-2001, que até o encerramento desta edição não havia sido convertida em Lei.

Art. 33. Havendo indisponibilidade de leito hospitalar nos estabelecimentos próprios ou credenciados pelo plano, é garantido ao consumidor o acesso à acomodação, em nível superior, sem ônus adicional.

Art. 34. As pessoas jurídicas que executam outras atividades além das abrangidas por esta Lei deverão, na forma e no prazo definidos pela ANS, constituir pessoas jurídicas independentes, com ou sem fins lucrativos, especificamente para operar planos privados de assistência à saúde, na forma da legislação em vigor e em especial desta Lei e de seus regulamentos.

► Artigo com a redação dada pela MP nº 2.177-44, de 24-8-2001, que até o encerramento desta edição não havia sido convertida em Lei.

Art. 35. Aplicam-se as disposições desta Lei a todos os contratos celebrados a partir de sua vigência, assegurada aos consumidores com contratos anteriores, bem como àqueles com contratos celebrados entre 2 de setembro de 1998 e 1º de janeiro de 1999, a possibilidade de optar pela adaptação ao sistema previsto nesta Lei.

► *Caput* com a redação dada pela MP nº 2.177-44, de 24-8-2001, que até o encerramento desta edição não havia sido convertida em Lei.

§ 1º Sem prejuízo do disposto no artigo 35-E, a adaptação dos contratos de que trata este artigo deverá ser formalizada em termo próprio, assinado pelos contratantes, de acordo com as normas a serem definidas pela ANS.

§ 2º Quando a adaptação dos contratos incluir aumento de contraprestação pecuniária, a composição da base de cálculo deverá ficar restrita aos itens correspondentes ao aumento de cobertura, e ficará disponível para verificação pela ANS, que poderá determinar sua alteração quando o novo valor não estiver devidamente justificado.

► §§ 1º e 2º com a redação dada pela MP nº 2.177-44, de 24-8-2001, que até o encerramento desta edição não havia sido convertida em Lei.

§ 3º A adaptação dos contratos não implica nova contagem dos períodos de carência e dos prazos de aquisição dos benefícios previstos nos artigos 30 e 31 desta Lei, observados, quanto aos últimos, os limites de cobertura previstos no contrato original.

§ 4º Nenhum contrato poderá ser adaptado por decisão unilateral da empresa operadora.

§ 5º A manutenção dos contratos originais pelos consumidores não optantes tem caráter personalíssimo, devendo ser garantida somente ao titular e a seus dependentes já inscritos, permitida inclusão apenas de novo cônjuge e filhos, e vedada a transferência da sua titularidade, sob qualquer pretexto, a terceiros.

§ 6º Os produtos de que tratam o inciso I e o § 1º do artigo 1º desta Lei, contratados até 1º de janeiro de 1999, deverão permanecer em operação, por tempo indeterminado, apenas para os consumidores que não optarem pela adaptação às novas regras, sendo considerados extintos para fim de comercialização.

§ 7º Às pessoas jurídicas contratantes de planos coletivos, não optantes pela adaptação prevista neste artigo, fica assegurada a manutenção dos contratos originais, nas coberturas assistenciais neles pactuadas.

§ 8º A ANS definirá em norma própria os procedimentos formais que deverão ser adotados pelas empresas para a adatação dos contratos de que trata este artigo.

► §§ 3º a 8º acrescidos pela MP nº 2.177-44, de 24-8-2001, que até o encerramento desta edição não havia sido convertida em Lei.

Art. 35-A. Fica criado o Conselho de Saúde Suplementar – CONSU, órgão colegiado integrante da estrutura regimental do Ministério da Saúde, com competência para:

I – estabelecer e supervisionar a execução de políticas e diretrizes gerais do setor de saúde suplementar;

II – aprovar o contrato de gestão da ANS;

III – supervisionar e acompanhar as ações e o funcionamento da ANS;

IV – fixar diretrizes gerais para implementação no setor de saúde suplementar sobre:

a) aspectos econômico-financeiros;
b) normas de contabilidade, atuariais e estatísticas;
c) parâmetros quanto ao capital e ao patrimônio líquido mínimos, bem assim quanto às formas de sua subscrição e realização quando se tratar de sociedade anônima;
d) critérios de constituição de garantias de manutenção do equilíbrio econômico-financeiro, consistentes em bens, móveis ou imóveis, ou fundos especiais ou seguros garantidores;
e) criação de fundo, contratação de seguro garantidor ou outros instrumentos que julgar adequados, com o objetivo de proteger o consumidor de planos privados de assistência à saúde em caso de insolvência de empresas operadoras;

V – deliberar sobre a criação de câmaras técnicas, de caráter consultivo, de forma a subsidiar suas decisões.

Parágrafo único. A ANS fixará as normas sobre as matérias previstas no inciso IV deste artigo, devendo adequá-las, se necessário, quando houver diretrizes gerais estabelecidas pelo CONSU.

► Art. 35-A acrescido pela MP nº 2.177-44, de 24-8-2001, que até o encerramento desta edição não havia sido convertida em Lei.

Art. 35-B. O CONSU será integrado pelos seguintes Ministros de Estado:

I – Chefe da Casa Civil da Presidência da República, na qualidade de Presidente;
II – da Saúde;
III – da Fazenda;
IV – da Justiça; e
V – do Planejamento, Orçamento e Gestão.

§ 1º O Conselho deliberará mediante resoluções, por maioria de votos, cabendo ao Presidente a prerrogativa de deliberar nos casos de urgência e relevante interesse, *ad referendum* dos demais membros.

§ 2º Quando deliberar *ad referendum* do Conselho, o Presidente submeterá a decisão ao Colegiado na primeira reunião que se seguir àquela deliberação.

§ 3º O Presidente do Conselho poderá convidar Ministros de Estado, bem assim outros representantes de órgãos públicos, para participar das reuniões, não lhes sendo permitido o direito de voto.

§ 4º O Conselho reunir-se-á sempre que for convocado por seu Presidente.

§ 5º O regimento interno do CONSU será aprovado por decreto do Presidente da República.

§ 6º As atividades de apoio administrativo ao CONSU serão prestadas pela ANS.

§ 7º O Presidente da ANS participará, na qualidade de Secretário, das reuniões do CONSU.

► Art. 35-B acrescido pela MP nº 2.177-44, de 24-8-2001, que até o encerramento desta edição não havia sido convertida em Lei.

Art. 35-C. É obrigatória a cobertura do atendimento nos casos:

► *Caput* com a redação dada pela Lei nº 11.935, de 11-5-2009.

I – de emergência, como tal definidos os que implicarem risco imediato de vida ou de lesões irreparáveis para o paciente, caracterizado em declaração do médico assistente;

II – de urgência, assim entendidos os resultantes de acidentes pessoais ou de complicações no processo gestacional;

► Incisos I e II com a redação dada pela Lei nº 11.935, de 11-5-2009.

III – de planejamento familiar.

► Inciso III acrescido pela Lei nº 11.935, de 11-5-2009.

Parágrafo único. A ANS fará publicar normas regulamentares para o disposto neste artigo, observados os termos de adaptação previstos no art. 35.

▶ Art. 35-C acrescido pela MP nº 2.177-44, de 24-8-2001, que até o encerramento desta edição não havia sido convertida em Lei.

Art. 35-D. As multas a serem aplicadas pela ANS em decorrência da competência fiscalizadora e normativa estabelecida nesta Lei e em seus regulamentos serão recolhidas à conta daquela Agência, até o limite de R$ 1.000.000,00 (um milhão de reais) por infração, ressalvado o disposto no § 6º do artigo 19 desta Lei.

▶ Art. 35-D acrescido pela MP nº 2.177-44, de 24-8-2001, que até o encerramento desta edição não havia sido convertida em Lei.

Art. 35-E. A partir de 5 de junho de 1998, fica estabelecido para os contratos celebrados anteriormente à data de vigência desta Lei que:

▶ O STF, por unanimidade de votos deferiu parcialmente a medida cautelar na ADIN nº 1.931-8, no que tange à suscitada violação ao art. 5º, XXXVI, da CF, quanto ao art. 35-G, hoje, renumerado como art. 35-E pela MP nº 2.177-44, de 24-8-2001, em seus incisos I a IV, § 1º, I a V, e § 2º (DJU de 3-9-2003).

I – qualquer variação na contraprestação pecuniária para consumidores com mais de sessenta anos de idade estará sujeita à autorização prévia da ANS;

II – a alegação de doença ou lesão preexistente estará sujeita à prévia regulamentação da matéria pela ANS;

III – é vedada a suspensão ou a rescisão unilateral do contrato individual ou familiar de produtos de que tratam o inciso I e o § 1º do artigo 1º desta Lei por parte da operadora, salvo o disposto no inciso II do parágrafo único do artigo 13 desta Lei;

IV – é vedada a interrupção de internação hospitalar em leito clínico, cirúrgico ou em centro de terapia intensiva ou similar, salvo a critério do médico assistente.

§ 1º Os contratos anteriores à vigência desta Lei, que estabeleçam reajuste por mudança de faixa etária com idade inicial em sessenta anos ou mais, deverão ser adaptados, até 31 de outubro de 1999, para repactuação da cláusula de reajuste, observadas as seguintes disposições:

I – a repactuação será garantida aos consumidores de que trata o parágrafo único do artigo 15, para as mudanças de faixa etária ocorridas após a vigência desta Lei, e limitar-se-á à diluição da aplicação do reajuste anteriormente previsto, em reajustes parciais anuais, com adoção de percentual fixo que, aplicado a cada ano, permita atingir o reajuste integral no início do último ano da faixa etária considerada;

II – para aplicação da fórmula de diluição, consideram-se de dez anos as faixas etárias que tenham sido estipuladas sem limite superior;

III – a nova cláusula, contendo a fórmula de aplicação do reajuste, deverá ser encaminhada aos consumidores, juntamente com o boleto ou título de cobrança, com a demonstração do valor originalmente contratado, do valor repactuado e do percentual de reajuste anual fixo, esclarecendo, ainda, que o seu pagamento formalizará esta repactuação;

IV – a cláusula original de reajuste deverá ter sido previamente submetida à ANS;

V – na falta de aprovação prévia, a operadora, para que possa aplicar reajuste por faixa etária a consumidores com sessenta anos ou mais de idade e dez anos ou mais de contrato, deverá submeter às ANS as condições contratuais acompanhadas de nota técnica, para, uma vez aprovada a cláusula e o percentual de reajuste, adotar a diluição prevista neste parágrafo.

§ 2º Nos contratos individuais de produtos de que tratam o inciso I e o § 1º do artigo 1º desta Lei, independentemente da data de sua celebração, a aplicação de cláusula de reajuste das contraprestações pecuniárias dependerá de prévia aprovação da ANS.

§ 3º O disposto no artigo 35 desta Lei aplica-se sem prejuízo do estabelecido neste artigo.

▶ Art. 35-E acrescido pela MP nº 2.177-44, de 24-8-2001, que até o encerramento desta edição não havia sido convertida em Lei.

Art. 35-F. A assistência a que alude o artigo 1º desta Lei compreende todas as ações necessárias à prevenção da doença e à recuperação, manutenção e reabilitação da saúde, observados os termos desta Lei e do contrato firmado entre as partes.

▶ Art. 35-F acrescido pela MP nº 2.177-44, de 24-8-2001, que até o encerramento desta edição não havia sido convertida em Lei.

Art. 35-G. Aplicam-se subsidiariamente aos contratos entre usuários e operadoras de produtos de que tratam o inciso I e o § 1º do artigo 1º desta Lei as disposições da Lei nº 8.078, de 1990.

▶ Art. 35-G acrescido pela MP nº 2.177-44, de 24-8-2001, que até o encerramento desta edição não havia sido convertida em Lei.

Art. 35-H. Os expedientes que até esta data foram protocolizados na SUSEP pelas operadoras de produtos de que tratam o inciso I e o § 1º do artigo 1º desta Lei e que forem encaminhados à ANS em consequência desta Lei, deverão estar acompanhados de parecer conclusivo daquela Autarquia.

▶ Art. 35-H acrescido pela MP nº 2.177-44, de 24-8-2001, que até o encerramento desta edição não havia sido convertida em Lei.

Art. 35-I. Responderão subsidiariamente pelos direitos contratuais e legais dos consumidores, prestadores de serviço e fornecedores, além dos débitos fiscais e trabalhistas, os bens pessoais dos diretores, administradores, gerentes e membros de conselhos da operadora de plano privado de assistência à saúde, independentemente da sua natureza jurídica.

▶ Art. 35-I acrescido pela MP nº 2.177-44, de 24-8-2001, que até o encerramento desta edição não havia sido convertida em Lei.

Art. 35-J. O diretor técnico ou fiscal ou o liquidante são obrigados a manter sigilo relativo às informações da operadora às quais tiverem acesso em razão do exercício do encargo, sob pena de incorrer em improbidade administrativa, sem prejuízo das responsabilidades civis e penais.

▶ Art. 35-J acrescido pela MP nº 2.177-44, de 24-8-2001, que até o encerramento desta edição não havia sido convertida em Lei.

Art. 35-L. Os bens garantidores das provisões técnicas, fundos e provisões deverão ser registrados na ANS e não poderão ser alienados, prometidos a alienar ou, de qualquer forma, gravados sem prévia e expressa autorização, sendo nulas, de pleno direito, as alienações realizadas ou os gravames constituídos com violação deste artigo.

Parágrafo único. Quando a garantia recair em bem imóvel, será obrigatoriamente inscrita no competente Cartório do Registro Geral de Imóveis, mediante requerimento firmado pela operadora de plano de assistência à saúde e pela ANS.

▶ Art. 35-L acrescido pela MP nº 2.177-44, de 24-8-2001, que até o encerramento desta edição não havia sido convertida em Lei.

Art. 35-M. As operadoras de produtos de que tratam o inciso I e o § 1º do artigo 1º desta Lei poderão celebrar contratos de resseguro junto às empresas devidamente autorizadas a operar em tal atividade, conforme estabelecido na Lei nº 9.932, de 20 de dezembro de 1999, e regulamentações posteriores.

▶ Art. 35-M acrescido pela MP nº 2.177-44, de 24-8-2001, que até o encerramento desta edição não havia sido convertida em Lei.

▶ A Lei nº 9.932, de 20-12-1999, foi revogada pela LC nº 126, de 5-1-2007.

Art. 36. Esta Lei entra em vigor noventa dias após a data de sua publicação.

Brasília, 3 de junho de 1998;
177º da Independência e
110º da República.

Fernando Henrique Cardoso

PORTARIA Nº 3, DE 19 DE MARÇO DE 1999, DA SDE

Divulga, em aditamento ao elenco do art. 51 da Lei nº 8.078/1990 e do art. 22 do Decreto nº 2.181/1997, claúsulas nulas de pleno direito (cláusulas abusivas).

▶ Publicada no *DOU* de 22-3-1999.

O Secretário de Direito Econômico do Ministério da Justiça, no uso de suas atribuições legais,

Considerando que o elenco de Cláusulas Abusivas relativas ao fornecimento de produtos e serviços, constantes do art. 51 da Lei nº 8.078, de 11 de setembro de 1990, é de tipo aberto, exemplificativo, permitindo, desta forma a sua complementação;

Considerando o disposto no art. 56 do Decreto nº 2.181, de 20 de março de 1997, que regulamentou a Lei nº 8.078/1990, e com o objetivo de orientar o Sistema Nacional de Defesa do Consumidor, notadamente para o fim de aplicação do disposto no inciso IV do art. 22 deste decreto bem assim promover a educação e a informação de fornecedores e consumidores, quanto aos seus direitos e deveres, com a melhoria, transparência, harmonia, equilíbrio e boa-fé nas relações de consumo, e

Considerando que decisões administrativas de diversos PROCONs, entendimentos dos Ministérios Públicos ou decisões judiciais pacificam como abusivas as cláusulas a seguir enumeradas, resolve:

Divulgar, em aditamento ao elenco do artigo 51 da Lei nº 8.078/1990, e do artigo 22 do Decreto nº 2.181/1997, as seguintes cláusulas que, dentre outras, são nulas de pleno direito:

1. Determinem aumentos de prestações nos contratos de planos e seguros de saúde, firmados anteriormente à Lei nº 9.656/98, por mudanças de faixas etárias sem previsão expressa e definida.

2. Imponham, em contratos de planos de saúde firmados anteriormente à Lei nº 9.656/98, limites ou restrições a procedimentos médicos (consultas, exames médicos, laboratoriais e internações

hospitalares, UTI e similares) contrariando prescrição médica.
3. Permitam ao fornecedor de serviço essencial (água, energia elétrica, telefonia) incluir na conta, sem autorização expressa do consumidor, a cobrança de outros serviços. Excetuam-se os casos em que a prestadora do serviço essencial informe e disponibilize gratuitamente ao consumidor a opção de bloqueio prévio da cobrança ou utilização dos serviços de valor adicionado.
4. Estabeleçam prazos de carência para cancelamento do contrato de cartão de crédito.
5. Imponham o pagamento antecipado referente a períodos superiores a 30 dias pela prestação de serviços educacionais ou similares.
6. Estabeleçam, nos contratos de prestação de serviços educacionais, a vinculação à aquisição de outros produtos ou serviços.
7. Estabeleçam que o consumidor reconheça que o contrato acompanhado do extrato demonstrativo da conta corrente bancária constituem título executivo extrajudicial, para os fins do artigo 585, II, do Código de Processo Civil.
8. Estipulem o reconhecimento, pelo consumidor, de que os valores lançados no extrato da conta corrente ou na fatura do cartão de crédito constituem dívida líquida, certa e exigível.
9. Estabeleçam a cobrança de juros capitalizados mensalmente.
10. Imponham, em contratos de consórcios, o pagamento de percentual a título de taxa de administração futura, pelos consorciados desistentes ou excluídos.
11. Estabeleçam, nos contratos de prestação de serviços educacionais e similares, multa moratória superior a 2% (dois por cento).
12. Exijam a assinatura de duplicatas, letras de câmbio, notas promissórias ou quaisquer outros títulos de crédito em branco.
13. Subtraiam ao consumidor, nos contratos de seguro, o recebimento de valor inferior ao contratado na apólice.
14. Prevejam em contratos de arrendamento mercantil (*leasing*) a exigência, a título de indenização, do pagamento das parcelas vincendas, no caso de restituição do bem.
15. Estabeleçam, em contrato de arrendamento mercantil (*leasing*), a exigência do pagamento antecipado do Valor Residual Garantido – VRG, sem previsão de devolução desse montante, corrigido monetariamente, ou não exercida a opção de compra do bem.

Ruy Coutinho do Nascimento

LEI Nº 9.870, DE 23 DE NOVEMBRO DE 1999

Dispõe sobre o valor total das anuidades escolares e dá outras providências.

▶ Publicada no *DOU* de 24-11-1999, Edição Extra.

Art. 1º O valor das anuidades ou das semestralidades escolares do ensino pré-escolar, fundamental, médio e superior, será contratado, nos termos desta Lei, no ato da matrícula ou da sua renovação, entre o estabelecimento de ensino e o aluno, o pai do aluno ou o responsável.

§ 1º O valor anual ou semestral referido no *caput* deste artigo deverá ter como base a última parcela da anuidade ou da semestralidade legalmente fixada no ano anterior, multiplicada pelo número de parcelas do período letivo.

§ 2º VETADO.

§ 3º Poderá ser acrescido ao valor total anual de que trata o § 1º montante proporcional à variação de custos a título de pessoal e de custeio, comprovado mediante apresentação de planilha de custo, mesmo quando esta variação resulte da introdução de aprimoramentos no processo didático-pedagógico.

§ 4º A planilha de que trata o § 3º será editada em ato do Poder Executivo.

▶ §§ 3º e 4º acrescidos pela MP nº 2.173-24, de 23-8-2001, que até o encerramento desta edição não havia sido convertida em Lei. Consequentemente, os antigos §§ 3º e 4º foram renumerados, respectivamente, como §§ 5º e 6º.

§ 5º O valor total, anual ou semestral, apurado na forma dos parágrafos precedentes terá vigência por um ano e será dividido em doze ou seis parcelas mensais iguais, facultada a apresentação de planos de pagamento alternativos, desde que não excedam ao valor total anual ou semestral apurado na forma dos parágrafos anteriores.

§ 6º Será nula, não produzindo qualquer efeito, cláusula contratual de revisão ou reajustamento do valor das parcelas da anuidade ou semestralidade escolar em prazo inferior a um ano a contar da data de sua fixação, salvo quando expressamente prevista em lei.

Art. 2º O estabelecimento de ensino deverá divulgar, em local de fácil acesso ao público, o texto da proposta de contrato, o valor apurado na forma do artigo 1º e o número de vagas por sala-classe, no período mínimo de quarenta e cinco dias antes da data final para matrícula, conforme calendário e cronograma da instituição de ensino.

Parágrafo único. VETADO.

Art. 3º VETADO.

Art. 4º A Secretaria de Direito Econômico do Ministério da Justiça, quando necessário, poderá requerer, nos termos da Lei nº 8.078, de 11 de setembro de 1990, e no âmbito de suas atribuições, comprovação documental referente a qualquer cláusula contratual, exceto dos estabelecimentos de ensino que tenham firmado acordo com alunos, pais de alunos ou associações de pais e alunos, devidamente legalizadas, bem como quando o valor arbitrado for decorrente da decisão do mediador.

Parágrafo único. Quando a documentação apresentada pelo estabelecimento de ensino não corresponder às condições desta Lei, o órgão de que trata este artigo poderá tomar, dos interessados, termo de compromisso, na forma da legislação vigente.

Art. 5º Os alunos já matriculados, salvo quando inadimplentes, terão direito à renovação das matrículas, observado o calendário escolar da instituição, o regimento da escola ou cláusula contratual.

Art. 6º São proibidas a suspensão de provas escolares, a retenção de documentos escolares ou a aplicação de quaisquer outras penalidades pedagógicas por motivo de inadimplemento, sujeitando-se o contratante, no que couber, às sanções legais e administrativas, compatíveis com o Código de Defesa do Consumidor, e com os artigos 177 e 1.092 do Código Civil Brasileiro, caso a inadimplência perdure por mais de noventa dias.

§ 1º O desligamento do aluno por inadimplência somente poderá ocorrer ao final do ano letivo ou, no ensino superior, ao final do semestre letivo quando a instituição adotar o regime didático semestral.

▶ § 1º acrescido pela MP nº 2.173-24, de 23-8-2001. Consequentemente, os antigos §§ 1º, 2º e 3º foram renumerados, respectivamente, como §§ 2º, 3º e 4º.

§ 2º Os estabelecimentos de ensino fundamental, médio e superior deverão expedir, a qualquer tempo, os documentos de transferência de seus alunos, independentemente de sua adimplência ou da adoção de procedimentos legais de cobranças judiciais.

§ 3º São asseguradas em estabelecimentos públicos de ensino fundamental e médio as matrículas dos alunos, cujos contratos, celebrados por seus pais ou responsáveis para a prestação de serviços educacionais, tenham sido suspensos em virtude de inadimplemento, nos termos do *caput* deste artigo.

§ 4º Na hipótese de os alunos a que se refere o § 2º, ou seus pais ou responsáveis, não terem providenciado a sua imediata matrícula em outro estabelecimento de sua livre escolha, as Secretarias de Educação estaduais e municipais deverão providenciá-la em estabelecimento de ensino da rede pública, em curso e série correspondentes aos cursados na escola de origem, de forma a garantir a continuidade de seus estudos no mesmo período letivo e a respeitar o disposto no inciso V do artigo 53 do Estatuto da Criança e do Adolescente.

Art. 7º São legitimados à propositura das ações previstas na Lei nº 8.078, de 1990, para a defesa dos direitos assegurados por esta Lei e pela legislação vigente, as associações de alunos, de pais de alunos e responsáveis, sendo indispensável, em qualquer caso, o apoio de, pelo menos, vinte por cento dos pais de alunos do estabelecimento de ensino ou dos alunos, no caso de ensino superior.

Art. 8º O artigo 39 da Lei nº 8.078, de 1990, passa a vigorar acrescido do seguinte inciso:

"XIII – aplicar fórmula ou índice de reajuste diverso do legal ou contratualmente estabelecido."

Art. 9º A Lei nº 9.131, de 24 de novembro de 1995, passa a vigorar acrescida dos seguintes artigos:

"Art. 7º-A. As pessoas jurídicas de direito privado, mantenedoras de instituições de ensino superior, previstas no inciso II do artigo 19 da Lei nº 9.394, de 20 de dezembro de 1996, poderão assumir qualquer das formas admitidas em direito, de natureza civil ou comercial e, quando constituídas como fundações, serão regidas pelo disposto no artigo 24 do Código Civil Brasileiro.

Parágrafo único. Quaisquer alterações estatutárias na entidade mantenedora, devidamente averbadas pelos órgãos competentes, deverão ser comunicadas ao Ministério da Educação, para as devidas providências.

Art. 7º-B. As entidades mantenedoras de instituições de ensino superior, sem finalidade lucrativa, deverão:

I – elaborar e publicar em cada exercício social demonstrações financeiras, com o parecer do conselho fiscal, ou órgão similar;

II – manter escrituração completa e regular de todos os livros fiscais, na forma da legislação pertinente, bem como de quaisquer outros atos ou operações que venham a modificar sua situação patrimonial, em livros revestidos de formalidades que assegurem a respectiva exatidão;

III – conservar em boa ordem, pelo prazo de cinco anos, contado da data de emissão, os documentos que comprovem a origem de suas receitas e a efetivação de suas despesas, bem como a realização de quaisquer outros atos ou operações que venham a modificar sua situação patrimonial;

IV – submeter-se, a qualquer tempo, a auditoria pelo Poder Público;

V – destinar seu patrimônio a outra instituição congênere ou ao Poder Público, no caso de encerramento de suas atividades, promovendo, se necessário, a alteração estatutária correspondente;

VI – comprovar, sempre que solicitada pelo órgão competente:

a) a aplicação dos seus excedentes financeiros para os fins da instituição de ensino;

b) a não remuneração ou concessão de vantagens ou benefícios, por qualquer forma ou título, a seus instituidores, dirigentes, sócios, conselheiros ou equivalentes.

Parágrafo único. A comprovação do disposto neste artigo é indispensável, para fins de credenciamento e recredenciamento da instituição de ensino superior.

Art. 7º-C. As entidades mantenedoras de instituições privadas de ensino superior comunitárias, confessionais e filantrópicas ou constituídas como fundações não poderão ter finalidade lucrativa e deverão adotar os preceitos do artigo 14 do Código Tributário Nacional e do artigo 55 da Lei nº 8.212, de 24 de julho de 1991, além de atender ao disposto no artigo 7º-B.

Art. 7º-D. As entidades mantenedoras de instituições de ensino superior, com finalidade lucrativa, ainda que de natureza civil, deverão elaborar, em cada exercício social, demonstrações financeiras atestadas por profissionais competentes."

Art. 10. Continuam a produzir efeitos os atos praticados com base na Medida Provisória nº 1.890-66, de 24 de setembro de 1999, e nas suas antecessoras.

Art. 11. Esta Lei entra em vigor na data de sua publicação.

Art. 12. Revogam-se a Lei nº 8.170, de 17 de janeiro de 1991; o artigo 14 da Lei nº 8.178, de 1º de março de 1991; e a Lei nº 8.747, de 9 de dezembro de 1993.

Brasília, 23 de novembro de 1999; 178º da Independência e 111º da República.

Fernando Henrique Cardoso

PORTARIA Nº 3, DE 15 DE MARÇO DE 2001, DA SDE

Divulga, em aditamento ao elenco do art. 51 da Lei nº 8.078/1990 e do art. 22 do Decreto nº 2.181/1997, cláusulas nulas de pleno direito (cláusulas abusivas).

▶ Publicada no *DOU* de 17-3-2001.

O Secretário de Direito Econômico do Ministério da Justiça no uso de suas atribuições legais,

Considerando que o elenco de Cláusulas Abusivas relativas ao fornecimento de produtos e serviços, constantes do art. 51 da Lei nº 8.078, de 11 de setembro de 1990, é de tipo aberto, exemplificativo, permitindo, desta forma a sua complementação;

Considerando o disposto no art. 56 do Decreto nº 2.181, de 20 de março de 1997, que regulamentou a Lei nº 8.078/1990, e com o objetivo de orientar o Sistema Nacional de Defesa do Consumidor, notadamente para o fim de aplicação do disposto no inciso IV do art. 22 deste Decreto bem, assim promover a educação e a informação de fornecedores e consumidores, quanto aos seus direitos e deveres, com a melhoria, transparência, harmonia, equilíbrio e boa-fé nas ralações de consumo;

Considerando, que decisões judiciais, decisões administrativas de diversos PROCONs, e entendimentos dos Ministérios Públicos pacificam como abusivas as cláusulas a seguir enumeradas, resolve:

Divulgar, o seguinte elenco de cláusulas, as quais, na forma do artigo 51 da Lei nº 8.078, de 11 de setembro de 1990 e do artigo 56 do Decreto nº 2.181, de 20 de marco de 1997, com o objetivo de orientar o Sistema Nacional de Defesa do Consumidor, serão consideradas como abusivas, notadamente para fim de aplicação no disposto no inciso IV, do artigo 22 do Decreto nº 2.181:

1. Estipule presunção de conhecimento por parte do consumidor de fatos novos não previstos em contrato;
2. Estabeleça restrições ao direito do consumidor de questionar nas esferas administrativa e judicial possíveis lesões decorrentes de contrato por ele assinado;
3. Imponha a perda de parte significativa das prestações já quitadas em situações de venda a crédito, em caso de desistência por justa causa ou impossibilidade de cumprimento da obrigação pelo consumidor;
4. Estabeleça cumulação de multa rescisória e perda do valor das arras;
5. Estipule a utilização expressa ou não, de juros capitalizados nos contratos civis;
6. Autorize, em virtude de inadimplemento, o não fornecimento ao consumidor de informações de posse do fornecedor, tais como: histórico escolar, registros médicos, e demais do gênero;
7. Autorize o envio do nome do consumidor e/ou seus garantes a cadastros de consumidores (SPC, SERASA, etc.), enquanto houver discussão em juízo relativa à relação de consumo;
8. Considere, nos contratos bancários, financeiros e de cartões de crédito, o silêncio do consumidor, pessoa física, como aceitação tácita dos valores cobrados, das informações prestadas nos extratos ou aceitação de modificações de índices ou de quaisquer alterações contratuais;
9. Permita à instituição bancária retirar da conta corrente do consumidor ou cobrar restituição deste dos valores usados por terceiros, que de forma ilícita estejam de posse de seus cartões bancários ou cheques, após comunicação de roubo, furto ou desaparecimento suspeito ou requisição de bloqueio ou final de conta;
10. Exclua, nos contratos de seguro de vida, a cobertura de evento decorrente de doença preexistente, salvo as hipóteses em que a seguradora comprove que o consumidor tinha conhecimento da referida doença à época da contratação;
11. *Revogado*. Port. da SDE nº 24, de 7-12-2004.
12. Preveja, nos contratos de seguro de automóvel, o ressarcimento pelo valor de mercado, se inferior ao previsto no contrato;
13. Impeça o consumidor de acionar, em caso de erro médico, diretamente a operadora ou cooperativa que organiza ou administra o plano privado de assistência à saúde;
14. Estabeleça, no contrato de venda e compra de imóvel, a incidência de juros antes da entrega das chaves;
15. Preveja, no contrato de promessa de venda e compra de imóvel, que o adquirente autorize ao incorporador alienante constituir hipoteca do terreno e de suas acessões (unidades construídas) para garantir dívida da empresa incorporadora, realizada para financiamento de obras;
16. Vede, nos serviços educacionais, em face de desistência pelo consumidor, a restituição de valor pago a título de pagamento antecipado de mensalidade.

Paulo de Tarso Ramos Ribeiro

MEDIDA PROVISÓRIA Nº 2.172-32, DE 23 DE AGOSTO DE 2001

Estabelece a nulidade das disposições contratuais que menciona e inverte, nas hipóteses que prevê, o ônus da prova nas ações intentadas para sua declaração.

▶ Publicada no *DOU* de 24-8-2001.

Art. 1º São nulas de pleno direito as estipulações usurárias, assim consideradas as que estabeleçam:

I – nos contratos civis de mútuo, taxas de juros superiores às legalmente permitidas, caso em que deverá o juiz, se requerido, ajustá-las à medida legal ou, na hipótese de já terem sido cumpridas, ordenar a restituição, em dobro, da quantia paga em excesso, com juros legais a contar da data do pagamento indevido;

II – nos negócios jurídicos não disciplinados pelas legislações comercial e de defesa do consumidor, lucros ou vantagens patrimoniais excessivos, estipulados em situação de vulnerabilidade da parte, caso em que deverá o juiz, se requerido, restabelecer o equilíbrio da relação contratual, ajustando-os ao valor corrente, ou, na hipótese de cumprimento da obrigação, ordenar a restituição, em dobro, da quantia recebida em excesso, com juros legais a contar da data do pagamento indevido.

Parágrafo único. Para a configuração do lucro ou vantagem excessivos, considerar-se-ão a vontade das partes, as circunstâncias da celebração do contrato, o seu conteúdo e natureza, a origem das correspondentes obrigações, as práticas de mercado e as taxas de juros legalmente permitidas.

Art. 2º São igualmente nulas de pleno direito as disposições contratuais que, com o pretexto de conferir ou transmitir direitos, são celebradas para garantir, direta ou indiretamente, contratos civis de mútuo com estipulações usurárias.

Art. 3º Nas ações que visem à declaração de nulidade de estipulações com amparo no disposto nesta Medida Provisória, incumbirá ao credor ou beneficiário do negócio o ônus de provar a regularidade jurídica das correspondentes obrigações, sempre que demonstrada pelo prejudicado, ou pelas circunstâncias do caso, a verossimilhança da alegação.

Art. 4º As disposições desta Medida Provisória não se aplicam:

I – às instituições financeiras e demais instituições autorizadas a funcionar pelo Banco Central do Brasil, bem como às operações realizadas nos mercados financeiro, de capitais e de valores mobiliários, que continuam regidas pelas normas legais e regulamentares que lhes são aplicáveis;

II – às sociedades de crédito que tenham por objeto social exclusivo a concessão de financiamentos ao microempreendedor;

III – às organizações da sociedade civil de interesse público de que trata a Lei nº 9.790, de 23 de março de 1999, devidamente registradas no Ministério da Justiça, que se dedicam a sistemas alternativos de crédito e não têm qualquer tipo de vinculação com o Sistema Financeiro Nacional.

Parágrafo único. Poderão também ser excluídas das disposições desta Medida Provisória, mediante deliberação do Conselho Monetário Nacional, outras modalidades de operações e negócios de natureza subsidiária, complementar ou acessória das atividades exercidas no âmbito dos mercados financeiro, de capitais e de valores mobiliários.

Art. 5º Ficam convalidados os atos praticados com base na Medida Provisória nº 2.172-31, de 26 de julho de 2001.

Art. 6º Esta Medida Provisória entra em vigor na data de sua publicação.

Art. 7º Fica revogado o § 3º do artigo 4º da Lei nº 1.521, de 26 de dezembro de 1951.

Brasília, 23 de agosto de 2001; 180º da Independência e 113º da República.

Fernando Henrique Cardoso

PORTARIA Nº 789, DE 24 DE AGOSTO DE 2001, DO MJ

Regula a comunicação, no âmbito do Departamento de Proteção e Defesa do Consumidor – DPDC, relativa à periculosidade de produtos e serviços já introduzidos no mercado de consumo, prevista no art. 10, § 1º da Lei nº 8.078, de 11 de setembro de 1990.

▶ Publicada no *DOU* de 27-8-2001.

O Ministro de Estado da Justiça, no uso de suas atribuições e;

Considerando a necessidade de regulamentação, no âmbito do Departamento de Proteção e Defesa do Consumidor – DPDC, do procedimento de chamamento dos consumidores, previsto no art. 10, § 1º da Lei nº 8.078/1990, conhecido como "recall", que possibilite o acompanhamento pelos órgãos do Sistema Nacional de Defesa do Consumidor – SNDC e pela sociedade, deste procedimento;

Considerando o disposto no art. 55 e parágrafos da Lei nº 8.078/1990;

Considerando a competência do Departamento de Proteção e Defesa do Consumidor – DPDC, da Secretaria de Direito Econômico – SDE, do Ministério da Justiça – MJ, atribuída pelo art. 106, inciso I da Lei nº 8.078/1990;

Considerando a organização do Sistema Nacional de Defesa do Consumidor, resolve:

Art. 1º Regulamentar, no âmbito do Departamento de Proteção e Defesa do Consumidor – DPDC, a comunicação determinada pelo art. 10, § 1º da Lei nº 8.078, de 11 de setembro de 1990, por parte dos fornecedores às autoridades competentes e aos consumidores, referente à periculosidade ou nocividade de produto ou serviço já introduzido no mercado de consumo.

Art. 2º O fornecedor de produtos e serviços que, posteriormente à sua introdução no mercado de consumo, tiver conhecimento da periculosidade ou nocividade que apresentem, deverá imediatamente comunicar o fato, por escrito, ao Departamento de Proteção e Defesa do Consumidor – DPDC, da Secretaria de Direito Econômico – SDE, do Ministério da Justiça, aos PROCONs, bem como a todas as demais autoridades competentes.

§ 1º A comunicação deverá conter, além de outras informações que se fizerem necessárias, as seguintes:

I – identificação do fornecedor do produto ou serviço objeto do chamamento, informando:

a) Razão Social;

b) Nome Fantasia;
c) Ramo de Atividade;
d) CNPJ/CPF;
e) Inscrição Estadual;
f) Endereço, telefone e endereço eletrônico se houver;

II – descrição pormenorizada do defeito detectado, acompanhado das informações técnicas que esclareçam os fatos;

III – descrição dos riscos que o produto ou serviço apresenta, especificando todas as suas implicações;

IV – quantidade de produtos e serviços sujeitos ao defeito e o universo de consumidores que deverá ser atingido pelo chamamento;

V – como estão distribuídos os produtos e serviços objeto do chamamento, colocados no mercado, pelos Estados da Federação;

VI – a data e o modo pelo qual a periculosidade do produto ou serviço foi detectada pelo fornecedor;

VII – quais foram as medidas adotadas para resolver o defeito e sanar o risco;

VIII – descrição pormenorizada do modo de realização da campanha publicitária de informação aos consumidores (Plano de Chamamento), de que trata o art. 3º desta Portaria, sobre a periculosidade do produto ou serviço, informando:

a) data de início e de fim da campanha (duração);
b) meios de comunicação utilizados e frequência de veiculação;
c) as mensagens veiculadas;
d) os locais disponibilizados para reparação ou troca do produto ou serviço.

§ 2º Caso o fornecedor tenha conhecimento da ocorrência de acidentes decorrentes do defeito do produto ou serviço que originou o chamamento aos consumidores, com danos materiais ou à integridade física, deverá informar ainda:

a) o local e a data destes acidentes;
b) nome, endereço, telefone, endereço eletrônico e demais meios de localização das vítimas de que disponha;
c) descrição dos danos materiais e físicos ocorridos nos acidentes;
d) existência de processos judiciais, decorrentes do acidente, especificando as ações interpostas, o nome dos autores e dos réus, as Comarcas e Varas em que tramitam e os números de cada um dos processos;

e) as providências adotadas em relação aos danos materiais e físicos sofridos pelas vítimas.

§ 3º O DPDC poderá, a qualquer tempo, expedir notificação solicitando informações adicionais ou complementares referentes à comunicação de periculosidade ou nocividade de produto ou serviço e ao Plano de Chamamento, apresentados.

Art. 3º O fornecedor deverá, além da comunicação de que trata o art. 2º, informar imediatamente aos consumidores, sobre a periculosidade ou nocividade do produto ou serviço por ele colocado no mercado, mediante campanha publicitária que deverá ser feita em todos os locais onde haja consumidores deste produto ou serviço.

§ 1º A campanha publicitária será veiculada na imprensa, rádio e televisão, às expensas do fornecedor do produto ou serviço, e dimensionada de forma suficiente a que atinja o universo de consumidores adquirentes dos produtos ou serviços objeto do chamamento.

§ 2º Os anúncios publicitários deverão informar sobre o defeito que o produto ou serviço apresenta, bem como sobre os riscos decorrentes e suas implicações, as medidas preventivas e corretivas que o consumidor deve tomar e todas as demais informações que visem a resguardar a segurança dos consumidores do produto ou serviço, observado inclusive o disposto no art. 17 da Lei nº 8.078, de 11 de setembro de 1990.

§ 3º Para informar aos consumidores sobre a periculosidade ou nocividade do produto ou serviço, além dos anúncios publicitários, poderá o fornecedor utilizar-se de outros instrumentos que entender aplicáveis ao caso, como correspondência, anúncios via internet, avisos por telefone, dentre outros.

Art. 4º O fornecedor deverá apresentar ao DPDC, aos PROCONs e às demais autoridades competentes, relatórios de acompanhamento da campanha de chamamento aos consumidores, com periodicidade mínima de 60 (sessenta) dias, informando, pelo menos, o universo de consumidores atendidos (quantidade de produtos ou serviços efetivamente reparados ou trocados) até aquele momento e sua distribuição pelos Estados da Federação.

§ 1º O DPDC poderá solicitar a apresentação dos relatórios de acompanhamento em periodicidade inferior à estipulada no caput deste artigo.

§ 2º O DPDC poderá, a qualquer tempo, expedir notificação solicitando informações adicionais referentes à campanha de chamamento aos consumidores.

Art. 5º Ao término da campanha, deverá o fornecedor apresentar relatório final ao DPDC onde conste, além de outras informações que se fizerem necessárias, as seguintes:

a) a quantidade de consumidores, tanto em valores numéricos quanto em percentual relativamente ao total, que foram efetivamente atingidos pelo chamamento, em termos globais e por Estados;

b) a justificativa para o percentual de consumidores eventualmente não atendidos (produtos ou serviços não reparados ou trocados);

c) identificação da forma pela qual os consumidores tomaram conhecimento do chamamento.

Art. 6º O DPDC poderá determinar, exclusiva ou cumulativamente, a prorrogação ou ampliação da campanha, às expensas do fornecedor, caso entenda que os resultados não foram satisfatórios.

Art. 7º O fornecedor não se desobriga da reparação ou substituição do produto ou serviço mesmo findo o prazo da campanha de chamamento.

Art. 8º O não cumprimento às determinações desta portaria sujeitará o fornecedor às sanções previstas na Lei nº 8.078/1990 e no Decreto nº 2.181, de 20 de março de 1997.

Art. 9º Esta Portaria entra em vigor na data de sua publicação.

José Gregori

PORTARIA Nº 81, DE 23 DE JANEIRO DE 2002, DO MJ

Estabelece regra para a informação aos consumidores sobre mudança de quantidade de produto comercializado na embalagem.

▶ Publicada no *DOU* de 24-1-2002.

O Ministro de Estado da Justiça, no uso de suas atribuições e;

Considerando que o consumidor se habitua com os padrões de quantidades e embalagens dos produtos, consagrados pelo uso e costume por práticas comerciais adotadas ao longo do tempo, e, portanto, que eventuais mudanças nas quantidades dos produtos nas embalagens, sem prévia e ostensiva informação, podem induzi-lo a erro;

Considerando que o reconhecimento da vulnerabilidade do consumidor no mercado de consumo é imperativo legal, na forma do disposto no art. 4º, inciso I da Lei nº 8.078, de 11 de setembro de 1990;

Considerando que a harmonização dos interesses dos participantes das relações de consumo e a compatibilização da proteção do consumidor com a necessidade de desenvolvimento econômico e tecnológico, de modo a viabilizar os princípios nos quais se funda a ordem econômica (art. 170, da Constituição Federal), sempre com base na boa-fé e equilíbrio nas relações de consumo, são princípios da Política Nacional das Relações de Consumo, na forma do disposto no art. 4º, inciso III da Lei nº 8.078, de 1990;

Considerando que a informação adequada e clara sobre os diferentes produtos ou serviços, bem como que a proteção contra a publicidade enganosa e abusiva, contra métodos comerciais coercitivos ou desleais, contra práticas e cláusulas abusivas ou impostas no fornecimento de produtos e serviços, são direitos básicos do consumidor, na forma do disposto no art. 6º, incisos III e IV da Lei nº 8.078, de 1990;

Considerando o disposto no art. 55 e seus parágrafos da Lei nº 8.078, de 1990, resolve:

Art. 1º Determinar aos fornecedores, que realizarem alterações quantitativas em produtos embalados, que façam constar mensagem específica no painel principal da respectiva embalagem, em letras de tamanho e cor destacados, informando de forma clara, precisa e ostensiva:

I – que houve alteração quantitativa do produto;

II – a quantidade do produto na embalagem existente antes da alteração;

III – a quantidade do produto na embalagem existente depois da alteração;

IV – a quantidade de produto aumentada ou diminuída, em termos absolutos e percentuais.

Parágrafo único. As informações de que trata este artigo deverão constar da embalagem modificada pelo prazo mínimo de 3 (três) meses, sem prejuízo de outras medidas que visem à integral informação do consumidor sobre a alteração empreendida, bem como do cumprimento das demais disposições legais acerca do direito à informação do consumidor.

Art. 2º O não cumprimento às determinações desta Portaria sujeitará o fornecedor às sanções da Lei nº 8.078, de 1990 e no Decreto nº 2.181, de 20 de março de 1997.

Art. 3º Esta Portaria entra em vigor na data de sua publicação.

Aloysio Nunes Ferreira

PORTARIA Nº 5, DE 27 DE AGOSTO DE 2002, DA SDE

Complementa o elenco de cláusulas abusivas constante do art. 51 da Lei nº 8.078, de 11 de setembro de 1990.

▶ Publicada no *DOU* de 28-8-2002.

A Secretária de Direito Econômico do Ministério da Justiça, no uso da atribuição que lhe confere o art. 56 do Decreto nº 2.181, de 20 de março de 1997, e

Considerando que constitui dever da Secretaria de Direito Econômico orientar o Sistema Nacional de Defesa do Consumidor sobre a abusividade de cláusulas insertas em contratos de fornecimento de produtos e serviços, notadamente para o fim de aplicação do disposto no inciso IV do art. 22 do Decreto nº 2.181, de 1997;

Considerando que o elenco de cláusulas abusivas constante do art. 51 da Lei nº 8.078, de 1990, é meramente exemplificativo, uma vez que outras estipulações contratuais lesivas ao consumidor defluem do próprio texto legal;

Considerando que a informação de fornecedores e de consumidores quanto aos seus direitos e deveres promove a melhoria, a transparência, a harmonia, o equilíbrio e a boa-fé nas relações de consumo;

Considerando, finalmente, as sugestões oferecidas pelo Ministério Público e pelos PROCONs, bem como decisões judiciais sobre relações de consumo, resolve:

Art. 1º Considerar abusiva, nos contratos de fornecimento de produtos e serviços, a cláusula que:

I – autorize o envio do nome do consumidor, e/ou seus garantes, a bancos de dados e cadastros de consumidores, sem comprovada notificação prévia;

II – imponha ao consumidor, nos contratos de adesão, a obrigação de manifestar-se contra a transferência, onerosa ou não, para terceiros, dos dados cadastrais confiados ao fornecedor;

III – autorize o fornecedor a investigar a vida privada do consumidor;

IV – imponha em contratos de seguro-saúde, firmados anteriormente à Lei nº 9.656, de 3 de junho de 1998, limite temporal para internação hospitalar;

V – prescreva, em contrato de plano de saúde ou seguro-saúde, a não cobertura de doenças de notificação compulsória.

Art. 2º Esta Portaria entra em vigor na data de sua publicação.

Elisa Silva Ribeiro
Baptista de Oliveira

LEI Nº 10.671, DE 15 DE MAIO DE 2003

Dispõe sobre o Estatuto de Defesa do Torcedor e dá outras providências.

▶ Publicada no *DOU* de 16-5-2003.

CAPÍTULO I
DISPOSIÇÕES GERAIS

Art. 1º Este Estatuto estabelece normas de proteção e defesa do torcedor.

Art. 1º-A. A prevenção da violência nos esportes é de responsabilidade do poder público, das confederações, federações, ligas, clubes, associações ou entidades esportivas, entidades recreativas e associações de torcedores, inclusive de seus respectivos dirigentes, bem como daqueles que, de qualquer forma, promovem, organizam, coordenam ou participam dos eventos esportivos.

▶ Artigo acrescido pela Lei nº 12.299, de 27-7-2010.

Art. 2º Torcedor é toda pessoa que aprecie, apoie ou se associe a qualquer entidade de prática desportiva do País e acompanhe a prática de determinada modalidade esportiva.

Parágrafo único. Salvo prova em contrário, presume-se a apreciação, o apoio ou o acompanhamento de que trata o *caput* deste artigo.

Art. 2º-A. Considera-se torcida organizada, para os efeitos desta Lei, a pessoa jurídica de direito privado ou existente de fato, que se organize para o fim de torcer e apoiar entidade de prática esportiva de qualquer natureza ou modalidade.

Parágrafo único. A torcida organizada deverá manter cadastro atualizado de seus associados ou membros, o qual deverá conter, pelo menos, as seguintes informações:

I – nome completo;
II – fotografia;
III – filiação;
IV – número do registro civil;
V – número do CPF;
VI – data de nascimento;
VII – estado civil;
VIII – profissão;
IX – endereço completo; e
X – escolaridade.

▶ Art. 2º-A acrescido pela Lei nº 12.299, de 27-7-2010.

Art. 3º Para todos os efeitos legais, equiparam-se a fornecedor, nos termos da Lei nº 8.078, de 11 de setembro de 1990, a entidade responsável pela organização da competição, bem como a entidade de prática desportiva detentora do mando de jogo.

Art. 4º VETADO.

Capítulo II

DA TRANSPARÊNCIA NA ORGANIZAÇÃO

Art. 5º São asseguradas ao torcedor a publicidade e transparência na organização das competições administradas pelas entidades de administração do desporto, bem como pelas ligas de que trata o art. 20 da Lei nº 9.615, de 24 de março de 1998.

§ 1º As entidades de que trata o caput farão publicar na internet, em sítio da entidade responsável pela organização do evento:

▶ Antigo parágrafo único renumerado para § 1º e com a redação dada pela Lei nº 12.299, de 27-7-2010.

I – a íntegra do regulamento da competição;
II – as tabelas da competição, contendo as partidas que serão realizadas, com especificação de sua data, local e horário;
III – o nome e as formas de contato do Ouvidor da Competição de que trata o art. 6º;
IV – os borderôs completos das partidas;
V – a escalação dos árbitros imediatamente após sua definição; e
VI – a relação dos nomes dos torcedores impedidos de comparecer ao local do evento desportivo.

▶ Incisos I a VI com a redação dada pela Lei nº 12.299, de 27-7-2010.

§ 2º Os dados contidos nos itens V e VI também deverão ser afixados ostensivamente em local visível, em caracteres facilmente legíveis, do lado externo de todas as entradas do local onde se realiza o evento esportivo.

§ 3º O juiz deve comunicar às entidades de que trata o caput decisão judicial ou aceitação de proposta de transação penal ou suspensão do processo que implique o impedimento do torcedor de frequentar estádios desportivos.

▶ §§ 2º e 3º acrescidos pela Lei nº 12.299, de 27-7-2010.

Art. 6º A entidade responsável pela organização da competição, previamente ao seu início, designará o Ouvidor da Competição, fornecendo-lhe os meios de comunicação necessários ao amplo acesso dos torcedores.

§ 1º São deveres do Ouvidor da Competição recolher as sugestões, propostas e reclamações que receber dos torcedores, examiná-las e propor à respectiva entidade medidas necessárias ao aperfeiçoamento da competição e ao benefício do torcedor.

§ 2º É assegurado ao torcedor:
I – o amplo acesso ao Ouvidor da Competição, mediante comunicação postal ou mensagem eletrônica; e
II – o direito de receber do Ouvidor da Competição as respostas às sugestões, propostas e reclamações, que encaminhou, no prazo de trinta dias.

§ 3º Na hipótese de que trata o inciso II do § 2º, o Ouvidor da Competição utilizará, prioritariamente, o mesmo meio de comunicação utilizado pelo torcedor para o encaminhamento de sua mensagem.

§ 4º O sítio da internet em que forem publicadas as informações de que trata o § 1º do art. 5º conterá, também, as manifestações e propostas do Ouvidor da Competição.

▶ § 4º com a redação dada pela Lei nº 12.299, de 27-7-2010.

§ 5º A função de Ouvidor da Competição poderá ser remunerada pelas entidades de prática desportiva participantes da competição.

Art. 7º É direito do torcedor a divulgação, durante a realização da partida, da renda obtida pelo pagamento de ingressos e do número de espectadores pagantes e não pagantes, por intermédio dos serviços de som e imagem instalados no estádio em que se realiza a partida, pela entidade responsável pela organização da competição.

Art. 8º As competições de atletas profissionais de que participem entidades integrantes da organização desportiva do País deverão ser promovidas de acordo com calendário anual de eventos oficiais que:

I – garanta às entidades de prática desportiva participação em competições durante pelo menos dez meses do ano;
II – adote, em pelo menos uma competição de âmbito nacional, sistema de disputa em que as equipes participantes conheçam, previamente ao seu início, a quantidade de partidas que disputarão, bem como seus adversários.

Capítulo III

DO REGULAMENTO DA COMPETIÇÃO

Art. 9º É direito do torcedor que o regulamento, as tabelas da competição e o nome do Ouvidor da Competição sejam divulgados até 60 (sessenta) dias antes de seu início, na forma do § 1º do art. 5º.

▶ *Caput* com a redação dada pela Lei nº 12.299, de 27-7-2010.

§ 1º Nos dez dias subsequentes à divulgação de que trata o *caput*, qualquer interessado poderá manifestar-se sobre o regulamento diretamente ao Ouvidor da Competição.

§ 2º O Ouvidor da Competição elaborará, em setenta e duas horas, relatório contendo as principais propostas e sugestões encaminhadas.

§ 3º Após o exame do relatório, a entidade responsável pela organização da competição decidirá, em quarenta e oito horas, motivadamente, sobre a conveniência da aceitação das propostas e sugestões relatadas.

§ 4º O regulamento definitivo da competição será divulgado, na forma do § 1º do art. 5º, 45 (quarenta e cinco) dias antes de seu início.

▶ § 4º com a redação dada pela Lei nº 12.299, de 27-7-2010.

§ 5º É vedado proceder alterações no regulamento da competição desde sua divulgação definitiva, salvo nas hipóteses de:

I – apresentação de novo calendário anual de eventos oficiais para o ano subsequente, desde que aprovado pelo Conselho Nacional do Esporte – CNE;

II – após dois anos de vigência do mesmo regulamento, observado o procedimento de que trata este artigo.

§ 6º A competição que vier a substituir outra, segundo o novo calendário anual de eventos oficiais apresentado para o ano subsequente, deverá ter âmbito territorial diverso da competição a ser substituída.

Art. 10. É direito do torcedor que a participação das entidades de prática desportiva em competições organizadas pelas entidades de que trata o art. 5º seja exclusivamente em virtude de critério técnico previamente definido.

§ 1º Para os fins do disposto neste artigo, considera-se critério técnico a habilitação de entidade de prática desportiva em razão de colocação obtida em competição anterior.

§ 2º Fica vedada a adoção de qualquer outro critério, especialmente o convite, observado o disposto no art. 89 da Lei nº 9.615, de 24 de março de 1998.

§ 3º Em campeonatos ou torneios regulares com mais de uma divisão, será observado o princípio do acesso e do descenso.

§ 4º Serão desconsideradas as partidas disputadas pela entidade de prática desportiva que não tenham atendido ao critério técnico previamente definido, inclusive para efeito de pontuação na competição.

Art. 11. É direito do torcedor que o árbitro e seus auxiliares entreguem, em até quatro horas contadas do término da partida, a súmula e os relatórios da partida ao representante da entidade responsável pela organização da competição.

§ 1º Em casos excepcionais, de grave tumulto ou necessidade de laudo médico, os relatórios da partida poderão ser complementados em até vinte e quatro horas após o seu término.

§ 2º A súmula e os relatórios da partida serão elaborados em três vias, de igual teor e forma, devidamente assinadas pelo árbitro, auxiliares e pelo representante da entidade responsável pela organização da competição.

§ 3º A primeira via será acondicionada em envelope lacrado e ficará na posse de representante da entidade responsável pela organização da competição, que a encaminhará ao setor competente da respectiva entidade até às treze horas do primeiro dia útil subsequente.

§ 4º O lacre de que trata o § 3º será assinado pelo árbitro e seus auxiliares.

§ 5º A segunda via ficará na posse do árbitro da partida, servindo-lhe como recibo.

§ 6º A terceira via ficará na posse do representante da entidade responsável pela organização da competição, que a encaminhará ao Ouvidor da Competição até às treze horas do primeiro dia útil subsequente, para imediata divulgação.

Art. 12. A entidade responsável pela organização da competição dará publicidade à súmula e aos relatórios da partida no sítio de que trata o § 1º do art. 5º até as 14 (quatorze) horas do 3º (terceiro) dia útil subsequente ao da realização da partida.

▶ Artigo com a redação dada pela Lei nº 12.299, de 27-7-2010.

Capítulo IV
DA SEGURANÇA DO TORCEDOR PARTÍCIPE DO EVENTO ESPORTIVO

Art. 13. O torcedor tem direito a segurança nos locais onde são realizados os eventos esportivos antes, durante e após a realização das partidas.

Parágrafo único. Será assegurado acessibilidade ao torcedor portador de deficiência ou com mobilidade reduzida.

Art. 13-A. São condições de acesso e permanência do torcedor no recinto esportivo, sem prejuízo de outras condições previstas em lei:

I – estar na posse de ingresso válido;

II – não portar objetos, bebidas ou substâncias proibidas ou suscetíveis de gerar ou possibilitar a prática de atos de violência;

III – consentir com a revista pessoal de prevenção e segurança;

IV – não portar ou ostentar cartazes, bandeiras, símbolos ou outros sinais com mensagens ofensivas, inclusive de caráter racista ou xenófobo;

V – não entoar cânticos discriminatórios, racistas ou xenófobos;

VI – não arremessar objetos, de qualquer natureza, no interior do recinto esportivo;

VII – não portar ou utilizar fogos de artifício ou quaisquer outros engenhos pirotécnicos ou produtores de efeitos análogos;

VIII – não incitar e não praticar atos de violência no estádio, qualquer que seja a sua natureza; e

IX – não invadir e não incitar a invasão, de qualquer forma, da área restrita aos competidores.

Parágrafo único. O não cumprimento das condições estabelecidas neste artigo implicará a impossibilidade de ingresso do torcedor ao recinto esportivo, ou, se for o caso, o seu afastamento imediato do recinto, sem prejuízo de outras sanções administrativas, civis ou penais eventualmente cabíveis.

▶ Art. 13-A acrescido pela Lei nº 12.299, de 27-7-2010.

Art. 14. Sem prejuízo do disposto nos arts. 12 a 14 da Lei nº 8.078, de 11 de setembro de 1990, a responsabilidade pela segurança do torcedor em evento esportivo é da entidade de prática desportiva detentora do mando de jogo e de seus dirigentes, que deverão:

I – solicitar ao Poder Público competente a presença de agentes públicos de segurança, devidamente identificados, responsáveis pela segurança dos torcedores dentro e fora dos estádios e demais locais de realização de eventos esportivos;

II – informar imediatamente após a decisão acerca da realização da partida, dentre outros, aos órgãos públicos de segurança, transporte e higiene, os dados necessários à segurança da partida, especialmente:

a) o local;
b) o horário de abertura do estádio;
c) a capacidade de público do estádio; e
d) a expectativa de público;

III – colocar à disposição do torcedor orientadores e serviço de atendimento para aquele encaminhar suas reclamações no momento da partida, em local:

a) amplamente divulgado e de fácil acesso; e

b) situado no estádio.

§ 1º É dever da entidade de prática desportiva detentora do mando de jogo solucionar imediatamente, sempre que possível, as reclamações dirigidas ao serviço de atendimento referido no inciso III, bem como reportá-las ao Ouvidor da Competição e, nos casos relacionados à violação de direitos e interesses de consumidores, aos órgãos de defesa e proteção do consumidor.

§ 2º Revogado. Lei nº 12.299, de 27-7-2010.

Art. 15. O detentor do mando de jogo será uma das entidades de prática desportiva envolvidas na partida, de acordo com os critérios definidos no regulamento da competição.

Art. 16. É dever da entidade responsável pela organização da competição:

I – confirmar, com até quarenta e oito horas de antecedência, o horário e o local da realização das partidas em que a definição das equipes dependa de resultado anterior;

II – contratar seguro de acidentes pessoais, tendo como beneficiário o torcedor portador de ingresso, válido a partir do momento em que ingressar no estádio;

III – disponibilizar um médico e dois enfermeiros-padrão para cada dez mil torcedores presentes à partida;

IV – disponibilizar uma ambulância para cada dez mil torcedores presentes à partida; e

V – comunicar previamente à autoridade de saúde a realização do evento.

Art. 17. É direito do torcedor a implementação de planos de ação referentes a segurança, transporte e contingências que possam ocorrer durante a realização de eventos esportivos.

§ 1º Os planos de ação de que trata o caput serão elaborados pela entidade responsável pela organização da competição, com a participação das entidades de prática desportiva que a disputarão e dos órgãos responsáveis pela segurança pública, transporte e demais contingências que possam ocorrer, das localidades em que se realizarão as partidas da competição.

▶ § 1º com a redação dada pela Lei nº 12.299, de 27-7-2010.

§ 2º Planos de ação especiais poderão ser apresentados em relação a eventos esportivos com excepcional expectativa de público.

§ 3º Os planos de ação serão divulgados no sítio dedicado à competição de que trata o parágrafo único do art. 5º no mesmo prazo de publicação do regulamento definitivo da competição.

Art. 18. Os estádios com capacidade superior a 10.000 (dez mil) pessoas deverão manter central técnica de informações, com infraestrutura suficiente para viabilizar o monitoramento por imagem do público presente.

► Artigo com a redação dada pela Lei nº 12.299, de 27-7-2010.

Art. 19. As entidades responsáveis pela organização da competição, bem como seus dirigentes respondem solidariamente com as entidades de que trata o art. 15 e seus dirigentes, independentemente da existência de culpa, pelos prejuízos causados a torcedor que decorram de falhas de segurança nos estádios ou da inobservância do disposto neste capítulo.

Capítulo V

DOS INGRESSOS

Art. 20. É direito do torcedor partícipe que os ingressos para as partidas integrantes de competições profissionais sejam colocados à venda até setenta e duas horas antes do início da partida correspondente.

§ 1º O prazo referido no *caput* será de quarenta e oito horas nas partidas em que:

I – as equipes sejam definidas a partir de jogos eliminatórios; e

II – a realização não seja possível prever com antecedência de quatro dias.

§ 2º A venda deverá ser realizada por sistema que assegure a sua agilidade e amplo acesso à informação.

§ 3º É assegurado ao torcedor partícipe o fornecimento de comprovante de pagamento, logo após a aquisição dos ingressos.

§ 4º Não será exigida, em qualquer hipótese, a devolução do comprovante de que trata o § 3º.

§ 5º Nas partidas que compõem as competições de âmbito nacional ou regional de primeira e segunda divisão, a venda de ingressos será realizada em, pelo menos, cinco postos de venda localizados em distritos diferentes da cidade.

Art. 21. A entidade detentora do mando de jogo implementará, na organização da emissão e venda de ingressos, sistema de segurança contra falsificações, fraudes e outras práticas que contribuam para a evasão da receita decorrente do evento esportivo.

Art. 22. São direitos do torcedor partícipe:

I – que todos os ingressos emitidos sejam numerados; e

II – ocupar o local correspondente ao número constante do ingresso.

§ 1º O disposto no inciso II não se aplica aos locais já existentes para assistência em pé, nas competições que o permitirem, limitando-se, nesses locais, o número de pessoas, de acordo com critérios de saúde, segurança e bem-estar.

§ 2º A emissão de ingressos e o acesso ao estádio nas primeira e segunda divisões da principal competição nacional e nas partidas finais das competições eliminatórias de âmbito nacional deverão ser realizados por meio de sistema eletrônico que viabilize a fiscalização e o controle da quantidade de público e do movimento financeiro da partida.

§ 3º O disposto no § 2º não se aplica aos eventos esportivos realizados em estádios com capacidade inferior a 10.000 (dez mil) pessoas.

► §§ 2º e 3º com a redação dada pela Lei nº 12.299, de 27-7-2010.

Art. 23. A entidade responsável pela organização da competição apresentará ao Ministério Público dos Estados e do Distrito Federal, previamente à sua realização, os laudos técnicos expedidos pelos órgãos e autoridades competentes pela vistoria das condições de segurança dos estádios a serem utilizados na competição.

§ 1º Os laudos atestarão a real capacidade de público dos estádios, bem como suas condições de segurança.

§ 2º Perderá o mando de jogo por, no mínimo, seis meses, sem prejuízo das demais sanções cabíveis, a entidade de prática desportiva detentora do mando de jogo em que:

I – tenha sido colocado à venda número de ingressos maior do que a capacidade de público do estádio; ou

II – tenham entrado pessoas em número maior do que a capacidade de público do estádio;

III – tenham sido disponibilizados portões de acesso ao estádio em número inferior ao recomendado pela autoridade pública.

► Inciso III acrescido pela Lei nº 12.299, de 27-7-2010.

Art. 24. É direito do torcedor partícipe que conste no ingresso o preço pago por ele.

§ 1º Os valores estampados nos ingressos destinados a um mesmo setor do estádio não poderão ser diferentes entre si, nem daqueles divulgados antes da partida pela entidade detentora do mando de jogo.

§ 2º O disposto no § 1º não se aplica aos casos de venda antecipada de carnê para um conjunto de, no mínimo, três partidas de uma mesma equipe, bem como na venda de ingresso com redução de preço decorrente de previsão legal.

Art. 25. O controle e a fiscalização do acesso do público ao estádio com capacidade para mais de 10.000 (dez mil) pessoas deverão contar com meio de monitoramento por imagem das catracas, sem prejuízo do disposto no art. 18 desta Lei.

► Artigo com a redação dada pela Lei nº 12.299, de 27-7-2010.

Capítulo VI
DO TRANSPORTE

Art. 26. Em relação ao transporte de torcedores para eventos esportivos, fica assegurado ao torcedor partícipe:

I – o acesso a transporte seguro e organizado;

II – a ampla divulgação das providências tomadas em relação ao acesso ao local da partida, seja em transporte público ou privado; e

III – a organização das imediações do estádio em que será disputada a partida, bem como suas entradas e saídas, de modo a viabilizar, sempre que possível, o acesso seguro e rápido ao evento, na entrada, e aos meios de transporte, na saída.

Art. 27. A entidade responsável pela organização da competição e a entidade de prática desportiva detentora do mando de jogo solicitarão formalmente, direto ou mediante convênio, ao Poder Público competente:

I – serviços de estacionamento para uso por torcedores partícipes durante a realização de eventos esportivos, assegurando a estes acesso a serviço organizado de transporte para o estádio, ainda que oneroso; e

II – meio de transporte, ainda que oneroso, para condução de idosos, crianças e pessoas portadoras de deficiência física aos estádios, partindo de locais de fácil acesso, previamente determinados.

Parágrafo único. O cumprimento do disposto neste artigo fica dispensado na hipótese de evento esportivo realizado em estádio com capacidade inferior a 10.000 (dez mil) pessoas.

► Parágrafo único com a redação dada pela Lei nº 12.299, de 27-7-2010.

Capítulo VII
DA ALIMENTAÇÃO E DA HIGIENE

Art. 28. O torcedor partícipe tem direito à higiene e à qualidade das instalações físicas dos estádios e dos produtos alimentícios vendidos no local.

§ 1º O Poder Público, por meio de seus órgãos de vigilância sanitária, verificará o cumprimento do disposto neste artigo, na forma da legislação em vigor.

§ 2º É vedado impor preços excessivos ou aumentar sem justa causa os preços dos produtos alimentícios comercializados no local de realização do evento esportivo.

Art. 29. É direito do torcedor partícipe que os estádios possuam sanitários em número compatível com sua capacidade de público, em plenas condições de limpeza e funcionamento.

Parágrafo único. Os laudos de que trata o art. 23 deverão aferir o número de sanitários em condições de uso e emitir parecer sobre a sua compatibilidade com a capacidade de público do estádio.

Capítulo VIII
DA RELAÇÃO COM A ARBITRAGEM ESPORTIVA

Art. 30. É direito do torcedor que a arbitragem das competições desportivas seja independente, imparcial, previamente remunerada e isenta de pressões.

Parágrafo único. A remuneração do árbitro e de seus auxiliares será de responsabilidade da entidade de administração do desporto ou da liga organizadora do evento esportivo.

Art. 31. A entidade detentora do mando do jogo e seus dirigentes deverão convocar os agentes públicos de segurança visando a garantia da integridade física do árbitro e de seus auxiliares.

Art. 31-A. É dever das entidades de administração do desporto contratar seguro de vida e acidentes pessoais, tendo como beneficiária a equipe de arbitragem, quando exclusivamente no exercício dessa atividade.

► Artigo acrescido pela Lei nº 12.299, de 27-7-2010.

Art. 32. É direito do torcedor que os árbitros de cada partida sejam escolhidos mediante sorteio, dentre aqueles previamente selecionados.

§ 1º O sorteio será realizado no mínimo quarenta e oito horas antes de cada rodada, em local e data previamente definidos.

§ 2º O sorteio será aberto ao público, garantida sua ampla divulgação.

Capítulo IX
DA RELAÇÃO COM A ENTIDADE DE PRÁTICA DESPORTIVA

Art. 33. Sem prejuízo do disposto nesta Lei, cada entidade de prática desportiva fará publicar documento que contemple as diretrizes básicas de seu relacionamento com os torcedores, disciplinando, obrigatoriamente:

I – o acesso ao estádio e aos locais de venda dos ingressos;

II – mecanismos de transparência financeira da entidade, inclusive com disposições relativas à realização de auditorias independentes, observado o disposto no art. 46-A da Lei nº 9.615, de 24 de março de 1998; e

III – a comunicação entre o torcedor e a entidade de prática desportiva.

Parágrafo único. A comunicação entre o torcedor e a entidade de prática desportiva de que trata o inciso III do caput poderá, dentre outras medidas, ocorrer mediante:

I – a instalação de uma ouvidoria estável;

II – a constituição de um órgão consultivo formado por torcedores não sócios; ou

III – reconhecimento da figura do sócio-torcedor, com direitos mais restritos que os dos demais sócios.

Capítulo X
DA RELAÇÃO COM A JUSTIÇA DESPORTIVA

Art. 34. É direito do torcedor que os órgãos da Justiça Desportiva, no exercício de suas funções, observem os princípios da impessoalidade, da moralidade, da celeridade, da publicidade e da independência.

Art. 35. As decisões proferidas pelos órgãos da Justiça Desportiva devem ser, em qualquer hipótese, motivadas e ter a mesma publicidade que as decisões dos tribunais federais.

§ 1º Não correm em segredo de justiça os processos em curso perante a Justiça Desportiva.

§ 2º As decisões de que trata o caput serão disponibilizadas no sítio de que trata o § 1º do art. 5º.

▶ § 2º com a redação dada pela Lei nº 12.299, de 27-7-2010.

Art. 36. São nulas as decisões proferidas que não observarem o disposto nos arts. 34 e 35.

Capítulo XI
DAS PENALIDADES

Art. 37. Sem prejuízo das demais sanções cabíveis, a entidade de administração do desporto, a liga ou a entidade de prática desportiva que violar ou de qualquer forma concorrer para a violação do disposto nesta Lei, observado o devido processo legal, incidirá nas seguintes sanções:

I – destituição de seus dirigentes, na hipótese de violação das regras de que tratam os Capítulos II, IV e V desta Lei;

II – suspensão por seis meses dos seus dirigentes, por violação dos dispositivos desta Lei não referidos no inciso I;

III – impedimento de gozar de qualquer benefício fiscal em âmbito federal; e

IV – suspensão por seis meses dos repasses de recursos públicos federais da administração direta e indireta, sem prejuízo do disposto no art. 18 da Lei nº 9.615, de 24 de março de 1998.

§ 1º Os dirigentes de que tratam os incisos I e II do caput deste artigo serão sempre:

I – o presidente da entidade, ou aquele que lhe faça as vezes; e

II – o dirigente que praticou a infração, ainda que por omissão.

§ 2º A União, os Estados, o Distrito Federal e os Municípios poderão instituir, no âmbito de suas competências, multas em razão do descumprimento do disposto nesta Lei.

§ 3º A instauração do processo apuratório acarretará adoção cautelar do afastamento compulsório dos dirigentes e demais pessoas que, de forma direta ou indiretamente, pudessem interferir prejudicialmente na completa elucidação dos fatos, além da suspensão dos repasses de verbas públicas, até a decisão final.

Art. 38. VETADO.

Art. 39. Revogado. *Lei nº 12.299, de 27-7-2010.*

Art. 39-A. A torcida organizada que, em evento esportivo, promover tumulto; praticar ou incitar a violência; ou invadir local restrito aos competidores, árbitros, fiscais, dirigentes, organizadores ou jornalistas será impedida, assim como seus associados ou membros, de comparecer a eventos esportivos pelo prazo de até 3 (três) anos.

Art. 39-B. A torcida organizada responde civilmente, de forma objetiva e solidária, pelos danos causados por qualquer dos seus associados ou membros no local do evento esportivo, em suas imediações ou no trajeto de ida e volta para o evento.

▶ Arts. 39-A e 39-B acrescidos pela Lei nº 12.299, de 27-7-2010.

Art. 40. A defesa dos interesses e direitos dos torcedores em juízo observará, no que couber, a mesma disciplina da defesa dos consumidores em juízo de que trata o Título III da Lei nº 8.078, de 11 de setembro de 1990.

Art. 41. A União, os Estados, o Distrito Federal e os Municípios promoverão a defesa do torcedor, e, com a finalidade de fiscalizar o cumprimento do disposto nesta Lei, poderão:

I – constituir órgão especializado de defesa do torcedor; ou

II – atribuir a promoção e defesa do torcedor aos órgãos de defesa do consumidor.

Art. 41-A. Os juizados do torcedor, órgãos da Justiça Ordinária com competência cível e criminal, poderão ser criados pelos Estados e pelo Distrito Federal para o processo, o julga-

mento e a execução das causas decorrentes das atividades regulados nesta Lei.
► Artigo acrescido pela Lei nº 12.299, de 27-7-2010.

Capítulo XI-A

DOS CRIMES

► Capítulo XI-A acrescido pela Lei nº 12.299, de 27-7-2010.

Art. 41-B. Promover tumulto, praticar ou incitar a violência, ou invadir local restrito aos competidores em eventos esportivos:

Pena - reclusão de 1 (um) a 2 (dois) anos e multa.

§ 1º Incorrerá nas mesmas penas o torcedor que:

I - promover tumulto, praticar ou incitar a violência num raio de 5.000 (cinco mil) metros ao redor do local de realização do evento esportivo, ou durante o trajeto de ida e volta do local da realização do evento;

II - portar, deter ou transportar, no interior do estádio, em suas imediações ou no seu trajeto, em dia de realização de evento esportivo, quaisquer instrumentos que possam servir para a prática de violência.

§ 2º Na sentença penal condenatória, o juiz deverá converter a pena de reclusão em pena impeditiva de comparecimento às proximidades do estádio, bem como a qualquer local em que se realize evento esportivo, pelo prazo de 3 (três) meses a 3 (três) anos, de acordo com a gravidade da conduta, na hipótese de o agente ser primário, ter bons antecedentes e não ter sido punido anteriormente pela prática de condutas previstas neste artigo.

§ 3º A pena impeditiva de comparecimento às proximidades do estádio, bem como a qualquer local em que se realize evento esportivo, converter-se-á em privativa de liberdade quando ocorrer o descumprimento injustificado da restrição imposta.

§ 4º Na conversão de pena prevista no § 2º, a sentença deverá determinar, ainda, a obrigatoriedade suplementar de o agente permanecer em estabelecimento indicado pelo juiz, no período compreendido entre as 2 (duas) horas antecedentes e as 2 (duas) horas posteriores à realização de partidas de entidade de prática desportiva ou de competição determinada.

§ 5º Na hipótese de o representante do Ministério Público propor aplicação da pena restritiva de direito prevista no art. 76 da Lei nº 9.099, de 26 de setembro de 1995, o juiz aplicará a sanção prevista no § 2º.

Art. 41-C. Solicitar ou aceitar, para si ou para outrem, vantagem ou promessa de vantagem patrimonial ou não patrimonial para qualquer ato ou omissão destinado a alterar ou falsear o resultado de competição esportiva:

Pena - reclusão de 2 (dois) a 6 (seis) anos e multa.

Art. 41-D. Dar ou prometer vantagem patrimonial ou não patrimonial com o fim de alterar ou falsear o resultado de uma competição desportiva:

Pena - reclusão de 2 (dois) a 6 (seis) anos e multa.

Art. 41-E. Fraudar, por qualquer meio, ou contribuir para que se fraude, de qualquer forma, o resultado de competição esportiva:

Pena - reclusão de 2 (dois) a 6 (seis) anos e multa.

Art. 41-F. Vender ingressos de evento esportivo, por preço superior ao estampado no bilhete:

Pena - reclusão de 1 (um) a 2 (dois) anos e multa.

Art. 41-G. Fornecer, desviar ou facilitar a distribuição de ingressos para venda por preço superior ao estampado no bilhete:

Pena - reclusão de 2 (dois) a 4 (quatro) anos e multa.

Parágrafo único. A pena será aumentada de 1/3 (um terço) até a metade se o agente for servidor público, dirigente ou funcionário de entidade de prática desportiva, entidade responsável pela organização da competição, empresa contratada para o processo de emissão, distribuição e venda de ingressos ou torcida organizada e se utilizar desta condição para os fins previstos neste artigo.

► Arts. 41-B a 41-G acrescidos pela Lei nº 12.299, de 27-7-2010.

Capítulo XII

DISPOSIÇÕES FINAIS E TRANSITÓRIAS

Art. 42. O Conselho Nacional de Esportes - CNE promoverá, no prazo de seis meses, contado da publicação desta Lei, a adequação do Código de Justiça Desportiva ao disposto na Lei nº 9.615, de 24 de março de 1998, nesta Lei e em seus respectivos regulamentos.

Art. 43. Esta Lei aplica-se apenas ao desporto profissional.

Art. 44. O disposto no parágrafo único do art. 13, e nos arts. 18, 22, 25 e 33 entrará em vigor após seis meses da publicação desta Lei.

Art. 45. Esta Lei entra em vigor na data de sua publicação.

Brasília, 15 de maio de 2003;
182º da Independência e
115º da República.

Luiz Inácio Lula da Silva

PORTARIA Nº 7, DE 3 DE SETEMBRO DE 2003, DA SDE

Para efeitos de fiscalização pelos órgãos públicos de defesa do consumidor, particulariza hipótese prevista no elenco de práticas abusivas constante do art. 39 da Lei nº 8.078, de 11 de setembro de 1990.

▶ Publicada no *DOU* de 4-9-2003.

O Secretário de Direito Econômico do Ministério da Justiça, no uso da atribuição que lhe confere o art. 63 do Decreto nº 2.181 de 20 de março de 1997, e

Considerando que constitui dever da Secretaria de Direito Econômico orientar o Sistema Nacional de Defesa do Consumidor visando à fiel observância das normas de proteção e defesa do consumidor;

Considerando que os órgãos públicos de defesa do consumidor, nas suas respectivas áreas de atuação administrativa e no interesse da preservação da vida, da saúde, da segurança, da informação e do bem-estar do consumidor, devem editar as normas que se fizerem necessárias, nos termos do art. 55 da Lei nº 8.078/90;

Considerando que a informação de fornecedores e de consumidores quanto aos seus direitos e deveres promove a melhoria, a transparência, a harmonia, o equilíbrio e a boa-fé nas relações de consumo;

Considerando, finalmente, a aplicabilidade do Código de Defesa do Consumidor, no âmbito dos serviços privados de saúde, resolve:

Art. 1º Considerar abusiva, nos termos do artigo 39, inciso V da Lei nº 8.078, de 11 de setembro de 1990, a interrupção da internação hospitalar em leito clínico, cirúrgico ou em centro de terapia intensiva ou similar, por motivos alheios às prescrições médicas.

Art. 2º Esta portaria entra em vigor na data de sua publicação.

Daniel Krepel Goldberg

LEI Nº 10.962, DE 11 DE OUTUBRO DE 2004

Dispõe sobre a oferta e as formas de afixação de preços de produtos e serviços para o consumidor.

▶ Publicada no *DOU* de 13-10-2004.

Art. 1º Esta Lei regula as condições de oferta e afixação de preços de bens e serviços para o consumidor.

Art. 2º São admitidas as seguintes formas de afixação de preços em vendas a varejo para o consumidor:

I – no comércio em geral, por meio de etiquetas ou similares afixados diretamente nos bens expostos à venda, e em vitrines, mediante divulgação do preço à vista em caracteres legíveis;

II – em autosserviços, supermercados, hipermercados, mercearias ou estabelecimentos comerciais onde o consumidor tenha acesso direto ao produto, sem intervenção do comerciante, mediante a impressão ou afixação do preço do produto na embalagem, ou a afixação de código referencial, ou ainda, com a afixação de código de barras.

Parágrafo único. Nos casos de utilização de código referencial ou de barras, o comerciante deverá expor, de forma clara e legível, junto aos itens expostos, informação relativa ao preço à vista do produto, suas características e código.

Art. 3º Na impossibilidade de afixação de preços conforme disposto no art. 2º, é permitido o uso de relações de preços dos produtos expostos, bem como dos serviços oferecidos, de forma escrita, clara e acessível ao consumidor.

Art. 4º Nos estabelecimentos que utilizem código de barras para apreçamento, deverão ser oferecidos equipamentos de leitura ótica para consulta de preço pelo consumidor, localizados na área de vendas e em outras de fácil acesso.

§ 1º O regulamento desta Lei definirá, observados, dentre outros critérios ou fatores, o tipo e o tamanho do estabelecimento e a quantidade e a diversidade dos itens de bens e serviços, a área máxima que deverá ser atendida por cada leitora ótica.

§ 2º Para os fins desta Lei, considera-se área de vendas aquela na qual os consumidores têm acesso às mercadorias e serviços oferecidos para consumo no varejo, dentro do estabelecimento.

Art. 5º No caso de divergência de preços para o mesmo produto entre os sistemas de informação de preços utilizados pelo estabelecimento, o consumidor pagará o menor dentre eles.

Art. 6º VETADO.

Art. 7º Esta Lei entra em vigor na data de sua publicação.

Brasília, 11 de outubro de 2004;
183º da Independência e
116º da República.

Luiz Inácio Lula da Silva

DECRETO Nº 6.523, DE 31 DE JULHO DE 2008

Regulamenta a Lei nº 8.078, de 11 de setembro de 1990, para fixar normas gerais sobre o Serviço de Atendimento ao Consumidor – SAC.

▸ Publicado no *DOU* de 1º-8-2008.

Art. 1º Este Decreto regulamenta a Lei nº 8.078, de 11 de setembro de 1990, e fixa normas gerais sobre o Serviço de Atendimento ao Consumidor – SAC por telefone, no âmbito dos fornecedores de serviços regulados pelo Poder Público federal, com vistas à observância dos direitos básicos do consumidor de obter informação adequada e clara sobre os serviços que contratar e de manter-se protegido contra práticas abusivas ou ilegais impostas no fornecimento desses serviços.

Capítulo I
DO ÂMBITO DA APLICAÇÃO

Art. 2º Para os fins deste Decreto, compreende-se por SAC o serviço de atendimento telefônico das prestadoras de serviços regulados que tenham como finalidade resolver as demandas dos consumidores sobre informação, dúvida, reclamação, suspensão ou cancelamento de contratos e de serviços.

Parágrafo único. Excluem-se do âmbito de aplicação deste Decreto a oferta e a contratação de produtos e serviços realizadas por telefone.

Capítulo II
DA ACESSIBILIDADE DO SERVIÇO

Art. 3º As ligações para o SAC serão gratuitas e o atendimento das solicitações e demandas previsto neste Decreto não deverá resultar em qualquer ônus para o consumidor.

Art. 4º O SAC garantirá ao consumidor, no primeiro menu eletrônico, as opções de contato com o atendente, de reclamação e de cancelamento de contratos e serviços.

§ 1º A opção de contatar o atendente pessoal constará de todas as subdivisões do menu eletrônico.

§ 2º O consumidor não terá a sua ligação finalizada pelo fornecedor antes da conclusão do atendimento.

§ 3º O acesso inicial ao atendente não será condicionado ao prévio fornecimento de dados pelo consumidor.

§ 4º Regulamentação específica tratará do tempo máximo necessário para o contato direto com o atendente, quando essa opção for selecionada.

Art. 5º O SAC estará disponível, ininterruptamente, durante vinte e quatro horas por dia e sete dias por semana, ressalvado o disposto em normas específicas.

Art. 6º O acesso das pessoas com deficiência auditiva ou de fala será garantido pelo SAC, em caráter preferencial, facultado à empresa atribuir número telefônico específico para este fim.

Art. 7º O número do SAC constará de forma clara e objetiva em todos os documentos e materiais impressos entregues ao consumidor no momento da contratação do serviço e durante o seu fornecimento, bem como na página eletrônica da empresa na INTERNET.

Parágrafo único. No caso de empresa ou grupo empresarial que oferte serviços conjuntamente, será garantido ao consumidor o acesso, ainda que por meio de diversos números de telefone, a canal único que possibilite o atendimento de demanda relativa a qualquer um dos serviços oferecidos.

Capítulo III
DA QUALIDADE DO ATENDIMENTO

Art. 8º O SAC obedecerá aos princípios da dignidade, boa-fé, transparência, eficiência, eficácia, celeridade e cordialidade.

Art. 9º O atendente, para exercer suas funções no SAC, deve ser capacitado com as habilidades técnicas e procedimentais necessárias para realizar o adequado atendimento ao consumidor, em linguagem clara.

Art. 10. Ressalvados os casos de reclamação e de cancelamento de serviços, o SAC garantirá a transferência imediata ao setor competente para atendimento definitivo da demanda, caso o primeiro atendente não tenha essa atribuição.

§ 1º A transferência dessa ligação será efetivada em até sessenta segundos.

§ 2º Nos casos de reclamação e cancelamento de serviço, não será admitida a transferência da ligação, devendo todos os atendentes possuir atribuições para executar essas funções.

§ 3º O sistema informatizado garantirá ao atendente o acesso ao histórico de demandas do consumidor.

Art. 11. Os dados pessoais do consumidor serão preservados, mantidos em sigilo e utilizados exclusivamente para os fins do atendimento.

Art. 12. É vedado solicitar a repetição da demanda do consumidor após seu registro pelo primeiro atendente.

Art. 13. O sistema informatizado deve ser programado tecnicamente de modo a garantir a agilidade, a segurança das informações e o respeito ao consumidor.

Art. 14. É vedada a veiculação de mensagens publicitárias durante o tempo de espera para o atendimento, salvo se houver prévio consentimento do consumidor.

CAPÍTULO IV
DO ACOMPANHAMENTO DE DEMANDAS

Art. 15. Será permitido o acompanhamento pelo consumidor de todas as suas demandas por meio de registro numérico, que lhe será informado no início do atendimento.

§ 1º Para fins do disposto no *caput*, será utilizada sequência numérica única para identificar todos os atendimentos.

§ 2º O registro numérico, com data, hora e objeto da demanda, será informado ao consumidor e, se por este solicitado, enviado por correspondência ou por meio eletrônico, a critério do consumidor.

§ 3º É obrigatória a manutenção da gravação das chamadas efetuadas para o SAC, pelo prazo mínimo de noventa dias, durante o qual o consumidor poderá requerer acesso ao seu conteúdo.

§ 4º O registro eletrônico do atendimento será mantido à disposição do consumidor e do órgão ou entidade fiscalizadora por um período mínimo de dois anos após a solução da demanda.

Art. 16. O consumidor terá direito de acesso ao conteúdo do histórico de suas demandas, que lhe será enviado, quando solicitado, no prazo máximo de setenta e duas horas, por correspondência ou por meio eletrônico, a seu critério.

CAPÍTULO V
DO PROCEDIMENTO PARA A RESOLUÇÃO DE DEMANDAS

Art. 17. As informações solicitadas pelo consumidor serão prestadas imediatamente e suas reclamações, resolvidas no prazo máximo de cinco dias úteis a contar do registro.

§ 1º O consumidor será informado sobre a resolução de sua demanda e, sempre que solicitar, ser-lhe-á enviada a comprovação pertinente por correspondência ou por meio eletrônico, a seu critério.

§ 2º A resposta do fornecedor será clara e objetiva e deverá abordar todos os pontos da demanda do consumidor.

§ 3º Quando a demanda versar sobre serviço não solicitado ou cobrança indevida, a cobrança será suspensa imediatamente, salvo se o fornecedor indicar o instrumento por meio do qual o serviço foi contratado e comprovar que o valor é efetivamente devido.

CAPÍTULO VI
DO PEDIDO DE CANCELAMENTO DO SERVIÇO

Art. 18. O SAC receberá e processará imediatamente o pedido de cancelamento de serviço feito pelo consumidor.

§ 1º O pedido de cancelamento será permitido e assegurado ao consumidor por todos os meios disponíveis para a contratação do serviço.

§ 2º Os efeitos do cancelamento serão imediatos à solicitação do consumidor, ainda que o seu processamento técnico necessite de prazo, e independe de seu adimplemento contratual.

§ 3º O comprovante do pedido de cancelamento será expedido por correspondência ou por meio eletrônico, a critério do consumidor.

CAPÍTULO VII
DAS DISPOSIÇÕES FINAIS

Art. 19. A inobservância das condutas descritas neste Decreto ensejará aplicação das sanções previstas no art. 56 da Lei nº 8.078, de 1990, sem prejuízo das constantes dos regulamentos específicos dos órgãos e entidades reguladoras.

Art. 20. Os órgãos competentes, quando necessário, expedirão normas complementares e específicas para execução do disposto neste Decreto.

Art. 21. Os direitos previstos neste Decreto não excluem outros, decorrentes de regulamentações expedidas pelos órgãos e entidades reguladores, desde que mais benéficos para o consumidor.

Art. 22. Este Decreto entra em vigor em 1º de dezembro de 2008.

Brasília, 31 de julho de 2008;
187º da Independência e
120º da República.

Luiz Inácio Lula da Silva

PORTARIA Nº 2.014, DE 13 DE OUTUBRO DE 2008, DO MJ

Estabelece o tempo máximo para o contato direto com o atendente e o horário de funcionamento no Serviço de Atendimento ao Consumidor – SAC.

▶ Publicada no *DOU* de 16-10-2008.

O Ministro de Estado da Justiça, no uso de suas atribuições, considerando o disposto no art. 4º, § 4º, e art. 5º do Decreto nº 6.523, de 31 de julho de 2008, Considerando a necessidade de regulamentar o Decreto nº 6.523, que dispôs sobre a forma de prestação do serviço de atendimento ao consumidor – SAC;

Considerando que os princípios da transparência, da eficiência, do equilíbrio e da boa-fé nas relações de consumo orientam a prestação dos serviços públicos regulados;

Considerando que o serviço de atendimento ao consumidor deve ser dimensionado com fundamento na previsão de chamadas para garantir o atendimento, que deve ser prestado de forma adequada;

Considerando a vulnerabilidade do consumidor e a necessidade de resguardar, na análise das exceções da presente Portaria, a interpretação mais favorável ao consumidor;

Considerando que a comprovação das exceções e o seu impacto na capacidade de atendimento do SAC constituem ônus dos prestadores de serviços regulados previstos nesta Portaria; resolve:

Art. 1º O tempo máximo para o contato direto com o atendente, quando essa opção for selecionada pelo consumidor, será de até 60 (sessenta) segundos, ressalvadas as hipóteses especificadas nesta Portaria.

§ 1º Nos serviços financeiros, o tempo máximo para o contato direto com o atendente será de até 45 (quarenta e cinco) segundos.

Nas segundas-feiras, nos dias que antecedem e sucedem os feriados e no 5º dia útil de cada mês o referido prazo máximo será de até 90 (noventa) segundos.

§ 2º Nos serviços de energia elétrica, o tempo máximo para o contato direto com o atendente somente poderá ultrapassar o estabelecido no *caput*, nos casos de atendimentos emergenciais de abrangência sistêmica, assim considerados aqueles que, por sua própria natureza, impliquem a interrupção do fornecimento de energia elétrica a um grande número de consumidores, ocasionando elevada concentração de chamadas, nos termos de regulação setorial.

Art. 2º Os prazos fixados nesta portaria não excluem outros mais benéficos ao consumidor, decorrentes de regulamentação e contratos de concessão, observado o disposto no artigo 21 do Decreto nº 6.523/2008.

Art. 3º O SAC estará disponível, ininterruptamente, durante vinte e quatro horas por dia e sete dias por semana.

§ 1º Poderá haver interrupção do acesso ao SAC quando o serviço ofertado não estiver disponível para fruição ou contratação, vinte e quatro horas por dia e sete dias por semana, nos termos da regulamentação setorial em vigor.

§ 2º Excetua-se do disposto no *caput* do presente artigo, o SAC destinado ao serviço de transporte aéreo não regular de passageiros e ao atendimento de até cinquenta mil assinantes de serviços de televisão por assinatura, cuja disponibilidade será fixada na regulação setorial.

Art. 4º Esta Portaria entrará em vigor em 1º de dezembro de 2008.

Tarso Genro

PORTARIA Nº 49, DE 12 DE MARÇO DE 2009, DA SDE

Para efeitos de harmonização dos procedimentos administrativos para o cumprimento das normas do Decreto nº 6.523, de 31 de julho de 2008, pelos órgãos públicos de defesa do consumidor, especifica hipótese prevista no elenco de práticas abusivas constante do art. 39 da Lei nº 8.078, de 11 de setembro de 1990, e dá outras providências.

▶ Publicada no *DOU* de 13-3-2009.

A Secretaria de Direito Econômico do Ministério da Justiça, no uso da atribuição que lhe confere o art. 63 do Decreto nº 2.181, de 20 de março de 1997, e

Considerando que constitui dever da Secretaria de Direito Econômico, por meio do Departamento de Proteção e Defesa do Consumidor, orientar o Sistema Nacional de Defesa do Consumidor, visando à fiel observância das normas de proteção e defesa do consumidor;

Considerando que a informação de fornecedores e de consumidores quanto aos seus direitos e deveres promove a melhoria, a transparência, a harmonia, o equilíbrio e a boa-fé nas relações de consumo;

Considerando a aplicabilidade do Código de Defesa do Consumidor no âmbito dos serviços públicos regulados pelo Poder Público federal;

Considerando que o Decreto nº 6.523/2008 determina em seu art. 15, § 3º, a obrigatoriedade da manutenção da gravação das chamadas efetuadas para o SAC, pelo prazo mínimo de noventa dias, durante o qual o consumidor poderá requerer acesso ao seu conteúdo;

Considerando que o artigo 39 da Lei nº 8.078 de 11 de setembro de 1990 institui um rol exemplificativo de práticas abusivas; Considerando o entendimento da Comissão de Redação do Decreto nº 6.523/2008, consubstanciado na nota técnica 08/CGSC/DPDC/2009, de 13 de fevereiro de 2009, que os fornecedores de serviços regulados pelo Poder Público têm o dever legal de fornecer a gravação do atendimento telefônico do Serviço de Atendimento ao Consumidor e, desta forma, a recusa em fornecê-la gera presunção relativa de veracidade dos fatos que por meio dela o consumidor pretendia provar; resolve:

Art. 1º Considerar abusiva, no serviço de atendimento ao consumidor por telefone, no âmbito dos serviços regulados pelo Poder Público Federal, dentre outras práticas, recusar ou dificultar, quando solicitado pelo consumidor ou por órgão competente, a entrega da gravação das chamadas efetuadas para o Serviço de Atendimento ao Consumidor, no prazo de 10 (dez) dias;

Parágrafo único. A entrega deverá ocorrer por meio eletrônico, por correspondência ou pessoalmente, a critério do solicitante.

Art. 2º Sem prejuízo das sanções devidas, a recusa do fornecimento da gravação gera presunção relativa de veracidade das reclamações do consumidor quanto à violação do Decreto nº 6.523/2008.

Art. 3º Esta portaria entra em vigor na data de sua publicação.

Mariana Tavares de Araujo

LEI Nº 12.007, DE 29 DE JULHO DE 2009

Dispõe sobre a emissão de declaração de quitação anual de débitos pelas pessoas jurídicas prestadoras de serviços públicos ou privados.

▶ Publicada no *DOU* de 30-7-2009.

Art. 1º As pessoas jurídicas prestadoras de serviços públicos ou privados são obrigadas a emitir e a encaminhar ao consumidor declaração de quitação anual de débitos.

Art. 2º A declaração de quitação anual de débitos compreenderá os meses de janeiro a dezembro de cada ano, tendo como referência a data do vencimento da respectiva fatura.

§ 1º Somente terão direito à declaração de quitação anual de débitos os consumidores que quitarem todos os débitos relativos ao ano em referência.

§ 2º Caso o consumidor não tenha utilizado os serviços durante todos os meses do ano anterior, terá ele o direito à declaração de quitação dos meses em que houve faturamento dos débitos.

§ 3º Caso exista algum débito sendo questionado judicialmente, terá o consumidor o direito à declaração de quitação dos meses em que houve faturamento dos débitos.

Art. 3º A declaração de quitação anual deverá ser encaminhada ao consumidor por ocasião do encaminhamento da fatura a vencer no mês de maio do ano seguinte ou no mês subsequente à completa quitação dos débitos do ano anterior ou dos anos anteriores, podendo ser emitida em espaço da própria fatura.

Art. 4º Da declaração de quitação anual deverá constar a informação de que ela substitui, para a comprovação do cumprimento das obrigações do consumidor, as quitações dos faturamentos mensais dos débitos do ano a que se refere e dos anos anteriores.

Art. 5º O descumprimento do disposto nesta Lei sujeitará os infratores às sanções previstas na Lei nº 8.987, de 13 de fevereiro de 1995, sem prejuízo daquelas determinadas pela legislação de defesa do consumidor.

Art. 6º Esta Lei entra em vigor na data de sua publicação.

Brasília, 29 de julho de 2009;
188º da Independência e
121º da República.

Luiz Inácio Lula da Silva

LEI Nº 12.291, DE 20 DE JULHO DE 2010

Torna obrigatória a manutenção de exemplar do Código de Defesa do Consumidor nos estabelecimentos comerciais e de prestação de serviços.

▶ Publicada no *DOU* de 21-7-2010.

Art. 1º São os estabelecimentos comerciais e de prestação de serviços obrigados a manter, em local visível e de fácil acesso ao público, 1 (um) exemplar do Código de Defesa do Consumidor.

Art. 2º O não cumprimento do disposto nesta Lei implicará as seguintes penalidades, a serem aplicadas aos infratores pela autoridade administrativa no âmbito de sua atribuição:

I – multa no montante de até R$ 1.064,10 (mil e sessenta e quatro reais e dez centavos);

II e III – VETADOS.

Art. 3º Esta Lei entra em vigor na data de sua publicação.

Brasília, 20 de julho de 2010; 189º da Independência e 122º da República.

Luiz Inácio Lula da Silva

LEI Nº 12.414, DE 9 DE JUNHO DE 2011

Disciplina a formação e consulta a bancos de dados com informações de adimplemento, de pessoas naturais ou de pessoas jurídicas, para formação de histórico de crédito.

▸ Publicada no *DOU* de 10-6-2011.

Art. 1º Esta Lei disciplina a formação e consulta a bancos de dados com informações de adimplemento, de pessoas naturais ou de pessoas jurídicas, para formação de histórico de crédito, sem prejuízo do disposto na Lei nº 8.078, de 11 de setembro de 1990 – Código de Proteção e Defesa do Consumidor.

Parágrafo único. Os bancos de dados instituídos ou mantidos por pessoas jurídicas de direito público interno serão regidos por legislação específica.

Art. 2º Para os efeitos desta Lei, considera-se:

I – banco de dados: conjunto de dados relativo a pessoa natural ou jurídica armazenados com a finalidade de subsidiar a concessão de crédito, a realização de venda a prazo ou de outras transações comerciais e empresariais que impliquem risco financeiro;

II – gestor: pessoa jurídica responsável pela administração de banco de dados, bem como pela coleta, armazenamento, análise e acesso de terceiros aos dados armazenados;

III – cadastrado: pessoa natural ou jurídica que tenha autorizado inclusão de suas informações no banco de dados;

IV – fonte: pessoa natural ou jurídica que conceda crédito ou realize venda a prazo ou outras transações comerciais e empresariais que lhe impliquem risco financeiro;

V – consulente: pessoa natural ou jurídica que acesse informações em bancos de dados para qualquer finalidade permitida por esta Lei;

VI – anotação: ação ou efeito de anotar, assinalar, averbar, incluir, inscrever ou registrar informação relativa ao histórico de crédito em banco de dados; e

VII – histórico de crédito: conjunto de dados financeiros e de pagamentos relativos às operações de crédito e obrigações de pagamento adimplidas ou em andamento por pessoa natural ou jurídica.

Art. 3º Os bancos de dados poderão conter informações de adimplemento do cadastrado, para a formação do histórico de crédito, nas condições estabelecidas nesta Lei.

§ 1º Para a formação do banco de dados, somente poderão ser armazenadas informações objetivas, claras, verdadeiras e de fácil compreensão, que sejam necessárias para avaliar a situação econômica do cadastrado.

§ 2º Para os fins do disposto no § 1º, consideram-se informações:

I – objetivas: aquelas descritivas dos fatos e que não envolvam juízo de valor;

II – claras: aquelas que possibilitem o imediato entendimento do cadastrado independentemente de remissão a anexos, fórmulas, siglas, símbolos, termos técnicos ou nomenclatura específica;

III – verdadeiras: aquelas exatas, completas e sujeitas à comprovação nos termos desta Lei; e

IV – de fácil compreensão: aquelas em sentido comum que assegurem ao cadastrado o pleno conhecimento do conteúdo, do sentido e do alcance dos dados sobre ele anotados.

§ 3º Ficam proibidas as anotações de:

I – informações excessivas, assim consideradas aquelas que não estiverem vinculadas à análise de risco de crédito ao consumidor; e

II – informações sensíveis, assim consideradas aquelas pertinentes à origem social e étnica, à saúde, à informação genética, à orientação sexual e às convicções políticas, religiosas e filosóficas.

Art. 4º A abertura de cadastro requer autorização prévia do potencial cadastrado mediante consentimento informado por meio de assinatura em instrumento específico ou em cláusula apartada.

§ 1º Após a abertura do cadastro, a anotação de informação em banco de dados independe de autorização e de comunicação ao cadastrado.

§ 2º Atendido o disposto no *caput*, as fontes ficam autorizadas, nas condições estabelecidas nesta Lei, a fornecer aos bancos de dados as informações necessárias à formação do histórico das pessoas cadastradas.

§ 3º VETADO.

Art. 5º São direitos do cadastrado:

I – obter o cancelamento do cadastro quando solicitado;

II – acessar gratuitamente as informações sobre ele existentes no banco de dados, inclusive o seu histórico, cabendo ao gestor manter sistemas seguros, por telefone ou por meio

eletrônico, de consulta para informar as informações de adimplemento;
III – solicitar impugnação de qualquer informação sobre ele erroneamente anotada em banco de dados e ter, em até 7 (sete) dias, sua correção ou cancelamento e comunicação aos bancos de dados com os quais ele compartilhou a informação;
IV – conhecer os principais elementos e critérios considerados para a análise de risco, resguardado o segredo empresarial;
V – ser informado previamente sobre o armazenamento, a identidade do gestor do banco de dados, o objetivo do tratamento dos dados pessoais e os destinatários dos dados em caso de compartilhamento;
VI – solicitar ao consulente a revisão de decisão realizada exclusivamente por meios automatizados; e
VII – ter os seus dados pessoais utilizados somente de acordo com a finalidade para a qual eles foram coletados.
§§ 1º e 2º VETADOS.

Art. 6º Ficam os gestores de bancos de dados obrigados, quando solicitados, a fornecer ao cadastrado:
I – todas as informações sobre ele constantes de seus arquivos, no momento da solicitação;
II – indicação das fontes relativas às informações de que trata o inciso I, incluindo endereço e telefone para contato;
III – indicação dos gestores de bancos de dados com os quais as informações foram compartilhadas;
IV – indicação de todos os consulentes que tiveram acesso a qualquer informação sobre ele nos 6 (seis) meses anteriores à solicitação; e
V – cópia de texto contendo sumário dos seus direitos, definidos em lei ou em normas infralegais pertinentes à sua relação com bancos de dados, bem como a lista dos órgãos governamentais aos quais poderá ele recorrer, caso considere que esses direitos foram infringidos.
§ 1º É vedado aos gestores de bancos de dados estabelecerem políticas ou realizarem operações que impeçam, limitem ou dificultem o acesso do cadastrado previsto no inciso II do art. 5º.
§ 2º O prazo para atendimento das informações estabelecidas nos incisos II, III, IV e V deste artigo será de 7 (sete) dias.

Art. 7º As informações disponibilizadas nos bancos de dados somente poderão ser utilizadas para:
I – realização de análise de risco de crédito do cadastrado; ou

II – subsidiar a concessão ou extensão de crédito e a realização de venda a prazo ou outras transações comerciais e empresariais que impliquem risco financeiro ao consulente.
Parágrafo único. Cabe ao gestor manter sistemas seguros, por telefone ou por meio eletrônico, de consulta para informar aos consulentes as informações de adimplemento do cadastrado.

Art. 8º São obrigações das fontes:
I – manter os registros adequados para demonstrar que a pessoa natural ou jurídica autorizou o envio e a anotação de informações em bancos de dados;
II – comunicar os gestores de bancos de dados acerca de eventual exclusão ou revogação de autorização do cadastrado;
III – verificar e confirmar, ou corrigir, em prazo não superior a 2 (dois) dias úteis, informação impugnada, sempre que solicitado por gestor de banco de dados ou diretamente pelo cadastrado;
IV – atualizar e corrigir informações enviadas aos gestores de bancos de dados, em prazo não superior a 7 (sete) dias;
V – manter os registros adequados para verificar informações enviadas aos gestores de bancos de dados; e
VI – fornecer informações sobre o cadastrado, em bases não discriminatórias, a todos os gestores de bancos de dados que as solicitarem, no mesmo formato e contendo as mesmas informações fornecidas a outros bancos de dados.
Parágrafo único. É vedado às fontes estabelecerem políticas ou realizarem operações que impeçam, limitem ou dificultem a transmissão a banco de dados de informações de cadastrados que tenham autorizado a anotação de seus dados em bancos de dados.

Art. 9º O compartilhamento de informação de adimplemento só é permitido se autorizado expressamente pelo cadastrado, por meio de assinatura em instrumento específico ou em cláusula apartada.
§ 1º O gestor que receber informações por meio de compartilhamento equipara-se, para todos os efeitos desta Lei, ao gestor que anotou originariamente a informação, inclusive quanto à responsabilidade solidária por eventuais prejuízos causados e ao dever de receber e processar impugnação e realizar retificações.
§ 2º O gestor originário é responsável por manter atualizadas as informações cadastrais nos demais bancos de dados com os quais compartilhou informações, bem como por

informar a solicitação de cancelamento do cadastro, sem quaisquer ônus para o cadastrado.

§ 3º O cancelamento do cadastro pelo gestor originário implica o cancelamento do cadastro em todos os bancos de dados que compartilharam informações, que ficam obrigados a proceder, individualmente, ao respectivo cancelamento nos termos desta Lei.

§ 4º O gestor deverá assegurar, sob pena de responsabilidade, a identificação da pessoa que promover qualquer inscrição ou atualização de dados relacionados com o cadastrado, registrando a data desta ocorrência, bem como a identificação exata da fonte, do nome do agente que a efetuou e do equipamento ou terminal a partir do qual foi processada tal ocorrência.

Art. 10. É proibido ao gestor exigir exclusividade das fontes de informações.

Art. 11. Desde que autorizados pelo cadastrado, os prestadores de serviços continuados de água, esgoto, eletricidade, gás e telecomunicações, dentre outros, poderão fornecer aos bancos de dados indicados, na forma do regulamento, informação sobre o adimplemento das obrigações financeiras do cadastrado.

Parágrafo único. É vedada a anotação de informação sobre serviço de telefonia móvel na modalidade pós-paga.

Art. 12. Quando solicitado pelo cliente, as instituições autorizadas a funcionar pelo Banco Central do Brasil fornecerão aos bancos de dados indicados as informações relativas às suas operações de crédito.

§ 1º As informações referidas no *caput* devem compreender somente o histórico das operações de empréstimo e de financiamento realizadas pelo cliente.

§ 2º É proibido às instituições autorizadas a funcionar pelo Banco Central do Brasil estabelecer políticas ou realizar operações que impeçam, limitem ou dificultem a transmissão das informações bancárias de seu cliente a bancos de dados, quando por este autorizadas.

§ 3º O Conselho Monetário Nacional adotará as medidas e normas complementares necessárias para a aplicação do disposto neste artigo.

Art. 13. O Poder Executivo regulamentará o disposto nesta Lei, em especial quanto ao uso, guarda, escopo e compartilhamento das informações recebidas por bancos de dados e quanto ao disposto no art. 5º.

Art. 14. As informações de adimplemento não poderão constar de bancos de dados por período superior a 15 (quinze) anos.

Art. 15. As informações sobre o cadastrado constantes dos bancos de dados somente poderão ser acessadas por consulentes que com ele mantiverem ou pretenderem manter relação comercial ou creditícia.

Art. 16. O banco de dados, a fonte e o consulente são responsáveis objetiva e solidariamente pelos danos materiais e morais que causarem ao cadastrado.

Art. 17. Nas situações em que o cadastrado for consumidor, caracterizado conforme a Lei nº 8.078, de 11 de setembro de 1990 – Código de Proteção e Defesa do Consumidor, aplicam-se as sanções e penas nela previstas e o disposto no § 2º.

§ 1º Nos casos previstos no *caput*, a fiscalização e a aplicação das sanções serão exercidas concorrentemente pelos órgãos de proteção e defesa do consumidor da União, dos Estados, do Distrito Federal e dos Municípios, nas respectivas áreas de atuação administrativa.

§ 2º Sem prejuízo do disposto no *caput* e no § 1º, os órgãos de proteção e defesa do consumidor poderão aplicar medidas corretivas, estabelecendo aos bancos de dados que descumprirem o previsto nesta Lei obrigações de fazer com que sejam excluídas do cadastro, no prazo de 7 (sete) dias, informações incorretas, bem como cancelados cadastros de pessoas que não autorizaram a abertura.

Art. 18. Esta Lei entra em vigor na data de sua publicação.

Brasília, 9 de junho de 2011;
190º da Independência e
123º da República.
Dilma Rousseff